ein Ullstein Buch

Ullstein Buch Nr. 3268
im Verlag Ullstein GmbH,
Frankfurt/M – Berlin – Wien
Aus dem Amerikanischen
übersetzt von
Henning Ritter

Ungekürzte Ausgabe

Umschlagentwurf:
Kurt Weidemann

Printed in Germany 1976
Gesamtherstellung:
Ebner, Ulm
ISBN 3 548 03268 0

CIP-Kurztitelaufnahme
der Deutschen Bibliothek

Krader, Lawrence
Ethnologie und Anthropologie bei Marx:
Anthropologie / hrsg. von Wolfgang
Lepenies u. Henning Ritter. –
Ungekürzte Ausg. – Frankfurt/M.,
Berlin, Wien: Ullstein, 1976.
([Ullstein-Bücher] Ullstein-Buch;
Nr. 3268)
Einheitssacht.: The ethnological
notebooks of Karl Marx ⟨dt.⟩.
ISBN 3-548-03268-0

Lawrence
Krader

Ethnologie und Anthropologie bei Marx

Anthropologie –
Herausgegeben von
Wolf Lepenies
und Henning Ritter

ein Ullstein Buch

Inhalt

Einleitung

Im Laufe des 19. Jahrhunderts wandelte sich die Wissenschaft vom Menschen von einer philosophischen in eine in ihren Grundzügen empirische Disziplin. Zu Beginn des Jahrhunderts wurde die Anthropologie als eine philosophische Wissenschaft auf überwiegend spekulativer Grundlage verstanden, wie die Schriften von Fichte, Schelling und Hegel bezeugen. In den dreißiger und vierziger Jahren des 19. Jahrhunderts wurde die spekulative Seite von den Schulen der Hegelschen Rechten und Linken weiter entfaltet[1]; Karl Marx hatte an dieser Bewegung als ihr Kritiker Anteil. In den Jahren 1843–1846 entwickelte Marx die verschiedenen Positionen der Entfremdung des Menschen von sich selbst, von der Natur, von seiner Gattung, und stellte sie einander gegenüber: die Selbstzeugung der Menschengattung und die Erzeugung der gegenständlichen Welt, die Vergegenständlichung des Menschen und der Welt durch die Prozesse von Entfremdung und Selbsterzeugung und durch die Wechselwirkung dieser Prozesse in sich und aufeinander.[2]

Zu Beginn dieser Periode wurde der Mensch als Gattungswesen aufgefaßt, das heißt: in seiner Abstraktion; diese gängige Vorstellung löste sich jedoch in dem Maße auf, wie sich das Studium der europäischen Völker durch A. Haxthausen, G. L. Maurer, Fr. Le Play und das der außereuropäischen Völker durch Ad. Bastian, E. B. Tylor, L. H. Morgan u. a. entwikkelte. Die Erforschung der primitiven Völker wurde in dieser Periode in erster Linie aus dem Blickwinkel der europäischen Zivilisation, das heißt ethnozentristisch, betrieben, gleichzeitig trat an die Stelle des Gelegenheitsreisenden der Berufsethnograph und mit ihm bekamen die objektiven oder vorgeblich objektiven Interessen der Ethnographie als einer akademischen Disziplin den Vorrang vor den unmittelbaren politischen, ökonomischen und missionarischen Interessen. Die professionelle Beschäftigung mit nichteuropäischen Völkern wurde damals durch die Gründung gelehrter Gesellschaften, Museen, Akademie- und Universitätslehrstühle, durch Regierungsstellen und -kommissionen, private Stiftungen, Kabinette, öffentliche Ämter, Zeitschriften und dergleichen mehr gefördert. Auf die primitiven Völker bezog man sich nicht mehr nur abstrakt oder in unbestimmter Allgemeinheit, sondern bezeichnete sie jetzt als konkrete, lebende Völker mit ihrem Namen und unter Erwähnung ihrer besonderen Charaktere. Von diesen Veränderungen nahm Marx Notiz und hatte an ihnen Anteil: seine eigenen Schriften machten die gleiche Transformation von philosophischer in empirische Anthropologie durch.

Diese Bewegung verlief innerhalb seiner Schriften sowohl kontinuierlich wie diskontinuierlich, wie sie auch für die Entwicklung des Feldes der Anthropologie zugleich Kontinuität und Diskontinuität bedeutete. In seinen Schriften von 1843–1846 stellte er das Problem von Familie und Gesellschaft, sowie das des Verhältnisses von Mensch und Natur und gab ihnen dann in den *Grundrissen der Kritik der politischen Ökonomie,* im *Kapital* und den *Theorien über den Mehrwert* eine veränderte Form. Entsprechend stellte er in der *Deutschen Ideologie* (Kap. I, Feuerbach) die These von der Umgestaltung der tierischen Beschaffenheit des Menschen auf; diese Frage wurde dann in den *Grundrissen,* im *Kapital* und den *Theorien über den Mehrwert* wieder aufgenommen. Die biologischen Bedürfnisse werden in der *Heiligen Familie,* dann im *Kapital* und in den *Randglossen zu A. Wagner* (1879–1880) diskutiert. Das Problem der Kaste wird in einem Brief an P. V. Annenkov vom 28. Dezember 1846 und im 1. Band des *Kapital* aufgegriffen. In den verschiedenen Schriften der Jahre 1843–1846, in der Kritik an Proudhon und im *Kommunistischen Manifest* und durchgängig in seinen späteren Schriften der fünfziger und sechziger Jahre sowie in seiner Korrespondenz (Brief an Engels vom 25. März 1868 und an Vera Zasulič vom 8. März 1881) diskutiert er Fragen von gemeinschaftlichem gegenüber privatem Grundeigentum. Im wesentlichen sind dies auch die Themen seiner Exzerpte aus G. L. Maurer und M. M. Kovalevsky. Alle diese Fragen werden in den ethnologischen Exzerptheften von 1880–1882 erörtert.

Die ersten beiden Kapitel des vorliegenden Buches verhalten sich zueinander wie These und Antithese. Das erste Kapitel entwickelt den Inhalt der Marxschen ethnologischen Studien anhand der Schriften von Lewis Henry Morgan, Sir John Phear, Sir Henry Maine und Sir John Lubbock und bezieht Marxens Studien gleichzeitig auf die Entwicklung und den Wandel von Anthropologie und Ethnologie. Wie dieses Feld sich zugleich in seiner Kontinuität und Diskontinuität entwickelt, so auch die Gedanken von Marx. Es ist die Auffassung vertreten worden, daß Marxens Lehre vollständig in den sogenannten Frühschriften enthalten sei: G. Lukács ist sogar so weit gegangen, in dieses Korpus auch den jungen Hegel miteinzubeziehen. Auf der anderen Seite haben A. Cornu, L. Althusser u. a. versucht, den reifen Marx vom jungen Marx zu trennen, als ob er im Jahre 1845 oder 1846 von neuem geboren würde. Das schließt ein, daß alles, was er vorher schrieb, aus dem Kanon seiner Schriften herausfällt. Die Hypostasierung der Frühschriften durch Autoren wie H. Marcuse und L. Kolakowski beruht auf einer ebenso willkürlichen Einschätzung dieser Schriften, doch in der zu Cornu oder Althusser entgegengesetzten Richtung. Den Schlüssel zum Verhältnis dieser Frühschriften zu seinen späteren Arbeiten hat Marx selber im Vorwort seiner *Kritik der politischen Ökonomie,* Berlin 1859, gegeben. Die verschiedenen Thesen seiner späteren Interpreten verfolgen Zwecke, die mit denen von Marx selber nicht übereinstimmen, oder zum Verständnis seines Handelns und Denkens nicht beitragen wollen. Beides ist allein im Kontext der historischen Entwicklungen zu verstehen, zu welchen Marx in Beziehung stand. Die vorliegende Arbeit will das Werk Marxens in den Kontext sowohl seiner Schriften als auch der Entwicklung des Studiums des Menschen jener Zeit stellen.

Das erste Kapitel stellt die ethnologischen Thesen von Marx dar. Abgesehen von geringfügigen Änderungen deckt es sich mit der Einleitung zu *The Ethnological Notebooks of Karl Marx,* die vom Verfasser transskribiert und herausgegeben worden sind (Assen: Van Gorcum, 1972). Diese Exzerpthefte, deren Inhalt, Chronologie und historische Stellung im ersten Kapitel behandelt werden, sind in der Form veröffentlicht worden, wie sie im Marxschen Nachlaß vorliegen, sieht man einmal ab von den Beschränkungen, die sich aus den technischen Problemen der Übertragung einer Handschrift in den Druck ergeben. Der Leser sei nachdrücklich auf diese Ausgabe hingewiesen. Marx hat seine Aufzeichnungen zu ethnologischen Fragen in einer provisorischen Form hinterlassen, und wir können lediglich Mutmaßungen über die endgültige Form, die er ihnen vielleicht gegeben hätte, anstellen: wir haben nur ihren Inhalt, die Substanz seiner Gedanken vor uns. Die Frage, wie das Werk hätte aussehen können, das ihm vorschwebte, müssen wir offenlassen, da Form und Inhalt eines Werkes notwendigerweise in Wechselbeziehung stehen. Und doch hat Marx zur Frage der Form dieser Arbeit durch seine Randanstreichungen, Unterstreichungen, Gliederung und andere Angaben einige wenige Hinweise hinterlassen. Auch sie werden kurz diskutiert. Das Verhältnis von Engels zu den ethnologischen Arbeiten von Marx bleibt einer vom Vorhergehenden getrennten Diskussion vorbehalten: Einige der Marxschen Bemerkungen zu Morgan hat er herausgegriffen und in seiner eigenen Arbeit zu diesem Thema als Leitmotiv verwendet, wodurch er ihnen eine eigene Form gab, mit einem unterschiedlichen Verhältnis zum Inhalt und mit einem anderen Inhalt. Marxens Exzerpte aus Maine, Phear und Lubbock hat Engels nirgendwo aufgenommen.

Die Hagiographie von Marx geht heute so weit, daß Engels beiseitegerückt wird und manche es sogar beklagen oder bedauern, daß sein Name überhaupt je erwähnt wurde. Dennoch muß Engels' ethnologisches Werk, *Der Ursprung der Familie, des Privateigentums und des Staats* (1884) immer noch berücksichtigt werden. In unserem ersten Kapitel wird es hinsichtlich seiner Abhängigkeit von den Marxschen Morganexzerpten behandelt. Marx und Engels waren jedoch nicht nur als die gemeinsamen Verfasser des Kommunistischen Manifestes miteinander verbunden, sondern auch aufgrund der historischen Tatsache, daß ihre Praxis dieselbe war, und daß sie darüber hinaus die treibende Kraft der verschiedenen politischen Parteien und Bewegungen gewesen sind, deren Tradition mit ihnen verbunden ist. Dies ist eine Frage ihres Wirkens und der konkreten Folgen, die es im Lauf der Zeit gehabt hat.[3] (Obgleich ihre Untrennbarkeit zum Teil eine Sache der Parteiorthodoxie ist, war auch der unorthodoxe C. Wright Mills der Ansicht, daß sie eine Person, eine ›Zweifaltigkeit‹ seien. Orthodoxe und Unorthodoxe haben es gemeinsam zu dieser Vereinfachung kommen lassen.) Mir schien es unangemessen, in einer Arbeit, die eine Interpretation der Marxschen ethnologischen Arbeiten sein will, eine Kritik der Engelsschen Stellung zu diesen Fragen einzuschließen. Das zweite Kapitel[4] enthält eine kritische Untersuchung der ethnologischen Auffassungen von Engels, ihrer Ähnlichkeit und ihrer Verschiedenheit zu denen von Marx. Im Verlauf dieser Untersuchung wird eine definitorische Bestimmung ihres Verhältnisses versucht. Vor allem wird gezeigt, daß Engels gegen das Prinzip der Einheit der Menschengattung verstößt und die Grenzlinie zwischen Mensch und Natur verschiebt. Er meinte, daß der primitive vom zivilisierten Menschen unterschieden werden müsse und beschränkte die Wirksamkeit der Gesetze des historischen Materialismus ausschließlich auf die Zivilisation. Marx befreite sich von der Abstraktion des primitiven Menschen von der Geschichte als einem naiven Vorurteil, einem Residuum des Glaubens an den Fortschritt und die Überlegenheit der zivilisierten Völker (des neunzehnten Jahrhunderts).

Die beiden Kapitel zusammengenommen behandeln die konstanten Themen der Marxschen Anthropologie, die Gegenstand jeder Anthropologie sind: die Einheit der Menschengattung, die Stellung des Menschen in der Natur und die Beziehungen der Menschen in der Gesellschaft. Diese Themen sind in den frühen ebenso wie in den späten Schriften von Marx anzutreffen, in denen er seine Methode und sein Tatsachenwissen zum Verständnis dieser Problematik entfaltet und erweitert. Indem wir die Marxschen Positionen und Themen in der Wissenschaft vom Menschen und ihre Kritik darstellen, bestätigen wir seinen Beitrag zu dieser Wissenschaft und zur Richtung ihrer Entwicklung.

Das letzte Kapitel ist nicht die vollständige Synthese der beiden ersten, doch ist es Bewegung auf eine Synthese zu, indem es die Voraussetzungen der Marxschen Anthropologie, besonders im Blick auf die Konstitution des Menschen als Mensch in seinen Verhältnissen und durch seine Verhältnisse in der Gesellschaft formuliert. Diese Feststellung dient der Kritik des Phänomens der Verdinglichung und einer Kritik der Theorie der Verdinglichung des revolutionären Bewußtseins des Proletariats.

Die Kritik am Phänomen der Verdinglichung richtet sich auf das Verhältnis von gesellschaftlicher Form und gesellschaftlichem Inhalt und auf ihr Gegenteil, ihre Trennung. Gleichzeitig ist das Problem der Dialektik der Form in ihrem Verhältnis zum Inhalt in der Theorie der gesellschaftlichen

Totalität gegenwärtig, die von Korsch und Lukács aufgestellt wurde (und von letzterem eben in Verbindung mit dem Problem der Verdinglichung). Die gesellschaftliche Totalität wird in einer Gesellschaft erfaßt, welche in gegeneinander antagonistische Klassen gespalten ist. Diese Gesellschaft hat das gesellschaftliche Ganze als die Einheit von Basis und Überbau gesetzt und von ihren Mitgliedern wird es als diese begriffen. Eine Struktur als von Basis und Überbau unabhängig, als ihnen beiden, und zwar unabhängig von jeder von ihnen, zugrundeliegend aufzufassen, ist eine mystifizierende Vorstellung, mit den Worten Marxens eine Fetischisierung. Dies bedeutet – und genau dies hat C. Lévi-Strauss getan – eine Struktur von der Überbauseite zu abstrahieren und sie der Basis als ihre Substanz, ihr hypokeimenon, zu unterlegen. Die gesellschaftliche Totalität erfaßt die formale Seite der gesellschaftlichen Einheit; sie muß auf den gesellschaftlichen Inhalt zurückbezogen werden, welcher eben der Gegensatz der sozialen Klassen ist, von dem sie abstrahiert wurde. Die Spaltung der Gesellschaft hat die Trennung der formalen Einheit von ihrem gespaltenen Inhalt zur Folge; sie ist eine andere Form der Reihe von Abstraktionen, welche oben genannt wurden. Dieses Problem der Dialektik der gesellschaftlichen Totalität wird in einer Bemerkung im Anschluß an das letzte Kapitel entfaltet.

Zur Frage des Verhältnisses von Marx und Engels

Mit Recht hat Karl Korsch die doktrinale Seite dieser Frage als ihrer wissenschaftlichen Seite fremd zurückgewiesen. Die Frage kann jedoch so nicht stehengelassen werden, denn in dieser Form wäre sie eine stillgestellte und deswegen in diesem Falle mangelhafte Dialektik. Sie betrifft die Dialektik von Theorie und Praxis.

1. Marx hat das Problem von Theorie und Praxis in den *Thesen über Feuerbach* (11. These) gestellt: Es kommt nicht darauf an, die Welt in der einen oder andern Weise zu interpretieren, denn das haben die Philosophen bisher getan und tun es noch; es kommt darauf an, sie zu verändern.

2. Die Dialektik von Theorie und Praxis ist kein geschlossenes System, sie wird, ebenso wie die empirische Wissenschaft der Natur, konkret entfaltet. Nicht in allen Punkten ist die Theorie in ihrer Aktualität eng an die Praxis gebunden, sie ist dies nur potentiell. Die Enge des Zusammenhanges wird nicht von der Theorie, sondern von der konkreten Praxis bestimmt.

3. Marx und Engels waren in ihrer Praxis vereinigt und entsprechend in derjenigen Theorie, die am engsten mit der Praxis verbunden ist, also beispielsweise im *Kommunistischen Manifest*.

4. Die Frage der einheitlichen Anschauungsweise gegenüber den abweichenden Ansichten von Marx und Engels wird zu immer neuen Feststellungen und zur Auseinandersetzung um Glaubenssätze führen, wenn sie nicht als die Dialektik des Verhältnisses von Theorie und Praxis entwickelt wird.

5. Es gibt viele theoretische Fragen, die nur entfernt auf die Praxis bezogen sind; in derartigen Fällen haben Marx und Engels häufig voneinander abweichende Auffassungen entwickelt; diese sind nicht nur in Engels' Veröffentlichungen nach dem Tode von Marx zu verzeichnen, wie dem *Ursprung der Familie,* sondern ebenso in den Marxens Tod vorausliegenden Veröffentlichungen von Engels, wie dem *Anti-Dühring,* und in den nicht publizierten Schriften, wie der *Dialektik der Natur.* (Es kann kein Zweifel daran bestehen, daß Marxens Beherrschung der Dialektik der von Engels überlegen war.)

6. Marxens ethnologische Auffassungen stimmten grundsätzlich mit denen von Engels überein, sowohl aufgrund ihrer lebenslangen Zusammenarbeit als auch aufgrund ihres allgemeinen Anteils an der Wissenschaft ihrer Zeit, insbesondere den Fortschritten und den Grenzen der Ethnologie. Gleichzeitig ist der Unterschied zwischen beiden bedeutsam. Jetzt können wir die Vermittlung durch die ethnologischen Arbeiten von Engels beiseitelassen und uns dem Werk von Marx direkt zuwenden. So sind wir einerseits in der Lage, die Geschichte der Wissenschaft vom Menschen besser zu verstehen und können andererseits einen Beitrag zu ihrer weiteren Entwicklung leisten.

Quia non ad speculandum sed ad opus inventum est totum et pars. – Da das Ganze und der Teil nicht zur Spekulation, sondern zur Arbeit erfunden ist.

Dante

I.

Die ethnologischen Exzerpthefte von Marx

In den Jahren 1880–1882 hat Karl Marx die ethnologischen Schriften von Lewis Henry Morgan, John Budd Phear, Henry Sumner Maine und John Lubbock (Lord Avebury) exzerpiert und kritisch bearbeitet. Die Zusammenstellung der Namen dieser ethnologischen Autoren könnte den Eindruck erwecken, als bildeten sie eine Art Einheit als Repräsentanten einer gemeinsamen Tradition: obwohl es sich bei ihnen allen um unkritische Evolutionisten handelt, die in den siebziger Jahren des 19. Jahrhunderts in England und Amerika wirkten, entspräche dieses Urteil nicht den Tatsachen. Morgan hat eine Darstellung der Entwicklung der menschlichen Gesellschaft gegeben, die in ihrer Kohärenz zu ihrer Zeit unübertroffen blieb; Maine war die damals in England maßgebliche Autorität auf dem Gebiet vergleichender und historischer Rechtswissenschaft; Phear stand unter dem Eindruck der Maineschen Theorie und vertrat sie für das Gebiet orientalischer Studien; Lubbock schließlich war einer der bekanntesten Darwinisten jener Periode. Neben den genannten Autoren hat Marx eine Reihe anderer ethnologischer und kulturgeschichtlicher Werke studiert, insbesondere die Arbeiten von Georg L. Maurer und Maxim M. Kovalevsky.

Marxens Aufzeichnungen sind jetzt erstmals in dem Zustand publiziert worden, in dem er sie bei seinem Tode im Jahre 1883 hinterlassen hat. Seine Morganaufzeichnungen hatte Engels für seine eigene Arbeit über den *Ursprung der Familie, des Privateigentums und des Staats* herangezogen. Dieser Teil des Materials wurde dann von Karl Kautsky, Eduard Bernstein und Heinrich Cunow, die der deutschen Sozialdemokratie am Ende des neunzehnten und zu Beginn des zwanzigsten Jahrhunderts angehörten, vor allem in deren Organ *Die Neue Zeit* diskutiert.

Die Marxschen Exzerpthefte selber, die seine Studien zur Ethnologie der Zeit enthalten, wurden erst in der folgenden Generation durchgesehen. D. Rjazanov, der Herausgeber der historisch-kritischen Ausgabe der Werke von Marx und Engels, hat in einem am 20. November 1923 vor der Sozialistischen Akademie in Moskau gehaltenen und im selben Jahr in *Vestnik Socialističeskoj Akademii* veröffentlichten Vortrag eine kurze Übersicht über die Exzerpthefte (mit Ausnahme des Phearmaterials) gegeben. Diese Übersicht erschien dann 1925 in dem von Carl Grünberg herausgegebenen *Archiv für die Geschichte des Sozialismus.* Eine stark überarbeitete russische Fassung des Morganmanuskriptes wurde 1941 nach Photokopien, die

Rjazanov angefertigt hatte, im *Archiv* des Marx-Engels-Instituts publiziert. Im Jahre 1964 wurden die Exzerpthefte – diesmal einschließlich des Phearmanuskriptes – von E. Lucas nochmals durchgesehen; das Morganmanuskript wurde dabei in seiner russischen Bearbeitung von 1941 zugrundegelegt.

Die Marxschen Exzerpthefte, die neben seinen ethnologischen Aufzeichnungen weiterführende bibliographische Angaben enthalten, werden im Internationalen Institut für Sozialgeschichte in Amsterdam aufbewahrt.

Wir werden den Inhalt des gesamten handschriftlichen Materials heranziehen, da es sich umfassend auf die Erforschung von Urgeschichte, Vorgeschichte und Frühgeschichte der Menschheit, sowie auf die ethnologische Erforschung lebender Völker bezieht. Diese Forschungen entwickelten sich zu Marxens Lebzeiten in der Form und in der Unterteilung und Nomenklatur, die auch heute noch gebräuchlich sind. Marx hat diese Entwicklung genau verfolgt. Darüberhinaus wurde damals die Trennung der empirischen Erforschung des Menschen, wie sie Gegenstand dieser Disziplinen und ihrer Ableger ist, von der philosophischen Tradition der Anthropologie vollzogen, die der empirischen Forschung historisch vorausgeht, und deren substanziellen Zusammenhang mit dieser wir untersuchen werden. Marx hat diesen Übergang selber mitvollzogen.

Die Art und Weise, in der Marx diese ethnologischen Materialien aufgegriffen hat, bleibt ebenso zu untersuchen wie sein Verhältnis zu den Ethnologen und den von ihm exzerpierten Schriften.

Gemeinsam war Lubbock, Maine, Morgan und Phear die in der spätviktorianischen Periode verbreitete Überzeugung, daß der Mensch Produkt seiner eigenen Tätigkeit ist, die einer organischen Entwicklung unterliegt. Die Steigerung der manuellen und geistigen Fertigkeiten des Menschen rechtfertigte eine optimistische Einstellung gegenüber allen Problemen der menschlichen Gesellschaft. Obgleich der Mensch sich selbst erzeugt hat und seine Fortschritte sich seinen eigenen Anstrengungen verdanken, unterliegt die Entfaltung der menschlichen Anlagen technischen Geschicks und des Verstandesgebrauchs einer natürlichen, unbewußten und nicht zweckgerichteten außermenschlichen Gesetzlichkeit. Der Gegensatz zu einer teleologischen, zweckgerichteten Gesetzlichkeit der Natur und des Menschen erklärt die Anziehungskraft, die Darwins Anschauungen für Marx besaßen.[1] Die menschliche Gesellschaft ist in das natürliche Kontinuum eingebettet, und von August Comte, Herbert Spencer, A. Schaeffle, Maine, Morgan und Paul Lilienfeld wurde sie als ein Organismus unter Naturgesetzen begriffen. Für Spencer folgte daraus, daß damit die Entwicklung spezialisierter Funktionen in der Natur und also auch die Arbeitsteilung in der Gesellschaft als Mechanismus des Fortschritts gerechtfertigt war; Durkheim teilte diese Überzeugung. Demgegenüber vertrat Marx, anknüpfend an Hegels Theorie der Entfremdung und zugleich in Entgegensetzung zu ihr, zunächst philosophisch die These von der Wirklichkeit der Entzweiung von Mensch und Natur und der potentiellen Wiederherstellung ihrer Einheit. Durch seine ethnologischen Forschungen gab er dieser These später eine empirische Richtung, wobei er sich in erster Linie auf Werke von Nachfolgern Darwins, ebenso wie auf die Arbeiten von Morgan und Maine, bezog.

Gleichzeitig trat Marx der Doktrin eines allgemeinen evolutionären Fortschritts, wie sie damals von den Ethnologen vertreten wurde, als einem grundlosen Utopismus entgegen. Den positivistischen und utilitaristischen Doktrinen auf der einen, den utopischen auf der anderen Seite mangelte es an kritischen Perspektiven, ihre gesellschaftliche und ökonomische Analyse war unzureichend und als Grundlage gesellschaftlichen und politischen Handelns waren sie unbrauchbar. Morgan faßte den kritischen Gedanken, den er jedoch nicht vollständig entfaltete, daß der Mensch durch besondere, empirisch beobachtbare Mechanismen von niederen zu höheren Formen gesellschaftlichen Lebens fortschreitet, und zum Teil formulierte er objektive Kriterien, die eine Bestimmung der Relationen von Niederem und Höherem erlaubten: Akkumulation von Eigentum, Ansiedlung auf einem Territorium und Auflösung der Verwandtschaftsbande als der ersten und vorherrschenden Grundlage gesellschaftlicher Einheit; auch Maines Theorie des Überganges der Gesellschaft und der Rechtsverhältnisse von Status zu Vertrag gehört in diese Kategorie. Zum Teil waren die Kriterien der Abgrenzung höherer und niederer Stufen bei Morgan ebenso wie bei Maine biologische: Inzucht innerhalb einer sozialen Gruppe ist ungesund, und die Fortpflanzungspraktiken zwischen großen Gruppen sind vorteilhafter als die innerhalb einer kleinen. Einige der Morganschen Kriterien waren auch gesellschaftliche und moralische: die Frau sollte dem Mann gleichgestellt sein, während sie dies in einigen Familiensystemen nicht ist, und die alten Gentes verherrlichte Morgan als demokratisch und brüderlich. Weder in dem einen noch dem anderen Fall gingen Marxens Zeitgenossen so weit, die gesellschaftlichen Einrichtungen ihrer Gegenwart zu kritisieren, deren entwicklungsgeschichtliche Ätiologie sie aufdeckten. Morgan hat keinerlei Mittel genannt, um die Schranken und Verzerrungen der gesellschaftlichen Institution des Eigentums zu überwinden; stattdessen glaubte er an den Fortschritt und setzte optimistische Erwartungen in die Fähigkeit des Menschen, über seine gegenwärtigen Beschränkungen hinauszugelangen. Unter der zivilisierten Hülle des Europäers gewahrten Lubbock, Maine, Morgan und in den folgenden Generationen J. G. Frazer und R. B. Onians Wildheit und Barbarei. Marx verstand dies als Zeichen dafür, daß der moderne Mensch eine archaische kommunale Komponente besitze, die in seinem gesellschaftlichen Wesen ein demokratisches und egalitäres Moment verankert. Der Vergleich mit der Vergangenheit des Menschen war für Marx eine Grundlage der Kritik seines gegenwärtigen zivilisierten Zustandes. Demgegenüber blieb Morgans Kritik der modernen Zivilisation utopisch, d. h. zweideutig, weil nicht spezifiziert; der Vergleich mit dem Wilden wurde von ihm wie von den anderen genannten Ethnologen als Maßstab dafür genommen, wie weit der Zivilisierte sich von seiner rohen Vergangenheit entfernt hatte und war damit zugleich ein Grund der Selbstverherrlichung.

Für Marx ist der zivilisierte Zustand ein beschränkter und widersprüchlicher Zustand, dessen Kritik an die revolutionäre Praxis als den ersten Schritt zur Überwindung seiner inneren wie äußeren Beschränktheit und Widersprüchlichkeit gebunden ist. Indes gibt uns allein dieser Zustand die Mittel an die Hand, um die inneren Schranken und die gesellschaftliche Spaltung zu überwinden. Die ethnologischen Materialien erlaubten eine Bestimmung der Entwicklung und ihrer zeitlichen Dimension, indem sie ihre verschiedenen Stufen und allgemeine Richtung dokumentierten; sie zeigten den damit einhergehenden Wandel der körperlichen Beschaffenheit und Natur des Menschen, sowie die verwirklichten und aktualisierten menschlichen Potentialitäten; ihre geringste Aussagekraft hatten die ethnologischen Materialien dabei in der detaillierten Freilegung des Überganges von einer Stufe zur anderen. Für die Evolutionstheorie interessierte sich Marx um ihrer selbst willen als der wissenschaftlichen Grundlage zur Bestimmung der der Menschheit in der kapitalistischen Epoche aufgenötigten Deformation und als ein Mittel zu ihrer Überwindung. Mit Ausnahme von Morgan, dessen Grenzen wir später erörtern werden, hat sich kein Anhänger der evolutionistischen Schule der Zeit in relevanter Weise zur Frage der Deformation des Menschen durch die Zivilisation geäußert.

Die Positivisten um Comte in der Generation vor Darwin entwickelten einen Kult des Fortschritts der Menschheit, mit dem die Darwinisten trotz Darwins allgemeiner antiteleologischer Richtung nicht aufzuräumen vermochten.[2] Die Auffassungen von T. H. Huxley, Lubbock, Maine, Morgan, Phear und Kovalevsky hatten in dieser Hinsicht ihre Grenze darin, daß sie keinen Weg sahen, die Mechanismen der Auslese im Kampf ums Dasein aus der natürlichen in die kulturelle Ordnung zu übertragen. Marx stellte die Lehre vom sozialen Organismus in Frage, weil sie sich einerseits nicht auf einen bestimmten und konkreten Zusammenhang wissenschaftlicher Daten bezog und weil sie andererseits als Grundlage eines nicht zielgerichteten Fortschritts auf keine bestimmten menschlichen Akte bezogen war. Für diese Theorien liegt der Fortschritt nicht nur deswegen außerhalb des menschlichen Bereichs, weil es an wissenschaftlichen Daten und Theorien fehlte, sondern das Verhältnis des Fortschritts zur menschlichen Sphäre wurde von diesen Autoren zum Teil auch deswegen nicht geklärt, weil sie die Stellung der Kultur innerhalb der Ordnung der Natur nicht bestimmten.

Die von J. B. Bury und anderen getroffene Unterscheidung von Vorsehung und Fortschritt ist auf den ersten Blick attraktiv, weil sie im ersten Fall im Unterschied zum zweiten göttliches Handeln annimmt.[3] Und dennoch steht der so verstandene Fortschritt in keinem Verhältnis zu dem, was der Mensch tut und weiß: die allgemeine Disposition zum Fortschritt liegt für diese Denker des zwanzigsten Jahrhunderts nicht anders als für das neunzehnte Jahrhundert ebenso außerhalb der menschlichen Kontrolle wie das Wirken der Vorsehung für das siebzehnte Jahrhundert. Die abstrakte Auffassungsweise des Menschen trägt den Fortschritt nicht anders in die Ordnung der Natur hinein als das mystische Denken die Vorsehung; die Abstraktion ist im Mystischen enthalten wie das Mystische in den abstrakten Ordnungen, und weder Fortschritt noch Vorsehung hängen mit den eigentlichen Naturprozessen direkt zusammen.

In den Jahren 1841–1846 hat Marx eine Reihe von Thesen philosophischer Anthropologie entwickelt. Von besonderer Bedeutung für die ethnologischen Exzerpthefte sind dabei seine Aussagen über das Verhältnis von Familie, bürgerlicher Gesellschaft und Staat (in der *Kritik der Hegelschen Rechtsphilosophie*), über die Entfremdung des Menschen in der Gesellschaft und in der Natur (in den *Ökonomisch-philosophischen Manuskripten*), die Lehre von der Selbsterzeugung des Menschen durch seine Arbeit und seine gesellschaftlichen Verhältnisse (in *Die deutsche Ideologie* und *Die Heilige Familie*) und die Entgegensetzung des abstrakten und des konkreten menschlichen Wesens *(Thesen über Feuerbach)*.[4] Die zunehmend konkreter werdenden Probleme seiner Arbeiten, seine revolutionäre Wirksamkeit um das Jahr 1848 und seine Schlußfolgerung, daß die Anatomie der bürgerlichen Gesellschaft in der politischen Ökonomie zu suchen sei[5], haben seine Behandlungsweise der Anthropologie von einer philosophischen in eine empirische transformiert. Seine Forschungen im Britischen Museum verstanden sich als ein gänzlich empirisches Studium des Menschen, auf das er während der fünfziger, sechziger und siebziger Jahre immer wieder und dann mit besonderer Intensität während der Jahre 1879–1882 zurückkam. Sein Verhältnis zur philosophischen und empirischen Anthropologie steht im Zusammenhang mit der Debatte über die Kontinuität und Diskontinuität seines Denkens, wobei die Diskontinuitätsthese von Auguste Cornu, die Kontinuitätsthese von Georg Lukács und Jean Hyppolite vertreten worden ist. Karl Korsch hat von einem Kontinuitätsbruch gesprochen, der durch die *Kritik der Hegelschen Rechtsphilosophie* bezeichnet wird; da diese Arbeit jedoch 1843, also einige Jahre vor Beginn der Marxschen ökonomischen Studien auf der Grundlage seiner Anatomie der bürgerlichen Gesellschaft niedergeschrieben wurde, ist es in Wirklichkeit ein Argument für Kontinuität und nur scheinbar eine Variante der Diskontinuitätsthese.[6]

Die Entwicklung von Wirtschaft und Gesellschaft bei den primitiven

Völkern hat Marx in den Entwurf gebliebenen *Grundrissen der Kritik der politischen Ökonomie*[7] in zwei Abschnitten über den ursprünglichen Zustand des Menschen und dann noch einmal kurz in der *Kritik der politischen Ökonomie* von 1859 behandelt. Eine Exposition der primitiven Produktion in ihrem Gegensatz zur kapitalistischen hat er im *Kapital* im Kapitel über die gesellschaftliche Arbeitsteilung gegeben.[8] Die in den Jahren 1841–1846 bearbeiteten Probleme blieben in der Periode von 1857–1867, in der er die *Grundrisse* und die Bände des *Kapital* verfaßte, im wesentlichen unverändert und wurden bis in die Jahre seiner systematischeren ethnologischen Forschungen 1879–1882 festgehalten. Die Methode wurde zunehmend konkreter: sie analysierte die Entwicklung der bürgerlichen Gesellschaft, die Interessen ökonomischer Klassen und ihre Gegensätze, die Entwicklungsgeschichte kollektiver bäuerlicher Institutionen, die Beziehungen von Familie und zivilisierter Gesellschaft, von Staat und Gesellschaft, von gesellschaftlicher Teilung der Arbeit gegenüber nichtspezialisierten Formen der Arbeit.[9] In den *Grundrissen* und im *Kapital* kommt der Primitive als eine Kategorie vor, und die Abstraktion naturwüchsiger Verhältnisse dient als Mittel der Konkretion der kapitalistischen Ökonomie und wird in Gegensatz zu ihr gebracht, ohne daß auf die einzelnen primitiven Völker Bezug genommen würde. Innerhalb dieses Rahmens geht Marx spezifischer nur auf Indien, China, Griechenland, Rom, auf Länder des modernen Europa und auf Amerika ein, die weitergehende Konkretion der einzelnen primitiven Völker aufgrund ihrer bestimmten gesellschaftlichen Institutionen wird dann von Marx in den Exzerptheften aus den Jahren 1879–1882 vorgenommen.

Marxens ethnologische Studien standen einerseits im Zusammenhang mit seinen Untersuchungen zum ländlichen Gemeinwesen, zur Boden- und Bauernfrage als zugleich historischen wie aktuellen politischen Fragen, andererseits mit dem Problem der agrikulturellen Anwendung von Wissenschaft und Technologie. In den fünfziger und sechziger Jahren hatte Marx über die Donaufürstentümer und über orientalische Fragen geschrieben, speziell über Indien und China. Seine Forschungen über die slawischen, germanischen, irischen und südasiatischen Bauernkommunen und die Geschichte dieser Regionen hatte er schon, zusammen mit ethnologischen Daten aus antiken Autoren, in den *Grundrissen,* in der *Kritik* von 1859 und im *Kapital* zitiert, mit größerer Ausführlichkeit werden sie dann in die Exzerpthefte der siebziger und achtziger Jahre eingearbeitet. Die konkrete Seite seines Interesses brachte Marxens Briefwechsel mit Vera Zasulič[10] ins Spiel: das historische Problem der russischen Bauernkommune und ihrer höchst lebenskräftigen inneren sozialen Verhältnisse war ihm vertraut – in der Umgebung von Trier, seiner Heimat, hatte noch zu seiner Zeit ein solches Gemeinwesen bestanden. Die Bauernkommune beruhte auf kollektiven Unternehmungen, deren gesellschaftlicher Zweck nicht in erster Linie die Akkumulation von Privateigentum war; charakteristisch für diese Gemeinwesen war die Verschränkung von sozialer Moral, kollektiv-kommunaler Ethik und die Ungetrenntheit von Privatsphäre und Öffentlichkeit. Slawische und andere Völker mit einem erheblichen Anteil von bäuerlichen Gemeinwesen und Institutionen hatten nicht die Bestimmung, die notwendige Entwicklung des Kapitalismus durchzumachen – eine These, die Marx gegen den historischen Fatalismus und darüberhinaus allgemein gegen den Historizismus und gegen besondere historische Determinismen entwickelt. Seine ethnologischen Studien der Jahre 1879–1882 befaßten sich mit den alten Staaten und den archaischen wie modernen Gemeinwesen und Stammesgesellschaften. Morgans Kategorie der Gentilgesellschaft verstand Marx als Deutung einer konkreten Institution wie auch in abstrakter Hinsicht als eine Stufe des evolutionären Fortschritts. In Verbindung mit den damit zusammenhängenden ländlichen Gemeinwesen bot diese Kategorie Marx ein Modell für eine Gesellschaft, die nicht auf das Streben nach persönlichem und privatem Reichtum konzentriert war und stattdessen kollektive Eigentumsinstitutionen ausbildete. Andererseits war damit eine materielle Basis für die schon im *Kommunistischen Manifest* und in den *Grundrissen* aufgestellte These vom vorübergehenden Charakter des Eigentums in seiner besonderen Form des Privateigentums, der monogamen Familie und des Staates gegeben und die Möglichkeit einer selbständigen Entwicklung der Völker begründet, auf die Marx in den Briefen an Zasulič und gegen Michailovskij und die Redaktion der *Otečestvennije Zapiski* zurückgekommen ist (vgl. unten Zusatz 1 und Anmerkung 160). In diesem Sinne ergänzen die ethnologischen Exzerpthefte die Positionen der *Grundrisse* und des *Kapital,* zugleich sind sie Weiterentwicklungen der Marxschen Position der Periode von 1843–1845.

1. Marxens Exzerpte aus Morgan, Ancient Society [11]

Marxens Studium des Werkes von Morgan ist durch Engels bekannt geworden: ». . . Es war kein Geringerer als Karl Marx, der sich vorbehalten hatte, die Resultate der Morganschen Forschung im Zusammenhang mit den Ergebnissen seiner – ich darf innerhalb gewisser Grenzen sagen unserer – materialistischen Geschichtsuntersuchung darzustellen und dadurch erst ihre ganze Bedeutung klar zu machen.« [12] Die Art der Darstellung, die Marx im Blick hatte, bleibt freilich noch zu untersuchen.

Marx hatte Morgans Werk durch M. M. Kovalevsky erhalten, der es von einer Reise in die Vereinigten Staaten mitgebracht[13] und ihm vielleicht nur zeitweilig überlassen hatte, denn Engels konnte es in Marxens Bibliothek nicht finden.[14] Marx machte ausführliche Auszüge aus Morgans Werk und verband sie mit seinen Studien von Phear, Sohm, Maine und, etwas später, von Lubbock.[15] Die Sammlung der Exzerpte aus Morgan, Phear, Maine und Lubbock wird Gegenstand unserer Untersuchung sein, wobei wir berücksichtigen, daß Kovalevskys von Marx 1879 exzerpierte Arbeit über gemeinschaftlichen Grundbesitz inhaltlich und wegen ihrer großen zeitlichen Nähe zu den späteren Materialien hinzugerechnet werden muß.[16] Die Exzerpte aus Morgan, Phear und Maine sind zusammen mit denen aus Money, Sohm und Hospitalier in einem Exzerptheft enthalten (s. Anm. 15), die Lubbockexzerpte in einem zweiten. Im folgenden werden wir die inhaltlichen Beziehungen dieser Exzerpthefte zueinander und zu Marxens übrigen Werken behandeln; ein spezieller Zusatz über die Chronologie befindet sich am Ende dieses Kapitels.

Die in jenen Jahren breit angelegte und fortgesetzte Beschäftigung Marxens mit der ethnologischen Literatur läßt uns vermuten, daß er einer von ihm vielleicht beabsichtigten Darstellung der Resultate dieser Forschungen, von denen die zu Morgan die einflußreichsten gewesen sind, diese und andere ethnographische und historische Materialien der genannten Autoren sowie Werke von Bancroft, Tylor, Bachofen, Niebuhr, Grote, Mommsen und anderen in den Exzerptheften zitierten Autoren zugrundegelegt hätte.[17] (Zum Zusammenhang dieses Materials mit dem zu kolonialen Fragen und agrikultureller Technologie s. den folgenden Absatz und Anm. 15.) Welche Darstellungsweise Marx für sein Werk gewählt hätte, ob er es als ethnologisches Buch oder als Teil einer Arbeit über einen anderen Gegenstand herausgebracht hätte, ist unklar; man kann nicht sagen, daß sein Werk schon eine bestimmte Gestalt angenommen hatte. Was den Inhalt angeht, so waren seine Ansichten über Morgan, Maine und andere zeitgenössische Autoren, über den damaligen Stand der Ethnologie, über soziale Evolution, Vorgeschichte und Geschichte des Altertums, über historischen und evolutionären Fatalismus und Determinismus bisher nur in groben Zügen aus seiner Korrespondenz, aus Zitaten, aus den Morganexzerpten und deren Einarbeitung in Engels *Ursprung der Familie* bekannt. Jetzt haben wir den Kontext dieser Zitate, zusammen mit anderen Marxschen Kommentaren und den Materialien aus den übrigen Autoren, vor uns.

Das Heft mit den Exzerpten aus den Werken von Morgan, Phear und Maine enthält außerdem Auszüge aus Moneys Buch über Java als Kolonie (s. Anm. 15). Im Anschluß an die Lubbockexzerpte folgen unmittelbar einige Notizen aus einem Artikel über ägyptisches Finanzwesen, und der kurze Auszug aus Hospitalier dürfte im Zusammenhang mit einem schon im April-Mai 1851 geäußerten Interesse an der Verwendung der Elektrizität zur Steigerung der Fruchtbarkeit des Bodens stehen, ein Gedanke, den Marx dem Londoner *Economist* entnommen hatte.[18] Die Exzerpthefte sind nicht als willkürliche Sammlung von Einfällen anzusehen, vielmehr sind sie Knotenpunkte miteinander zusammenhängender Gedankenstränge, die in verschiedenen Richtungen – vielleicht nicht entlang allgemeinen, wohl aber nach besonderen Linien – verfolgt werden. Ausgehend von der Erforschung der primitiven Gesellschaft führen sie zur Entwicklungsgeschichte der Gesellschaft und, von ihrer Abfolge her zu urteilen, zu den Problemen des Kolonialismus und des technologischen Fortschritts in der Agrikultur. Wenn auch die vorliegende Untersuchung die ethnologische Seite dieser Problemstellung betont, so verzeichnet sie doch auch die innere Verbindung dieser Gedankengänge und zugleich ihr Verhältnis zu den philosophischen Problemen und zu Problemen der Praxis. Morgans Schriften werden im folgenden mit Bezug auf Verwandtschafts- (und bäuerlich-kommunale) Institutionen erörtert werden.

Morgans Theorie gesellschaftlichen Fortschritts war eine Theorie bloß des materiellen Fortschritts: die großen Epochen menschlichen Fortschritts werden mit einander folgenden Erweiterungen der Subsistenzmittel bis hinauf zum Beginn des Ackerbaus identifiziert. Sein Begriff der Urgesellschaft bezieht sich auf die Menschheit auf den Stufen von Wildheit und Barbarei. Während der Mensch auf den Stufen von Wildheit und niederer Barbarei bei seinen Errungenschaften von Fischerei, Feuer, Pfeil und Bogen ohne alle kulturelle und regionale Differenzierung blieb, vollzog sich der Aufstieg von der unteren zur mittleren Stufe der Barbarei auf zwei getrennten Linien des Fortschritts: in der Neuen Welt mit der Kultivierung von Mais und (Garten)pflanzen durch Bewässerung, während der Mensch in der Alten Welt zur mittleren Stufe der Barbarei durch die Entdeckung der Domestikation von Tieren und durch die Verwendung von Eisen fortschreitet und dann über die obere Stufe der Barbarei zur Zivilisation gelangt, von einer gesellschaftlichen Gliederung, in der persönliche und verwandtschaftliche Bande vorherrschend waren, und zu einer bürgerlichen Ordnung, *civitas,* oder dem politischen Staat auf der Grundlage von Seßhaftigkeit und Eigentum. Entlang den verschiedenen Linien hat der Fortschritt in den einzelnen chronologischen Abschnitten ein verschiedenes Tempo. Das soziale Leben der Völker ist seiner inneren Zusammensetzung nach heterogen und die Familie wandelt sich schneller als die Verwandtschaftssysteme, die deshalb fossile Zeugen der Menschheitsgeschichte sind. Darüberhinaus ist die Familie das aktive Element, das die Organisation des Lebens eines Volkes verändert, während das Verwandtschaftssystem passiv ist und sich entsprechend der Familienform wandelt. Engels bemerkt und kommentiert außerdem noch die organizistische Auffassung von untereinander zu einem Ganzen verbundenen Teilen.[19]

Morgan zufolge bestimmt einerseits das Ganze den Teil, das soziale System insgesamt bestimmt die Entwicklung der Familie, andererseits ist er der Ansicht, daß die Familienform einen bestimmenden Einfluß auf das Verwandtschaftssystem habe. Das soziale Leben eines Volkes faßt Morgan sowohl als eine Variable des Verhältnisses zwischen Völkern, der äußeren Verhältnisse einer Gesellschaft, als auch nach innen als eine Variable des Verhältnisses der Teile der Gesellschaft zueinander. Die Kultur der Menschheit ist für ihn jedoch nicht in derselben Weise variabel, denn sie wird im Singular und als das Gesamtprodukt einer ethnischen Periode begriffen, nicht als Mittel der Kultivierung des biologischen Organismus des Menschen oder einer besonderen Gesellschaft (vgl. Anm. 16).

Es ist Morgans allgemeine Hypothese oder Vermutung, daß die Menschheit ihren gemeinsamen Ursprung in Asien hatte. Die Völker Afrikas und Australiens trennten sich vom gemeinsamen Stamm, als die Gesellschaft noch auf sexueller Grundlage gegliedert und die Familienform die der Punaluafamilie war. Die Besiedlung Polynesiens geschah später, jedoch ehe noch die Gesellschaftsform sich gewandelt hatte, während die Amerikas noch später, nach der Institutionalisierung der Gentes anzusetzen ist: diese Abfolge ist entscheidend für ein Verständnis von *Ancient Society*. L. White hat Morgan kritisiert, weil er Polynesien ungeachtet ihm damals zugänglicher Information zu tief auf der gesellschaftlichen Stufenleiter angesetzt habe. Morgan wollte einen Gedanken formulieren, den er jedoch nicht vollständig entwickelte, daß nämlich die verschiedenen Völkerfamilien, von denen jede einen gemeinsamen Ursprung, gemeinsame Geschichte, Gesellschaftsform und Sprache hatte, die Kontinente und Inselwelten bevölkert hatten. Diesen Gedanken hat er nur für Amerika durchgeführt: der einheitliche Ursprung der amerikanischen Indianer, oder der ganowanischen Familie, stand für ihn außer Zweifel, wobei die Eskimos diesem Ursprung nicht zugerechnet wurden. Die turanische Völkerfamilie Asiens wird von Morgan mit denselben Ausdrücken bezeichnet, ohne daß ihre Zusammensetzung genauer gekennzeichnet wird. Diese Kulturgeographie und Kulturgeschichte wurde von den Systemen der Blutsverwandtschaft und Heiratsverwandtschaft getrennt erörtert, obgleich sie als Merkmal für die Nomenklatur und allgemeine Identifizierung der Bewohner der Kontinente herangezogen wurde.

Morgans Materialismus auf der einen und sein Verhältnis zum Darwinismus auf der anderen Seite sind oft diskutiert worden. Die von Morgan angewendete allgemeine Periodisierung war ihrer Anlage nach zweifellos materiell oder technologisch, und doch vertrat er die Auffassung, daß die gesellschaftlichen Verhältnisse aus den »Keimen des Denkens« der Menschengattung hervorgingen, was im Gegensatz zu jeder Art von Materialismus steht. Andererseits beschrieb er die Aufeinanderfolge immer höherer

Organisationen als das Resultat »großer gesellschaftlicher Bewegungen, die unbewußt durch natürliche Auslese zustandekommen«. Obgleich Morgan kein eigenes System der Naturphilosophie ausgearbeitet hat, lassen sich dessen verschiedene Elemente auffinden, die er mit großer Überzeugung vertrat.[20]

In primitiven Gesellschaften ist die Regierung, Morgan zufolge, persönlich und auf persönliche Beziehungen gegründet. Marx hat dies jedoch in seinem Mainemanuskript implizit bestritten. Maine hatte gesagt, daß Eigentum am Boden einen zweifachen Ursprung habe, nämlich zum einen in der Herauslösung der individuellen Rechte der Verwandtschaftsgruppen- und Stammesmitglieder aus den kollektiven Rechten der gesamten Verwandtschaftsgruppe – hier hatte Maine Familie gesagt – oder des Stammes, zum anderen im Anwachsen und in der Umbildung der Souveränität des Häuptlings. Dem entgegnete Marx: »Also nicht zweifacher Ursprung, sondern nur zwei Abzweigungen derselben Quelle; des Stammeseigentums und der Stammeskollektivität, die den Stammeshäuptling einschließt« (vgl. Maineexzerpte S. 164, s. u. Tafel 3 und dort Anm. 71). Aus dieser Entgegnung von Marx folgt, daß die Eigentums- und Herrschaftsverhältnisse in primitiven Gesellschaften weder persönliche noch unpersönliche, sondern kollektive sind. Maine hatte John Austin kritisiert, weil er die Existenz des Staates a priori voraussetzte, während Maine selber in seiner Kritik, wie Marx bemerkt, nicht zwischen der Institution des Staates und der Person des Herrschers unterschieden hatte: »Der unglückliche Maine selbst hat keine Ahnung davon, daß da, wo Staaten existieren (nach den primitiven Gemeinwesen, etc.) d. h. eine politisch organisierte Gesellschaft, der Staat keineswegs der Prinz ist; er scheint nur so.« (Maineexzerpte, S. 191, s. u. Tafel 3) Das unpersönliche Verhältnis des Staates nimmt in politisch organisierten Gesellschaften die Erscheinungsweise des persönlichen Verhältnisses des Herrschers an. Der Staat etabliert sich zeitlich später als die primitiven Gemeinwesen und seine Etablierung führt zur Unterscheidung von Schein und Wirklichkeit. (Vgl. unten Abschnitt 3 über Maine.) Die beiden Marxschen Kommentare zu Maine lassen sich ebensogut auf die These von Morgan beziehen, denn sie formulieren Einwände gegen jede Theorie primitiver Herrschaft als eines persönlichen Verhältnisses. Individualität findet ihren Ausdruck und ihre Entfaltung im kollektiven Leben primitiver Gesellschaften, freilich existiert die Person als solche nicht in einem wirklichen Gegensatz zur Gesellschaft als ganzer. Auf der einen Seite führt die Unterscheidung des persönlichen und des institutionellen Verhältnisses in politisch verfaßten Gesellschaften potentiell zu deren Gegensatz. Auf der anderen Seite sind in beiden Gesellschaften, der primitiven wie der zivilisierten, die persönlichen und institutionellen Verhältnisse in Wirklichkeit voneinander unterschieden: es ist deshalb abwegig zu glauben, in einer primitiven

Gesellschaft seien die Herrschafts-, Rechts- und anderen Verhältnisse persönliche, weil die Bevölkerung begrenzt sei und ihre Mitglieder aus diesem Grunde in ein persönliches Verhältnis zum Häuptling treten könnten. Persönliche Vertrautheit oder andere derartige Verhältnisse werden sowohl in primitiven als auch in zivilisierten Gesellschaften von institutionellen Verhältnissen unterschieden, selbst dann, wenn das persönliche Verhältnis selber institutionalisiert wird. Das individuelle oder persönliche Verhältnis gibt es auch zwischen Herrschern von Staaten und ihren Bürgern oder Untertanen, doch wird das Verhältnis von Herrscher und Untertan durch das persönliche Verhältnis nicht angetastet, und andererseits können Urteile des Stammeshäuptlings oder des Herrschers in einem Staate gleichermaßen von persönlichen Verhältnissen oder deren Fehlen beeinflußt sein. Die Entwicklung gegensätzlicher Interessen sozialer Klassen löscht das persönliche Verhältnis nicht aus, sondern nötigt zur Unterscheidung zwischen seiner Wirklichkeit und seinem bloßen Schein.

Marx hat diese Frage systematisch folgendermaßen entwickelt: Das politische Verhältnis ist die Negation des kollektiven ursprünglichen Verhältnisses, das seinerseits sowohl das persönliche wie das unpersönliche Verhältnis in einer mehr oder weniger ungetrennten Form in sich einschließt. Die Unterscheidung zwischen persönlichen und unpersönlichen Verhältnissen im primitiven Gemeinwesen nimmt in dem Maße zu als das Stammeseigentum wächst und dementsprechend das Amt des Häuptlings klarer abgegrenzt wird und weniger undifferenziert erscheint. Es ist also sinnlos, in extrem primitiven Gesellschaften, in denen der Umfang des Eigentums gering und ein besonderes Amt wie das des Häuptlings kaum, wenn überhaupt, wahrnehmbar ist, eine Unterscheidung von persönlichen und unpersönlichen Verhältnissen zu erwarten. Die Unterscheidung von persönlichen und unpersönlichen oder objektiven, institutionellen Verhältnissen wird wichtiger, wenn Produktion und Eigentum zunehmen und Ämter wie das des Häuptlings schärfer abgegrenzt werden. Selbst dann gibt es noch keine scharfe Unterscheidung zwischen kollektivem und privatem Eigentum: die Entwicklung dieser Unterscheidung lokalisierte Marx in der Periode des Überganges zur politisch organisierten Gesellschaft als der Grundlage für die Entwicklung des Privateigentums.

Ancient Society ist in vier Teile gegliedert: I. Entwicklung der Intelligenz durch Erfindungen und Entdeckungen; II. Entwicklung der Idee der Regierung; III. Entwicklung der Idee der Familie; IV. Entwicklung der Idee des Eigentums. Marx hat Morgans Reihenfolge abgeändert, indem er Teil II, Regierung, zuletzt behandelte und so dem Eigentum in seinem Manuskript eine andere Stellung gab. Dadurch hat er das Thema des zweiten Teils unmittelbar mit dem des Eigentums in Verbindung gebracht, während es bei Morgan durch die lange Abhandlung über die Familie davon getrennt war. Auf diese Weise wurde Morgans Schlußwort über die verzerrende Wirkung des Eigentums auf die Menschheit und die Beschwörung der Bedingungen seines Verschwindens zwar an seiner Stelle, jedoch ohne besondere Hervorhebung auf Seite 29 des Marxschen Manuskriptes exzerpiert. Marx reduzierte Teil I proportional auf die Hälfte des Umfanges, den er bei Morgan hatte, vor allem dadurch, daß er das 3. Kapitel, Rhythmus des menschlichen Fortschritts, in dem eine Zeittafel der menschlichen Entwicklungsgeschichte vorgelegt wird, ausließ, und ebenso widmete er dem III. Teil einen proportional geringeren Raum als Morgan: Morgans Zusammenfassung seines früheren Werkes in Tafeln der Verwandtschaftsterminologie und die daran anschließende Anmerkung, die sich mit dem Werk von McLennan auseinandersetzt, wurden von Marx ebenso ausgelassen wie Morgans Vorwort. Von diesen Auslassungen abgesehen überging Marx bei Morgan kaum etwas von Bedeutung, und dies ist – in welchem Ausmaße, werden wir sehen – ebenso der Fall bei den Phear- und Maineexzerpten, während es für die Lubbockexzerpte nicht gilt.[21]

Im allgemeinen stimmte Marx mit Morgans Werk überein, wenn er auch nicht so weit ging wie Engels, der *Ancient Society* für ein epochemachendes Werk hielt und meinte, daß Morgans »Wiederentdeckung der ursprünglichen mutterrechtlichen Gens als der Vorstufe der vaterrechtlichen Gens der Kulturvölker ... für die Urgeschichte dieselbe Bedeutung (hat) wie Darwins Entwicklungstheorie für die Biologie und Marx' Mehrwertstheorie für die politische Ökonomie«.[22] Marx berief sich in seinem Urteil über verwandte Fragen in den Schriften von Niebuhr, Grote, Mommsen über die klassische Antike auf Morgan und stellte seinen Republikanismus den aristokratischen Neigungen Grotes und Mommsens Fürstenverehrung gegenüber;[23] die Begrenztheit ihres Verständnisses der Institutionen der Gens, der Phratrie und des Basileus wurde Marx durch Morgan ebenso klar wie die Schwächen der ethnologischen Schriften von Maine und Lubbock. Marx erkannte Morgans Autorität auf dem Gebiet der Ethnologie der amerikanischen Indianer und anderer zeitgenössischer primitiver Völker ebenso an wie Bachofen[24], und fügte deswegen Morgans These nur wenig Belege aus außereuropäischen Quellen hinzu. Morgan gründete seine Argumentation jedoch ebensosehr auf Texte der klassischen Antike, vor allem griechische und römische, und in geringerem Umfang auf das Alte Testament. Einige von Morgans Angaben aus lateinischen und griechischen Autoren hat Marx überprüft und am Ende seiner Aufzeichnungen führt er eine Reihe weiterer Zitate auf, insbesondere zu Stammesliedern als historischen Annalen[25], fügt Etymologien des Griechischen (z. B. syndyasmian, Exzerpte, S. 3) und Lateinischen (z. B. hortus, Exzerpte S. 2) hinzu und notiert die Bedeutung englischer ethnologischer Ausdrücke wie »moccasin« und »squash« (a. a. O.).

Verglichen etwa mit seinem Vorgehen im Mainemanuskript exzerpiert oder resümiert Marx das Werk Morgans, ohne umfangreiche eigene Bemerkungen hinzuzufügen. Die folgende Tafel verzeichnet seine wichtigsten Kommentare und Zusätze. Einige dieser Kommentare sind bereits durch ihre Übernahme in Engels' *Ursprung der Familie* bekannt; um einen vollständigeren Vergleich zu ermöglichen, folgt weiter unten eine Tafel mit den von Engels übernommenen Marxschen Bemerkungen (s. u., Tafel 5).

In der folgenden und den weiteren Tafeln der Marxschen Kommentare wird der Text nach der Ausgabe der *Notebooks* (s. o., Einleitung, S. 9) wiedergegeben; um ihn lesbarer zu machen, sind lediglich die Abkürzungen aufgelöst und die Schreibweise der heute üblichen angeglichen worden, ohne die Eigenheiten des Marxschen Exzerpierstils zu verändern. Wird aus den Exzerpten im Laufe dieser Untersuchung zitiert, werden sie in einer grammatisch vervollständigten deutschen Fassung wiedergegeben. Hinzufügungen des Verfassers erscheinen in spitzen Klammern. Die Seitenangaben beziehen sich auf die Originalpaginierung der Exzerpthefte, die in der Ausgabe der *Notebooks* und in den Tafeln verzeichnet ist. Für den Kontext der zitierten Stellen sei der Leser nachdrücklich auf diese Ausgabe hingewiesen.

Tafel 1 Marxens Kommentare in den Morganexzerpten

Exzerpte, Seite	
1[26]	In the *upper Status of Barbarism* the *Grecian tribes of homeric ages, Italian tribes before the founding of Rome* (?), the *German tribes of Caesar's time.*
2	Mankind are the only beings who may be said to *have gained an absolute control* (?!) over the production of food.
6	Die *relations* von *Mutter und Kind, Bruder und Schwester, Großmutter und grandchild* were stets versicherbar (seit Etablierung irgendeiner Form von family), aber nicht *die von Vater und Kind, Großvater und grandchild;* letzteres nur (mindestens offiziell?) versicherbar in Monogamie.
10	Die family active principle, steht nie still, passes from a lower form into a higher one. *Systems of consanguinity* sind dagegen passiv; *recording the progress made by the family at long intervals apart, and only changing radically when the family has radically changed.* [Ebenso verhält es sich mit *politischen, religiösen, juristischen, philosophischen* Systemen überhaupt.]
13	*Communism in living* seems to have originated *in the necessities of the consanguine family,* to *have been continued in the* punaluan, and transmitted to the *syndyasmian* unter den American aborigenes, with whom it remained a practice down to the epoch oft their discovery – (and the *South Slavonians?* and even *Russians* to a certain degree?)

Verschiedne der *syndyasmischen families usually found in one house* [wie bei *Südslawen:* der *monogamischen Familien*], *forming a communal household* [wie Südslawen und in some degree: *Russian peasants* vor und nach Leibeignenemanzipation] worin the *principle of communism in living was practised.*

14 Morgan sagt, was oft anwendbar, von den *Old Britons:* (in the middle status of barbarism), *»they seem to have been savages in their brains, while wearing the art apparel of more advanced tribes.«*

16 [*Fourier* charakterisiert Epoche der *Zivilisation durch Monogamy und Grund-Privateigentum.*] Die moderne Familie enthält im Keim nicht nur *servitus* (Sklaverei), sondern auch Leibeigenschaft, da sie von vorn herein Beziehung auf *Dienste für* Ackerbau. Sie enthält in *Miniatur* alle die Antagonismen in sich, die sich später breit entwickeln in der Gesellschaft und ihrem Staat.

Wahrscheinlich family *»sheltered« itself in a communal household* (wie Südslawen) composed of related families.

[In fact, die *monogamische family* unterstellt, um selbständig isolated existence zu können, überall *a domestic class,* die ursprünglich überall direkt *slaves.*]

[Aber das Verhältnis der *Göttinnen im Olymp* zeigt Rückerinnerung an frühere freiere und einflußreichere Position der Weiber. Die Juno herrschsüchtig, die Weisheitsgöttin springt aus Kopf des Zeus etc.]

21 Unter *minor inventions* zählten neben *fire-drill* (während umgekehrt alles zum Feuermachen Gehörige die Hauptinvention!) *moccasin* (Indian word for Schuhe ohne Sohlen aus weichern skin von deer etc.].

24 Diese Kultur *forced upon them by the necessities of the domestic animals* now incorporated into their plan of life. (Dies vielleicht nicht Fall bei den *Celts.*)

26 (*Morgan* irrt sich, wenn er glaubt, das *bloße fencing* beweise Privatgrundeigentum.)

property became *tremendous passion* im barbarian des heroic age. (»booty and beauty«). Dagegen nicht haltbar *archaic* und *later usages.* [Herr Loria! voilà the working of passion!] [a]

28 Unter *Solon* erschienen *testamentary dispositions* (established? by him);

37 The phratry had *still* the duty to *prosecute the murderer of a phrator in the courts of justice* (Veränderte Form der Blutrache!)

38 But the *Mohawks und Oneidas* had only the 3 named; they had then *lost an entire phratry,* and *one gens of that remaining – if* (!) *it is supposed* (!) that *the original tribes were once composed of the same gentes.*

41 When *increased numbers pressed upon the means of subsistence, the surplus removed to a new seat,* wo *sie sich mit Leichtigkeit etablierten, weil the government was perfect in every gens und in any number of gentes united in a band.* [Dies war *›organized colonisation‹.*]

48 [Das *Erblichmachen* der Wahl des Sachems in certain gentes, does it not spring davon, daß *certain gentes* most common allen tribes?]

57 [*Eingeborene casuistry of man* to *change things by changing names!* und Schlupfwinkel zu finden, um innerhalb der Tradition die Tradition zu durchbrechen, wo *actual interest* powerful motive dazu gab!]

58 [und in der Art, namentlich wie zum Gensprinzip Eroberung hinzukommt, können nach und nach die gentes zur *Kastenbildung* Anlaß geben? wo

dann das Verbot der *intermarriage zwischen verschiedenen gentes* ganz verkehrt die *archaische rule* der intermarriage *innerhalb the same gens;*]

[Den Begriff *der caste* trägt der Briefschreiber hinein und interpretiert sich so, daß ein Mann *nicht in seiner eignen gens heiraten* kann, wohl aber in gens seiner andren brother- oder cousin phratry; zeigt aber, daß, sobald *difference of rank zwischen Blutsverwandten of gentes* entsteht, dieses in Konflikt mit dem *gentilen Prinzip* gerät und die *gens* in ihr Gegenteil, *caste,* versteinern kann.] *b* *The children belong to the grade of the mother* [welches also der Rangunterschied zwischen gentes, *Brüder und Schwestern aller gentes* finden sich in gentes jedes Rangs. Das Verwandtschaftsband läßt keine finierte Aristokratie aufkommen, fraternity bleibt in Gleichheitsgefühl.]

67 [Er hätte sagen sollen, daß *political* hier *Sinn des Aristoteles* hat = *städtisch* und *politisches animal* = *Stadtbürger.*]
[*Stamm* φυλή; dann φρατρία oder φρατορία; φράτωρ Glied einer phratry; Γένος *Geschlecht (auch: Nation und Stamm).*]

68 Durch die *Grecian gens* guckt der *Wilde* (Iroquois z. B.) aber auch unverkennbar durch.

69 Nicht nur *Grote* *c*, sondern *Niebuhr, Thirlwall, Maine, Mommsen* etc. – alle von klassischer Schülergelehrsamkeit – nehmen selben Stand mit *Bezug auf monogamische Familie of patriarchal type als integer around which society integrated in the Grecian und Roman systems.*

Herrn Grote ferner zu bemerken, daß obgleich die Griechen ihre *gentes* aus der *Mythologie* herleiten, jene *älter* sind als die von ihnen selbst geschaffene *Mythology* mit ihren Göttern und Halbgöttern.

70 *Herr Grote* ⟨...⟩ erklärt den *Ursprung der Gens* als schulgelehrter Philister so ⟨...⟩.

71 (Dear Sir, not *ideal,* but *carnal, germanice* fleischlich.) *c*
Lernten dies für sie entscheidend Wichtige durch Praxis von Kindesbeinen. Dahingegen das *practical denial aller relationship zwischen its members* à la *Pollux* und *Niebuhr, changing the gens into a purely fictitious creation,* würdig idealer, i. e. stubenhockerischer Schriftgelehrter. [Weil die *Verkettung der Geschlechter,* namentlich mit Anbruch der Monogamie, in die Ferne gerückt und die *past reality* in *mythological Phantasiebild* reflektiert erscheint, hence schlossen und schließen Philister-Biedermänner, daß die *Phantasiegenealogie* wirkliche gentes schuf!]

[Das lumpige *religiöse* Element wird Hauptsache bei gens, im Maß wie *real cooperation* und *common property* alle werden; der Weihrauchsduft, der übrig bleibt.]

73–74 [Die europäischen Gelehrten – meist geborne Fürstenbediente, machen aus dem βασιλεύς Monarch im modernen Sinn. Dagegen *Morgan,* Yankee Republican; er sagt sehr ironisch, aber true, vom öligen *Gladstone:* »Mr. Gladstone ... presents to his readers (in ›*Juventus Mundi*‹) the Grecian chiefs of the heroic age as kings and princes, with *the superadded qualitiy of gentlemen*«, selbst er muß aber zugeben (der »Gutstein«) »on the whole we seem to have *the custom or law of primogeniture* sufficiently but not oversharply defined.«]

βασιλεία angewandt von den griechischen Schriftstellern für das homerische Königtum (weil *generalship* his chief feature) mit βουλή und *agora* ist – Sorte *militärischer Demokratie.* *d*

75 [Was die *richterliche function* angeht, muß sie wie bei den alten Germanen gedeutet werden, als Vorsteher des Gerichts, welches Versammlung ist; der Vorsitzer stellt die Frage, ist aber nicht der *Urteilfinder.*]

76–77 [Die Äußerung von Plutarch, daß »die *Niedrigen und Armen bereitwillig der Aufforderung des Theseus folgten«* und der von ihm zitierte Ausspruch des *Aristoteles*, daß Theseus *»sich zum Volk hinneigte«* scheinen aber trotz Morgan darauf hinzuweisen, daß die *chiefs der gentes* etc. durch Reichtum etc. bereits in *Interessenkonflikt* mit der *Masse der gentes* geraten, was unvermeidlich bei *Privateigentum* in *Häusern, lands, Herden* verbunden mit *monogamischer Familie.*]

79 [Abgesehen von *locality:* die *Eigentumsdifferenz* in selber gens hatte Einheit ihrer Interessen in *Antagonismus* ihrer members verwandelt; außerdem war neben Land und Vieh *Geldkapital* entscheidend wichtig geworden, mit der *Entwicklung der Sklaverei!*]

84[27] *Mommsen* sagt dann: »das römische territorium in den frühsten Zeiten *geteilt* in Anzahl von *clan* (heißt wohl *Geschlechter* bei ihm!) *districts,* die später employed in the formation der *ältesten rural wards districts (tribus rusticae)* ...

84–85[28] *Mommsen* sagt ferner: »Wie *jeder Haushalt* seine eigne Portion Land hatte, so der *clan*-household (das wohl nicht das Wort bei Mommsen) or village, had *clan-lands* belonging to it *which* ... were *managed up to a comparatively* late period after the *analogy* (!) of house-lands, that is, on the system of common possessions... *These clanships* jedoch von Anfang an nicht betrachtet als *unabhängige Gesellschaften,* sondern als *integral parts of a political community (civitas populi).* This first presents itself as *an aggregate of a number of clanvillages of the same stock, language and manners,* bound to mutual observance of law and mutual legal redress and to united action in aggression and redress.«

87 *[Tribun also literally das Äquivalent des alten tribe chief.]*

90 [*Morgan's* Behauptung, daß die *clients* von Anfang an a *part of the plebejan body* – falsch, Niebuhr right.]

95 Wie pragmatisch und als echter deutscher Schulgelehrter Bachofen selbst die Sache auffaßt, sichtbar aus folgendem passus: Denn *vor der Zeit des Kekrops* hatten die Kinder *nur eine Mutter, keinen Vater;* they *were of one line.* An keinen Mann ausschließlich gebunden, brachte das Weib nur *spurious* (!) children zu Welt. *Kekrops* (!) machte (!) diesem Zustand der Dinge ein Ende; *brachte zurück* (!) die *lawless* (!) *union of sexes* zur *Exklusivität der Ehe, gab* den Kindern einen *Vater* (!) und *eine Mutter* (!) und machte sie so from *unilateres-bilateres.* (machte sie *unilateres* in *male line of descent!*)

Die *gens was a great family* (nenne es *Geschlechtsfamilie*) of kindred persons.

96 [Wenn *Bachofen* diese punaluan Ehe *lawless* findet, so finde Mann aus dieser Periode die *meisten jetzigen Ehen* zwischen nahen und fernen Cousins, sei es väterlicher, sei es mütterlicher Seite, *blutschänderisch,* nämlich als *Ehen zwischen* blutsverwandten Geschwistern.]

---

a Vielleicht: Achille Loria, *La rendita fondiaria e la sua elisione naturale,* Milano 1880.
b Vgl. Anm. 32.
c Gemeint ist George Grote. Über Grotes Verhältnis zu Bentham, J. St. Mill und den Utilitariern, vgl. Elie Halévy, *The Growth of Philosophical Radicalism* (1928) 1955.
d Vgl. unten Abschnitt 7, Das Verhältnis von Engels zu Marx und Morgan.

Marx weicht von Morgan vor allem in Einzelheiten ab (Exzerpte, S. 1, 2, 20, 21, 24, 26, 77, 84, 90), während er grundsätzliche Fragen wie Privateigentum bei Homer, erbliche Übertragung der Häuptlingswürde, die Frage des Interessenkonfliktes und der Eigentumsdifferenz in der Periode der Auflösung der Gens (Exzerpte, S. 26, 38, 48, 76–79) mit seinen eigenen Worten formuliert.

Marx beendet seine Exzerpte und Aufzeichnungen zu Morgan mit dem 15. Kapitel des zweiten Teils von *Ancient Society*. Nachdem er den Anfang dieses Kapitels durchgegangen ist, exzerpiert er dort angegebene Stellen aus Tacitus' Germania und Caesars Gallischem Krieg, fügt weitere Passagen aus klassischen Autoren einschließlich einiger in der Tacitusausgabe von Lipsius angegebener Verweise (Exzerpte, S. 96–98) hinzu und beendet die Morganaufzeichnungen.

Die Morgansche Behauptung, »Der Mensch ist das einzige Wesen, von dem man sagen kann, es habe es zu einer absoluten Kontrolle (?!) über die Erzeugung von Nahrungsmitteln gebracht ...« (Exzerpte, S. 2), wird von Marx mit einem Fragezeichen versehen.[29] Morgan zufolge ging der Wanderung der arischen Völker aus den Grassteppen Hochasiens in die Wälder Westasiens und Europas die Kultivierung von Getreide voraus, und diese Kultur wurde ihnen durch die Erfordernisse der Tierzucht, die jetzt Bestandteil ihrer Lebensweise war, aufgenötigt. Marx (Exzerpte, S. 24) deutet an, daß dies bei den Kelten nicht der Fall war.[30] Gestützt auf die Autorität der Ilias, in der er Einzäunungen erwähnt fand, nahm Morgan für das homerische Griechenland Privatgrundeigentum an, eine Interpretation, die Marx nicht akzeptiert (Exzerpte, S. 26): »Morgan irrt sich, wenn er glaubt, das *bloße Einzäunen* beweise Privatgrundeigentum.«[31]

Den Ursprung der zivilisierten Gesellschaft und des Staats sucht Marx in der Auflösung der primitiven Gruppe. Die Form dieser Gruppe wird mit der Gens, wie Morgan sie beschreibt, und nicht mit Maines ›ungeteilter Familie‹ (joint family) identifiziert. Darüber hinaus macht Marx sich die Morgansche Auffassung zu eigen, daß in den Gemeinschaften der Urgesellschaft jener Grundzug von Gesellschaft vorgelegen habe, den der Mensch wiederherstellen werde, wenn er die Verzerrungen seines Charakters im Zustande der Zivilisation überwunden habe. Im Unterschied zu Morgan macht Marx jedoch deutlich, daß dieser Prozeß der Wiederherstellung auf einer anderen Ebene als in der Urgesellschaft sich vollziehen werde, daß es sich dabei nämlich um eine menschliche Tätigkeit, ein Handeln des Menschen für und durch den Menschen handle, und daß die Antagonismen der Zivilisation nicht statisch und passiv seien, sondern vielmehr aus gesellschaftlichen Interessen bestünden, die sich dem Ziel dieser Wiederherstellung in einer aktiven und dynamischen Weise entgegenstellen oder es fördern.

Hinsichtlich des Verhältnisses der Institutionen der Urgesellschaft zu deden der Zivilisationsperiode bemerkt Marx, daß der Tribun des römischen Volkes, der in historischer Zeit die Plebejer gegen die Patrizier verteidigte, ursprünglich der Stammeshäuptling gewesen sei (Morganexzerpte, S. 87). Mit den gesellschaftlichen Verhältnissen der Zivilisation änderte sich die Brüderlichkeit der alten Gentes sowohl ihrem Sinne nach als auch in dem, worauf sie sich bezog, und sie kann weder in ihrer alten Form wiederhergestellt noch in dieser Weise neu konzipiert werden. Die Grundzüge der Freiheit und Gleichheit der Urgesellschaft werden von Marx hier und da erörtert:

1. Morgan war der Ansicht, daß die zunehmende Freiheit und höhere gesellschaftliche Stellung der Frau ein Maß für den Fortschritt der Familie sei: Wie die Zukunft der Menschheit die Freiheit und Gleichheit der Gentes der Urgesellschaft wiederherstellen werde, wenn die Verzerrungen der Herrschaft des Privateigentums erst einmal überwunden sind, so werde auch die Frau ihre frühere höhere Stellung wieder einnehmen. Dazu schreibt Marx (Exzerpte, S. 16): »Aber das Verhältnis der Göttinnen im Olymp zeigt Rückerinnerung an frühere freiere und einflußreichere Position der Weiber.« Ein Teil der Mythologie Junos und Minervas geht auf die Erinnerung an einen früheren Zustand größerer Freiheit und größeren Einflusses der Frau zurück. Zum andern Teil läßt sich die Projektion der alten Freiheit und Gleichheit der Frauen in den Götterhimmel als eine Verkehrung ihrer wirklichen Stellung in der griechischen Gesellschaft erklären und ist zugleich mythologisch die Rechtfertigung, daß sie in jener niederen Position gehalten werden, sowie Ausdruck der hoffnungsvollen Phantasie, daß dies in einer andern Welt sich bessern werde.

2. Die Frage nach dem Verhältnis der Gens zur Zerstörung der Gleichheit, der Entstehung gesellschaftlicher Rangordnung, und weiter von Kasten, sozialer Schichtung und einer komplexen, in Gegensätze gespaltenen Gesellschaft stellt Marx im Zusammenhang mit der Behandlung der Kutschin, einem athapaskischen Volk Nordwestkanadas (Morganexzerpte, S. 58). G. Gibbs zufolge, einem Korrespondenten Morgans, bestanden die Kutschin aus drei exogamen Gruppen gemeinsamer Deszendenz, und in diesem Zusammenhang wurde von Gibbs das Problem der Kaste ins Spiel gebracht. Marx kommentiert das mit der hypothetischen Frage, ob die Gentes zur Kastenbildung Anlaß geben, namentlich dann, wenn zu dem Gensprinzip Eroberung hinzukomme. Es geht hier um die Art und Weise, wie eins zum andern hinzutritt. Bei den Kutschin waren die Gentes ihrem Range nach verschieden, und diese Unterscheidung geht auf einen Faktor zurück, der dem Gensprinzip nicht äußerlich ist; das Gensprinzip ist der Kaste entgegengesetzt. Das abstrakte Prinzip der Gens ist also einer konkreten gesellschaftlichen Organisationsform, der Kaste, auf der einen Seite

und der Eroberung auf der anderen entgegengesetzt. Wandelt sich die Gens, so kann sie aufgrund von gesellschaftlichen Rangunterschieden in ihr Gegenteil, die Kaste, versteinern. Die Konkretion, der gesellschaftliche Rangunterschied, steht im Konflikt mit der Abstraktion, dem Gensprinzip; gleichzeitig versteinert die konkrete Gens in ihr Gegenteil, die konkrete Kaste. Das Verwandtschaftsband innerhalb des Gensprinzips erlaubt es schon durch sein bloßes Dasein nicht, daß eine Aristokratie in ihrer endgültigen Gestalt entstehen kann, und das Brüderlichkeitsgefühl hat in der Gens so lange Bestand, als noch keine Aristokratie existiert. Die *Form* der Brüderlichkeit kann demgegenüber sehr wohl in einer Gesellschaft mit entwickelter Aristokratie existieren.

2a. Diese Marxsche Formulierung ist innerhalb der Morganexzerpte diejenige, die mit der explizitesten Dialektik den Übergang der Menschheit aus dem primitiven Zustand in den zivilisierten beschreibt: in dieser Dialektik wird der Gegensatz zwischen einer Abstraktion, dem Gensprinzip, und einer Reihe von Konkretionen, Eroberung, Kaste und Differenzierung der gesellschaftlichen Rangordnung gesetzt. Der Übergang von der Abstraktion der Gens steht gleichzeitig in Gegensatz zu der konkreten Kaste, so daß die beiden Übergänge von Abstraktion zu Konkretion und von einer Konkretion zur anderen sich gleichzeitig vollziehen, wobei der Übergang von der konkreten Gens zu ihrer Abstraktion vorausgeht. Die Konkretion der Eroberung tritt zur Abstraktion der Gens genau so hinzu wie zum Prinzip der Gens. Die Konkretion der gesellschaftlichen Rangunterschiede steht im Konflikt mit dem abstrakten Gensprinzip. Doch kann die konkrete Gens durch Rangunterschiede konkret in ihr Gegenteil, die konkrete Kaste versteinern? Die Kaste steht auch zu einer weiteren Formation in Gegensatz, die aus der Auflösung der Gentilgesellschaft hervorgeht, nämlich der Aristokratie, denn die Konkretionen von Kaste, Brüderlichkeit, Gentilverfassung und Verwandtschaftsbanden stehen in ihrer Versteinerung im Gegensatz zur Entwicklung der Aristokratie. Deswegen muß in diesem Falle ein gesellschaftliches Verhältnis eingeführt werden, das dem Gentilprinzip äußerlich ist: nicht die Kaste oder die Eroberung als solche oder Rangunterschiede zerstören das Band von Verwandtschaft und Brüderlichkeit, sondern die Gens und das Gentilprinzip gehen in die Zivilisation, die antagonistische Gesellschaft und eine Aristokratie über, die einem anderen Gegensatz als dem hier skizzierten unterworfen ist, während Gleichheit, Brüderlichkeit, Eroberung, Verwandtschaftsbande und Rangunterschiede so lange zusammenbestehen können, wie das Eigentum nicht ungleich akkumuliert und privat ausgegrenzt, verteilt und weitergegeben wird. Ungleichheit im Verhältnis zum Eigentum setzt zunächst einen quantitativen Zuwachs gesellschaftlichen Eigentums voraus, und dies ist der schon von Morgan eingeführte, dem Gentilprinzip äußerliche Faktor, der bei dem

Übergang von *societas* und *civitas* wirksam ist.

2b. Die Kaste ist eine Versteinerung der inneren Gentildifferenzierung. (Marx analysiert hier den Prozeß der Entstehung der Kaste, während er in dem Brief an Annenkov und im 1. Band des *Kapital* dessen schließliches Resultat betrachtet.)[32] In ihrer endgültigen Gestalt ist die Aristokratie der Gegensatz zur Kaste, wie ja auch ihr Bildungsprozeß dem der Versteinerung entgegengesetzt ist. Andererseits kommt es zur Bildung der Kaste nicht aus der Konkretion der Gens, sondern aus ihrer Abstraktion. Die Versteinerung der Gens zur Kaste bedeutet dabei nicht, daß die Gens der Form des Gemeinwesens nach ausgelöscht wird, sondern dieses Gemeinwesen wird, ebenso wie dies bei der Bildung einer Aristokratie der Fall ist, des Gleichheitsgefühls beraubt. Bei der Bildung einer Aristokratie jedoch werden sowohl die Form wie der Inhalt des Verwandtschaftsbandes zerstört. Mit dem formalen Gensprinzip sind Rangunterschiede sehr wohl vereinbar, nicht jedoch mit dem Gleichheitsgefühl. Die Aristokratie entsteht in einer nichtzyklischen Revolution, denn nachdem diese Gesellschaft einmal entstanden ist, ist eine Rückkehr zur substanziellen Gleichheit und Blutsbrüderlichkeit oder Gemeinschaftlichkeit in ihrer alten Form nicht mehr möglich. Ausschließlich in diesem Sinne versteht V. G. Childe Revolution, wenn er für die archäologische Periode der neolithischen Siedlungen eine Revolution der frühesten agrikulturellen Gemeinwesen ansetzt. Den der Astronomie entlehnten Begriff von Revolution als einer zyklischen und wiederkehrenden Umwälzung, wie er schon bei Vico anzutreffen ist, hat jüngst Jean-Paul Sartre in dem Begriff der Wiederkehr in der Geschichte aufgenommen, worunter er die Wiederkehr von beständigen Faktoren der menschlichen Kondition, wie desjenigen der Knappheit, versteht.

3. Marx bemerkt (Exzerpte, S. 33), daß Morgan für die Irokesen ebenso wie für die Griechen und Römer ein jus gentilicium aufstellt (dieses Thema wird in Teil II, Kapitel II, VIII und XI von *Ancient Society* behandelt). Ein jus gentilicium ist ein Anachronismus, da es erst niedergeschrieben werden kann, nachdem ein Gentilsystem an sein Ende gekommen ist, wie dies im alten Rom der Fall war, wo tatsächlich ein jus gentilicium entwikkelt wurde, nachdem es zur Errichtung der politischen Gesellschaft gekommen und die Gens zugrundegegangen war. In anderer Hinsicht ist das jus gentilicium ein Widerspruch in sich. Ein Ethnologe kann sich als Außenseiter die Aufgabe stellen, ein jus gentilicium zu entwickeln, doch entwirft er es nicht mehr für eine besondere Gesellschaft, wie dies die Römer für die ihre taten, sondern der Ethnologe verfaßt ein universelles jus gentilicium für die Gens als Abstraktion und die Gentilgesellschaft als allgemeines Phänomen. Diese Aufgabe hat Morgan sich gestellt: ob dieser Versuch gelingt oder nicht, hängt davon ab, ob das besondere jus gentilicium auf konkrete Weise mit seiner Allgemeinheit zusammenhängt. Diese Seite des

Morganschen Werkes ist nicht systematisch verfolgt worden. Er selbst hat diesen Versuch zunächst quasi dialektisch nicht für die Gens, sondern für ihr Gegenteil, die Familie unternommen, die als ein aktives Prinzip (Morganexzerpte, S. 10) und als eine Passivität (vgl. hier Anm. 16, Schluß) verstanden wird, doch hat er weder diese beiden einander entgegengesetzten Seiten zusammenbringen können, noch hat er die in diesem Versuch implizierte Auffassung der Gens entfaltet. Das Verhältnis der Gens als eines aktiven und als eines passiven Prinzips und der Gens als konkreter sowohl passiver wie aktiver Institution ist jedoch zentral für den Übergang zur Zivilisation. Außerdem kann für diese Prozesse und Verhältnisse die Auflösung der Gens nicht ausgeklammert werden.

In Übereinstimmung mit Morgan hat Marx in seinen Exzerpten die Unterschiede zu einer Theorie unilinearer Evolution festgehalten. Morgans Bezugnahme auf die von ihm herausgearbeiteten verschiedenen Entwicklungslinien in den beiden Hemisphären hat Marx ebenso vermerkt wie die Äquivalente der Entwicklung in beiden Hemisphären. Darüber hinaus hat Morgan den Faktor der Entlehnung oder Diffusion zwischen Völkern auf verschiedenen Stufen ihrer Entwicklung in sein System aufgenommen. Marx hat dies sowohl für die alten Briten (Exzerpte, S. 14)[33] als auch als ein allgemeines Phänomen festgehalten (Exzerpte, S. 22).[34] Die patriarchalische Familie der Hebräer und Römer sah Morgan als eine Ausnahme in der Evolution von Gesellschaft und Familie an und damit als außerhalb einer unilinearen Entwicklung stehend. Diese Ansicht hat Marx aufgezeichnet (Exzerpte S. 4) und sie modifiziert in sein eigenes Schema übernommen, ohne in dieser Frage mit Morgan in eine Kontroverse einzutreten. Engels hat sich der Auffassung angeschlossen, daß die patriarchalische Familie die der modernen Familie entwicklungsgeschichtlich zugrundeliegende Form sei, und die orientalische Familie als eine einlinige Evolution der alten (hebräischen und römischen) patriarchalischen Familie aufgefaßt.[35] Bei Morgan und seinen Zeitgenossen überschattet die Doktrin von der unilinearen Evolution alles übrige, so daß auch noch die Abweichungen jener Doktrin untergeordnet werden; die dialektische Wechselbeziehung der einen und der vielen Linien der menschlichen Entwicklung wurde damals nicht zum Thema gemacht.

Morgan hatte vorgeschlagen, die Entwicklung der väterlichen Autorität darauf zurückzuführen, daß die Familie einen monogamen Charakter annahm und daß der Zuwachs an Eigentum sowie das Bedürfnis, es innerhalb der Familie zu halten, dazu führten, daß die Abstammung von der weiblichen auf die männliche Linie überging, so daß jene Macht auf eine wirkliche Grundlage gestellt wurde.[36] (Wie Gaius gezeigt hatte, gab die römische

Familie dem Vater eine ungewöhnliche Autorität über den Sohn. Insoweit die römische Familie patriarchalisch war, betrachtete Morgan sie als eine Ausnahme.) Als Beleg dafür, daß die alten Germanen auf dem Wege zur monogamen Familie waren, berief Morgan sich auf Tacitus (obgleich Tacitus hierüber keine eindeutige Auskunft gibt): »Es scheint wahrscheinlich ..., daß [die Familie] der alten Germanen eine zu schwache Organisation war, um allein der Not des Lebens die Stirn bieten zu können; und infolgedessen suchte sie Zuflucht in einem kommunalen Haushalt [Marx, Morganexzerpte, S. 16, fügt hinzu: »wie die Südslaven«], der aus miteinander verwandten Familien bestand. Wurde die Sklaverei zu einer Institution, so mußten diese Haushaltungen verschwinden.« [37] Dazu bemerkt Marx (a. a. O.): »Tatsächlich unterstellt die monogamische Familie, um selbständig isoliert existieren zu können, überall eine dienende Klasse, die ursprünglich überall direkt Sklaven waren.« Morgan war der Ansicht, daß nicht die Familie die Entwicklung der Gesellschaft bestimme, sondern umgekehrt die Gesellschaft die der Familie: »Die germanische Gesellschaft war in dieser Zeit für das Erscheinen eines höheren Typus' monogamer Familie nicht weit genug entwickelt.« Diese Stellungnahme muß mit dem Verhältnis von Familie und Verwandtschaftssystem in Zusammenhang gebracht werden (Morganexzerpte, S. 10).[38]

Daß die griechische, römische und hebräische Familie dem patriarchalischen Typus angehörten und auf Ackerbau- und Hirten)-dienste, auf Sklaverei und im römischen Fall potentiell auf Leibeigenschaft bezogen waren, weist darauf hin, daß die patriarchalische Familienform innerhalb der menschlichen Erfahrung eine Ausnahme darstellte, und dies gilt allgemein von der Entwicklung der westlichen Zivilisation im Gegensatz zur orientalischen. Die Zivilisation entstand in Verbindung mit dem Aufstieg der patriarchalischen Familie im Westen, doch war sie weder ganz noch ausschließlich auf sie und die monogame Familie bezogen, so daß die Zivilisation selber als eine abweichende Entwicklung angesehen werden muß. Dieser zuerst bei Fourier ausgeführte Gedankengang geht auf Gaius zurück und wurde von Marx weiter verfolgt (Morganexzerpte, S. 16): »Fourier charakterisiert die Epoche der Zivilisation durch Monogamie und Grund-Privateigentum. Die moderne Familie enthält im Keim nicht nur servitus (Sklaverei), sondern auch Leibeigenschaft, da sie von vornherein Beziehung hat auf Dienste für Ackerbau. Sie enthält in Miniatur alle die Antagonismen in sich, die sich später breit entwickeln in der Gesellschaft und ihrem Staat.« Engels hat die Bemerkung über Fourier in eine Anmerkung am Ende des *Ursprungs der Familie* aufgenommen [39], und den weiteren Gedankengang in seinen Abschnitt über die Entwicklung der Familie der Urgesellschaft eingearbeitet.[40]

Die Familie der klassischen Antike ist die Miniatur der Gesellschaft, in ihrer monogamen Form beruht sie jedoch auf gesellschaftlichen Institutionen, die der privaten Verwandtschaftsgruppe äußerlich sind: Sklaven, Diener (an großen Höfen: Gefolgschaft und Klienten), später Leibeigene, usw., so daß die Antagonismen, die die Familie in Miniatur enthält, nicht so, wie sie von der Familie erzeugt werden, in die Gesellschaft getragen, sondern in der Gesellschaft erzeugt und dann in die Familie getragen werden. So gefaßt, ist die Familie Teil einer Gesellschaft, die entweder an der Schwelle der Entwicklung zur Zivilisation steht oder sich schon in diesem Zustand befindet. Dieses Verhältnis von Familie und Gesellschaft und Familie als Miniatur der Gesellschaft unterscheidet sich grundsätzlich beispielsweise von dem Verhältnis von Familie und Gesellschaft in seiner traditionellen hawaiianischen Form. Morgan schrieb: »Es ist nicht wahrscheinlich, daß bei den Hawaiianern die wirkliche Familie so groß war wie die durch Heirat verbundene Gruppe. Notwendigkeit würde ihre Aufspaltung in kleinere Gruppen erzwingen, um für die Beschaffung von Nahrungsmitteln zu sorgen und um sich gegenseitig zu schützen; jede kleinere Familie wäre jedoch eine Miniatur der Gruppe.«[41] Morgan hat nicht spezifiziert, ob er meinte, die Familie sei eine Miniatur der größeren durch das Heiratsband oder der kleineren zur Nahrungsbeschaffung und Verteidigung zusammengeschlossenen Gruppe innerhalb dieser größeren. Der Kontext legt die letztgenannte Annahme nahe, daß in Hawaii die kleinere Familie die Miniatur der kleineren Gruppe gewesen ist. Marx hat Morgans Formulierung unkommentiert übernommen (Exzerpte, S. 8). Die Schwierigkeit in diesem Zusammenhang ist, daß das Wort ›Miniatur‹ auf S. 16 der Marxschen Exzerpte sich auf eine ganz andere Familie und Gesellschaft bezieht, so daß die Verwendung desselben Wortes, bezogen auf die hawaiianische Familie, gelegentlich zu Mißdeutungen geführt hat. In der römischen Gesellschaft war die Familie nicht Miniatur irgendeiner größeren gesellschaftlichen Institution. Die Antagonismen innerhalb der Familie waren die Miniatur der äußeren Antagonismen, was auch noch nach Änderung bestimmter Verhältnisse für die Antagonismen der modernen Zivilisation gilt. Weder die römische noch die moderne Familie der zivilisierten Gesellschaft stehen in einem Verhältnis zu ihrem gesellschaftlichen Kontext, das dem der traditionellen Hawaiianischen Familie zu der primitiven sozialen Gruppe entspricht, in die sie eingebettet war.

Staat und zivilisierte Gesellschaft

In diesem Zusammenhang stellt sich die Frage nach der Herausbildung des Staates: Der Staat ist eine Institution der Gesellschaft, hat also weder einen außergesellschaftlichen noch einen übergesellschaftlichen Ursprung. Er ist eine Institution einer innerlich gespaltenen und in sich entgegengesetzten Gesellschaft und ist deswegen keine universale Institution der menschlichen Gesellschaft, weil einige Gesellschaften primitiv und in sich homogen sind. Eine typologische Trennung in den römischen Staat, den modernen kapitalistischen Staat usw., läßt sich nicht durchführen, weil es sich hier um eine allgemeine institutionelle Kategorie des genannten Gesellschaftstypus handelt. Die Frage des Verhältnisses von Staat und Gesellschaft wird weiter unten im Zusammenhang mit Marxens Bemerkungen zu Maine nochmals aufgenommen; in den Morganexzerpten stellt sie sich im Zusammenhang mit dem Übergang von der Barbarei zur Zivilisation:

Morgan lokalisierte den Übergang der griechischen Gesellschaft von der gentilen zur bürgerlichen (politischen) Verfassung in der Periode zwischen der ersten Olympiade (776 v. Chr.) und der Zeit der Gesetzgebung des Kleisthenes (508 v. Chr.).[42] Marx bemerkt dazu (Exzerpte S. 67): »Er hätte sagen sollen, daß politisch hier den Sinn des Aristoteles hat = städtisch, und politisches Tier = Stadtbürger.« Aristoteles definiert den Menschen als ein von Natur, *physei,* politisches Tier, ein Geschöpf der Polis.[43] In der Einleitung zu den *Grundrissen* kommentierte Marx die aristotelische Definition so: »Der Mensch ist im wörtlichen Sinne ein ζῶον πολιτικόν, nicht nur ein geselliges Tier, sondern ein Tier, das nur in der Gesellschaft sich vereinzeln kann.«[44] Im *Kapital* kam er darauf zurück: »... der Mensch (ist) von Natur, wenn nicht, wie Aristoteles meint, ein politisches, jedenfalls ein gesellschaftliches Tier«, und fügte in einer Fußnote hinzu: »Aristoteles' Definition ist eigentlich die, daß der Mensch von Natur Stadtbürger. Sie ist für das klassische Altertum ebenso charakteristisch, als Franklins Definition, daß der Mensch von Natur Instrumentenmacher, für das Yankeetum.«[45] Die aristotelische Definition des Menschen folgt auf die Behandlung des gesellschaftlichen Lebens in der Familie, dem Dorf, einer Gemeinschaft von Dörfern und leitet über zur Erörterung des Stadtstaates, in welchem Zusammenhang die griechischen und barbarischen Herrschaftsformen verglichen werden.[46] Daß der Mensch nicht überall in Städten lebt, ist nach der aristotelischen Auffassung klar. Das politische Leben, das Leben in der Stadt und im Stadt-Staat, das Aristoteles der menschlichen Natur zuordnete, ist deswegen nicht eine Seite seiner aktualen Natur, denn es betraf und betrifft nur einen kleinen Teil der Gesamtheit der Menschen: es ist vielmehr eine Potentialität des Menschen, sein Endzweck, seine endgültige oder beste, vom Leben der Tiere und der Barbaren am weitesten entfernte Natur. Aristoteles zufolge ist dies jenes Leben der menschlichen Natur, das die Barbaren, soweit sie ihm bekannt waren, noch nicht erreicht hatten und nach dem alle Menschen streben. Marx unterschied zwischen dem Menschen als einem geselligen Tier im allgemeinen und als einem politischen Wesen im besonderen mit dem Hinweis, daß das Leben in der

Polis oder in der bürgerlichen Gesellschaft für die Menschen jener Epoche, in ihrer konkreten Gesellschaft, charakteristisch war. Abstrakter wurde dieser Gedanke von Marx 1857–58 so formuliert, daß die Allgemeinheit der Geselligkeit der Vereinzelung entgegengesetzt ist und nur innerhalb der Gesellschaft dialektisch in ihr Gegenteil übergeht. Die Gesellschaft selber, in der dieser Übergang sich vollzieht, bleibt hier ohne besondere Konkretion. Nach der Formulierung des *Kapital* geht der gesellschaftliche Zustand des Menschen von seiner Abstraktion dialektisch in eine Konkretion in besondere Gesellschaften über, einmal in die antike griechische Gesellschaft und zum anderen in das Amerika des achtzehnten Jahrhunderts. Es gibt keinen Übergang von einer Besonderheit zu einer anderen, sondern jede der Konkretionen bleibt abgetrennt für sich, ohne historische Verbindung. Daher gibt es keine historische Bestimmung des Überganges von einer Konkretion zur anderen. Der Mensch steht also in einem zweifachen Verhältnis, einerseits zu anderen Menschen in einer besonderen, konkreten Gesellschaft und andererseits zur Natur durch die Vermittlung der Werkzeuge: mit dieser Problemstellung ist einerseits der Übergang von einem konkreten zu einem abstrakten Verhältnis gesetzt und andererseits von einem aktualen zu einem potentialen Zustand des Menschen. Damit ist in der Definition der menschlichen Natur das Übergehen von der Vermittlung durch gesellschaftliche Beziehungen zur Vermittlung durch Werkzeuge gesetzt. Jedes der Kriterien gibt zugleich eine spezifische und konkrete Bestimmung und ist hinsichtlich der gesamten Gattung eine Abstraktion. Ausgeschlossen wird so einerseits die holistische und gestalthaft abstrakte Bestimmung des Menschen und der menschlichen Natur und andererseits die cartesische Bestimmung des Menschen als Bestimmung des Geistes.

Die beiden Gesellschaften werden jedoch nicht als unversöhnliche Antinomie nebeneinandergestellt, vielmehr exemplifizieren sie zugleich zwei Definitionen des Menschen bei Marx. Er stellt sie nebeneinander als konkreten Ausdruck für die Menschwerdung des Menschen durch das Leben in Gesellschaft und durch den Gebrauch von Werkzeugen. Marxens sechste These über Feuerbach definiert den Menschen als das Ensemble der gesellschaftlichen Verhältnisse und faßt das isolierte Individuum als Abstraktion.[47] (Wir kommen auf dieses Problem unten im Zusammenhang der Maineexzerpte zurück.) Die Einleitung der *Grundrisse* entwickelt diesen Gedanken weiter, der sich schon in der Kritik der historischen Rechtsschule (1842) und in der *Kritik der Hegelschen Rechtsphilosophie* (1843) andeutete. Die Formulierung des *Kapital* konkretisiert ihn als Praxis besonderer Gesellschaften. Die vermittelnde Rolle der Werkzeuge in der Entwicklung des Menschen wurde in den *Ökonomisch-philosophischen Manuskripten* (1844) eingeführt: Der Mensch bezieht sich auf sein Gattungswesen durch seine Bearbeitung der gegenständlichen Welt und darin besteht sein Gattungsleben;[48] weitere Konkretisierungen dieses Gedankens finden sich in der *Deutschen Ideologie,*[49] dem *Kommunistischen Manifest,* den *Grundrissen* und im *Kapital.*[50] Das Verhältnis des Menschen in der Gesellschaft und das Verhältnis des Menschen zur Natur sind zunächst die wechselseitig aufeinander einwirkenden Momente einer einheitlichen Theorie des Menschen, die das Gegenteil einer abstrakten Theorie des menschlichen Zustandes, eines menschlichen Wesens oder der menschlichen Natur ist. Der Mensch wird nicht nur in Gesellschaft zum Menschen, sondern immer in einer konkreten Gesellschaft, und nicht nur durch die Vermittlung seiner Werkzeuge, sondern durch eine bestimmte praktische Bearbeitung der Natur mittels dieser Werkzeuge. Das zweite dialektische Moment ist dem ersten entgegengesetzt, so daß der Mensch a) von der Natur durch seine Werkzeuge und b) in der Gesellschaft – beides historische Prozesse – entfremdet wird. Das zweite Moment wurde in seiner Abstraktion in den *Ökonomisch-philosophischen Manuskripten* aufgenommen und dann mit zunehmender Konkretion im Korpus der folgenden Schriften: von der Position der Exzerpte von 1880–1882 wird es dann möglich, den Zustand des primitiven Menschen in besonderen Gesellschaften dem Leben des Menschen in den gespaltenen, industriellen und städtischen Gesellschaften gegenüberzustellen. In den Zusammenhang dessen, was zur Interpretation des politischen Staats der griechischen Gesellschaft zu sagen gewesen wäre, hat Marx das Verhältnis von Abstraktem und Konkretem eingeführt und bringt sich damit in Gegensatz zu Morgans abstrakter Formulierung. Darüber hinaus setzt die Formulierung von Marx in diesem Zusammenhang den Gegensatz von objektiver und subjektiver Seite, während Morgan das Abstrakte allein in seiner Objektivität setzte.

Bezogen auf den Übergang der griechischen Gesellschaft von der gentilen zur politischen Organisation sah Morgan in Theseus nicht ein Individuum, sondern den Repräsentanten einer Periode oder Ereignisreihe.[51] Marx dagegen nimmt ihn einfach als den Namen einer Periode. Zu Morgans Beschreibung des Theseus und der Herrscher jener Zeit als dem Volk zuneigend, bemerkt er (Morganexzerpte S. 76–77):

> Die Äußerung von Plutarch, daß »die Niedrigen und Armen bereitwillig der Aufforderung des Theseus folgten« und der von ihm zitierte Ausspruch des Aristoteles, daß Theseus »sich zum Volk hinneigte« scheinen aber trotz Morgan darauf hinzuweisen, daß die Häuptlinge der Gentes etc. durch Reichtum etc. bereits in Interessenkonflikt mit der Masse der Gentes geraten, was unvermeidlich bei Privateigentum in Häusern, Ländereien, Herden verbunden mit der monogamischen Familie.

Marx kommt auf die Frage der Trennung, die sich innerhalb der damals im Prozeß der Auflösung und der Transformation befindlichen griechischen Gentilgesellschaft entwickelte, mit der Morganschen Annahme zurück, daß die Einheit des alten gesellschaftlichen Systems wegen der Änderung der Lokalität nicht mehr aufrechtzuerhalten war[52]: »Abgesehen von Lokalität: die Eigentumsdifferenz in selber Gens hatte Einheit ihrer Interessen in Antagonismus ihrer Glieder verwandelt; außerdem war neben Land und Vieh Geldkapital entscheidend wichtig geworden mit der Entwicklung der Sklaverei!« (Morganexzerpte, S. 79). Zu Beginn seines Werkes hatte Morgan Eigentum und dessen Akkumulation zusammen mit Territorium als Kriterien für den Übergang von *societas* zu *civitas* oder politischer Organisation eingeführt[53], hatte dabei aber allein die objektive Seite berücksichtigt und die Verinnerlichung als Interesse, die Gemeinschaftlichkeit des Interesses und den aufgrund der ungleichen Verteilung des Eigentums entstehenden Interessenkonflikt zwischen den Kollektivitäten vernachlässigt. Marx bemerkt, daß in Morgans Analyse der Auflösung der Gens und der Bildung der politischen Gesellschaft das Kriterium des Eigentums unter den Tisch falle und daß darüber hinaus die Verschränkung der objektiven und der subjektiven Seite als gesellschaftliches Interesse von Morgan übersehen wurde, obgleich sie implizit sehr wohl Bestandteil seiner gesamten Analyse ist.

Die Eigentumsdifferenz und dessen ungleiche Verteilung spezifiziert Marx als Land und Herden und mit der Entwicklung der Sklaverei als Geldkapital. Dementsprechend wird das Interesse von den Kollektivitäten in unterschiedlicher Weise als Kapital (in Geldform oder als Vieh) verinnerlicht, das leichter veräußerbar ist als Land, und das Land selber gewinnt durch die Bearbeitung von Sklaven mit Hilfe von Vieh und mit Werkzeugen, wie mechanischen Erfindungen, usw., an Wert. Wie Marx in seiner Bemerkung zu Descartes ausführt, entwickeln sich diese Bearbeitungsweisen historisch von zunächst organischen zu mechanischen.[54] Die Sklaven sind zugleich Mittel der ungleichen Verteilung des Eigentums, weil sie Eigentum sind, und das antagonistische gesellschaftliche Interesse gegen das Eigentum, weil sie Menschen sind. Das Verhältnis Herr – Sklave, die ungleiche Verteilung des Eigentums, die private Verfügung übers Eigentum, ob Land, Vieh oder Sklaven, die Zirkulation des Geldkapitals und der gesellschaftliche Interessenantagonismus bildeten sich in der Periode der Auflösung der Gens heraus und setzten die Verwandlung der Gentilgesellschaft in die politische Gesellschaft durch. Das Verhältnis des bloß zeitlichen Nacheinander der Ereignisse und deren Anteil an dem Transformationsprozeß resümiert sich in der Bildung der darauf folgenden gesellschaftlichen Lebensform, in der private Verfügung über Eigentum vorherrscht und in der sich antagonistische soziale Klassen sowie das Machtmonopol derjenigen Klasse herausbilden, die über das meiste Eigentum verfügt. Dies ist zugleich ein Prozeß der Herausbildung der gesellschaftlichen Institution von Eigentum, privativen Klassen und Staat. Marx begreift die Verinnerlichung der Gesellschaftsform durch Gruppen von Individuen in Gestalt des kollektiven Interesses als die Transformation der Interesseneinheit in einander innerhalb der Gesellschaft antagonistisch gegenüberstehende Kollektivitäten.

In den Schulen der Hegelschen Rechten und Linken, denen Bruno Bauer, Ludwig Feuerbach und andere, wie etwa S. Kierkegaard, angehörten, war die Religion der locus classicus für die Entfaltung der Dialektik gewesen, und Marx und Engels hatten in der *Heiligen Familie* und in der *Deutschen Ideologie* virtuos mit diesen Anschauungen gespielt. Die hierher gehörige Dialektik hat Marx im ersten Band des *Kapital* im Kapitel über den Warenfetischismus angewendet und Engels hat die Marxschen Materialien zum Thema der Verdinglichung, die dieselben Gedanken weiterentwickeln, in den letzten Kapiteln des dritten Bandes herausgebracht. Die Religion wurde jedoch einer dialektischen Kritik nicht deswegen unterzogen, um virtuos die Rückverwandlung des verzauberten Geistes in Materie zu demonstrieren, sondern weil durch diese mystifizierenden Formulierungen ein Verhältnis von Menschen durch ein Verhältnis von Dingen und ein materielles Interesse durch seine himmlische Vorstellung oder durch eine Abstraktion ersetzt wurden. Jenes Interesse ist das Wechselverhältnis der subjektiven und objektiven Seite des Menschen in besonderen gesellschaftlichen Verhältnissen, welches aber nur als hypostasis, in seiner ätherischen Form und als religiöse Vorstellung nach außen tritt. In den *Ökonomisch-philosophischen Manuskripten* wie im *Kapital* zeigt Marx, daß das Verhältnis von Subjektivität und Objektivität des Menschen einerseits als Hypostasierung und andererseits als Verdinglichung einseitig formuliert wurde: in den Frühschriften bezieht Marx seine Kritik abstrakt auf den Menschen im allgemeinen, während er sie in dem späteren Werk auf eine bestimmte Verfassung des Menschen in der westlichen Gesellschaft anwendet. Eine weitergehende Konkretisierung, die sich auf die Religion in primitiven Gesellschaften bezieht, hat Marx nur an relativ wenigen Stellen der Morganexzerpte, etwas häufiger in den Lubbockexzerpten gegeben: in den Aufzeichnungen zu Morgan betont er das religiöse Element vielmehr in seinem Verhältnis zur wirklichen Kooperation und zum wirklichen gemeinschaftlichen Besitz von Eigentum und zeigt, daß das religiöse Zeremoniell der Gens in dem Maße zunimmt, als die gentile Gemeinschaftlichkeit sich auflöst – wohlgemerkt: soweit die Gens überhaupt überlebt (Morganexzerpte, S. 71).

Dem ethnologischen Denken von Marx, seinem Verhältnis zur empirischen und philosophischen Anthropologie und zur praktischen Seite politischen Handelns kann man sich von der formalen Seite her nähern. Die Anlage seiner Studien ist bestimmt durch seine Auswahl von Büchern und Themen, die Methode seiner Exzerpte, Aufzeichnungen und Kommentare; zum Teil betrifft dies den Inhalt, zum Teil die Form. Zu den mehr formalen Anhaltspunkten der Exzerpthefte gehört die Breite und Detailliertheit, mit der auf ein Thema eingegangen wird, ebenso die Abfolge der Themen und der Grad ihrer Übereinstimmung mit dem behandelten Werk. Einen gänzlich formalen und äußerlichen Zugang zu den Gedanken des Verfassers der Exzerpte geben die Unterstreichungen und die Randanstreichungen seiner Exzerpte. (Diese Beobachtungen beziehen sich auf die objektive Seite des Marxschen Gedankenganges, während die inneren Beziehungen, die er zu seinen früheren Schriften über diese und andere Themen herstellte, zugleich subjektiv und objektiv sind.) Das formale und technische Verfahren, dessen er sich in den ethnologischen Exzerptheften von 1880–1882 bedient, entspricht und unterscheidet sich zugleich von demjenigen der *Kritik der Hegelschen Rechtsphilosophie* und der *Ökonomisch-philosophischen Manuskripte:* deren Technik war intensiv, die der Exzerpthefte ist extensiv. Inhaltlich haben sie einige gemeinsame Züge, wie es auch gewisse Übereinstimmungen mit der Proudhonkritik in Marxens *Elend der Philosophie* gibt: durch die Kritik einzelner Schriften und ihrer Autoren zu einer gesellschaftlichen Kritik zu kommen und umgekehrt von der gesellschaftlichen Kritik aus die Kritik des Individuums und des individuellen Textes zu führen; in den späten Exzerptheften bedient Marx sich dieses Verfahrens am ausgiebigsten in den Maineexzerpten. Inhaltlich nehmen Marxens Schriften am Ende seines Lebens das Problem des gesellschaftlichen Interesses von Ständen oder Klassen, wie der landbesitzenden Klasse, wieder auf, das er bereits in der *Kritik der Hegelschen Rechtsphilosophie* gestellt hatte. Ebenso ist die Stellung zur historischen Rechtsschule sowohl ein frühes wie ein spätes Thema, und dies gilt auch für die Sozial- und Geschichtsphilosphie der Griechen. Formal verfahren die frühen Arbeiten nach einer zugleich historischen, logischen und philologischen Methode, wie sie intensiv auf Hegel und dann extensiv in seinen letzten Arbeiten über die subjektive und objektive Seite des Menschen im Gegensatz der gesellschaftlichen Interessen der Klassen angewendet wurde. Dieser dialektische Gegensatz wird an der Periode der Auflösung der alten Gentes entfaltet.

Wir werden von der formalen Seite zum Inhalt des Marxschen Denkens übergehen: umgekehrt zu verfahren, wäre bloße Spekulation, da die uns vorliegende Form keine bestimmte Beziehung zum Inhalt hat, weil sie sich nur auf die Werke anderer bezieht. Die Form ist insofern hilfreich, als sie Hinweise auf die Bedeutung und das relative Gewicht der verschiedenen exzerpierten Materialien gibt, was gelegentlich durch Marxsche Kommentare verdeutlicht wird. Die Verschränkung des Marxschen Werkes mit dem Morganschen Material haben wir bereits beobachtet und werden sie für das Verhältnis von Engels zu Marx und Morgan noch gesondert untersuchen. Diese Wechselbeziehung stellt einen möglichen Bezugsrahmen für ein Verständnis des Marxschen Werkes dar und wirft neues Licht auf das Werk von Engels. Folgt man den Marxschen Aufzeichnungen und Exzerpten in ihrer Abfolge, so macht man einen gänzlich objektiven und äußerlichen Gebrauch von der Dialektik. Ein derartiges Vorgehen ist nicht ganz befriedigend, denn es führt zu keinen Entdeckungen, sondern wägt nur ab, was bereits gesetzt ist, den ersten Schritt der Dialektik, der ein negativer ist.

Marx hat die Morganexzerpte systematisch durchgesehen und vielfach unterstrichen und mit Randanstreichungen versehen, während andererseits verglichen mit den Maineexzerpten Einschübe im Text relativ selten sind. Morgans Anordnung der Teile und Kapitel seines Buches hat Marx genau festgehalten, aber nur wenige Seitenangaben gemacht. Bei Maine ging Marx dagegen so vor, daß er eine Vielzahl von Einschüben im Text machte, der Gliederung der Kapitel und Vorlesungen nur wenig Aufmerksamkeit schenkte und häufig Seitenzahlen verzeichnete. In geringerem Umfang als in den Maineexzerpten hat Marx dann in den Exzerpten aus Phear und Lubbock seine eigenen Auffassungen und Stellungnahmen, sei es äußerlich oder durch Zwischenbemerkungen, zu erkennen gegeben: diese Exzerpte sind eher eine Fortsetzung und Weiterentwicklung der in den Aufzeichnungen zu Morgan und Maine formulierten Positionen.

Die von Marx durch Randanstreichungen hervorgehobenen Morganexzerpte lassen sich als gesonderter Argumentationszusammenhang behandeln. Ähnlich ließe sich auch mit den übrigen formalen Elementen – den unterstrichenen Wendungen, der proportionalen Länge der Exzerpte usw. – verfahren, was hier jedoch nicht versucht werden soll. Durch Randanstreichungen hat Marx etwa hundertunddreißig Passagen seiner Exzerpte und Aufzeichnungen zu Morgan hervorgehoben, wobei 25 Hervorhebungen sich auf seine eigenen Kommentare beziehen (diese Summe ist abgerundet, weil einige der Randstriche sowohl seine eigenen Einschübe, wie auch fremde Materialien umfassen). Einige dieser Kommentare sind durch Engels bekanntgeworden. Sie interessieren in verschiedener Hinsicht: zunächst sind es diejenigen Abschnitte, die Marx wegen ihrer besonderen Wichtigkeit hervorgehoben hat und zweitens scheinen sie auf bestimmte kontroverse Fragen zu zielen (etwa gegen Achille Loria, J. G. Bachofen usw.). Würden sie von ihrem Inhalt, ihrem Kontext und ihrer Abfolge her genauestens untersucht, so könnten sie einigen Aufschluß über die Art und Form der Marxschen Intention geben, die für seine eigene Arbeit auf diesem Gebiet bestimmend gewesen sein mag. Dies soll jedoch zukünftigen Diskussionen vorbehalten bleiben, an denen andere sich beteiligen werden, so daß wir uns hier allein auf den Versuch beschränken, die Sachlage darzustellen und den Rahmen der Problematik abzustecken.

Die auf den ersten Seiten spärlichen Randanstreichungen werden mit dem Fortgang der Exzerpte zahlreicher und länger. Hervorgehoben werden achtundzwanzig Abschnitte über die Regierung in den Perioden von Wildheit und Barbarei, ihre Organisation, Gesetzgebung und Reform, sechs Abschnitte davon behandeln die primitive Demokratie, Einmütigkeit der Abstimmung im Rat und die Rolle der Frauen in der primitiven Regierung (Morgan widmete mehr als die Hälfte seines Buches dem Thema der Regierung). Siebenundzwanzig der hervorgehobenen Abschnitte beziehen sich auf gemeinschaftliches Eigentum, aufs Hauswesen und auf Bodenbesitz in diesen Perioden. Der Anzahl der hervorgehobenen Stellen nach am wichtigsten ist sodann das Thema des Eigentums in anderem Zusammenhang als dem von gemeinschaftlichem Eigentum oder Besitz – es handelt sich hier um neunzehn Abschnitte, die die Akkumulation des Eigentums auf den späteren Stufen der Barbarei, Erbschaft und den Individualbesitz im Übergang zur Zivilisation sowie Wettspiele behandeln. Zehn Abschnitte beziehen sich auf die primitive Familie, auf den Hetärismus und auf ursprüngliche Promiskuität, neun weitere betreffen Bevölkerungsbewegungen im Zusammenhang mit neuen Stammesbildungen usw. aufgrund von Bevölkerungsdruck, Nahrungsmangel und anderen Mangelerscheinungen. Sechs Abschnitte behandeln die Form und die Entwicklung von Kultivierungsverfahren, vier die primitive Technologie (Garn, Töpferei, den Kalender und Metalle); eine Morganstelle über den Gebrauch des Feuers (Morganexzerpte, S. 21) deutet Marx abweichend von Morgan.

In derselben Weise hat Marx drei seiner eigenen Einschübe über die südslawischen und russischen Landgemeinden hervorgehoben, sieben Abschnitte seiner eigenen Kommentare zur Regierungsorganisation der Urgesellschaft und ihrer Reform, sowie drei von ihm hinzugefügte sachliche Ergänzungen über alte Maße und Gewichte, über die römische historische und über mythisch-historische Chronologie sowie die Bevölkerung Attikas. Der Hinweis auf Loria (Morganexzerpte, S. 26) wendet sich gegen psychologisierende Behandlung des Eigentumsproblems, der auf Bachofen (Morganexzerpte, S. 96) hält den europäischen Beobachtern ihre kulturelle Gebundenheit vor, ein Thema, das Marx dann in den Phear und Lubbock gewidmeten Manuskripten nochmals aufgreift.

Antithetisch zum gemeinschaftlichen Eigentum in der Urgesellschaft vollzieht sich die Auflösung der ursprünglichen Gentes und ihres Eigentums, die allmähliche Entwicklung zueinander antagonistisch sich verhaltender Klassen, die Akkumulation des Eigentums durch Erfindungen und Entdeckungen und durch ihre Anwendung in gesellschaftlicher Arbeit, die Appropriierung dieses Eigentums durch private Individuen, wodurch die Privatsphäre von der Öffentlichkeit und das gesellschaftliche Ganze von beiden getrennt wird, und schließlich die ungleiche gesellschaftliche Verteilung des Eigentums im Fortgang seiner privaten Aneignung. Mit der Trennung der privaten und der öffentlichen Sphäre und der ungleichen Verteilung des Eigentums in privaten Händen geht die ungleiche Verteilung der öffentlichen Macht einher. Diese Entwicklungen können mehr als einmal ablaufen und institutionalisiert werden, und dies sogar in derselben Gesellschaft, ebenso wie ein bestimmtes Territorium mehr als einmal besiedelt werden kann. Morgan hat der Frage des Territoriums vor der Ausbildung der politischen Gesellschaft oder des Staates keine hinreichende Aufmerksamkeit gewidmet – wir werden hierauf zurückkommen (vgl. Anmerkung 107 und Abschnitt 6, Gemeinwesen, Kollektivismus und Individualismus).

Marx hebt die Bedeutung der kollektiven Institutionen der südslawischen und russischen Bauerngemeinden im Kontext der Behandlung der orientalischen Gemeinwesen bei Maine und Phear ebenso hervor, wie in der Einleitung zu den *Grundrissen,* im *Kapital,* dem Briefwechsel mit V. Zasulič und im Vorwort zur russischen Übersetzung des *Kommunistischen Manifests* von 1882.

Der universale Maßstab von Gleichheit und Demokratie, mit dem Morgan den Fortschritt der Familie und die verzerrende Wirkung der Akkumulation des Eigentums beurteilte, stellt für die Geschichte der Gesellschaft, auf die er angewendet wird, keine Aktualität, sondern eine Potentialität dar. Die Tatsache, daß es sich hierbei nicht um eine Aktualität handelt, verdeutlicht Marx schon damit, daß er die Alternativen entwickelt, die den indischen und russischen Landgemeinden offenstehen; abstrakt entfaltet er diesen Gegensatz in den *Ökonomisch-philosophischen Manuskripten* und konkret in der Einleitung zu den *Grundrissen,* sowie in seinen handschriftlichen Aufzeichnungen zu Morgan und Maine. In dem Vorwort der russischen Ausgabe des *Kommunistischen Manifests* wird diese Problematik angedeutet.

In der Schilderung der Ursachen für die Ausbreitung von Stämmen über begrenzte Lokalität hinaus hat Morgan einen geographischen und natürlichen Determinismus entwickelt, den Marx übernimmt, und wodurch der ökonomische Faktor auf den ökologischen oder die unmittelbare Bestimmtheit des primitiven Menschen durch die Kräfte der Natur reduziert wird. Andererseits setzt Marx sowohl für den primitiven wie für den zivilisierten Zustand der Menschheit allgemein die Determination der juristischen, politischen Systeme usw. durch das ökonomische System voraus. In den Morganexzerpten formuliert Marx beide Positionen unabhängig voneinander, während er in den Maineexzerpten die determinierende Rolle des Ökonomischen bezogen auf Maines moralischen oder traditionalen Faktor näher bestimmt und dabei beide Positionen miteinander verbindet.

In den Morganexzerpten geht Marx auch auf den Faktor der Diffusion kultureller Elemente ein. Die Diffusion in eine Gesellschaft und die Aufnahme von kulturellen Elementen durch sie sind Momente eines einheitlichen Ablaufs, die einander durch die Vektoren der Stoßrichtung dieser Bewegung entgegengesetzt sind; die Diffusion ist also innerhalb einer gegebenen gesellschaftlichen Entwicklung kein vollkommen äußerlicher Faktor. Einerseits steht sie in Relation zur sozialen Umwelt eines bestimmten Volkes, und zwar teils passiv, teils aktiv, da innerhalb der sozialen Umwelt eine Selektion der Diffusionselemente vorgenommen wird; die Passivität ist eine indirekte Aktivität, da sie einen qualitativen Kanon für die Art der übernommenen oder diffundierten Elemente und einen quantitativen Kanon für Grad und Umfang der Diffusion festlegt. Diese passiven und aktiven Faktoren und die Qualität und Quantität der Relationen sind eine Verinnerlichung ihrer Äußerlichkeit und machen die Potentialität einer bestimmten Gesellschaft aus, diese Potentialitäten zu realisieren und sich zu eigen zu machen. Andererseits handelt es sich hierbei um ein Verhältnis von Überbau und Basis, indem sich die Diffusion je nach der Fähigkeit der Gesellschaft, sich durch die Übernahme fremder Elemente zu entwikkeln, innerhalb des dialektischen Prozesses dieser Gesellschaft selber vollzieht. Auf die inneren Entwicklungsverhältnisse einer Gesellschaft wirkt sich die Diffusion deswegen nur indirekt aktiv aus, und doch kann sie nicht als ein bloßer Zufall behandelt werden.

Obgleich viel über militärische Demokratie als Übergang von der gentilen zur politischen Gesellschaft geschrieben worden ist, betrachtet Marx diesen Übergang nicht als eine formale historische, geschweige denn dialektische Kategorie. Den Gedanken einer Militärdemokratie entwickelte Morgan zuerst, um eine aristotelische Position zu klären und um die Funktion ziviler und militärischer Führung in Gens und Stamm voneinander zu unterscheiden. In diesem Zusammenhang stimmt Marx mit Morgan ebenso überein wie mit der Argumentation gegen George Grotes Identifikation des Monarchen der alten Gesellschaft mit dem Befehlshaber im Krieg. Marx bemerkt: »*basileia,* angewandt von den griechischen Schriftstellern für das homerische Königtum (weil Kriegführung sein hauptsächliches Merkmal) mit *boule* und *agora* ist Sorte militärischer Demokratie.« (Morganexzerpte, S. 74)[55] Dieser Hinweis auf das Amt der basileia kann nicht als Grundlage einer bestimmten Stufe oder Unterstufe der Geschichte genommen werden. Daß Engels jedoch auf Morgans Ausdrucksweise zurückgegriffen und das Wort »Sorte« aus der Formulierung eliminiert hat, mag dazu ermuntert haben, »militärische Demokratie« als eine eigene Entwicklungsstufe anzusehen, was Marxens Auffassung nur ungenau wiedergibt.

Auch in der Frage, wie das barbarische Oberhaupt, basileus und rex, gewählt wurde, vertritt Marx eine von Morgan abweichende Ansicht. Morgan faßte den Wahlmodus so auf, wie die irokesischen Bräuche und Funktionen sich ihm darstellten, während Marx der Ansicht war, daß das irokesische Modell Grenzen habe, die im Zusammenhang mit seinen Aufzeichnungen zu Maine über die Wahl des Häuptlings deutlicher werden. Marxens Skepsis gegenüber einer Verwendung der irokesischen Daten als Interpretationsmodell für andere Gesellschaften ist ein weiterer Schritt zur Auflösung der Fixität von Kategorien und treibt die allgemeine Lockerung des Stufenschemas der Entwicklung in beiden zeitlichen Richtungen weiter. Nebenbei sei bemerkt, daß Marx seine Vorstellung von der »richterlichen Funktion« bei den Barbaren am Modell der germanischen Völker entwickelt (Morganexzerpte, S. 75).

An verschiedenen Punkten hat Morgan sein eigenes System nicht klar entwickelt. Dies gilt erstens für die Funktionen der basileia, die militärische und priesterliche waren, nicht aber zivile. Und doch war der basileus gleichzeitig ein Richter, der rex ein Magistrat.[56] Morgan vertrat die Theorie, daß Königtum, Magistrat usw. sich auf der Stufe der Barbarei aus der militärischen Führung entwickelt hätten, doch erklärte er nicht, wie die Richterfunktion des Magistrats aus der zivilen Institution ausgeschlossen wurde, wie es in der anfänglichen, nicht aber den späteren Formen des Magistrats der Fall war. Weiter beschrieb Morgan die römische Frau als Miterbin und vertrat gleichzeitig die These, daß das Eigentum des verstorbenen paterfamilias innerhalb der Gens bewahrt wurde[57], obgleich doch die Frau einer anderen Gens entstammte. Er vergaß hinzuzufügen, daß das Erbrecht der Frau nicht über die Gens ihres Mannes hinausreichte, sondern bei seinen Kindern verblieb und daß die Frau nicht anderweitig über ihr Erbe verfügen und es auf andere übertragen konnte. Diese Unklarheit wird dadurch noch größer, daß Morgan die attische Gens als »a great family of kindred persons« beschrieb.[58] Marx akzeptiert dies nicht nur, sondern gibt es im Deutschen als »Geschlechtsfamilie« wieder (»nenne es Geschlechtsfamilie«, Exzerpte, S. 95), die weder einer Clan-, Lineage-, Gensfamilie oder in irgendeiner anderen Familienform in Morgans System entspricht, da die Familie Mitglieder anderer Gentes enthält.

Morgan hatte geschrieben, daß es die Beziehung von Mutter und Kind zu allen Zeiten gegeben habe, während dies für die zwischen Vater und Kind bis zur Entwicklung der Monogamie nicht gilt.[59] Marx stellt diese Behauptung in Frage, indem er zwischen öffentlichen und privaten Beziehungen, öffentlicher Sittlichkeit und privater Moralität, offizieller und inoffizieller Versicherung der Vaterschaft unterscheidet (Exzerpte, S. 6). Diese Unterscheidung wurde von Hegel im *System der Sittlichkeit* und in der *Rechtsphilosophie* aufgestellt, in der *Phänomenologie* angedeutet und in der *Enzyklopädie*, Teil III, umrissen. Marx beschränkt diese Unterscheidung nicht auf die zivilisierte Gesellschaft, obgleich sie sich nur dort machen läßt, wo das private und das öffentliche Leben getrennt sind, also nicht in einer kommunal verfaßten Gesellschaft mit dem zu ihr gehörigen Familienleben und einer Sittlichkeit, die auf der Ungetrenntheit von privatem und öffentlichem Bereich beruht.

An verschiedenen Stellen, an denen Morgan das gemeinschaftliche Leben der wilden (blutsverwandtschaftlichen und Punalua-)Familie und der barbarischen (germanischen) Familien erwähnt, zieht Marx das Beispiel der slawischen Dorfkollektivitäten heran (Morganexzerpte S. 13, 16). An diesen Stellen entwickelt Marx insofern einen von Morgan abweichenden Gedanken, als er den Kommunismus als ein in diesen Zusammenhängen lebendiges Verhältnis erscheinen läßt. In seinen Maineaufzeichnungen hat Marx diese Position genauer ausgearbeitet; sie setzt nämlich voraus, daß die Familie von ihrer Dorfgemeinschaft getrennt existiert und in ihr Schutz sucht. Dies trifft für das neunzehnte Jahrhundert zu, nachdem die Kollektivität ihren gemeinschaftlichen Charakter radikal geändert hatte, würde aber nicht für ein gesellschaftliches Verhältnis wie das der Punaluanfamilie, wie Morgan es voraussetzt, gelten. Marx bezieht seine Kritik auf die Kommune des neunzehnten Jahrhunderts in ländlichen Gebieten Ost- und Südosteuropas, wo die Unterscheidung des Öffentlichen vom Privaten oder des Offiziellen vom Inoffiziellen schon gemacht wurde, während die Form, zu einem gewissen Grade wenigstens, die kommunale blieb. Relevanz hat dieser Sachverhalt nicht so sehr für Marxens Verhältnis zu Morgan, sondern für seine Stellungsnahme zum ›mir‹ und zur ›zadruga‹ in der Einleitung der *Grundrisse* und im *Kapital,* und repräsentiert darüber hinaus gegenüber dem Standpunkt des *Kommunistischen Manifests* eine Entwicklung, die sich in den *Grundrissen* vollzieht [60] und den Hintergrund des Zasuličbriefes bildet.

2. Marxens Exzerpte aus Phear, The Aryan Village [61]

Das Werk von Phear steht in unmittelbarem Zusammenhang mit Marxens Interesse an der orientalischen Gesellschaft und speziell an der orientalischen Gemeinde. (In seinen Aufzeichnungen zu Lubbock, Exzerpte S. 4, zitiert Marx Phear als Verfasser von »The Aryan Commune«). In den ersten Kapiteln beschreibt Phear die agrikulturellen Dorf- und Familieninstitutionen der ostbengalischen und ceylonesischen Landbevölkerung in der Mitte des neunzehnten Jahrhunderts und ihre Beziehungen zu den Grundherren, Geldverleihern und dem Steuer- und Rechtssprechungssystem der Regierung. Die Untersuchungen Phears gehen nicht auf einzelne Dörfer ein, sondern sie befassen sich allgemein mit jeweils einer der beiden genannten Regionen. Seine erklärte Absicht war es, dem englischen Leser das Bild einer bengalischen Landgemeinde exemplarisch vorzuführen, er beschreibt jedoch nicht einen exemplarischen Fall, sondern einen Typus. Gleichwohl zeichnete er detailliert Haushaltsrechnungen, Grundbücher, Steuertabellen und Besitzverzeichnisse mit sehr konkretem Material auf (vgl. Phearexzerpte, S. 134, 143 und passim). Die Kürze der Marxschen Exzerpte aus dem letzten Kapitel über das arische Dorf und seine Kommentare dazu zeigen, wie wenig Marx mit derartigen hypothetischen Rekonstruktionen anfangen konnte. Während Phear über die ländlichen Verhältnisse Indiens im neunzehnten Jahrhundert, speziell im bengalischen Delta, gut informiert war, war er, abgesehen von dem, was er einigen von ihm interpretierten alten Dokumenten entnommen hatte, mit dem Indien vor der Eroberung durch die Moslems sehr wenig vertraut. Dennoch machte er den Versuch, die »arische« Dorfgemeinde aus Daten zu rekonstruieren, die er in Bengalen und im singhalesischen Ceylon gesammelt hatte, wobei er zusätzliches Material aus Mhairwarra und Ajmere heranzog. Marxens Exzerpte schließen mit an Phears Arbeit anknüpfenden Bemerkungen, die die Stellung des Bauern im indischen System des Landbesitzes der des europäischen Bauern kontrastieren.

Im allgemeinen beschränkt sich Marx sehr sachlich darauf, aus Phears Maine stark verpflichteter Arbeit Daten zu entnehmen, und nur gelegentlich macht er Einwände. Seinen entschiedenen Widerspruch findet neben den schon erwähnten spekulativen Rekonstruktionen vor allem Phears Behandlung des Verhältnisses von Familie und Gesellschaft in der orientalischen Landgemeinde und seine Bestimmung des Verhältnisses von Gemeinwesen und Gesellschaft des Orients zum Feudalismus. Im Zusammenhang mit dem Problem der Beziehungen von Familie, Dorf und Gesellschaft, und speziell mit der Frage, ob die Gesellschaft ein Dorf größeren Maßstabes sei, nimmt Marx kritisch den Phearschen Gedanken auf, daß Abstufungen von »Würde und Beschäftigung«,[62] wie Phear sich ausdrückt, schon innerhalb des Dorfes selbst sich entwickeln; a fortiori konnte deshalb die Familie noch weniger der Grund für die Entwicklung gesellschaftlicher Unterschiede oder ökonomischer Beziehungen gewesen sein. Darauf bezieht sich Marxens Bemerkung: »Der asinus läßt auch alles durch private Familien gründen« (Phearexzerpte, S. 153). Dieses Problem hatte sich schon in den Morganexzerpten (und auch gegenüber Maine, s. u. S. 62) gestellt: es wird hier anhand des Unterschiedes von Stadt- und Landfamilien von Marx ausführlicher entwickelt und daraus läßt sich zugleich ersehen, daß die Unterscheidung ›städtisch-ländlich‹ von der Unterscheidung ›industriell-agrikulturell‹ unabhängig ist, da diese sich auf die orientalische Gesellschaft im neunzehnten Jahrhundert sinnvoll nicht anwenden läßt.

Phear äußerte sich sowohl positiv wie negativ zu der Idee der orientalischen Gemeinde als einer selbständigen sozialen Kategorie. Einerseits kritisiert er einen zeitgenössischen Autor, daß er die Tatsachen durch eine dem europäischen Feudalismus entlehnte Ausdrucksweise entstellt habe[63], andererseits finden sich bei ihm selbst Anspielungen auf eine Subinfeudation (Unterleihe) Ostbengalens[64], so daß Marx in diesem Zusammenhang bemerken kann (Phearexzerpte, S. 136): »Dieser Esel Phear nennt die Konstitution des Dorfes feudal«.[65] Die Anwendung der Kategorie des Feudalismus auf das orientalische Gemeinwesen, wie sie bei Kultur- und Sozialgeschichtlern, Ethnologen, Marxisten und sogenannten Marxisten anzutreffen ist, stellt eine grob vereinfachte Periodisierung und Typologie dar, die keinerlei Beziehung zu der in der Periodisierung der orientalischen Gesellschaft, des Feudalismus usw. impliziten Chronologie hat. Es handelt sich vielmehr um eine historische Abstraktion und, gleichgültig ob von Europäern oder anderen angewandt, um einen Ethnozentrismus, der die Weltgeschichte in das europäische Schema preßt. Da Phear seine Thesen im Rahmen der Maineschen Theorie entwickelt[66], werden wir die Problematik von Gemeinwesen, Staat und Gesellschaft in dem Abschnitt über Maine behandeln. Hier wollen wir lediglich auf Phears Behauptung aufmerksam machen, daß »im Osten unter dem Dorfsystem das Volk sich praktisch selber regierte« (vgl. Marx, Phearexzerpte, S. 155).[67]

Rund 65 Exzerpte aus Phears Buch hat Marx durch Randstriche hervorgehoben, die alle, mit Ausnahme von nur fünf Stellen, im gleichen Verhältnis ökonomische und agrotechnologische Fragen behandeln. Die restlichen fünf Stellen handeln von religiösem und weltlichem Unterricht, religiösem Tabu, Kleidung und Polyandrie. Mit einem X) markierte Marx Passagen über gemeinschaftliche Tätigkeit der Ceylonesischen Dorfbewohner, Zinsraten und in Bengalen gebräuchliche Verfahren der Schuldeintreibung, das Fehlen von Zahlungsmitteln in Geldform und über die Art und Weise, wie die ryots (die indischen Bauern) geschröpft wurden. Am umfangreichsten sind dabei diejenigen Abschnitte, die die bengalischen Haushaltsrechnungen, die Dorfschmiede, die dörfliche Verwaltung und deren Buchführung, Zinsraten und Praktiken der Schuldeintreibung und die Landbewässerung in Ceylon behandeln.

An fünf Stellen hat Marx eigene Kommentare hinzugefügt: die lokalen Vertreter des Zemindar sind zugleich seine Spione (Phearexzerpte, S. 135); die Annahme, daß der *ryot* ein Gegner gesellschaftlicher Reform sei, wird von ihm bezweifelt, und dessen Wunsch, seinen Sohn bei der Feldarbeit zu halten, statt ihn zur Schule zu schicken, erkennt er als berechtigt an (Phearexzerpte, S. 136), und er unterstützt Phears Einwände gegen die von der Regierung gewählten Methoden zur Bekämpfung der Hungersnot (Exzerpte, S. 142). (Der dritte Aufsatz in Phears Buch wird aus den oben erwähnten Gründen kritisiert.)

Tafel 2 Marxens Einschübe in den Phearexzerpten

Exzerpte, S.	
135	The *Gumashta* (Gomashta) [generally *agent,* one who carries on business for another] und *Patwár:* [one who keeps the collection papers of a *mauzah,* and commonly also makes the collection of the village], or similar offices ⟨...⟩ are charged with keeping up the *kachahri-books* according to the varying circumstances of the ryots' holdings; haben daher das ganze Jahr durch (als spies des Zemindar!) a sharp eye upon the ryots' doings.
136	(Dieser Esel Phear nennt die Constitution des village *feudal.*) He ⟨sc. der Ryot⟩ is *the greatest enemy of social reform* [? wäre nicht enemy of getting himself the rent to pay to Zemindarees, old or young!], and never dreams of throwing off the trammels which time or superstition has spun around him. He will not send his son to school for *fear* [and a very just one, too!] of being deprived of his manual assistance in the field;
142	Was aber in times of scarcity the *Government activity* betrifft etc. [*paralysiert diese sich selbst* to a great extent, dies der sense of the »Kohl« of Phear, aber sehr richtig dies].
153	At the present time *every settlement report* sent in to the Government (in India) will be found to furnish instances, and to describe the circumstances of *newly created agricultural communities.* (*234. Phear* hätte besser getan statt seines hypothetischen Kohls description solcher instances zu geben!) Dieser respectable Esel bildet sich ein, daß »there grew up, *even from the commencement,* a *gradation of respectability and employment within the village itself.*« [!] (Der asinus läßt auch alles durch private families gründen.)

3. Marxens Exzerpte aus Maine, Lectures on the Early History of Institutions[68]

Maines Buch behandelt die Rechtsverhältnisse und die Gesellschaft Irlands ausgehend von einer Interpretation der irischen Gesetzbücher (Senchus Mor, The Great Book of Ancient Law – eine Gesetzessammlung, die wahrscheinlich aus dem 8. Jahrhundert stammt – und The Book of Aicill).[69] Dieses Rechtssystem bestand bis zur Zeit der englischen Eroberung im 16./ 17. Jahrhundert. Außerdem zog Maine Material heran, das aus seiner Erfahrung als Richter und aus Forschungen in Indien stammte, und entwikkelte vom Standpunkt der historischen Rechtsschule aus eine Kritik an der Staats- und Rechtstheorie von Bentham und Austin. Bei der Wiedergabe des Maineschen Materials verzeichnet Marx, gerade umgekehrt wie bei Morgan, genau die Seitenzahlen, während er die Gliederung in Kapitel

(Vorlesungen) so gut wie unerwähnt läßt. Inhaltlich unterwirft er Maine einer scharfen Kritik: seine Faktenkenntnisse sind (wie auch Lubbock hervorhebt) dürftig, seine Kritik an der Rechtstheorie von John Austin und den Utilitariern ist oberflächlich und seine theoretischen Konstruktionen sind damals bereits durch die von Morgan überholt.

Verglichen mit der Darstellung der Maineschen Materialien hat sich Marx in den Exzerpten und Aufzeichnungen zu Morgan, die er nur gelegentlich kommentiert, eher zurückgehalten. Seine Ansichten zu Morgan müssen ex silentio, aufgrund der Auswahl des Stoffes, usw. interpretiert werden. Demgegenüber enthalten die Aufzeichnungen zu Maine mehr als 100 Einschübe – Ausrufezeichen, Fragezeichen, kurze Kommentare und längere Bemerkungen. Von den 28 Manuskriptseiten, die sich mit Maines *Lectures* befassen, machen die Marxschen Einschübe eigener Formulierungen und Auszüge aus anderen Untersuchungen zusammengenommen acht Seiten fortgesetzter Polemik gegen Maine aus. Als Gegenposition gegen Maine stützt sich Marx allgemein auf Morgans Theorie der Gens und auf spezielle Daten, die er Morgans Forschungen entnimmt. Seine allgemeine Theorie des ursprünglichen Gemeinwesens und dessen kommunaler Praxis, seine Theorie der Entstehung des Staates und der Rolle, die das Eigentum bei seiner Bildung gespielt hat, seine Thesen zum Verhältnis von primitiver und zivilisierter Gesellschaft und zur Rolle des Eigentums, zum Zusammenhang von Staat und gesellschaftlichen Antagonismen, Gleichheit und Gemeinschaftlichkeit der primitiven Kollektivität und schließlich, ausgehend davon, zur Perspektive der zukünftigen Gesellschaft entwickelt Marx kurz, aber explizit.

Anders als im *Kommunistischen Manifest,* in dessen erstem Satz Vorgeschichte und Geschichte der Gesellschaft einander gegenübergestellt werden (»Die Geschichte aller bisherigen Gesellschaft ist die Geschichte von Klassenkämpfen«) (vgl. unten Abschnitt 7, Zum Verhältnis von Engels zu Marx und Morgan) setzt er hier eine Wechselbeziehung an zwischen dem Ur- und primitiven Gemeinwesen und der modernen bäuerlichen Kommune auf der einen und gemeinschaftlicher und kollektiver gesellschaftlicher Planung, wie sie aus der kapitalistischen Epoche und im Gegensatz gegen sie hervorgehen wird, auf der andern Seite.

Die spärlichen Anstreichungen im Mainemanuskript beschränken sich im wesentlichen darauf, parallel zu den Untersuchungen von Maine die Resultate seiner Forschungen zur irischen Geschichte, zur Bedeutung der römischen Rechtsterminologie und zu indischen Heiratsbräuchen hervorzuheben (Exzerpte, S. 173, 174, 175, 181, 182, 187, 191). Dazu gehören Ausführungen, die unserer Vermutung nach Artikeln (actio, lex, sponsio, restipulatio) des *Latin Dictionary* von Lewis und Short oder dessen Vorgänger Andrews-Freund entnommen und durch Zitate aus Varro ergänzt sind, außerdem zwei Artikel aus Samuel Johnsons *English Dictionary* (gossipred und replevin) sowie längere Auszüge aus M. Havertys »übrigens sonst kritisch nicht erwähnenswerter« *History of Ireland* und T. Stranges *Hindu Law.*[70] Schließlich hat Marx seine Einwände (Exzerpte, S. 177) gegen Maines Vorstellungen von der Familie und Erbschaftsteilung hervorgehoben: in einer längeren Ausführung kritisiert er, daß Maine die Verhältnisse der wohlhabenden städtischen Familie und deren Erbschaftsformen auf die arme ländliche Familie übertragen habe. (Im Abschnitt 7, der sich mit Engels beschäftigt, werden wir diese Frage im Zusammenhang mit der zivilisierten Familie und Fouriers Kritik an ihr aufnehmen. Derselbe Einwand ist von Marx gegen Phear erhoben worden, s. oben).

Von den angestrichenen Passagen im Mainemanuskript bezieht sich ein Drittel auf Stellen aus Maine, zwei Drittel auf die Kommentare von Marx. Von den von ihm hervorgehobenen Kommentaren werden wir diejenigen Abschnitte, die sich gegen Maines Theorie der Familie, der Erbteilung und der bloß theoretischen Wahl des (Familien)-hauptes richten (Exzerpte, S. 177), weiter unten diskutieren.

Die folgende Tafel verzeichnet die wichtigsten hier besprochenen Marxschen Bemerkungen zu Maine. Im Unterschied zum Morgan- und Phearmanuskript lassen sie sich nur schwer aus dem Kontext der Exzerpte herauslösen, da Marx diese nahezu fortlaufend kommentiert; verglichen mit den Bemerkungen zu Morgan und Phear sind sie ausführlicher und inhaltlich von größerem Gewicht.

Tafel 3 Marxens Kommentare in den Maineexzerpten

Exzerpte, S.	
161	(Die folgenden »Extracts« zeigen, einerseits daß Herr *Maine* sich noch nicht aneignen konnte, was *Morgan* noch nicht gedruckt hatte, andrerseits, daß er Sachen, die sich u. a. schon bei *Niebuhr* finden, darzustellen sucht as »pointed out« by the identical *Henry Sumner Maine!* –: »From the moment when a *tribal community* settles down *finally* (dies ›finally‹! absurd, da der tribe, wie wir sehr oft finden, having once settled down, migrates de nouveau und *settles again,* either voluntarily, or forced to do so somewhere else) *upon a definite space of land,* the *Land* begins to be the base of society in place of the kinship. The change is extremely gradual etc.« (72) [Dies zeigt nur, wie wenig er den *point of transition kennt.*] Er führt fort: »The constitution of the *Family* through actual blood-relationship is of course *an observable fact,* but, for *all groups of men larger than the Family,* the Land on which they live tends to become the bond of union between them, at the expense of kinship, ever more and more vaguely conceived.« (72, 73) [Dies zeigt, wie wenig die *Gens* a fact observed by the identical Maine is!]

162 Dieser asinus bildet sich ein, daß »*modern research ... conveys a stronger impression than ever of a wide seperation between the Aryan race and races of other stocks* (!) but it suggests that many, perhaps most, of the differences in kind alleged to exist between Aryan sub-races are really differences merely in degree of development«.

163–164 Herr Maine als blockheaded Englishman geht nicht von gens aus, sondern von Patriarch, der später Chief wird etc. Albernheiten. (116–18). Dies paßt namentlich für die älteste Form der gens! – Dieser Patriarch – z. B. bei den Morganschen Iroquois (wo die gens in female descent!) Der Blödsinn Maine's gipfelt in dem Satz: »Thus all the branches of human society may or may not have been developed from *joint families* [wo er grade die jetzige Hindooform der letzteren im Auge hat, dies sehr sekundären Charakter hat, und deshalb auch – *außerhalb* der village communities thront, namentlich in den *Städten*!] which arose out of an original patriarchal cell; but wherever the Joint Family is an institution of the Aryan race (!), *we* (who?) see it springing from such a cell, and when it dissolves, we see it dissolving into a number of such cells.«

Property of land has had a twofold (?) origin ... *partly* from the *disentanglement of the individual rights* of the *kindred or tribes* from the *collective rights of the Family or Tribe* ... partly from the *growth* and *transmutation of the sovereignty of the Tribal Chief*. [Also nicht 2 fold origin; sondern nur 2 ramifications of the *same source;* the tribal property und tribal collective body, which includes the tribal chief.] [71]

165 Der abominable *Freeman* (»Norman Conquest« I, 88) erklärt sich die Verwandlung der tribe chiefs in feudal lords etc. leicht, indem er voraussetzt, was er entwickeln soll, nämlich daß die privileged class *always* formed a *distinct class or section of the community*, ⟨...⟩

166 Aber the Brehon law shows the way in which a *common freeman* may *become a chief* und zugleich ist diese *position to which he attains »the presidency of a group of dependents«* – (später werden diese Burschen erst Glieder einer besondren Klasse).

Im Brehon law a *Chief* vor allem *a rich man* (133), nämlich reich – *nicht in Land*, sondern in *flocks und herds, sheep*, vor allem *Ochsen*. Die Opposition zwischen *birth* und *wealth*, besonders *wealth other than landed property*, ganz modern.

Also *personal wealth*. [Aber Herr Maine, dies only in *Status of Upper Barbarism*, far from being *archaic*] the principal condition of the Chief's maintaining his position and authority.

Die true nobles – the *Aires* geteilt [von den Pfaffenjuristen, den *Brehons* notabene; dies wie alle alten Pfaffenbücher (Menu f. i.) voller fictions in Interesse der Chiefs, höheren Stände etc., schließlich all das wieder in Interesse der Kirche. Außerdem sind sie wie Juristen aller Sorten bei der Hand mit fictive classifications.]

170 [Wie leicht in ancient times mere *contractual liability* umschlägt, oder kaum zu ändern ist von *status*, Beweis z. B. Rußland, wo *persönlicher Dienst* direkt in *Sklaverei* umschlägt und selbst freiwillige *Feldarbeit* etc. nur mit Mühe von selbem Umschlag zu schützen. *Sieh darüber* das *Weitere in den russischen Quellen*.]

172 Für den comfortable Maine die Irish Tenant question »was *settled only the other day*«. (178) Mit seinem gewöhnlichen Optimismus die Sache settled durch den *Act of 1870* (!)

175 [Daß *Tanistry* ⟨...⟩ eine *ältere Form* (archaische) der *Primogenitur*, ist keine Entdeckung des Herrn Maine, sondern wie die Auszüge aus Haverty

zeigen, war von Dr. *O'Brien, Prof. Curry* etc. lang vorher als fact angenommen. Es beruht einfach darauf, daß der chief, sei es der gens, sei es des tribe, theoretisch *gewählt*, praktisch vererbbar in der Familie (und für tribe, rather die gens), der der defunct chief angehört; meist ältester Sohn, relativ ⟨selten⟩ Onkel (modifiziert durch descent Linie); ist bereits *eignes head* verbunden mit der function, so geht dies natürlich mit der Funktion.]

177 [Es ist *modernes* Vorurteil, die *Teilung post mortem*, hervorgegangen aus der *testamentarischen Erbschaft*, als etwas Spezifisches zu betrachten. Das Eigentum an Land z. B., common selbst nach *Verwandlung in privates Familieneigentum*, nämlich common property der family, worin jeder seinen ideellen Anteil hat, bleibt so nach Tod, sei es daß die Familie zusammenbleibt, sei es daß sie *faktisch teilt;* folgt daher, daß die *Teilung*, wenn der chief der family (oder wie bei Hindoo *joint-family* der gewählte oder erbliche *Repräsentant* der family dazu gezwungen wird durch die coparceners) will, bei seinen Lebzeiten stattfindet. Die *ganz falsche Vorstellung* des *Maine*, der die *Privatfamilie*, wenn in Indien auch in der Form, worin sie dort existiert, – und zwar in den Städten mehr als auf dem Land, und bei den Grundrentbesitzern mehr als bei den wirklichen arbeitenden Gliedern einer village community – als die *Basis betrachtet*, woraus sich Sept und Clan entwickeln etc., zeigt sich auch in folgender Phrase: Nachdem er gesagt, daß die »*power of distributing inheritances vested in the Celtic chiefs*« essentially dieselbe Institution sei, die dem »Hindoo father« reserved ist durch die »Mitakshara«, fährt er fort: »It is part of the *prerogative* (eselhafter Ausdruck für die gens- und Tribeverhältnisse) belonging to the representative of the purest blood in the joint family; but in proportion as the *Joint Family, Sept* or *Clan becomes more artificial*, the *power of distribution* tends more and more to look like mere *administrative authority*«. (196, 197) Die Sache ist grad umgekehrt. Für Maine, der sich die English private family after all nicht aus dem Kopf schlagen kann, erscheint diese *ganz natürliche Funktion des chief of gens, weiter of tribe*, natürlich grade weil er ihr *chief ist* (und theoretisch immer »gewählter«) als »artificial« und »mere administrative authority«, während die Willkür des modernen *pater familias* grade »artifical« ist, wie die Privatfamily selbst, vom archaischen Standpunkt.]

Doch erscheint erst mit diesen Barbaren Primogenitur rasch ausgebreitet über Westeuropa. Und nun findet Maine neue Schwierigkeit, die jedoch nur aus seiner Unbekanntschaft mit *Wesen der gens* herstammt, nämlich daß statt ältesten Sohns *the eldest male relative of the deceased* eintritt (dies bei *Vorherrschen der gens das Normale*, da der eldest male relative – wo female descent also superseded – näher dem *Vater des deceased* als der son des deceased) oder daß *neither the succession of the eldest son nor that of* the eldest *relative should take effect without election or confirmation by the members of the aggregate group to which they belong. (199)* [Dies ist noch *normaler* als alles andre; da der chief immer theoretisch *elective* bleibt, only selbstverständlich, within the gens, resp. within the tribe.]

178 So der *tribe* chief gewählt from the chieftain's family »as representing the purest blood of the entire brotherhood«. (Blödsinn, wenn von wirklich primitive communities Rede. See f.i. Red Indian *Iroquois*. Umgekehrt, weil meist die Wahl traditionell in derselben, oder gewissen gentes fortführt, und dann wieder in einer bestimmten Familie derselben gens, mag diese später, unter changed circumstances als »representing the purest blood« gelten.) Und instances of the choice being systematically made from 2 families made in succession. (200) Ist auch eine Fiktion des Herrn Maine, daß der *war chief* ursprünglich der tribe chief ist. Dieser wurde umgekehrt nach seinen individual capacities gewählt.
Maine versteht den ganzen case nicht; meint daß Onkel z. B. gewählt, weil

mehr wehrhaft; dagegen sobald times had become friedlicher unter central authority of a king »the *value of strategical capacity in the humbler chiefs would diminish* and in the smaller brotherhoods the *respect for purity of blood would have unchecked play«.* (203) [Dies sein Blödsinn. Die Sache ist allmähliches Überwiegen (zusammenhängend mit Entwicklung von Privatgrundeigentum) der *Einzelfamilie* über die *Gens.* Des Vaters Bruder näher dem ihnen beiden gemeinschaftlichen Stammhaupt, als irgendeiner der Söhne des Vaters; also der Onkel der Söhne näher als einer von diesen selbst. Nachdem schon mit Bezug auf die Familie die Kinder des Vaters teilen, und die gens nur noch wenig oder gar nicht an der Erbschaft beteiligt, kann für öffentliche Fiktionen, also gens chief, tribe chief, etc. *noch die alte gens rule* vorwiegend bleiben; notwendig entsteht aber struggle zwischen beiden.]

180 [The *same mother's milk* given to children of different origin. Dies reminds one das *Mutterrecht* und the rules flowing from it; but *Maine* noch unbekannt hiermit, it seems.]

181–182 [Die Legis Actio Sacramenti so conducted, und dies wieder showing the intimate nature of the *lawyer* – daß die Lex, das geschriebne Recht, aber auch *literally* – nicht der Geist, sondern der Buchstabe des Gesetzes, die Formel das Wichtigste.]

184 [Diese excessive *technicality of ancient law* zeigt Jurisprudenz as feather of the same bird, als die religiösen Formalitäten z. B. bei Auguren etc., oder der Hokus Pokus des medicine man der Savages!]

187 Die Gunst der indischen Gesetzgebung für die Frauen, die sich bis jetzt in dem *Stridhan* (settled property of a married woman), incapable of alienation by her husband, und ebenso darin verspricht, daß die Habe der Frau auf die Töchter oder die female members ihrer family übergeht (cf. *Strange: »Hindoo Law«*) etc. – alles dies von Herrn Maine nicht richtig gedeutet, weil ihm alle Einsicht in *gens* und daher auch *ursprüngliche Vererbung* in *female,* – nicht *male, line of descent* abgeht. Der Esel sagt selbst, mit welchen *gefärbten Brillen* er sieht: »Among the Aryan [the devil take this ›Aryan‹ cant!] sub-races, the Hindoos *may be as confidently asserted as the Romans* to have had their society organized as a *collection of patriarchally governed families.* [Aus Niebuhr konnte er schon wissen, daß die *römische family* noch eingehüllt in der *gens,* selbst nachdem sie in ihrer spezifischen Form mit der patria potestas ausgebildet.] If then, (a nice ›If‹ only resting upon Maine's own *›confident assertion‹) then,* (dies ›then‹ Pecksniffian), at *any early period,* [Maine transports his ›patriarchal‹ Roman family into the very beginning of things] the married woman had among the Hindoos *her property altogether enfranchised from her husband's control* [›enfranchised‹, that is to say, from Maine's ›confident assertion‹], it is not easy to give a reason why the *obligations of the family despotism* [a principal pet-doctrine of blockheaded John Bull to read in original ›despotism‹] were relaxed in this one particular.«

191–192 Aber sagt *Maine:* Hobbes' object war politisch; das des Austin *»strictly scientific«* (355) [*Scientific!* doch nur in der Bedeutung, die dieses Wort im Kopf of blockheadish British lawyers haben kann, wo altmodische Klassifikation, Definition etc. als *scientific* gilt. Vgl. übrigens 1) *Machiavelli* und 2) *Linguet.*] Ferner: *Hobbes* will origin of *Staat (Government* und *Sovereignty)* ergründen; dies Problem existiert für lawyer Austin nicht; für ihn dies *fact* gewissermaßen *a priori* vorhanden. Dies sagt *Maine* p. *356.* Der unglückliche *Maine selbst hat keine Ahnung* davon, daß da, wo *Staaten* existieren (after the primitive communities etc.) i. e. eine politisch organisierte Gesellschaft, der Staat keineswegs der *Prinz* ist; er *scheint* nur so.

The vast mass of influences, which we may call for shortness *moral,* [dies »moral« zeigt, wie wenig Maine von der Sache versteht; so weit diese influences (*economical* before everything else) »moral« modus of existence besitzen, ist dies immer ein abgeleiteter, sekundärer modus und nie das *prius*] perpetually shapes, limits, or forbids the *actual direction* of the forces of society by its Sovereign. (359) The Austinian view of Sovereignty really is – that *it is the result of Abstraction* [Maine ignores das viel Tiefere: daß die scheinbare supreme selbständige Existenz des *Staats* selbst nur *scheinbar* und daß er in allen seinen Formen eine *excrescence of society* is; wie seine *Erscheinung* selbst erst auf einer gewissen Stufe der gesellschaftlichen Entwicklung vorkommt, so verschwindet sie wieder, sobald die Gesellschaft eine bisher noch nicht erreichte Stufe erreicht hat. Erst Losreißung der Individualität von den ursprünglich *nicht despotischen Fesseln* (wie blockhead Maine es versteht), *sondern befriedigenden und gemütlichen Banden der Gruppe,* der primitiven Gemeinwesen, – damit die einseitige Herausarbeitung der *Individualität.* Was aber die wahre Natur der letzteren, zeigt sich erst, wenn wir den Inhalt – die *Interessen* dieser »letzteren« analysieren. Wir finden dann, daß diese Interessen selbst wieder gewissen gesellschaftlichen Gruppen gemeinsame und sie charakterisierende Interessen, *Klasseninteressen* etc. sind, also diese Individualität selbst Klassen- etc. Individualität ist, und diese in letzter Instanz haben alle *ökonomische Bedingungen* zur Basis. Auf diesen als Basen baut sich der Staat auf und setzt sie voraus.] It is arrived at by throwing aside all the characteristics and attributes of Government and (!) Society except one, and by *connecting all forms of political superiority* together through *their common possession of force.* [Das ist nicht der Grundfehler; dieser ist, daß die *political superiority,* whatever its peculiar shape, and whatever the ensemble of its elements, is taken als etwas über der Gesellschaft Stehendes, auf sich selbst Beruhendes.]

Seine ⟨Maines⟩ flache Kritik, die er unter zum Teil richtig klingender Phraseologie verbirgt, windet sich ab erstens in folgender Phrase: »It is its history (des Gemeinwesens), the *entire mass* of its historical antecedents, which in each community determines how the Sovereign shall exercise or forbear from exercising his irresistible coercive power,« (p. 360) aber diese ganze Geschichte löst sich bei Maine in socalled »moral elements« auf, denn er fährt wieder, als either Jurist oder Ideologe *unmittelbar* fort: »All that constitutes this – the whole enormous aggregate of *opinions, sentiments, beliefs, superstitions,* and *prejudices of all kinds,* hereditary and acquired, some produced by institutions and some by the *constitution of human nature* – ist rejected by the Analytical Jurists.«

Ungefähr die Hälfte der Marxschen Kommentare zu Maine formuliert Einwände gegen seine politische Haltung und sein wissenschaftliches Vorgehen, obwohl Marx andererseits auch einige der Einsichten Maines positiv aufnimmt. So akzeptiert er implizit die von Maine in *Ancient Law* (1861) vorgetragene Theorie der Entwicklung der Gesellschaft von Status zu Vertrag (Maineexzerpte, S. 170), indem er als Beispiel für diesen Vorgang das Umschlagen persönlicher Dienste in Sklaverei in Rußland zitiert. Die vertragliche Verpflichtung beruht auf einem vollkommen äußerlich gewordenen Interesse beider Seiten. Als äußerliches ist das Vertragsverhältnis öffentlich, offiziell, gesellschaftlich, und wo dieser Punkt erreicht ist, kommt das gemeinschaftliche und persönliche Verhältnis des Dienstes, welches Maine als ›Status‹ bezeichnet, zu seinem Ende. Ein wiederkehrendes Thema der Marxschen Bemerkungen ist seine systematische und kompromißlose Ablehnung von Rasse, Rassismus und Biologismus als determinierenden Faktoren außerhalb aller gesellschaftlichen Zusammenhänge (Maineexzerpte, S. 162, 164, 187, usw.).

Marx verwirft Maines Rekonstruktion der Geschichte des gesonderten Landbesitzes in Irland (Exzerpte, S. 162) und die von ihm vorgeschlagene Beziehung des römischen und englischen Grundeigentums zu den kontinentalen, englischen und amerikanischen Praktiken des Grundbesitzes (Exzerpte, S. 165); ebenso führt er den in Maines Theorie behaupteten zweifachen Ursprung des Grundeigentums auf eine einzige Quelle zurück, im Zusammenhang mit der Trennung von Stammes- und Familienhaupt. Weiterhin notiert Marx die von ihm in den Morganexzerpten entwickelte Auffassung der Interessen gesellschaftlicher Gruppen und Individuen (Maineexzerpte, S. 166, 178, 191) und entfaltet sie hier bezogen auf die Verwendung von Fiktionen.

Maine entwickelte die Analogie zwischen dem irischen Stamm im Prozeß des Übergangs zur politischen Gesellschaft und der orientalischen Dorfgemeinde. Diese Analogie ist nicht gänzlich verfehlt, da es sich bei beiden gesellschaftlichen Institutionen um Kollektivitäten handelt, die durch Gewohnheitsrecht zusammengehalten werden. Verfehlt ist diese Analogie jedoch insofern, als die indische Dorfgemeinschaft schon lange in einem Verhältnis zu einer übergeordneten politischen Körperschaft gestanden hatte, während dieses Verhältnis in der fraglichen Periode in Irland erst in statu nascendi war. Methodologisch verläßt Maine hier das Gebiet des Historischen, um einen synchronischen, oder besser: nicht-zeitlichen, Vergleich vorzunehmen. Beide Fälle sind »archaisch« (Maines Ausdruck), sie unterscheiden sich jedoch darin, wie sie dies im Verhältnis zu dem ihnen historisch vorausgehenden und dem gegebenen zeitlichen Kontext sind. Maines Historismus bricht hier zusammen, und die Entwicklung der irischen Bodenfrage, die er von der Zeit der Rechtstraktate bis ins neunzehnte Jahrhundert verfolgt hatte, wurde von ihm zu einem Augenblick zusammengenommen. (Vgl. Marxens Kommentar, Maineexzerpte, S. 172.) Maines Analogie ist nicht wegen des jeder Analogiebildung innewohnenden Fehlers abzulehnen, sondern weil Maine hier seine historische Methode aufgibt und sich in Widerspruch zu dem allgemeinen Sinn der von ihm vertretenen Schule der historischen Rechtswissenschaft und besonders seines hier behandelten Buches bringt. Der entscheidende Punkt ist die Zerstörung der irischen Stammesgemeinschaft durch die Entwicklung des Pachtsystems, durch neue Regeln, die den gebrochenen Menschen aufgenötigt werden, und durch die Zuteilung des brachliegenden und Gemeindelandes an die Stammeshäupter. Macht und Reichtum des Stammes konzentrieren sich damit in den Händen Weniger, und die Interessen der Vielen und der Wenigen treten in Gegensatz zueinander; die politische Gesellschaft bildet sich durch einen internen Prozeß. Maine brachte eine Institution der Gesellschaft, die vor der Etablierung der politischen Gesellschaft bestand, mit einer Institution in Verbindung, die unter der Herrschaft des Staates existiert. Wie Maine verknüpfte auch Engels die Gens – eine Institution der Gesellschaft, die vor der Etablierung der politischen Gesellschaft und des Staates bestand und mit der Herausbildung der politischen Gesellschaft aufgelöst wird – mit einer kollektiven Institution eben dieser politischen Gesellschaft.[72]

Morgans Initiative folgend entwickelt Marx seine systematische Trennung der Familie von anderen Institutionen der primitiven Gesellschaft weiter, indem er diese Unterscheidung in der Trennung von Patriarch/paterfamilias und Gens-/Stammesoberhaupt zur Geltung bringt und sie auf die relevanten Formen des Eigentums und seiner Weitergabe anwendet. Nach dieser Theorie läßt sich privates Grundeigentum nicht direkt aus kollektivem Eigentum ableiten, sondern tritt erst allmählich an dessen Stelle mit dem Übergang zur politischen Gesellschaft, mit dem auch die Kontrolle über die Gens an die Familie übergeht; Erbschaft innerhalb der Familie steht im Gegensatz zum tanaistischen Verfahren der Weitergabe der Funktion des Oberhauptes durch Wahl, gewöhnlich auf den Bruder und nicht auf den Sohn (Maineexzerpte, S. 178). An diesem Punkt wird eine öffentliche Fiktion eingeführt, die die alte gentile Nachfolgeregel als einen Anachronismus festhält. Marx entwickelt hier den schon in den Aufzeichnungen zu Morgan eingeführten Gegensatz von öffentlich und privat, offiziell und inoffiziell ausführlicher im Zusammenhang mit dem Übergang von der Barbarei zur Zivilisation, der Staatsbildung und der archaischen kommunalen Regelungen von Erbschaft und Autorität. Die öffentlichen Fiktionen treten dann auf, wenn die gesellschaftlichen Interessen auseinandertreten und antagonistisch werden. Nach der Auffassung von Marx war jedoch das Amt des Oberhauptes nicht erst in der Periode der Auflösung der Gens und des Stammes, sondern schon vorher in Gegensatz zur Gemeinschaft getreten, da das Oberhaupt, entgegen Morgans Auffassung, nur in der Theorie und nicht wirklich gewählt wurde (Maineexzerpte, S. 177); die Wahl ist also anders als irgendeine moderne Konzeption, sie unterscheidet sich von den üblichen Verfahrensweisen und von den naiven Vorstellungen von primitiver Demokratie. Praktisch ist das Amt des Oberhauptes übertragbar (Maineexzerpte, S. 175), und es geht aus dem Kontext dieser Stelle klar hervor, daß für Marx der Gegensatz von Theorie und Praxis der Wahl in Irland nicht für die Periode unmittelbar vor der englischen Eroberung gilt, sondern den Verhältnissen der primitiven Gesellschaft vor der Auflösung der barbarischen Gentes zugeordnet werden muß. Daraus ergibt sich, daß

Marx den Gegensatz von Theorie und Praxis für die Urgesellschaft ebenso wie für die moderne Gesellschaft und im Zusammenhang mit der Auflösung der Urgesellschaft und der gentilen Institutionen angenommen hat.

Wiederum von der Morganschen Theorie der Wahl des Oberhauptes in der Gentilgesellschaft ausgehend notiert Marx, daß Maine in der hinduistischen ungeteilten Familie * und im europäischen Frühmittelalter dieselbe Praxis entdeckt [73], und bemerkt: »Dies ist noch normaler als alles andre; da das Oberhaupt immer theoretisch wählbar bleibt, nur selbstverständlich, innerhalb der gens, resp. innerhalb des Stammes.« Dasselbe Verfahren hatte schon Edmund Spenser bei den Iren seiner Zeit angetroffen [74], doch meint Marx, daß Maine diese von ihm zitierte Stelle besser interpretiert hätte, wäre ihm die Morgansche Vorstellung von der Wahl des Oberhauptes vertraut gewesen. (Marx, Maineexzerpte, S. 177, 178)

Hinsichtlich des Verhältnisses von orientalischer und westlicher Gesellschaft war Phear der Maineschen Argumentation gefolgt:

»In Europa, im Unterschied vom Osten, wurde an die Stelle der Produktenabgabe die Herrschaft über den Boden gesetzt – die Bauern wurden von ihrem Land vertrieben und zu Leibeigenen oder Landarbeitern herabgesetzt.

Im Osten, unter dem Dorfsystem, regierte das Volk praktisch sich selber, und der Machtkampf zwischen den Häuptern der vornehmen Klasse war vor allem ein Kampf um die Verfügung über die Kachahri tabils« – die Dorfbuchführung. (Marx, Phearexzerpte, S. 155.)

Maine hatte diesen Sachverhalt näher untersucht, freilich war er in seiner Darstellung der Sikhherrschaft am Beispiel von Runjeet Singh von der Stellung des Herrschers, also von oben, und nicht von dem Dorf ausgegangen (Maineexzerpte, S. 194–196). Seiner Ansicht nach beschränkte sich die orientalische Despotie auf Erhebung von Steuern, während eine über Steuererhebung und Kriegsdienste hinausgehende Gesetzgebung in einem die Dorfgemeinde überschreitenden Maßstab erst im römischen Reich eingeführt wurde, und die westeuropäische Entwicklung infolgedessen anders verlief als die orientalische. Darüber hinaus vertrat Maine die These, daß die altorientalischen Reiche Assyrien, Babylonien, Medien und Persien demselben Typus angehörten wie die Sikhherrschaft unter Runjeet Singh, und daß von ihr her ein Verständnis der orientalischen Reiche und der orientalischen Despotie der Vergangenheit und Gegenwart allgemein möglich sei. »Runjeet Singh«, heißt es bei Maine, »ließ es sich oder konnte (!) es sich niemals träumen lassen, die zivilrechtlichen Regelungen zu ändern, unter denen seine Untertanen lebten.« [75] (Maineexzerpte, S. 195. Das Ausrufezeichen von Marx hinzugefügt.) Die Tatsache, daß der orientalische

* Die ungeteilte Familie (joint family) ist eine Dorffamiliengemeinschaft und Gens, wo die Mitglieder ein einheitliches Territorium besiedeln.

Monarch lokales Brauchtum nicht ändert, wird von Marx nicht bezweifelt; Maine zufolge tat der Despot kaum anderes, als sich um seine Hofhaltung zu kümmern und Kriege zu führen. So protestiert Marx nicht gegen die Tatsache, daß der Mensch sich in die Traditionen des Dorfes nicht einmischt, sondern gegen Maines übertriebene Behauptung, daß er dies nicht konnte. Daraus folgt, daß nach Marxens in diesem Punkt mit Maine übereinstimmender Auffassung die Errichtung großer öffentlicher Bauten, Paläste, Tempel, Mausoleen usw. in der politischen Ökonomie des traditionellen Indien keine bedeutende Rolle spielte, und daß für Kanäle und andere Bewässerungsanlagen nicht die zentrale Monarchie und die Staatsbürokratie zuständig waren. Marxens Stellungnahme zu Maines und Phears Berichten über Indien bedürften einer genaueren Untersuchung im Hinblick auf neuere Veröffentlichungen über die orientalische Gesellschaft, ihre Regierungsform und die asiatische Produktionsweise.[76]

In den beiden letzten Kapiteln seines Buches kritisiert Maine die Staats- und Rechtstheorie der Analytischen Rechtsschule (Jeremy Bentham, John Austin, Hobbes als ihr Vorläufer) folgendermaßen:

»Die Behauptung, die man freilich den großen ›Analytischen Juristen‹ (Bentham und Austin) nicht anlasten kann, zu der sich aber einige ihrer Schüler fast versteigen, daß nämlich die Person oder Gruppe des Souveräns über die zusammengefaßte Kraft der Gesellschaft in unkontrollierter Willensausübung verfüge, stimmt gewiß niemals mit den Tatsachen überein ... Die ungeheure Masse von Einflüssen, die wir der Kürze halber moralische nennen wollen [Marx, Maineexzerpte S. 191, fügt hinzu: »dies ›moral‹ zeigt, wie wenig Maine von der Sache versteht; soweit diese Einflüsse (ökonomische vor allem anderen) einen ›moralischen‹ Modus der Existenz besitzen, ist dies immer ein abgeleiteter, sekundärer Modus und nie das prius.«] formt, beschränkt oder unterbindet beständig die wirkliche Lenkung der Kräfte der Gesellschaft durch den Souverän.« [77]

Austins Begriff der Souveränität ist für Maine das Resultat einer Abstraktion. Marx stimmt dem stillschweigend zu, ergänzt jedoch (a. a. O.):

»Maine verkennt das viel Tiefere: daß die scheinbare unumschränkte selbständige Existenz des Staats selbst nur scheinbar und daß er in allen seinen Formen ein Auswuchs der Gesellschaft ist; wie seine Erscheinung selbst erst auf einer gewissen Stufe der gesellschaftlichen Entwicklung vorkommt, so verschwindet sie wieder, sobald die Gesellschaft eine bisher noch nicht erreichte Stufe erreicht hat. Erst Losreißung der Individualität von den ursprünglich nicht despotischen Fesseln (wie Dummkopf Maine es versteht), sondern befriedigenden und gemütlichen Banden der Gruppe, der primitiven Gemeinwesen, – damit die einseitige Herausarbeitung der Individualität.«

Darüber hinaus hat das Individuum nach Marx Interessen, die gesellschaftlichen Gruppen gemeinsam sind und sie charakterisieren, so daß Individuen Klassenindividuen, Individuen sozialer Gruppen sind, denen ökonomische Bedingungen zugrundeliegen, auf welchen der Staat, der die ökonomische Basis voraussetzt, aufruht. Der ökonomische Faktor wird hier in erster Linie als Basis und sekundär in Wechselwirkung mit anderen Faktoren begriffen. Die damit übereinstimmende Behandlung des ökonomischen Faktors ist im Zusammenhang mit der direkten Einwirkung auf die primitive Gesellschaft bereits dargestellt worden (vgl. Abschnitt 1 über Morgan und Marx, Morganexzerpte, S. 41–42). In den Maineexzerpten (S. 178) schreibt Marx: »Die Sache ist allmähliches Überwiegen (zusammenhängend mit Entwicklung von Privatgrundeigentum) der Einzelfamilie über die Gens.« Diese Aussage ist in Zusammenhang zu bringen mit der Erörterung der Familie als einer Miniatur der Gesellschaft unter primitiven und zivilisierten Bedingungen (vgl. oben Abschnitt 1 und Anm. 41).

Marx hält die Mainesche Auffassung der Privatfamilie als Basis, aus der Sippe und Clan entwickelt werden, für völlig verfehlt (Maineexzerpte, S. 177). Damit stellt sich Marx auf die Seite Morgans. Die Institutionen des Clans und des Clanhäuptlings unterscheiden sich von der hinduistischen ungeteilten Familie und der Rolle des Vaters in ihr. Maine stand die englische Privatfamilie vor Augen, und sein indisches Beispiel ist städtischen und nicht ländlichen Verhältnissen entnommen und bezieht sich auf die Eigentümer von Grundrente, nicht auf die wirklichen arbeitenden Mitglieder einer Dorfgemeinde (a. a. O.). Maine idealisierte und verallgemeinerte also eine Situation, die nur einen Teil – und zwar den privilegierten – der indischen Zustände charakterisiert. Er begriff weder den Interessengegensatz in der indischen Dorfgemeinde, noch den Gegensatz von Stadt und Land. Dieser Einwand ist methodologisch wie inhaltlich von Bedeutung und trifft Fourier nicht weniger als Maine (vgl. unten Abschnitt 7, Zum Verhältnis von Engels zu Marx und Morgan, und Anm. 151). Der auf Seite 177 der Maineexzerpte von Marx aufgestellte Gegensatz sozialer Klassen in der indischen Dorfgemeinde ist mit seiner Kritik an Phear zusammenzusehen, der die Differenzierung ökonomischer Funktionen in der Gesellschaft und die sozialen Unterschiede in der Dorfgemeinde von der Familie her begründen wollte (vgl. Phearexzerpte, S. 153).

Der mit der Entwicklung der Gesellschaft in Gruppierungen individueller Interessen entstehende Interessenkonflikt kommt in dem Gegensatz von öffentlich und privat, ländlich und städtisch, reich und arm (Maineexzerpte, S. 164, 177) und höheren und niederen Ständen (Maineexzerpte, S. 166) zum Ausdruck. Nach dieser Theorie des Interesses trennt sich die Kirche von den säkularen Organisationen der Gesellschaft und verbindet sich mit ihnen wiederum als ein souveräner Vertragspartner, der seine eigenen Interessen in Übereinstimmung und im Gegensatz zu anderen Interessen wahrnimmt. Die Gesellschaft zersplittert sich in spezialisierte Arbeiten und

Berufe und wird durch die innerhalb ihrer miteinander in Konflikt stehenden Kollektivitäten gespalten; diese Kollektivitäten haben ihr Verhältnis zueinander, zu sich selbst und zur Gesellschaft als ihre Interessen verinnerlicht und sind gleichzeitig der veräußerlichte Ausdruck dieser selben Interessen; gesellschaftliches Eigentum geht in das einer begrenzteren Kollektivität, der sozialen Klasse über, oder wird, von den Individuen her gesehen, zum Interesse besonderer Menschen. Tatsächlich wird damit die Ordnung gleichzeitig verkehrt, indem das gesellschaftliche Eigentum unter Individuen aufgeteilt und zugleich zur Basis des Interesses einer sozialen Klasse wird; dadurch wird der Gegensatz von Individuum und Kollektivität, von individuellen und kollektiven Interessen innerhalb der Gesellschaft und zwischen gesellschaftlichen Kollektivitäten erzeugt. Hegels hypostatische Formel, die den Staat über die bürgerliche Gesellschaft erhebt, vernichtet den dialektischen Gegensatz, um den es ihm in erster Linie ging. Diesen Gegensatz hat Marx in seiner Besonderheit wiederhergestellt und sich damit der empirisch-positivistischen Form dieses Gegensatzes als einer einfachen Tatsachenbehauptung in der Art Humes widersetzt. Die Einheit des primitiven Gemeinwesens und die Möglichkeit von Gegensätzen in ihm machen es für Marx schwierig, sich Morgans Gegensatz von Familie und Gens ohne weiteres anzuschließen. Die zum Gegensatz tendierenden Prinzipien im primitiven Gemeinwesen wären noch herauszuarbeiten. Engels' Theorie unternimmt dies nach zwei Seiten, indem sie einen subjektiven und einen objektiven Faktor unterscheidet.

Der Prozeß der Individualisierung besteht in der Gliederung individueller Interessen in der Gesellschaft und der damit einhergehenden Auflösung des Gemeinwesens. Diese Individualisierung ist einseitig, ohne eine ihr korrespondierende Wechselbeziehung zum ›Verkehr‹ gesellschaftlicher Interessen. Dadurch ist die Gesellschaft nicht mehr der Endzweck der Mittel der Befriedigung des Individuums, und die Einheit der Gesellschaft in der Gesellschaft gehört der Welt des Scheins an. Die Interessen sind zugleich Inhalt der Individualisierung und ihre Veräußerlichung als deren charakterisierende Formen. Die Wechselbeziehung der gegensätzlichen Inhalte und der äußeren Formen bedeutet zugleich die Auflösung der gesellschaftlichen Einheit, der individuellen Einheit und der Einheit von Individuum und Gesellschaft. Wenn Marx (Exzerpte, S. 191) von »Losreißung der Individualität« spricht, im Gegensatz zu den befriedigenden und gemütlichen Banden der Gruppe, so sind damit die Trennungen vorausgesetzt, von denen er im Abschnitt des *Kapital* über die »Unterabteilung« des Menschen in der frühen Manufakturperiode des Kapitalismus spricht.[78] (Vgl. unten Abschnitt 6, Gemeinwesen, Kollektivismus und Individualismus). Jene Wendung ist gegen die zum Teil zutreffend klingende Redeweise Maines gerichtet, die der gesellschaftlichen Tradition als Bedingung der Beschränkung staatlicher

Souveränität Wirksamkeit zuspricht (Exzerpte, S. 192). Der Staat wird damit ein Bestandteil des Überbaus der Gesellschaft.

Souveränität und die Beschränkungen der Souveränität betreffen nicht die Person des Monarchen, sondern das Amt, eine Unterscheidung, die sowohl Maine wie Austin entweder verwischt oder nicht wirklich begriffen hatten. In unterschiedlicher Weise haben beide das Verhältnis der Gesellschaft zu der Institution der Souveränität im Unklaren gelassen.

Maine ließ die moralische Sphäre »der Kürze halber« die gesamte Tradition der Gesellschaft mitumfassen, und plädierte daher implizit gegen eine Trennung von Wissenschaft und Politik oder von Aussagen über Tatsachen und Aussagen der Moral.[79] Er steht damit im Gegensatz zu der Hume, Bentham und Austin gemeinsamen Position. Marx unterscheidet sich in diesem Punkt aus einem anderen Grund von Maine: Maines allumfassende Kategorie des Moralischen verdeckt den Primat der ökonomischen Einflüsse (Exzerpte, S. 191). Gleichwohl führte Maine den ökonomischen Faktor in seinen Überlegungen zur Kastenbildung an[80]: sie wären mit Marxens Vorstellungen über Kastenexogamie im Prozeß der Transformation der gentilen in die politische Gesellschaft in Verbindung zu bringen (vgl. oben Abschnitt 1 und Anm. 32).

Die zivilisierte Gesellschaft ist künstlich, durchsetzt mit Fiktionen und Praktiken, die in primitiven Gemeinwesen nicht anzutreffen sind. Die ungeteilte Familie ist eine sekundäre Erscheinung und ist vom primitiven Gemeinwesen überall dort geschieden, wo es den Gegensatz von Stadt und Land oder von reich und arm nicht gibt (Exzerpte, S. 164). Maine schrieb[81], daß die Macht der Teilung der Erbschaft in dem Maße einer »bloß administrativen Autorität« ähnlich werde, als »ungeteilte Familie, Sippe oder Clan einen mehr künstlichen Charakter annehmen« – Marx kommentiert: »Die Sache ist gerade umgekehrt. Für Maine, der sich die englische Privatfamilie letzten Endes nicht aus dem Kopf schlagen kann, erscheint diese ganz natürliche Funktion des Häuptlings der Gens, weiter des Stammes, natürlich gerade weil er ihr Häuptling ist (und theoretisch immer ›gewählter‹) ›künstlich‹ und ›bloß administrative Autorität‹, während die Willkür des modernen pater familias gerade ›künstlich‹ ist, wie die Privatfamilie selbst, vom archaischen Standpunkt.« (Exzerpte, S. 177) Für Maine ergibt sich die Künstlichkeit im Vergleich (oder aufgrund der Unvereinbarkeit) mit den modernen Gegebenheiten der Familie und ihrer Stellung in der modernen Gesellschaft hinsichtlich der Vererbung des Vermögens, während Marx ihre Künstlichkeit verglichen mit dem archaischen Zustand betont. In seiner Argumentation gegen Maines Umkehrung dieses Verhältnisses folgt Marx Morgan und unterscheidet im Gegensatz zu Maine, der ungeteilte Familie, Sippe und Clan in derselben sozialen Kategorie einander gleichstellt, die Gens- und Stammesverhältnisse mit ihrem jeweiligen Häuptling von der Familie und ihrem Haupt. Ähnliche Vorbehalte formuliert Marx gegen Morgans Idee der Wahl des Gens- oder Stammes-, Clan- oder Sippenhauptes, da dieses Amt nur theoretisch durch Wahl vergeben, praktisch aber, wie wir gesehen haben, vererbt wird. Das Kriterium der Künstlichkeit besteht für Maine darin, daß etwas ein anachronistisches Überbleibsel ist, während es für Marx die gesellschaftlichen Spaltungen und Antagonismen des zivilisierten Zustandes als solche sind, deren Künstlichkeit dem entfremdeten Zustand des zivilisierten Menschen entspringt, der ausgebeutet, zerstückelt, seinen Mitmenschen und sich selber entgegengesetzt ist, während der archaische Zustand der eines befriedigenden, nicht-despotischen und gleichen Gemeinwesens ist. In den *Ökonomisch-philosophischen Manuskripten* von 1844 hatte Marx den menschlichen Zustand in seine aktiven Komponenten aufgelöst: Der entfremdete Zustand des Menschen ist der der Selbstentfremdung des Menschen und der Entfremdung des Menschen von der Sache.[82] Der Prozeß der Aufhebung der Selbstentfremdung macht denselben Weg wie die Selbstentfremdung (Privateigentum und Kommunismus).[83] In der *Heiligen Familie* wird diese Analyse in der These weitergeführt, daß die besitzende Klasse und die Klasse des Proletariats dieselbe menschliche Selbstentfremdung darstellen und daß das Verhältnis zur gesellschaftlichen Entfremdung für die eine und die andere Klasse ein verschiedenes ist.[84]

In den Maineexzerpten weist Marx auf die Anfänge der Trennung von Theorie und Praxis hin und führt damit die Analyse weiter, die wir in den Morganexzerpten als die Unterscheidung von Offiziellem und Inoffiziellem, von Öffentlichem und Privatem im Übergang von der Barbarei zur Zivilisation hervorgehoben haben.

Marx (Maineexzerpte, S. 191) ist der veralteten (positivistischen) Auffassung von Wissenschaft als Klassifikation und Definition und damit auch Humes Trennung und Nebeneinanderstellung von Tatsachenaussagen und moralischen Urteilen entgegengetreten. Er wendet sich damit gegen die Trennung und Nebeneinanderstellung von Wissenschaft und Politik und bemerkt, daß Maine und Austin sich hierin von Hobbes unterscheiden: Maine war altmodisch, jedoch nicht genügend, denn Hobbes hatte Wissenschaft und Politik nicht voneinander getrennt, wie es seine Nachfolger im 18. und 19. Jahrhundert tun sollten. Den Positionen der englischen Empiristen und der kontinentalen Schulen des Kantianismus und Positivismus stand die Tradition gegenüber, die von der Wechselbeziehung von Politik und Wissenschaft ausging. Neben Hobbes erwähnt Marx Machiavelli und Linguet (a. a. O.).[85]

Morgan kritisierte Maines Auffassung der ungeteilten Familie und der Gens in zwei Punkten: 1. Die ungeteilte Familie und die Gens sind nicht gesellschaftliche Institutionen von derselben Art; die Gens ist eine unilineare Deszendenzgruppe, während die Familie – gleichgültig ob die ungeteilte Familie oder eine andere Form – sich aus Mitgliedern zusammensetzt, die mehr als einer Linie angehören. 2. Die patriarchalische Familie ist eine Ausnahme und keine normale Entwicklung.[86] Maine antwortete auf die Kritik Morgans, doch verfehlte er dessen Argumentation.[87] [Der sowohl von Morgan wie von Marx bemerkte Widerspruch im Verhältnis von Familie und Gens (s. o., Abschnitt 1 über Morgan und Anm. 58) wird nochmals von Marx herausgestellt (Maineexzerpte S. 187): Marx formuliert es hier – im Anschluß an Niebuhr – so, daß die Familie noch in die Gens eingehüllt sei. Nach Morgans Vorstellung kann die Familie niemals gänzlich in die besondere Gens eingehüllt sein, weil mindestens eines ihrer Glieder einer anderen Gens angehört.]

4. Marxens Exzerpte aus Lubbock, Origin of Civilisation[88]

Die kurzen Aufzeichnungen zu Lubbock wurden gesondert und später als die anderen niedergeschrieben.[89] Sie beziehen das Werk von McLennan mit ein, dem Lubbock mit geringfügigen Vorbehalten folgte. Zwar enthält Lubbocks Werk noch Verzeichnisse seltsamer Praktiken und merkwürdiger Bräuche, es gehört jedoch einer ethnologischen Tradition an, die die Geschichte der Menschwerdung als eine ganz und gar irdische Historie erzählt; ihren Impuls hatte diese Tradition im 18. Jahrhundert erhalten und sich dann im Licht der Darwinschen Entdeckung der Anpassung an die Umweltbedingungen und der natürlichen Auslese, sowie durch die Forschungen von Alfred Wallace, Huxley, Spencer, Ernst Haeckel und die daran anschließende Literatur von Dawkins, Lubbock, Tylor und Morgan zu einer evolutionären Darstellung der menschlichen Entwicklung gewandelt. Die Religion erklärte Lubbock naturalistisch und die Staatsbildung begriff er ausschließlich aus endogenen Faktoren, ohne sich im einzelnen auf exogene Faktoren in einer bestimmten Gesellschaft, wie Rasse, Eroberung und dergleichen, zu beziehen. Gleichzeitig war seine Betrachtungsweise kulturgebunden, was Marx zum Anlaß nimmt, um das Problem der subjektiven kulturellen Schranken der ethnologischen Praxis zu stellen: Lubbock hatte »bei vielen niederen Rassen die Verwandtschaft weiblicher Linie als überwiegenden Brauch ...« bemerkt[90] und damit verbunden – die Hinzufügungen sind von Marx (Lubbockexzerpte, S. 2) – »... die seltsame (!) Praxis, daß die Erben eines Mannes [aber sie sind ja dann nicht die Erben des

Mannes; diese zivilisierten Esel können ihre eigenen Konventionalitäten nicht los werden] nicht seine eigenen Kinder, sondern die Kinder seiner Schwester sind.« Die Marxschen Aufzeichnungen zu Lubbock enthalten auch einen längeren Auszug aus Cervantes' »Don Quixote«, wo es um die Befreiung der Großen von der Not geht – so wie, nach Marxens Parallele, in Indien die Gottheit von ihren Ketten erlöst wird (Exzerpte, S. 4).[91]

Die Lubbockexzerpte setzen Marxens Lektüre von Morgan, Maine und Phear voraus. McLennan und Bachofen lassen ihre Entwicklung der Ehe und der Familie mit einer Stufe von Hetärismus und Gemeinschaftsehe anheben, und Marx bemerkt dazu: »... und Lubbock sagt, S. 70, daß er diesen Blödsinn glaubt, d. h. also Gemeinschaftsehe und Hetärismus identifiziert; während offenbar Hetärismus eine Form ist, welche Prostitution (und diese existiert nur im Gegensatz zur Ehe, sei sie nun gemeinschaftlich etc. oder monogamisch) voraussetzt. Dies also hysteron proteron.« (Marx, Lubbockexzerpte, S. 1.) Übereinstimmend mit Morgan bringt Engels Hetärismus erst nach der Einführung der Monogamie ins Spiel.[92] McLennan war der Ansicht gewesen, daß die Heirat durch Raub aus der Stammesexogamie hervorgeht, während Lubbock schreibt: »Ich glaube, daß die Exogamie aus der Heirat durch Raub entstand...«[93] Marxens Kommentar (a. a. O.): »Lubbock weiß also nichts von der Basis – der *Gens*...«.

5. *Allgemeines zur historischen Stellung dieser Arbeiten*

Die Stellung der hier behandelten Autoren und Werke in der Geschichte der Ethnologie und Marxens Verhältnis zu ihnen, sowie, durch sie vermittelt, zum Gebiet der Ethnologie, läßt sich innerhalb der Tradition der Erforschung lebender Völker und von Völkern der Vergangenheit bestimmen. Die Ethnographie begann sich damals durch Berichte von Beobachtern zu entwickeln, die sich längere Zeit bei den Völkerschaften aufhielten, die ihr ethnographischer Gegenstand waren, und denen es nicht offensichtlich um den Nachweis der angeborenen oder erworbenen Überlegenheit einer Rasse, einer Lebensform oder eines religiösen Glaubens zu tun war. Unter anderem aus diesem Grunde nahmen die Ethnographen jener Zeit den Standpunkt eines objektiven und distanzierten Naturwissenschaftlers ein und beschrieben die Menschen, als sei ihr Verhältnis zu ihnen nicht das von Menschen zueinander; diese Beschreibungsweise entspricht der Ameisenperspektive Hippolyte Taines. Die Wissenschaften vom Menschen hatten das Gebiet der Ethnologie und Anthropologie von der philosophischen Theorie des Menschen bei Kant, Hegel, Fichte und Feuerbach übernommen, aus deren Tradition Marx hervorging, und die in seiner Doktordissertation und in den *Ökonomisch-philosopischen Manuskripten* von 1844 Thema gewesen war.

Das Werk Phears kommt den Methoden der modernen Ethnographie nahe, teils deckt es sich mit ihnen, teils fällt es hinter sie zurück durch seine Darstellung eines abstrakten typologischen Schemas des agrikulturellen Dorfes Ostbengalens. Der modernen Ethnographie kommt es nahe durch die spärliche Einmischung des Ethnographen, die Anhäufung von Details zu bestimmten Fragen, z. B. die Haushaltsrechnungen und Verzeichnisse der Haushaltsausstattungen, die Aufzählung der Typen von Grundeigentum und der jeweiligen Belastung mit Abgaben, sowie seine raum-zeitliche Spezifizität, der andererseits sein typologisches Vorgehen widerspricht. Morgans Werk enthält vier beschreibende Kapitel über Gens, Phratrie, Stamm und Konföderation bei den Irokesen und umfangreiche Beschreibungen griechischer und römischer Institutionen. Maine gewinnt aus den *Brehon tracts* (von Rechtsberatern des Königs – den Brehons – verfaßte Traktate) Erkenntnisse über die irischen Altertümer. All diese Ethnographien vermitteln im Stil der Zeit ein detailliertes Wissen von bestimmten Völkern in einem abgegrenzten Gegenstandsbereich: materielle Kultur, Hauswirtschaft, gesellschaftliche und politische Organisation, Verwandtschaftsregelung, Rechtsbräuche, sowie Einsicht in die Lebensweise der Völker, deren Praxis beschrieben wird. Diese Konkretionen sind bei Morgan und Maine mit allgemeinen Theorien der Entwicklung der politischen, Verwandtschafts- oder rechtlichen Regelungen verbunden. Demgegenüber steht das Werk von Lubbock in der entgegengesetzten Tradition der Sammlung verstreuter Daten ohne Beziehung auf eine ethnographische Besonderheit – eine Tradition, deren zeitgenössischer Repräsentant Herbert Spencer war und die seitdem abgerissen ist.

Morgan und Lubbock gehören zu den führenden ethnologischen Autoren des späten neunzehnten Jahrhunderts, und zweifellos hatte Marx eine glückliche Hand, als er sich ihnen als Repräsentanten des Entwicklungsstandes dieser Wissenschaft zuwandte. In anderem Zusammenhang hat Marx sich mit Kovalevsky, Tylor, Maurer und Bastian beschäftigt (vgl. Zusatz 2 über Tylor und Bastian, s. o. über Maurer und Kovalevsky).

Während des späten neunzehnten Jahrhunderts wurde die Wechselbeziehung abstrakter und konkreter Daten in der Ethnologie thematisch, doch wurde die subjektive und die objektive Seite der entstehenden Wissenschaft nicht klar unterschieden. In seinem Briefwechsel und seinen ethnologischen Aufzeichnungen hat Marx die Aufmerksamkeit auf die kulturellen Schranken des Beobachters gelenkt, dessen Sehweise durch seine gesellschaftliche Lebensform geprägt ist. In die Ethnologie zu integrieren bleibt einerseits das Verhältnis von Aktualität und Potentialität des Menschen als Subjekt im

Verhältnis zum Objekt, der Mensch als Thema der Ethnographie; andererseits die wirkliche Uneinheitlichkeit und Entgegensetzung des Menschen im Verhältnis zu seiner potentiellen Einheit mit sich, der Gesellschaft und der Natur – Thesen, die Marx vier Jahrzehnte zuvor aufgestellt hatte.

Hegel begriff die bürgerliche Gesellschaft in ihrer Einheit, Marx in ihrer inneren Gegensätzlichkeit: gemeinsam ist beiden der Begriff der bürgerlichen Gesellschaft als Verwirklichung des zivilisierten Zustandes und als seine Bedingung – einerseits im Prozeß einer allgemeinen Entwicklung, andererseits in einer besonderen Geschichte und im Verhältnis von Allgemeinem und Besonderem. Die Verwirklichung des zivilisierten Zustandes als eine menschliche Tätigkeit ist zugleich derjenige Begriff, mit dem Marx Hegel begreift. Die Bildung von zueinander antagonistisch sich verhaltenden Kollektivitäten, die in ihrem Gegensatz gegeneinander als kollektive Interessen verinnerlicht werden, bezeichnet den Unterschied im Hegelschen und Marxschen Begriff der bürgerlichen Gesellschaft. Dieser Unterschied ist in sich objektiv, zugleich ist es der Unterschied zwischen Hegels Subjektivität und Marxens Objektivität und die Setzung des Verhältnisses des Subjektiven zum Objektiven in der Gesellschaft, welche gänzlich der Marxschen Seite der Problemstellung angehört. In den Morganexzerpten (S. 76–77,87 und passim) und in den Maineexzerpten (S. 191–192 und passim) hat Marx die Frage des Verhältnisses von Individuum und Kollektivität unter den Bedingungen der Auflösung des archaischen Gemeinwesens und der Bildung der zivilisierten Gesellschaft aufgenommen. Marx untersucht hier das Wechselverhältnis objektiver und subjektiver Faktoren im Verhältnis des gesellschaftlichen Individuums zu seiner Kollektivität als Interessen. G. Lukács hat Marxens Stellung zur Gesellschaft ausschließlich von ihrer objektiven Seite im Gegensatz zu Hegel begriffen. Es ist jedoch notwendig, nicht nur von dem Resultat des historischen Prozesses auszugehen, das Hegel und Marx in der modernen bürgerlichen Gesellschaft vor Augen stand, sondern sich dem als zeitliche Erscheinung greifbaren Anfang des Prozesses der Herausbildung dieses Resultats zuzuwenden. Marx hat die Geschichte der individuellen Interessen in ihren von Konflikten bestimmten, in das kollektive Interesse der sozialen Klasse aufgelösten Beziehungen zueinander dargestellt; die Auflösung des Konfliktes ist zum Teil deswegen nicht vollständig, weil der Prozeß der Etablierung einer neuen Gesellschaftsform, in der die früheren kommunalen Beziehungen, wenn auch nur pro forma (vgl. Morganexzerpte, S. 71: »Weihrauchsduft«) fortbestehen, unabgeschlossen ist. Aber andererseits kann der Konflikt in der neuen Gesellschaftsform niemals aufgelöst werden, da das Interesse des Subjektes nicht gänzlich dem objektiven Interesse untergeordnet ist: wo Eigentumsinteressen auf dem Spiel stehen, verhält sich der Mensch zum Menschen betrügerisch und kennt selbst dann, wenn die Unterordnung unter das kollektive Interesse in seinem eigenen Interesse liegt, kein anderes Interesse als sein eigenes. Das Interesse des Subjekts ist gleichzeitig subjektiv und objektiv, das objektive Interesse ist dabei zum Teil verinnerlicht, und sowohl die Subjektivität wie die verinnerlichte Objektivität werden in dem Verhalten, den Beziehungen und der Produktion der Gruppe in der Gesellschaft veräußerlicht. Aus der Verinnerlichung entwickelt sich die partielle und fragmentarische Erkenntnis des Individuums in der Gesellschaft als in Wechselbeziehung mit der Gesellschaft stehendes Subjekt – Objekt (s. Ernst Bloch). Die Verinnerlichung selber umfaßt freilich sowohl die Einheit wie den Gegensatz des Individuums im zivilisierten Zustand. Die Gesellschaft ist in sich und das Individuum entlang zweier Achsen gespalten: indem es das Ganze der gesellschaftlichen Spaltung verinnerlicht hat und indem es im Gegensatz zu der gesellschaftlichen Spaltung steht, nachdem es die »gemütlichen Bande« des vorhergehenden kommunalen Daseins erfahren hat. Schließlich ist der Mensch im zivilisierten Zustand entsprechend der gesellschaftlichen Teilung der Arbeit in sich gespalten. Vom gesellschaftlichen Atom kommen wir so zum zerstückelten Menschen in der bürgerlichen Gesellschaft, wie ihn Marx zuvor in der Anatomie der bürgerlichen Gesellschaft bloßgelegt hatte und jetzt durch die diachronische Darstellung ihres Bildungsprozesses aufdeckt.

Der Mensch des zivilisierten Zustandes bildet sich zu einem gespaltenen Individuum, das widerstrebige Elemente sowohl in sich als auch gegen die Gemeinschaft enthält, die vorgeblich seinem Interesse und deren Interesse er vorgeblich dient. Unter allen Bedingungen, ob zivilisierten oder nicht, ist der Mensch in seinem Verhältnis zur Gesellschaft zugleich Subjekt und Objekt aufgrund seiner Bestimmtheit durch jenes Verhältnis und infolgedessen auch in seinem Verhältnis zu sich selbst: jenes Verhältnis bedingt, daß er Subjekt und Objekt ist. Das Subjekt-Objekt-Verhältnis innerhalb des Individuums ist partiell und fragmentarisch, weil es von seiner Entwicklung oder seiner zeitlichen Bestimmtheit nicht getrennt ist. Das Bewußtsein von diesem Verhältnis ist unvollständig, weil der Mensch von der Natur und von seiner eigenen Natur getrennt ist, so daß der Inhalt der menschlichen Subjektivität die Form seiner Objektivität schlecht erfüllt – zwar ausfüllt, aber nicht erfüllt. Die Veräußerlichung von Begierden und ihre Verinnerlichung als Befriedigung sind auf der einen Seite gesellschaftliche Verhältnisse und andererseits menschliche Beziehungen zur Natur, vermittelt durch menschliche Arbeit mit Werkzeugen, welche Marx mit Hegel als gesellschaftliche Arbeitsinstrumente begreift.

Der Kulturbegriff der empirischen Anthropologie hat eine seiner Wurzeln in der Hegelschen Theorie der Vermittlung, wenn man davon ausgeht, daß das vermittelte Verhältnis des Menschen zur Natur gleichzeitig die Entfremdung des Menschen von der Natur und das vermittelnde Dazwischentreten des Menschenwerkes in das Naturverhältnis ist. Infolgedessen ist die Herausbildung des Gegensatzes von Natur und Kultur, wie immer empirisch er bestimmt sein mag, unvollständig, weil einseitig. Das ungetrennte Verhältnis (oder, verdoppelt, die Verhältnisse, da Singular wie Plural, das eine Verhältnis und die vielen Verhältnisse zwischen menschlicher Gesellschaft und Natur bestehen bleiben) von Vermittlung und Entfremdung ist gleichzeitig der dialektische Übergang zwischen der Bindung des Menschen an die Natur und der Distanzierung des Menschen von der Natur; dieser dialektische Übergang bezeichnet nach beiden Richtungen, was wir mit dem Dazwischentreten der Kultur meinen. Bei Hegel ist der Begriff der philosophischen Anthropologie noch abstrakt, und in der empirischen Anthropologie ist er nur zum Teil konkretisiert worden. Es sind zunächst zwei dialektische Momente, die herausgearbeitet werden müssen: das erste ist der Übergang von der konkreten Kultur, der Kultur im Plural, von den vielen Kulturen zur abstrakten Kultur, von der wirklichen Vielheit zur potentiellen Einheit, und umgekehrt. Die empirische Seite der Anthropologie hat dieses Moment bereits als die Wechselbeziehung des abstrakten Verhältnisses der menschlichen Selbsterzeugung, der Erzeugung seiner Gattung in ihrer Allgemeinheit und des konkreten Aktes des Herstellens oder der Formung von Gebrauchsdingen für eine gegebene Gesellschaft formuliert. Das zweite Moment hat Hegel herausgestellt, für den Kultur Kultivierung des Individuums oder den Lebenszyklus der Enkulturation bedeutete: für Marx beruht sie auf der Vergesellschaftung des Individuums mittels seiner besonderen Verhältnisse in der Gesellschaft, konkret in denjenigen Gemeinschaften, die seine gesellschaftliche Umwelt ausmachen und sein gesellschaftliches Sein bilden. Ebenso sind für Marx abstrakte und konkrete Arbeit als abstrakte Potentialität und konkrete Wirklichkeit getrennt und verbunden.

Im Sinne von Verwirklichung einer Potentialität hat das Hegelsche System die Struktur eines Organizismus, freilich eines Organizismus, der in eine Teleologie eingebettet ist. Marx hat die Hegelsche Dialektik von Anthropologie und Geschichte explizit wie implizit in seinen späteren Schriften so interpretiert (vgl. das Vorwort zur zweiten Auflage des *Kapital,* Band 1; *Kapital,* passim; im Briefwechsel die Bezugnahmen auf Darwin und die *Randglossen zu A. Wagners »Lehrbuch der Politischen Ökonomie«*).[94]

Das Hegelsche System als Ganzes wurde von C. S. Peirce als ein Organizismus begriffen. Das will sagen, daß sich die Entwicklung lebendiger Wesen nicht losgelöst von der Entwicklung in der Natur als einem Ganzen belebter und unbelebter Materie vollzieht: die ganze Natur ist untrennbar ein einziger Prozeß. Diese Vorstellung hat eine ihrer Wurzeln in der stoischen (Chrysippus, Stobaeus, Seneca) und vor ihr in den heraklitischen und hylozoistischen Traditionen, die in der aristotelischen Lehre von der teleologischen Entelechie zusammenlaufen. Die Idee organischen Wachstums liegt der Evolutionstheorie des Menschen und der Kultur im neunzehnten Jahrhundert, insbesondere in ihrer Spencer, Tylor und Morgan gemeinsamen Fassung zugrunde, denn nicht das menschliche Individuum, sondern das kollektive gesellschaftliche Leben macht die Umgestaltung vom primitiven zum zivilisierten Zustand durch. Wie alles in der Natur ist auch dieses Wachstum ein nicht-zweckgerichteter Selbstbildungsprozeß, der in sich zur Entfaltung kommt. Wie die Konzeption Darwins deutete die von Morgan auf qualitative und systematisch miteinander verbundene organische Prozesse hin (so seine Idee des Wandels der Familienform, die die Veränderungen im System der Blutsverwandtschaft nach sich zieht). Eine andere Seite des Morganschen Denkens war eher quantitativ und mechanistisch, wie etwa die Erklärung der Umgestaltung einer Daseinsweise in eine andere durch territoriale Seßhaftigkeit und Akkumulation von Eigentum. Diese mechanistische Seite sollte erst später von dem Organizismus in der menschlichen Entwicklung getrennt werden. Die organizistischen Konzeptionen Morgans waren durch und durch objektiv, während ihre subjektive Seite die Projektion seines Wunsches war, nach dem Untergang der Herrschaft des Privateigentums über die Menschheit die Ideale der Gens wiederaufleben zu sehen. Die organizistischen und mechanistischen Konzeptionen Morgans standen beziehungslos nebeneinander. Gleichwohl wurden sie anhand empirisch konkreten Materials aus der irokesischen, einigen australischen, der aztekischen, griechischen, römischen und hebräischen Gesellschaft entwickelt. Spätere Ausarbeitungen des Morganschen Schemas haben seine objektive und mechanistische Seite weiterentwickelt und dabei den Fortbestand der organizistischen Seite vorausgesetzt.

Der Organizismus Morgans war seinen Begriffen von Wachstum, Entwicklungsstufen usw. implizit, wurde von ihm aber auch explizit als dieser formuliert, wenn er beispielsweise von organischen Reihen (Gens-Phratrie-Stamm)[95], natürlicher Entwicklung von Gens zu Phratrie[96], von jener Entwicklung als natürlichen oder organischen Prozessen[97], von einem organischen Gesellschaftssystem[98], dem gesellschaftlichen Organismus[99], Organisierung des Lebendigen[100], usw. spricht. Diese Organismusthese wurde nicht als eine Analogie verstanden, sondern als analytisches Instrumentarium, welches die Rekonstruktion von solchen Teilen des gesellschaftlichen Ganzen erlaubte, die nicht direkt zugänglich waren.[101] Engels folgte hier dem Morganschen Vorgehen[102], während sich Marx über Cuvier, auf den Engels sich zur Stützung seiner organizistischen Rekonstruktionen in der Nachfolge Morgans beruft, skeptisch äußert. Gegenüber einer der Morganschen Rekonstruktionen hat Marx seine Vorbehalte klar zum Ausdruck gebracht: Morgan[103] hatte gefolgert, daß die Mohawks und Oneidas jeweils mindestens eine Phratrie und eine Gens der verbleibenden Phratrie verloren hatten und Marx (Exzerpte, S. 38, s. Tafel 1) setzt Ausrufezeichen hinter Morgans Worte: ». . . *wenn* (!) *man unterstellt* (!), daß . . .« (Marxens Hervorhebung). Obgleich Marx das sachverständige Urteil Morgans in dieser Frage anerkennt und obgleich Morgans Schlußfolgerung weder eine Vielzahl von Argumentationsschritten einschließt, noch auch die Vorstellungskraft überfordert, implizieren Marxens Ausrufezeichen eine Skepsis, die a fortiori gegenüber Morgans gewagteren spekulativen Rekonstruktionen angebracht ist.

Der Auffassung von Morgan trat Franz Boas entgegen, der die amerikanische Anthropologie in Richtung einer mechanistischen Konzeption beeinflußte, welche jeglichen Begriff organischen Wachstums jenseits des individuellen biologischen Organismus und seiner Organe als eine antiwissenschaftliche Vorstellung verbannte. Dieser Gegensatz wurde von R. H. Lowie mit derselben Intention auf einen objektiven, positivistischen und empirischen Mechanizismus noch weiter verschärft. Demgegenüber entwickelten A. L. Kroeber, in der Biologie W. M. Wheeler, L. Mumford für die Geschichte der Technologie und des Urbanismus, sowie S. A. Alexander, A. N. Whitehead und C. Lloyd Morgan eine von jeglicher Beziehung auf mechanistische Elemente unabhängige organizistische Konzeption. Emile Durkheims Begriff mechanischer und organischer Solidarität, H. S. Maines Unterscheidung von Status und Vertrag, sowie im Anschluß an ihn die Unterscheidung von Gemeinschaft und Gesellschaft bei Tönnies, in dessen Werk Marx eine Rolle spielt, sind der organizistischen Doktrin zuzurechnen. Hegels organizistischer Auffassung der Geschichte von Recht und Gesellschaft am nächsten stand Otto Gierkes *Genossenschaftsrecht*[104], was soviel meint wie Recht oder Gesetz der *societas* im Sinne Morgans. Eine Neubestimmung des Mechanizismus hat Joseph Needham ausgehend von Whiteheads Philosophie des Organischen entwickelt und als Neomechanismus bezeichnet. Für Needham nehmen biologische Gesetze eine ›Zwischenstellung‹ ein, insofern sie sich von mechanischen Gesetzen unterscheiden, aber auch – im Gegensatz zum entelechètischen Deismus von Whitehead, Alexander und Lloyd Morgan – der Entelechie ermangeln.[105] Marx hat die organizistische Theorie Hegels im Lichte der Darwinschen Lehre und ohne Hegels impliziten Pantheismus aufgenommen. Ungeachtet der spezifischen Ideen und der Interpretation von Daten, die Marx dem Werk L. H. Morgans und anderer Ethnologen entnahm, teilte er nicht deren allgemeine Konzeptionen. Marx hat auf den Zusammenhang ihrer negativen Kritik der Zivilisation mit Charles Fourier, dessen Zivilisationskritik in anderer Weise auch von Sigmund Freud aufgenommen wurde, hingewiesen. L. H. Morgan ist im übrigen einer spezifisch amerikanischen Bewegung zuzurechnen, die noch in einem lebendigen Kontakt mit der gemeinsamen egalitären Tradition stand, aus welcher sowohl die amerikanische wie die französische Revolution hervorgingen. L. A. White vermochte bei Morgan keinerlei Sympathien zur Arbeiterklasse und den zeitgenössischen amerikanischen sozialistischen Bewegungen festzustellen, seine Einstellung war eher idealistisch und utopisch, antiaristokratisch und in seiner abstrakten Entgegensetzung gegen das Eigentum kommunitär. So hat Morgan niemals konkrete Mittel für die Realisierung des Programms der Abschaffung des von ihm so verabscheuten Eigentums vorgeschlagen.

Für Marx stand Morgan vielmehr im gegnerischen Lager, so daß Marxens Argumentation bei ihm, ohne daß Morgan dies gewollt hätte, eine objektive Stütze fand. In seinem Brief an Vera Zasulič weist Marx auf Morgan als eine Bestätigung seines Gedankens hin, daß die gegenwärtige Gesellschaft zu der archaischen Praxis gemeinschaftlichen Eigentums zurückkehren werde. Marx betont, daß Morgan in seinen Arbeiten durch die Regierung in Washington unterstützt wurde (dies bezieht sich auf Morgans *Systems of Consanguinity and Affinity*). Zwar war Morgan nicht der Auffassung, das moderne Gesellschaftssystem befinde sich »in einer Krise, die erst mit seiner Abschaffung« enden werde, in je verschiedener Weise riefen jedoch Marx und Morgan nach einer Wiedergeburt der Eigentumsverhältnisse, der Gleichheit und der gesellschaftlichen Organisation des archaischen Gemeinwesens (s. Zusatz 1).

R. H. Lowie hat den Atomismus der Morganschen Auffassung der primitiven Gesellschaft kritisiert[106]: Morgan ließ territoriale und polizeilich-militärische Vereinigungen ebenso außer acht wie politisches Verhalten und politische Beziehungen, sowie Schicht- und Rangunterschiede in primitiven Gesellschaften. Lowies Kritik an Morgans *Ancient Society* hat zu ihrer Voraussetzung, daß Morgans Werk eine Abstraktion von der primitiven Gesellschaft ist – eine Kritik, die ebenso gut gegen Maines Gedanken von Status versus Vertrag, Durkheims Begriff kollektiver Vorstellungen und mechanischer Solidarität, Lucien Lévy-Bruhls Idee eines prälogischen wilden Denkens, usw. vorgebracht werden kann. W. N. Fenton[107], der unter den Irokesen gearbeitet hat, wirft Morgan vor, daß er deren Dorfgemeinschaft und die lokale Organisation ihres Territoriums nicht erwähnt habe. Demgegenüber hat Marx Gens und Dorfgemeinschaft als Institutionen der primitiven, der griechischen, römischen und orientalischen Gesellschaft zusammengebracht, ohne daß er es Morgan anlastete, diese Verbindung übersehen zu haben. Ergänzt man jedoch das allgemeine Morgansche Schema durch einige in diesen Kritiken namhaft gemachte Elemente, so läßt sich die Richtung der Marxschen Ideen deutlicher herausarbeiten: die Unterscheidung gesellschaftlicher Schichten nach dem Umfang ihres jeweiligen Eigentums enthält im Keim die Organisation der in sich differenzierten und gegensätzlichen bürgerlichen Gesellschaft, die in ihrer entwickelten Form den zivilisierten Zustand definiert. Ebenso enthalten die territorialen, militärischen und andere nicht auf Blutsverwandtschaft gegründete Vereinigungen im Keim die Institutionen der politischen Gesellschaft (d. h. *nicht* den Keim einer politischen Gesellschaft als solcher). Seine Idee eines rudimentären Staates als einer Weiterentwicklung dieser frühen Institutionen neben den in Morgans Werk genannten Elementen (Eigentum, territoriale Ansiedlung) ist Lowie, White, M. H. Fried, M. Sahlins und dem Verfasser gemeinsam. Boas war übrigens der Ansicht, daß sich politische Organisationen mit der Zeit aus kleinen Gebilden zu ihrem späteren Umfang entwickeln. Soweit sich der Kanon der Evolutionstheorie (wenngleich nicht diese selbst) dieser Tradition empirischer Anthropologie verdankt, handelt es sich um einen Organizismus ohne Teleologie, während die technisch-mechanizistische Seite, wie bei Morgan, schwach entwickelt ist und eine Wechselbeziehung der verschiedenen Seiten nicht besteht. Lowies Kritik an Morgans Theorie als einem Atomismus trifft deswegen nicht, weil sie der Überlagerung durch den evolutionären Organizismus Morgans nicht Rechnung trägt.

Der Gedanke von R. M. MacIver und R. H. Lowie[108], daß die Genossenschaft der Gemeinschaft als das Mittel gegenübertritt, durch welches das Individuum aus den Banden von Verwandtschaft und territorialer Gemeinschaft gelöst wird, ist von Marx in seinen Bemerkungen zu Maine und als Einwand gegen ihn vorweggenommen worden. Demgegenüber hat Gierke den Begriff der Genossenschaft als den einer in sich noch undifferenzierten Institution festgehalten, die sich in ihrer weiteren Entwicklung einerseits als Gemeinschaft und andererseits als Verband ausprägt.[109]

Fortes hat den Evolutionismus Morgans von seinen Untersuchungen von Verwandtschaft und gesellschaftlicher Organisation und zugleich damit die historizistische von der synchronischen Rekonstruktion der Gesellschaft, sowie die spekulative Deduktion der Vergangenheit (beispielsweise Morgans Voraussetzung einer ursprünglichen Promiskuität der Familienorganisation) von der Beobachtung des Gegenwärtigen geschieden.[110] Begrifflich taugt der Organizismus freilich nicht nur zur Rekonstruktion der Vergangenheit eines Organismus oder eines historischen Gesellschaftssystems, von dem angenommen wird, es funktioniere wie ein Organismus, vielmehr erstreckt sich die Voraussetzung eines solchen Organismus oder seiner systematischen Entsprechung auf jeden Zeitpunkt der Vergangenheit, Gegenwart oder Zukunft. Opler[111] unterscheidet zwischen Historizismus im eigentlichen Sinne, d. h. der Bestimmung einer Erscheinung durch eine frühere Errungenschaft oder Entdeckung, und der Deutung dieser selben Errungenschaft oder Entdeckung als Zeichen oder Niederschlag des Entwicklungsgrades einer Gesellschaft: für diese Auffassung kann Morgan nicht als Historizist gelten. Obwohl Fortes nicht so weit geht, Morgan zu einem Deterministen zu erklären, versteht er ihn als einen Historizisten in dem weiteren Sinne, in welchem Historizismus das intellektuelle Verhalten meint, »...nach Erklärungen... in Form von Folgen vorhergehender Handlungen und Umstände zu suchen.«[112] Dies ist das genaue Gegenteil eines Historizismus im Sinne der Determination dessen, was objektiv real ist, wogegen sich gewöhnlich die Kritiker des historischen Determinismus im besonderen und des historizistischen Organizismus im allgemeinen wenden. In dieser Umbiegung relativiert Fortes, was Morgan ohne Einschränkung behauptet hatte, obgleich er Morgans progressive Stufenfolge von *societas* zu *civitas* in ihrem Gehalt nicht verändert, sondern nur deren diachronischen Aspekt ablehnt:

»Ihrer historizistischen Ansprüche entkleidet und in strukturaler Ausdrucksweise neu formuliert besteht das Problem [Morgans] darin, wie in der Stammesgesellschaft Verwandtschaft und politische Ordnung miteinander verknüpft sind ... *›Civitas‹* bezeichnet nicht einen spezifischen ›Typus‹ oder eine ›Stufe‹ der entwickelten Gesellschaft im Unterschied zu einer mußmaßlich ›primitiven‹ oder historisch vorhergehenden Gesellschaftsform, die ausschließlich auf ›Blutsbande‹ gegründet wäre. ›Status‹, Maines juristisches Äquivalent zu Morgans *›societas‹*, kennzeichnet nicht primitive oder archaische Gesellschaftsformen oder -stufen in Abhebung vom Prinzip des ›Vertrages‹ als dem Kennzeichen ›progressiver‹ Gesellschaften ... Diese und andere damit zusammenhängende Antinomien bezeichnen nicht verschiedene Formen gesellschaftlicher und politisch-rechtlicher Organisation. Sie repräsentieren korrelative und wechselseitig voneinander abhängige institutionelle Gefüge, die in ihrer Wirksamkeit allen sozialen Systemen gemeinsam sind. Unsere paradigmatischen Fälle belegen das für einen weiten Bereich phänotypisch verschiedener Gesellschaften ... Variationen demographischer Größenverhältnisse, ökonomischer Komplexität und politisch-rechtlicher Differenzierung regeln die Art und Weise, in der diese Komplexe sich darstellen und ineinander verschränkt sind ... Wo es Gesellschaft gibt, gibt es sowohl Verwandtschaft wie politische Ordnung, sowohl Status wie Vertrag. Unterscheidendes Merkmal ist ihre relative Ausprägung, ihr relatives Gewicht und ihre Reichweite in den verschiedenen Bereichen gesellschaftlichen Lebens.«[113]

Wenn die relativ stärkere Ausprägung des Politischen zeitlich später angesetzt wird und wenn Gewicht und Reichweite der Verwandtschaftsverhältnisse mit der Errichtung der Verhältnisse der *civitas* abnehmen, dann läßt sich die Behauptung nicht aufrechterhalten, daß Morgan anders argumentiert habe. Von einer gewissen stilistischen Veränderung abgesehen, kommt Fortes dem synchronischen Aspekt von Morgan nahe, während V. G. Childe, der die Morgansche Terminologie beibehält, von Morgans zeitlicher Stufenfolge inhaltlich abweicht und dabei die Linie der Engelsschen Argumentation eigenständig fortsetzt. Die Entwicklung und Umgestaltung der gesellschaftlichen Institutionen – unter ihnen die gentile, Eigentum an Grund und Boden, wie es Morgan annimmt, Gierkes Genossenschaft, Maines und Tönnies' Status, sowie Assoziation und Gemeinschaft im Sinne von MacIver und Lowie – hat den Übergang des Menschen in diejenige Gesellschaftsform vollzogen, zu deren Institutionen der Staat gehört. Gemeinsam ist den Autoren dieser Tradition, daß der Staat zunächst als Verhältnis zwischen Menschen und erst in zweiter Linie als ein Verhältnis von Mensch und Natur eingeführt wird. Beide Seiten haben das Wechselverhältnis zwischen den gesellschaftlichen Verhältnissen und den Verhältnissen des Menschen zur Natur in ihren Untersuchungen nicht zum Thema gemacht. Die diachronische Analyse gegebener gesellschaftlicher Institutionen zeigt, wie die Herausbildung des Staates sowohl als Mittel gesellschaftlicher Integration wie gesellschaftlicher Spaltung konkret bestimmt ist. Die Alternative dazu wäre ein Rückfall in einen subjektiven Organizismus im Sinne der Deutung des Ursprungs des Staates in der Schule der Hegelschen Rechten, die ihn als entfaltet begriff, ohne anzugeben, in welcher Weise diese Entfaltung sich vollzog, so daß die Subjektivität ausschließlich als Abstraktion begriffen wird.

Morgan begreift die Stufen menschlichen Fortschritts zum Teil als Höhenmarkierungen, und Opler hat ihn in diesem Sinne interpretiert. Fortes interpretiert Morgans Diachronie seinen eigenen Intentionen entsprechend ausschließlich als einen Erklärungsmodus. Beides sind unvollständige, weil einseitige Deutungen Morgans, der nämlich eine organische Reihe von Gens zum Stamm und von *societas* zu *civitas* zugleich als objektiv wirklich und als das aktive Medium menschlichen Fortschritts, als ihm spezifisch und immanent, und nicht bloß als einen äußeren Maßstab oder ein ihm äußerliches Erklärungsmittel, annimmt. Damit macht Morgan explizit, was den Schriften Vicos und Fergusons implizit war. Morgans Evolutionstheorie war ein Bestandteil der zu seiner Zeit weitverbreiteten, aber dem gegenwärtigen ethnologischen Denken fremden Auffassung der Ethnologie als einer Naturwissenschaft. Es wäre anachronistisch, unseren gegenwärtigen Antinaturalismus dem Naturalismus des früheren Kanons überstülpen zu wollen.

Lowie, Opler und Fortes sind nicht die Einzigen, die Marx und Engels in ihrem Verhältnis zu Morgans Werk untrennbar miteinander verbinden. Jetzt ist es möglich, jene Gleichsetzung von neuem zu untersuchen und zu bestimmen, in welchem Ausmaß und in welcher Weise sie gerechtfertigt ist.

Charakteristisch für die Autoren des neunzehnten Jahrhunderts ist die Frage nach Fiktion oder Wirklichkeit der Periodisierung von Gesellschaften, ihrer subjektiven Willkürlichkeit oder objektiven Notwendigkeit, sowie nach der Bestimmtheit und Einzigkeit oder Beliebigkeit und Vielfalt von Stufen und Perioden. Hypothetischen Rekonstruktionen der Vergangenheit, die auf organizistischen Annahmen über die Wirkungsweise der Gesellschaft basierten, stand Marx kritischer gegenüber als Morgan oder Engels.

Morgans allgemeine Darstellung des Fortschritts der Menschheit stellt einen Zusammenhang der Periodisierung mit seiner Theorie der Kultur her (vgl. hierzu Anm. 16). Dieser Theorie zufolge hat jede Periode oder Stufe der menschlichen Entwicklung eine charakteristische Lebensform, und die Kultur ist einerseits weder etwas der ganzen Menschheit Gemeinsames, noch auch andererseits auf ein bestimmtes Volk oder eine gesellschaftliche Gruppe beschränkt; sie ist vielmehr einer ethnischen Periode zugeordnet, welche eine Anzahl von Völkern in verschiedenen Teilen der Erde umfaßt. Weiterhin sind die Gesetze, die die Bewegung der Kulturen oder Lebensformen von einer Periode zur nächsten bestimmen, organisch, der Ordnung der Natur zugehörig und vom Handeln der Individuen unabhängig. So war die Errichtung der politischen Gesellschaft bei den Griechen nicht das Werk irgendeiner Person wie des Theseus, vielmehr war er der Repräsentant einer Periode oder einer Reihe von Ereignissen. In diesem Sinne war der Prozeß des Überganges von einer Periode zur nächsten nach Morgan unpersönlich und deswegen vollkommen objektiv. Morgans Theorie der primitiven Gesellschaft setzt ein durch persönliche Prozesse konstituiertes Regierungssystem – im Falle des von Theseus repräsentierten Überganges durch die Auseinandersetzung mit den persönlichen Verhältnissen desjenigen Regierungssystems, das durch den neuen Repräsentanten überwunden wurde. Verlauf und Beschaffenheit der Kulturen selbst sind gänzlich objektiv und werden von Morgan als objektive Kategorien verstanden. Nach dieser Auffassung ist die kulturelle Substanz träge und dennoch keine Passivität, da sie in sich, d. h. in der jeweiligen Lebensform einer ethnischen Periode, den Keim ihrer eigenen Auflösung und des Überganges zur nächsthöheren ethnischen Periode enthält. Die verschiedenen ethnischen Perioden sind durch Erfindungen und Entdeckungen wie Feuer, Pfeil und Bogen, Domestikation von Pflanzen und Tieren, Eisenbearbeitung und Schrift geprägt. Diese Erfindungen und Entdeckungen sind jedoch nicht das Werk von Individuen, und so, wie Morgan den Vorgang im Falle von Theseus entwickelt, impliziert dies, daß sie von Individuen unabhängig sind; sie würden von einem beliebigen Individuum gemacht werden, gleichgültig ob derjenige, dem sie zugeschrieben werden, im richtigen Moment zur Stelle ist und ob er auf das schließliche Ziel hinarbeitet oder nicht. Erfindungen und Entdeckungen hängen davon ab, ob eine bestimmte ethnische Periode diese bestimmte Frucht tragen kann oder nicht, und ob wirksam ist, was Aristoteles ihre Entelechie oder die Aktualisierung ihrer Potentialität genannt hätte. Die Frage der wirklichen Lokalisierung jener Potentialität in Zeit und Raum, im Individuum oder in der sozialen Gruppe wurde von Morgan nicht gestellt. Viele Autoren jener Zeit sind an den ungewöhnlichen Schwierigkeiten dieses Problems gescheitert, denn es schließt die Frage nach der objektiven Realität der sozialen Gruppe unabhängig vom Individuum und nach ihrer Identität mit der Ordnung der natürlichen, materiellen Realität ein.

Die Probleme der Periodisierung sowie der aus ihr abgeleiteten Kriterien der Klassifikation konkreter und besonderer Gesellschaften und der Homogenität oder Heterogenität der unter die verschiedenen Kategorien subsumierten Gesellschaften stellen sich heute eher noch komplexer dar als im letzten Viertel des neunzehnten Jahrhunderts. Über so allgemeine Thesen wie der von der gesellschaftlichen Evolution von *societas* zu *civitas* besteht begrenzte Einigkeit, doch was läßt sich darüberhinaus noch sagen? Periodisierung gesellschaftlicher Evolution sollte mehr sein als ein bloßes Klassifikationsverfahren der Vergangenheit des Menschen: sie wurde mit dem Determinismus, ehernen Gesetzmäßigkeiten, d. h. ausschließlich mit der objektiven und äußerlichen Seite des Menschen und seinen sich wandelnden gesellschaftlichen Lebensbedingungen verknüpft. Es fragt sich, in welcher Weise in diesem Zusammenhang die subjektive Seite auf die objektive Seite bezogen werden kann. Periodisierungen als Konventionen lassen sich von Periodisierungen unterscheiden, aus denen Voraussagen ableitbar sein sollen. In einer veränderten Form ist Morgans Problem heute das des dialektischen Verhältnisses der einen und der vielen Linien der Evolution geworden. Derartige Kategorien des Wandels nehmen bloß die passiven, äußerlichen, objektiven und nicht zweckgerichteten Tendenzen der Evolution auf. Sie lassen die zweckgerichteten, aktiven und bewußten Akte des Menschen als Faktoren des sozialen Wandels auf der politischen Seite und die Faktoren der sozialen und nationalen Revolutionen ebenso unberücksichtigt, wie die Einführung von wissenschaftlichen und technologischen Veränderungen im Bereich der unbelebten Materie und des Biologischen. Zwischen diesen Momenten bestehen Wechselbeziehungen also nur als Abstraktion und bloße Möglichkeit, da deren Kategorien bloß nebeneinander stehen. Eine Dialektik der Wissenschaft vom Menschen ist damit jedoch noch nicht entwickelt, denn diejenigen, die, wie J. B. S. Haldane, von F. Engels' *Dialektik der Natur* ausgegangen sind, haben ausschließlich die objektive Seite hervorgehoben. Das Problem einer Evolution, die als ein objektiver Prozeß vom Wollen unabhängig ist, steht in Beziehung zur Subjektivität-Objektivität der bewußten Kontrolle der Zukunft.

Marx hat die Frage der subjektiven und objektiven Aspekte von Mensch und Gesellschaft auf die Interessenidentität des Individuums innerhalb der Gemeinschaft bezogen, welche ihrerseits mit der Identität des Individuums und dem gesellschaftlichen Bildungsprozeß des Individuums als menschlichen Wesens zusammenhängt: der Mensch wird zum Menschen nicht im allgemeinen, sondern in je besonderer Weise innerhalb besonderer Gemeinschaften. Im Bildungsprozeß in einer komplexen Gesellschaft antagonistischer gesellschaftlicher Interessen und im Prozeß der Herausbildung des Staates wird der Mensch zu einem in sich antagonistischen Geschöpf, das in den Gemeinschaften, denen seine besondere gesellschaftliche Natur entstammt, entfremdet ist. Damit ist die weitergehende Frage nach der Natur der menschlichen Natur im Zustand gesellschaftlicher Komplexität gestellt. Indem deterministische Periodisierung die nächsthöhere Stufe menschlichen Fortschritts voraussagen will, unterschiebt sie ihm eine Teleologie. Jener Determinismus läßt ununterschieden, was durch bewußtes Eingreifen des Menschen und was ohne spezifisch menschliche Tätigkeit zustandekommt. Der Mensch ist Teil der Natur und insoweit vollziehen sich die natürlichen Prozesse an seinem physischen Leib und durch ihn hindurch; dieser Leib ist jedoch schon jeweils kulturell modifiziert. Die genannten natürlichen Prozesse vollziehen sich deswegen teils vermittelt, teils unmittelbar oder direkt an dem menschlichen Organismus sowie durch ihn und mittels seiner. Die natürlichen Prozesse hängen freilich mit den konkreten und besonderen menschlichen Eigenschaften, den spezifisch menschlichen Hervorbringungen und den gesellschaftlichen Verhältnissen des Menschen noch weniger direkt und damit proportional wie absolut vermittelter zusammen.

In seiner Unterscheidung des menschlichen Baumeisters von der Biene hat Marx die Arbeit des Kopfes in ihrer Rolle für die Handarbeit herausgestellt: »Am Ende des Arbeitsprozesses kommt ein Resultat heraus, das beim Beginn desselben schon in der Vorstellung des Arbeiters, also schon ideell vorhanden war. Nicht daß er nur eine Formveränderung des Natürlichen bewirkt; er verwirklicht im Natürlichen zugleich seinen Zweck, den er weiß, der die Art und Weise seines Tuns als Gesetz bestimmt und dem er seinen Willen unterordnen muß.« [114]

Im Unterschied zur Biene hat sich der Mensch selbst von der Natur getrennt und diese Trennung, wenn auch partiell und unvollständig, als Entfremdung verinnerlicht. Auch die nicht-verinnerlichte Seite der Trennung ist eine Entfremdung, doch eine solche, an der wir nicht frei teilhaben, da sie uns mit unserem vorgegebenen menschlich-vormenschlichen Zustand auferlegt ist. Der Mensch hat ein Bewußtsein sowohl von der verinnerlichten und willentlichen Entfremdung wie von derjenigen, die dies nicht ist, doch spielt das Bewußtsein in beiden Fällen eine andere Rolle. Wie Marx ausführt, schiebt der Mensch den Arbeitsprozeß zwischen sich und die Natur, bezogen auf einen Zweck, den er im voraus erfaßt hat und den er ausführt. Der Mensch hat zu keiner Zeit die natürlichen Prozesse unverändert auf sich und durch sich wirken lassen, wie dies bei den natürlichen Prozessen der Fall ist, die auf und durch die Biene oder den Schimpansen wirken. Kopf und Hand, deren Zusammenwirken den Menschen innerhalb der natürlichen Ordnung isoliert, stehen gleichzeitig in Wechselwirkung mit den natürlichen Prozessen. Ebendieselben Kräfte, die das menschliche Gehirn vergrößert und seine Hand gebildet haben, liegen zugleich innerhalb wie außerhalb des Menschen; es sind nicht die einzigen Kräfte, die auf den Menschen wirken, sie sind aber diejenigen natürlichen und vormenschlichen Kräfte, die zu dem Material gehören, dessen sich der Mensch zur Bildung seiner spezifisch menschlichen Werkzeuge bedient. Diese menschlichen Prozesse sind weder determiniert, noch auch können sie, genau genommen, als Teil irgendeines Determinismus angesehen werden. Erstens sind sie teilweise den gesellschaftlichen Variationen unterworfen, die durch Begriffsbildungen des Menschen zustandekommen. Das Gehirn begreift in einer Weise, die allein menschlich und allen Menschen gemeinsam ist, was es jedoch begreift und der Stoff, den es bearbeitet, variiert von einem Volk zum anderen. Sowohl die umfassend und allein menschliche Kultur wie die besonderen kulturellen Variationen sind in den Begriffsbildungen des Gehirns in Wechselwirkung miteinander wirksam. Zweitens sind diese menschlichen Prozesse nicht determiniert, und noch weniger deterministisch, weil unser Wissen von den Naturgesetzen, den natürlichen, belebten oder unbelebten, Vorgängen und dem menschlichen Gehirn unvollständig ist: auch dadurch ist eine Determiniertheit der menschlichen Dinge ausgeschlossen.

Eine Teleologie führt demgegenüber ein außermenschliches Wissen vom Menschen, seinen Werken und seinen Verhältnissen zu anderen Menschen und zur Natur ein. Angesichts dessen, daß der Mensch mit der Kraft seines Denkens diesen bei dem gegebenen Stand der Entwicklung unserer geistigen und materiellen Kräfte unlösbaren Problemen nicht gewachsen ist, wurde die Teleologie mit der Berufung auf eine außermenschliche Erkenntnisquelle verbunden. Ihr Subjekt außerhalb unserer Sphäre ist die Gottheit, die die Richtung unseres Weges übersieht und sie – nach einigen Versionen der Teleologie – auf unser Drängen hin abändern kann, während dieses Subjekt nach anderen Versionen der tatenlos zuschauende Gott ist. Diese Fabeln für Kinder haben auch große Geister beschäftigt, und die empirischen Anthropologen haben haltlos zwischen diesem verschwiegenen oder offenen Eingeständnis unseres Nichtwissens geschwankt. Ebenso ist in der Rede von objektiven Gesetzen, die die Menschheit von einer niederen zu einer höheren Stufe gesellschaftlicher Entwicklung übergehen lassen, eine Teleologie vorausgesetzt. Diese Gesetze sind daher eher eine Grundlage der gesellschaftlichen Moral eines gegebenen politischen Staates. Die Periodisierung des menschlichen Fortschritts ist jedoch der natürlichen Teleologie zugleich ähnlich und unähnlich. Das politische Verhältnis wurde von den Theoretikern des Naturrechts und des Gesellschaftsvertrages als das menschliche Verhältnis an und für sich begriffen, das heißt als dasjenige Verhältnis, in dem der Mensch der Kontrolle seines Geschicks am nächsten kommt und es in seiner Substanz bestimmt. A fortiori wurde es von ihnen als das ausgezeichnete menschliche Verhältnis begriffen, da es dem Menschen die Macht zuspricht, sein Geschick seiner Vernunft und seinem Willen als den in besonderer Weise und eigentlich menschlichen, den Menschen vor allen Lebewesen der natürlichen Ordnung auszeichnenden Vermögen, zu unterwerfen. Daher wurde das politische Verhältnis als Endzweck und als dasjenige Verhältnis in der Gesellschaft begriffen, zu dem der Mensch strebe, so wie die Technologie, die dem Menschen die Kontrolle über die Natur gibt, der Endzweck des Menschen in seinem Naturverhältnis ist. Diese willkürliche Scheidung von Gesellschaft und Natur ist scheinhaft, weil sie, wie wir schon gesehen haben, den Menschen sowohl von der Natur wie von der Gesellschaft trennt, ihn von der Natur unabhängig macht und der Gesellschaft vorausgehen läßt. Überdies beruht sie auf einer Selbstüberschätzung, denn sie setzt ein größeres Maß an Wissen von Natur, Gesellschaft und Selbst, sowie an Kontrolle über sie voraus, als überhaupt zur Verfügung steht. In diesem Sinne hat sich die politische Lösung bis in das zwanzigste Jahrhundert als übertriebener Ausdruck des Vertrauens in das eigene Vermögen zur Kontrolle der menschlichen Bestimmung gehalten. Marx hat die politische Lösung in der Auseinandersetzung mit Bakunin kritisiert, Karl Korsch kritisiert sie im zwanzigsten Jahrhundert. Wie Marx in den *Ökonomisch-philosophischen Manuskripten* gezeigt hat, ist es notwendig, die Aktualität der Beziehungen von Naturwissenschaft und Menschengeschichte von ihrer Potentialität zu trennen; in diesem Sinne, als potentielle Einheit, entsprechen Periodisierung menschlichen Fortschritts und natürliche Teleologie einander, während sie in ihrer Aktualität voneinander verschieden sind.

Die Anthropologie ist im vergangenen Jahrhundert als Disziplin zunehmend empirisch und selbständig geworden. Im Zusammenhang mit dem biologischen, geographischen und abstrakt-kulturellen Determinismus hatte sie sich schrittweise von der kulturellen Abhängigkeit als einem Partikularismus befreit. Gleichzeitig löste sie sich von ihrer eigenen Vergangenheit, und jede Generation entledigte sich des Erbes ihrer Vorgänger, die freilich Anhänger auch in der jeweils folgenden Generation fanden. Nicht als deterministischer Historizismus, sondern in ihrer Bestimmung als ein Historismus, d. h. als eine Darstellung der Geschichte des Menschen, die zugleich eine auf Prinzipien beruhende Bestimmung des menschlichen Gattungswesens ist, bleibt die Anthropologie aufzunehmen; andererseits wird das Wechselverhältnis von Aktualität und Potentialität des Zustands der Menschengattung als eine spekulative Phantasie abgewiesen. A. L. Kroebers Leugnung des Organizismus des ›Superorganischen‹ hat die Teleologie als eine Doktrin so nachhaltig verbannt, daß einzig die Einbeziehung des Menschen in das Reich der Natur übrigbleibt. Der Mensch ist ein Tier wie jedes andere, und doch bedarf es einer von allen übrigen unterschiedenen speziellen Disziplin der Anthropologie. Die letzten Überbleibsel des Cartesianismus, dessen subjektive Seite von Jean-Paul Sartre wiederbelebt wurde, müssen der Anthropologie noch ausgetrieben werden. Der Mensch ist in die Natur eingelassen und zugleich verhält er sich zu ihr; die Auflösung des subjektiven Paradoxes der eingebildeten privilegierten Stellung des Menschen und der darin implizierten objektiven Teleologie und teleologischen Entelechie ist ein Problem außerhalb der Dialektik.

Auf diesen Seiten ist Morgan als die zentrale Figur der Ethnologie dargestellt worden, die er für Marx war. Vor allem ist es nötig, darauf hinzuweisen, daß Morgan seine Lehre in ihrer Totalität für verbindlich nahm, wie dies Walter Kaufmann jüngst für Hegel herausgestellt hat und wie dies allgemein für Marx in Anspruch genommen wird. Diese Eigenart der Morganschen Theorie ist von Marx, Engels, Bachofen und White bemerkt worden und hat ihre ethnologischen Ansätze beeinflußt. Die Lehre Morgans vereinigte wissenschaftliche Methoden mit einem schlichten Materialismus und Utopismus; sie brachte es zu der damals wohl überzeugendsten Darstellung der gesellschaftlichen Entwicklung des Menschen. Originalität und Gelehrsamkeit zeichnen Morgan auf dem Gebiet der klassischen wie der zeitgenössischen Ethnologie ebenso wie in den Berichten über seine eigene Feldforschung aus, und in der scharfsinnigen Argumentation, die das royalistische Interesse seiner Zeitgenossen von seinem eigenen Republikanismus abhebt, verschmelzen Daten und Interpretation zu einer umfassenden Theorie, die das besondere Gepräge ihrer Zeit trägt und deswegen nicht direkt in die Gegenwart übertragen werden kann. Zugleich ist sie noch ein Jahrhundert später Bestandteil der Gegenwart, weil die Aktualität ihrer Themen fortbesteht, weil ihre Methoden Teil unseres Instrumentariums und Morgans Ansichten Teil unserer eigenen sind. Sieht man von der Kontinuität ab, mit der bestimmte Elemente der Morganschen Theorie von White, Childe, den frühen Sozialdemokraten und der modernen sowjetischen Schule vertreten worden sind, so ist es innerhalb der Anthropologie zu einem grundsätzlichen Wandel in der Einschätzung Morgans gekommen. An die Stelle der Ablehnung Morgans durch Boas und Lowie ist heute eine partielle Anerkennung seiner Theorie durch Fenton und eine Bestätigung seiner synchronischen Analyse für sich genommen durch Fortes in der Nachfolge von W. H. R. Rivers und A. C. Haddon getreten. Da Morgan wenig über die Leiden, den aktuellen Genozid und Ethnozid zu sagen wußte, denen die Indianer in der Zeit seiner Forschungen ausgeliefert waren, während er andererseits nach Marxens Urteil der einzige aus dem Heer der Evolutionisten jener Zeit ist, der wenigstens ein Minimum an Kritik der westlichen Zivilisation formulierte, ist es nicht leicht, zu einem klaren Urteil zu kommen. In diesem Zusammenhang wären Phears [115] abschätzige Äußerungen über die intellektuellen und künstlerischen Leistungen der bengalischen Bauern zu bedenken, die Marx (Phearexzerpte, S. 136) ebenso kritisch hervorgehoben hat wie Maines gefühllose Zurückhaltung gegenüber dem Schicksal der Iren, soweit es sich nicht um ihre Rechtsverhältnisse handelte. Marx hat Lubbocks Ethnozentrismus ebenso kritisiert wie den von Grote, Gladstone und Bachofen.

6. Gemeinwesen, Kollektivismus und Individualismus

In seinen extremen Formen von Laisser-faire-Kapitalismus, Anarchie und Egoismus entstand der Individualismus unter den Vorläufern, Anhängern und Nachfolgern der Französischen Revolution; er war eine Karikatur der Hobbesschen Lehre vom Menschen und von der Gesellschaft, die in der Formel vom Krieg aller gegen alle schon selber karikaturistisch entstellt ist. Gracchus Babeuf als extremer Vertreter des linken Flügels der Französischen Revolution befürwortete in seinem ganzen Radikalismus nichts anderes als die Übereignung kleiner Parzellen Landes an individuelle Eigentümer und damit die Ausbreitung des Privateigentums. Jean Jaurès hat das Babeufsche Programm als einen »communisme parcellaire« – ein Oxymoron, ein Widerspruch in sich – gebrandmarkt. Der Kommunismus des Privateigentums erschien dem Direktorium als eine Bedrohung. Der darin enthaltene Gegensatz hängt praktisch und theoretisch direkt mit dem Widerspruch zwischen Kapitalismus und Sozialismus, vor allem der Kollektivierung der Landwirtschaft in der UdSSR und dem Aufbau landwirtschaftlicher Kommunen in der Volksrepublik China zusammen. Diese historische und aktuelle Thematik ist weitgespannt, ebenso die Literatur über sie. Angesichts ihrer Reichweite und Komplexität werden wir uns daher darauf beschränken, lediglich einen Ausschnitt aus ihr zu behandeln, soweit es hierbei um den Ursprung des Eigentums als privates oder kollektives und die frühe Gesellschaft als individuell oder gemeinschaftlich verfaßte geht. Entsprechend werden wir die Doktrin des Individualismus, die insoweit eine bloße Fiktion ist, als sie das völlige Fehlen kollektiver Institutionen in der westlichen Gesellschaft in ihrer kapitalistischen Periode behauptet, nur streifen, während wir einige ihrer Folgeerscheinungen in Gestalt des Sozialdarwinismus aufgreifen werden.

Im neunzehnten Jahrhundert suchte man den Ursprung der Zivilisation in einer ihr vorhergehenden Gesellschaftsform, die in ihrem Verhältnis zum Menschen und zur Natur überwiegend gemeinschaftlich bestimmt war. Es wurde gezeigt, daß die zivilisierte Gesellschaft nicht der ursprüngliche Zustand der Menschheit, sondern eine vergleichsweise junge Errungenschaft war, und daß der Übergang von der vorhergehenden Stufe sich jäh, weder gewollt noch geplant, vollzog und daß er als ganzer, im Gegensatz zu bestimmten Teilen, weder von Vernunft noch Bewußtsein gelenkt wurde. Gemeinschaftliches Eigentum wurde durch individuelles Eigentum und ein kollektives und kommunales Ethos durch ein individuelles ersetzt.[116] Diese Art der Erklärung des Ursprungs der zivilisierten Gesellschaft setzte die Abhängigkeit der Individuen von der Gesellschaft und die Ungetrenntheit der individuellen Interessen von dem der Gemeinschaft voraus und sie begriff die Gesellschaft in ihm als eine Einheit und die Gemeinschaft als wesentliches gesellschaftliches Verhältnis. Das Zerbrechen dieser Einheit, die Bildung von zueinander antagonistisch sich verhaltenden Kollektivitäten, ihre Perpetuierung in der Gesellschaft und der Gegensatz von Körperschaften individueller Interessen bei gleichzeitiger Losreißung des Individuums aus den Banden der Gemeinschaft waren ätiologisch und als Ereignisfolge aufeinander bezogen. Die neugebildeten sozialen Klassen entwickelten sich als Körperschaften individueller Interessen, die wirklich und potentiell überall dort miteinander in Konflikt gerieten, wo der Eigentumsbegriff am schärfsten definiert war, d. h. wo es sowohl um die Akkumulation wie die Übertragung der größten Eigentumsmenge ging. Innerhalb der Körperschaften kollektiver Interessen spitzten sich die inneren Gegensätze der individuellen Interessen nur dort nicht zu, wo aufgrund der geringen Menge verfügbaren Eigentums das kommunale Interesse eine gewisse Chance hatte, auch im zivilisierten Zustand weiterzubestehen.

Rousseau hatte das Individuum als die Einheit begriffen, aus welcher sich die Gesellschaft ohne Dazwischentreten gesellschaftlicher Institutionen aufbaut; im Gesellschaftsvertrag tritt das Individuum der Gesellschaft unvermittelt gegenüber.[117] Maine setzte, im Gegensatz zu dieser Seite der Rousseauschen Theorie, ein gemeinschaftliches Leben und den Primat der Gesellschaft vor dem Individuum voraus. Marx schließlich ging von einem gesellschaftlichen Zustand aus, in dem die Individualität des Menschen von der Gesellschaft weder getrennt noch auch ihr entgegengesetzt ist. Zwar rechnet er mit dem Gegensatz von Individuum und primitiver Gemeinschaft, doch gibt er keiner der Seiten einen Vorrang vor der anderen; eben darin bestand die Einseitigkeit sowohl der Individualisten (Hume, Rousseau, Kant) wie der Kollektivisten (Maine, Morgan, Kovalevsky).

Marx bringt die einseitige Entwicklung des Individuums im zivilisierten Zustand (vgl. Maineexzerpte, S. 191) einmal mit dem Übergang vom gemeinschaftlichen zum individuellen Eigentum und zum andern mit der Wirklichkeit der Beraubung des Nächsten und gleichzeitig der Potentialität der Einheit beider in Zusammenhang. Wie wir sehen werden, beruht die Einseitigkeit darauf, daß die Potentialität der Entwicklung in diesem Übergang unterdrückt wird. Die Interessen des Individuums sind innerhalb der

Kollektivität einander entgegengesetzt und beschränken durch den Gegensatz und seine unvollständige Auflösung innerhalb dieser Kollektivität die Entwicklung des Individuums. Dadurch, daß die Interessen der Kollektivitäten in einer Gesellschaft einander entgegengesetzt sind, wird die Entwicklung der Gesellschaft selber beschränkt. Die Kollektivitäten entwickeln sich insofern einseitig, als die Gegensätze der Individuen, die mehr Eigentum akkumulieren, ausgeprägter sind als die Gegensätze der über weniger Eigentum verfügenden Individuen. Diese Einseitigkeit macht sich auf beiden Seiten in dem Maße bemerkbar, als die ländlichen und kommunalen Verhältnisse in ihrer die gesellschaftlichen Verhältnisse insgesamt bestimmenden Rolle schrittweise von dem überwiegenden Einfluß der privaten, vom Eigentum beherrschten, städtischen und industriellen Verhältnisse verdrängt werden. Im positiven Sinne setzt Marx die durchgängige Interaktion von Individuum und Gesellschaft im primitiven Zustand als die von Individuum und Gruppe oder Gemeinwesen, die im zivilisierten Zustand noch in bestimmten bäuerlichen Gruppen beispielsweise in Indien, Ceylon, Rußland (mir) und bei den Südslawen (zadruga) anzutreffen ist. Gleichzeitig macht er auf den Unterschied zwischen den Gemeinwesen der Gentilgesellschaft und der bäuerlichen Gesellschaft in der Zivilisation aufmerksam. Außerdem unterscheidet sich nach seiner Auffassung das Verhältnis von Individuum und bäuerlicher Gemeinschaft in der Zivilisation von dem Leben des Individuums unter zivilisierten, wohlhabenden, städtischen Verhältnissen, deren Interaktion durch Faktoren zunächst der sozialen Klasse, dann anderer Kollektivitäten, von dem Moment ihrer Einführung in die Zivilisation an geprägt wird. Negativ geht Marx von der Freiheit im primitiven Zustand aus und bestimmt sie in Abhebung von Rousseau als die nicht despotischen Fesseln der Gruppe. Marx begreift Rousseaus Ketten der Zivilisation in ihrem Gegensatz zum ursprünglichen Zustand der Freiheit als die eher befriedigenden und gemütlichen Bande primitiver Abhängigkeit. Despotisch, unbefriedigend und ungemütlich sind die Fesseln der Zivilisation.

In seinem Kommentar zu Maine begreift Marx die primitive Gemeinschaft zugleich in Übereinstimmung mit und im Gegensatz zu den Auffassungen Rousseaus und Herders. Für Marx ist das Individuum schon im primitiven Zustand der Natur entfremdet, während es im zivilisierten Zustand sowohl der Natur wie seiner eigenen Gesellschaft entfremdet ist, und deshalb vollzieht sich die Herausarbeitung der Individualität unter so großen Qualen. Die einseitige Bestimmung des Überganges aus dem primitiven Zustand in die Zivilisation beruht darauf, daß in ihm die Individualität und nicht die zivilisierte Gesellschaft hervortritt; zugleich bedingt dies die Einseitigkeit des Verhältnisses von Individualität und Gesellschaft. Die These, daß der Mensch im zivilisierten Zustand in Ketten lebt und daß dies nicht seine allgemeine Lebensverfassung ist, führt Marxens 1842 formulierte

Kritik der historischen Rechtsschule weiter, welche mit anderen Argumenten in seinem Gegensatz gegen die historische Rechtsschule Maines ihre Fortsetzung findet. In seiner frühen Kritik beschrieb Marx die Fiktion des achtzehnten Jahrhunderts, die den Naturzustand des Menschen als den wahren Zustand der menschlichen Natur betrachtete und »Naturmenschen, Papagenos« schuf, »deren Naivität sich bis auf ihre befiederte Haut erstreckt. In den letzten Dezennien des achtzehnten Jahrhunderts ahnte man Urweisheit bei *Naturvölkern,* und von allen Enden hörten wir Vogelsteller die Sangweisen der Irokesen, Indianer usw. nachzwitschern ... Allen diesen Exzentrizitäten lag der richtige Gedanke zugrunde, daß die *rohen* Zustände naive niederländische Gemälde der *wahren* Zustände sind ... *Herders* Ansicht, daß die Naturmenschen *Poeten* und die *heiligen* Bücher der Naturvölker *poetische* Bücher sind, steht uns nicht im Wege, obgleich [Gustav] Hugo die allertrivialste, allernüchternste Prosa spricht, denn wie jedes Jahrhundert seine eigentümliche Natur besitzt, so zeugt es seine eigentümlichen Naturmenschen.«[118] Jede Vorstellung vom Naturmenschen ist ein Produkt ihrer eigenen Epoche und ebenso gilt dies für jeden Begriff vom Menschen im allgemeinen: Vom Standpunkt des zwanzigsten Jahrhunderts können wir über die Vorstellungen des neunzehnten sprechen, von dem des einundzwanzigsten über die des zwanzigsten und so fort. Gleichzeitig werden die gesellschaftlichen Institutionen und die ihnen korrespondierenden Interessen nur in dem Maße wahrgenommen und verstanden, als sie konkret werden. Diesen Fortschritt können wir uns anhand der Weiterentwicklung des Marxschen Denkens vor Augen führen. Das achtzehnte Jahrhundert bildete die von Marx karikierte Fiktion des Menschen, die Robinsonade oder den gegenüber der Gesellschaft vereinzelten Menschen, wie ihn die klassischen Ökonomen ohne alle Vorbedingungen, Vorurteile und Voraussetzungen aufstellen konnten. Dieser Mensch ist von allen gesellschaftlichen Verhältnissen geschieden und damit nicht als menschlich zu begreifen. Marx wandte sich ebenso gegen diese Abstraktion des Menschen von der Gesellschaft wie gegen die Abstraktion des menschlichen Gattungswesens bei Feuerbach im neunzehnten Jahrhundert und gegen die Abstraktion des Menschen von dem Urzustand, die ein Vakuum entstehen ließ, in das jedes gerade gängige Vorurteil Eingang finden konnte. Diesen Gegensatz bestimmte Marx dann weiter durch den Gegensatz zur Abstraktion des Menschen von der Gesellschaft als der Entfremdung des Menschen in der Gesellschaft. In seinen Bemerkungen zu Maine bedient er sich des Urzustandes nicht als einer Zielvorstellung, sondern als einer kritischen Waffe gegen die in die zivilisierte Gesellschaft eingelassenen und aus ihr hervorgehenden Antagonismen. Das Umschlagen der objektiven in die subjektive Seite wird von Marx zunächst als Verhältnis des Individuums zur Gruppe und als Herausbildung kleinerer Kollektivitäten auf ökonomischer Basis innerhalb des gesellschaftlichen Ganzen dargestellt. Dadurch wird der zweifache Übergang von Individuum und Gesellschaft in beschränkende Klassenverbände gesetzt. Das Wechselverhältnis der Übergänge betrifft die Theorie der Gesellschaft und der sozialen Klassen, deren Ausbildung im Zusammenhang mit anderen Kollektivitäten, die kollektiven Interessen von Individuen in der Gesellschaft, die Theorie der Antagonismen und ihrer Auflösung, ihre moralische Herleitung und deren Aktualität und Potentialität.

Marx zufolge (Maineexzerpte, S. 191–192) ist die unabhängige Existenz des Staates nicht wirklich, sondern scheinbar, und der Staat ist einerseits eine Institution einer bestimmten Stufe der gesellschaftlichen Entwicklung und andererseits einer besonderen Gesellschaft. Der Inhalt der menschlichen Individualität erweist sich in ihrer einseitigen Herausarbeitung als Verinnerlichung objektiver Interessen. Diese Interessen haben eine gegenüber ihrem Inhalt formale Seite, die sich als äußerliches Verhältnis zwischen sozialen Gruppen gemeinsamen Interesses oder als Klasseninteresse von Individuen oder Klassenindividualitäten darstellt. Die Klassenindividualität ist lediglich die objektive und formale Seite des Menschen, in welcher der Inhalt seiner gesellschaftlichen Beziehungen nach außen tritt. In dem Gegensatz von menschlicher Form und menschlichem Inhalt erfährt der Mensch die Trennung seines öffentlichen und privaten Lebens, die Veräußerlichung seines Verhältnisses zur Natur und Gesellschaft und die Bildung von Klassen, die durch den Antagonismus gesellschaftlicher Interessen bestimmt sind. Zunächst sind diese Interessen eine gänzlich entäußerte und öffentliche Gestalt gesellschaftlicher Verhältnisse, dann finden die Bedürfnisse in Gruppeninteressen ihren Ausdruck und die Existenz von Klassen von Individuen innerhalb der Gesellschaft drückt sich einerseits in diesen Interessen aus, andererseits sind diese Interessen klassenbedingt. Sie sind das gesellschaftliche Mittel der Befriedigung dieser Bedürfnisse und bestimmen die Art und Weise ihrer Befriedigung in einer gegebenen Gesellschaft.

Die Untersuchung von Familie, Gesellschaft und Staat wurde von Marx zuerst in seiner im Sommer 1843 niedergeschriebenen *Kritik der Hegelschen Rechtsphilosophie* aufgenommen. Er erörtert dort Hegels Darstellung des Staates als der »höheren Macht« über Familie und bürgerliche Gesellschaft, in die er sich »scheidet« und die er »voraussetzt«.[119] Marx wandte sich nicht so sehr gegen diese Gedanken selbst wie gegen die pantheistische und mystische Ausdrucksweise Hegels. Im § 305 der *Rechtsphilosophie* hat Hegel jedoch – abweichend von seiner zitierten Ansicht – die These aufgestellt, daß die auf Grundbesitz beruhende Familie die »natürliche Sittlichkeit« zu ihrer Basis habe und damit das politische Leben »konstituiert«, d. h. fähig ist, dem Staat ohne eigennütziges Interesse zu dienen. Marx hielt diese Ansicht Hegels für »die *Barbarei* des Privateigentums *gegen* das Familienleben« und »das *geistlose* Familienleben, die *Illusion* des Familienlebens.«[120] Demgemäß steht die Familie nach der damaligen Auffassung Marxens in einem komplexen Verhältnis zur Gesellschaft und zum Staat der zivilisierten Gesellschaft. In der *Deutschen Ideologie* bezeichnen Marx und Engels die Familie bei den Wilden als »das einzige soziale Verhältnis«, während mit der weiteren gesellschaftlichen Entwicklung »vermehrte Bedürfnisse neue gesellschaftliche Verhältnisse ... erzeugen.«[121] Marx hat diese Konzeption, bezogen auf Morgans Theorie der Gens, insbesondere hinsichtlich des Verhältnisses von Familie und Gens, weiterentwickelt. Die vermittelnde Rolle der vermehrten Bedürfnisse bedeutet zugleich die Subjektivierung des Subjekt-Objekt-Verhältnisses, an dessen Stelle bei Marx später eine ausschließlich gesellschaftliche Bestimmung des Menschen tritt, die sich in den *Thesen über Feuerbach* bereits ankündigt.

Hegel entfaltete die Beziehungen der subjektiven und der objektiven Seite des Menschen in seinen Schriften (der Jenaer Zeit) zwischen 1802 und 1806, im *System der Sittlichkeit,* im Aufsatz über *Die wissenschaftlichen Behandlungsarten des Naturrechts,* in der *Realphilosophie* und der *Phänomenologie des Geistes* von 1807 mit Thesen zu Arbeit und Ökonomie im allgemeinen, zum System der Bedürfnisse, Anthropologie und Psychologie und den menschlichen Institutionen von Recht, Gesetz, Sittlichkeit und Moralität. (Vgl. Georg Lukács, *Der junge Hegel,* der das Verhältnis von Marx zu den Positionen Hegels behandelt.) Die Weiterentwicklung dieser Problematik durch Marx und Engels in der *Heiligen Familie* und der *Deutschen Ideologie* ist für die in den ethnologischen Exzerptheften behandelten Fragen, besonders für das Verhältnis des primitiven und zivilisierten Menschen einerseits zur Natur und andererseits zu Familie und Gesellschaft bedeutsam. Im Unterschied zu Hegel wird die Familie bei Marx aus ihrer direkten Subsumption unter die Kategorie der Natur herausgelöst. Die Sachlage ist jedoch komplizierter. In je verschiedener Weise hielten Bachofen, Maine, Lubbock, Morgan, McLennan und Engels die Hordenpromiskuität für die älteste Form des menschlichen Lebens. Eine Modifikation dieser Auffassung findet sich bei Lubbock und McLennan im Begriff des Hetärismus, über den Marx spottet (vgl. Lubbockexzerpte, S. 1), und der die Sachlage nicht wesentlich ändert. Demgegenüber wandte sich Darwin (*Descent of Man,* Kap. 20) gegen die Begriffe von ursprünglicher Promiskuität und Gemeinschaftsehe. Zu Beginn seiner Exzerpte aus Morgans *Ancient Society,* Teil III, Die Entwicklung der Idee der Familie, fügt Marx eine Bemerkung ein, die sich bei Morgan an dieser Stelle nicht findet: »Allerältestes: Hordenwesen mit Promiskuität; keine Familie; hier kann nur Mutterrecht irgendwelche Rolle spielen.« (Morganexzerpte, S. 4).

Trifft dies zu, so ist die Horde eine Form von organisierter Gesellschaft, wenn auch Familie und Gesellschaft unter diesen Bedingungen sich nicht unterscheiden lassen. Diese Frühgeschichte von Familie und Gesellschaft wird dann von Marx – als Abstraktion genommen – in der Weise entwikkelt, daß in der ersten empirisch faßbaren ethnischen Periode die Familie in ihrer blutsverwandtschaftlichen Form nicht von der Gesellschaft getrennt ist, d. h. daß sie in diesem Sinne »die erste organisierte Form der Gesellschaft« darstellt (Morganexzerpte, S. 8). Diese These wird dann in den Morganexzerpten, S. 19–20, ohne nähere Ausführung vorgetragen. Das Problem des Inzests und die Frage, ob das Inzesttabu eine universale Institution der menschlichen Familie und Gesellschaft ist, sind seit Jahrhunderten Gegenstand anthropologischer Diskussion. Wir wollen diese Thematik nur andeuten und unsere Bemerkungen auf die von Marx aufgeworfene Frage beschränken, in welchem Verhältnis zur Gesellschaft die Familie im primitiven Zustand steht, wie sich die Familie in ihrer Fortpflanzung, in der Aufzucht der Kinder usw. zur Natur verhält und wie das Verhältnis der äußeren und inneren, d. h. der objektiven und subjektiven Seite des Menschen in den verschiedenen gesellschaftlichen Zusammenhängen oder Kulturen bestimmt ist.

Die Positionen, welche Marx in seinen ethnologischen Studien eingenommen hat, führen seine in den Schriften der frühen und mittleren vierziger Jahre entfaltete Thematik weiter und verändern sie teilweise. Am Ausgangspunkt des prähistorischen Prozesses ist die Beziehung von Familie und Gesellschaft nur insoweit interessant, als sie abstrakt mit der Beziehung von Familie und Gesellschaft in der Periode der Gentilgesellschaft und ihres Übergangs zur Zivilisation zusammenhängt. Von diesem Zusammenhang abgesehen, sind alle Aussagen über das Hordenwesen bloße Mutmaßung. Die Marxschen Kommentare verdeutlichen den Gang seiner Überlegungen und die Richtung, die ihre Ausarbeitung genommen hat: Mit der Entwicklung der Gesellschaft von Wildheit zur Zivilisation wird die Familie in ihren verschiedenen Formen von der Gesellschaft abgetrennt und wird ein Verhältnis neben anderen Verhältnissen, die ihre Mitglieder eingehen. Das Individuum entwickelt sich einerseits zunächst ausschließlich in dem und durch das gesellschaftliche Verhältnis der kollektiven Institutionen und in der Weise, wie es in sie inkorporiert ist, andererseits variiert das gesellschaftliche Verhältnis je nachdem, ob die gesellschaftliche Organisation einfach oder komplex ist. In primitiven Gesellschaften sind die kollektiven Institutionen von Familie, Gemeinde, Dorf, Gens und Genossenschaft ziemlich einheitlich, d. h. sie sind nicht in sich gespalten. Auf die Individuen wirkt sich dies so aus, daß diese Institutionen subjektiv »gemütlich« und objektiv nicht despotisch sind, denn andernfalls müßte eine Führungsinstanz vorhanden oder institutionalisiert sein, die der relativen Einfachheit primitiver sozialer Organisation widersprechen würde. Vor allem sind es keine Institutionen, welche die Individuen freisetzen, eher wäre zu sagen, daß sie für die Individuen keine Fessel darstellen. Formal sind in primitiven Gesellschaften die meisten, wenn nicht alle, vermittelnden gesellschaftlichen Institutionen von Gemeinde und Genossenschaft vorhanden: im Unterschied zur zivilisierten Gesellschaft ist jedoch die Wechselbeziehung zwischen ihnen und entsprechend auch ihr Gegensatz gegeneinander nicht oder nicht sehr weit entwickelt. Demgegenüber sind in der zivilisierten Gesellschaft die Beziehungen der Verbände zueinander und der Individuen innerhalb ihrer trennend und privativ, und die Interessen der Verbände stehen innerhalb derselben Gesellschaft im Gegensatz zueinander.

Hegel hat die Privatsphären von Familie und bürgerlicher Gesellschaft dem Staat gegenübergestellt, der ihre »höhere Macht« und im Verhältnis zu der Sphäre des privaten gesellschaftlichen Lebens eine »äußerliche Notwendigkeit« ist. Die privaten Interessen sind dieser Macht »untergeordnet und davon abhängig« und die Individuen haben »insofern Pflichten [gegen den Staat] ..., als sie zugleich Rechte haben.«[122] Diese Hegelschen Aussagen nehmen die von Maine formulierte und von Marx implizit vertretene Theorie von Vertrag und Status vorweg. Mit ›Status‹ bezeichnet diese Theorie Verhältnisse, in denen private und öffentliche Sphäre ungetrennt sind. Von daher gesehen, ist in der Gemeinde alles eins: die äußeren und inneren Notwendigkeiten gesellschaftlichen Lebens und die natürlichen Existenzbedingungen sind einander nicht entgegengesetzt, sondern gehören demselben Modus sozialer Tätigkeit an. Mit der Trennung des sozialen Lebens in private und öffentliche Sphären werden die inneren Bedürfnisse und die äußeren Mittel ihrer Befriedigung vergegenständlicht, indem die Bedürfnisse nach außen treten und infolgedessen die Mittel zu ihrer Befriedigung verinnerlicht werden müssen. In dem Maße, wie das Individuum sich stärker gesellschaftlich ausprägt, die Trennung der Sphären fortschreitet und das innere und äußere soziale Leben zueinander in Gegensatz treten, bildet sich das System von Rechten und Pflichten aus. Die Voraussetzung dafür ist, daß Pflichten und Rechte in ihren formalen, offiziellen und öffentlichen Aspekten zueinander in Gegensatz treten. Wir haben in dem obigen Hegelzitat unterschlagen, daß Hegel von der Trennung von privater und öffentlicher Sphäre zum Staat als ihrem »immanenten Zweck« übergeht und daß der Staat »seine Stärke in der Einheit seines allgemeinen Endzwecks und des besonderen Interesses der Individuen« hat. Wie Austin hat Hegel damit den Staat als eine Kategorie a priori gefaßt, eine Konstruktion, die antidialektisch und hypostatisch ist.

Der Staat ist eine Institution der Gesellschaft, und zwar einer gespaltenen Gesellschaft, während Hegel ihn und die Gesellschaft, in der er sich ausbildet, als eine Einheit und damit, Marx zufolge, in subjektiver Weise begriffen hat. Wer den Staat als Resultat einer Entwicklung begreift, die sich in einer gespaltenen Gesellschaft vollzieht, und ihm gleichwohl die Aufgabe zuspricht, diese Trennung zu überbrücken, muß erkennen, daß der Staat dies nicht leisten kann, weil er nur der Form nach eine Einheit darstellt. Dies ergibt sich schon aus Hegels Bestimmung des Staates als »*äußerliche* Notwendigkeit« der »Sphären des Privatrechts und Privatwohls«. Da Hegel den Staat zugleich als deren »immanenten Zweck« faßt, hätte er in diesem Zusammenhang den Gegensatz von Aktualität und Potentialität entwickeln und den Staat, der immanenter Zweck der Privatsphäre ist, als Potentialität bestimmen müssen. Denn, wenn der Staat der Privatsphäre als ihre Notwendigkeit äußerlich ist, so ist er nicht actu deren immanenter Zweck: um immanent sein zu können, muß diese Äußerlichkeit allererst verinnerlicht werden. Hegel hat nicht gezeigt, wie dies geschehen kann, und so ist seine Dialektik in dieser Hinsicht mangelhaft, weil unvollständig. Weiter hat Hegel die bürgerliche der politischen Gesellschaft oder dem Staat gegenübergestellt, die Theorie des menschlichen Lebens in der bürgerlichen Gesellschaft losgelöst von seinem Leben in der politischen Gesellschaft systematisch entfaltet und damit die ökonomischen Institutionen der Gesellschaft und die Institutionen des Volks, wie die Nation, voneinander und vom Staat getrennt.[123]

Weil Hegel den Staat in diesem Zusammenhang nicht von der Gesellschaft abhängig gemacht hat, hat er in die Struktur von Gesellschaft und Staat die Dialektik des Interessenwiderspruchs und des Kräftegegensatzes nicht einbezogen. Das führt bei Hegel zu dem Widerspruch, daß das Innere keine Aktualität und das Äußere keine Potentialität hat. Dieser Widerspruch läßt sich nicht aufheben, weil Hegel einen Übergang zwischen beiden Momenten nicht aufgezeigt hat.

Marx hat seine Unterscheidung von privater und öffentlicher Sphäre sowohl von seiner Kritik der Hegelschen Rechtsphilosophie und des Staatsrechts (1843) her, wie aufgrund seiner Analyse Morgans entwickelt. Morgans Bestimmung der Beziehungen der Menschen zueinander in einem der Entwicklung der *civitas* oder der politischen Gesellschaft vorausgehenden Zustand läßt zwei Punkte im Dunkeln: das gesellschaftliche Verhältnis des Staates schließt auch als Herrschaftsverhältnis persönliche Verhältnisse mit ein, und, wie Marcel Mauss gezeigt hat, ist das Persönliche, die persona, ein ausschließlich zivilisatorisches Produkt. Die Aufeinanderfolge von Status und Vertrag bei Maine trifft dieselben Unterscheidungen, wie sie Hegel und Morgan machen, freilich mit dem Unterschied, daß Hegel Rechte und Pflichten in der Trennung der privaten und der öffentlichen Sphäre einander gegenüberstellt.

Wenn Marx seine Theorie des Staates im Gegensatz zu der der Analytischen Schule entwickelt, geht er von der Prämisse aus, daß die Gesellschaft und ihre Institutionen eine objektive Grundlage haben, die er bereits in seiner Auseinandersetzung mit Hegel zur Geltung gebracht hatte: die Interessen der Individuen beziehen sich auf einer Ebene – insofern sie nämlich in der Öffentlichkeit nach außen treten – positiv oder negativ auf die Gesellschaft, während der Staat als solcher kein besonderes Interesse hat, weil er gänzlich objektiv ist. Das private Interesse ist jedoch zugleich subjektiv und objektiv, wie es zugleich als einzelnes und als eine Vielheit von Interessen existiert. Das Interesse der individuellen Subjektivität nimmt die Gestalt des objektiven Interesses der Kollektivität und der sozialen Klasse an und wird damit zu einem öffentlichen Interesse, durch welches die Gesellschaft gespalten wird. Die Privatsphäre wiederum ist in sich gespalten, denn das individuelle Interesse nimmt die Gestalt eines öffentlichen Interessengegensatzes an, weil die subjektiven Beziehungen zum Staat als einer ausschließlich öffentlichen Körperschaft zunächst öffentlich und objektiv werden müssen, um überhaupt mit ihm – positiv oder negativ – in Wechselwirkung treten zu können. Daneben bestehen die subjektiven und privaten Interessen als solche in ihrer sozialen Tätigkeit teils im Verhältnis zum Staat, teils aber auf einer anderen Ebene fort. Der Staat kennt das Individuum nur als eine öffentliche und objektive Instanz und das Individuum erfährt den Staat sowohl als eine Subjektivität wie als Objektivität, so daß das Verhältnis von Individuum und Staat zwar ein wechselseitiges, nicht aber ein gleichgewichtiges oder ausgeglichenes ist.

Das kollektive Interesse der besonderen Individuen besteht in dem gedoppelten Verhältnis, einmal der Entgegensetzung von individuellen Interessen und gesellschaftlichem Ganzen, zum anderen im Gegensatz der sozialen Klasseninteressen der Individuen, d. h. der Interessen gesellschaftlicher Kollektivitäten, gegen die Gesellschaft, den Staat und die gesellschaftlichen Individuen, sowie in dem Gegensatz der Individuen untereinander, der die verschiedenen Kollektivitäten mit umfaßt. Außer in Grenzfällen hat das Individuum im zivilisierten Zustand ausschließlich als Glied der einen oder anderen Kollektivität gesellschaftliches Dasein, es sei denn, es kündigt jene Mitgliedschaft bewußt auf: als Glied der Gesellschaft leitet das Individuum seine Existenz im allgemeinen aus seiner Mitgliedschaft in einer Kollektivität her. Das Interesse des menschlichen Individuums ist im zivilisierten Zustand objektiv durch sein Verhältnis zu diesen einander entgegengesetzten Kollektivitäten bestimmt, und die objektiven Interessen gesellschaftlicher Klassen und der ihnen angehörenden Individuen sind in erster Linie ökonomisch bestimmt (Maineexzerpte, S. 191). Die Problematik des subjektiven Interesses des Individuums und seiner Ausbildung zur Subjektivität im Verhältnis zu seiner objektiven Bestimmtheit bedürfte einer gesonderten Darstellung.

Marx hat seine Theorie der Staatsbildung im Zusammenhang seiner These vom kollektiven Charakter der individuellen Interessen innerhalb der sozialen Klasse entwickelt. Der Übergang von der kommunalen zur zivilisierten Gesellschaft vollzieht sich, wie Morgan gezeigt hat, in der Periode der Akkumulation des gesamten Eigentums in der Gesellschaft und seiner ungleichen Verteilung. Die private Verfügung über Eigentum führt ein Privatinteresse und damit eine zweifache Trennung ein: Trennung von Rechten und Pflichten und von Öffentlichkeit und Privatsphäre. Die neugebildete Klasse von Eigentümern hat ein kollektives Interesse als kollektives Recht und, von dem kollektiven Klasseninteresse abgelöst, eine Reihe ungleicher privater Interessen. Das dadurch entstehende in sich widersprüchliche Verhältnis findet seine Auflösung einmal von der Kollektivität, zum andern von der Individualität her: dies ist die Zerstörung der Kollektivität. Im Prozeß ihrer Auflösung lassen die kommunalen Institutionen die Gegensätze von privatem und öffentlichem Recht und privatem und kollektivem Interesse hervortreten. Diese beiden Gegensätze zusammengenommen erzeugen eine Reihe von Konflikten, denen die zivilisierte Gesellschaft in ihrer inneren antagonistischen Verfassung und ihrer Form des Staates ausgesetzt ist. Die privatrechtliche Zersplitterung innerhalb derselben Klasse macht eine doppelte Wirksamkeit des Staates nötig: zunächst müssen alle sozialen Klassen der Kontrolle einer einzigen Klasse unterworfen werden, in der sich jetzt die politische Macht bildet und konzentriert, und gleichzeitig betätigt sich der Staat als Organ der Unterdrükkung der einander entgegengesetzten privaten Rechte und Interessen innerhalb der besitzenden Klasse. Die Kollektivität jener neu gebildeten mächtigen Klasse verfängt sich dann in dem doppelten Widerspruch, daß die Individuen in ihren Rechten zueinander in Gegensatz treten und daß ihre Interessen zwar abstrakt mit denen ihrer sozialen Klasse übereinstimmen können, jedoch nicht notwendig konkret mit ihnen zusammenfallen. Jene soziale Klasse wird damit das Gegenteil einer Kollektivität, und der Staat als das Organ der Entfaltung ihrer Rechte und Interessen wird zum Gegenteil einer kollektiven Institution, nämlich zur Instanz der Balancierung von Konflikten, die Führer wie Tarquinius Superbus, Kleisthenes oder Ch'in Shih Huang Ti gewaltsam von oben schlichten.

Der Verband und die kollektiven Institutionen der neugebildeten besitzenden Klassen entwickeln sich auch deswegen schneller als die der direkt den Boden bearbeitenden bäuerlichen Produzenten usw., weil sie individuelle und gegensätzliche Interessen einschließen. Die kommunalen Institutionen und Interessen der Vergangenheit blieben im Orient wie in der klassischen Antike enger an die gesellschaftlichen Verhältnisse der Bauern usw. gebunden als an die der Grundherren, an die wohlhabenden Schichten in den Städten und andere besitzende Teile der Gesellschaft. Darüber hinaus war die neu gebildete Kollektivität der in großem Maßstab über Eigentum Verfügenden unvollkommen, weil sie auf dem Prinzip beruhte, daß die Verteidigung des privaten Interesses des Individuums in genau dem Maße sein Recht ist, als die Verteidigung des Privatrechts sein Interesse ausmacht. Hegel hatte demgegenüber das politische Verhältnis als Gleichgewicht von Rechten und Pflichten begriffen, worin Marx ihm gefolgt war. Die Trennung des privaten Rechts und Interesses vom öffentlichen Recht und Interesse ist jedoch eine sekundäre Trennung, der die Trennung des Öffentlichen wie des Privaten vom Kommunalen vorausgeht und zugrundeliegt. In der Gemeinschaft stellt sich das Gleichgewicht von Rechten und Pflichten traditional her, während dieser Ausgleich in der politischen Gesellschaft durch Gewalt, Vernunft, Gefühl, Neigung und dergleichen immer wieder von neuem hergestellt werden muß. Das Gleichgewicht wird dadurch künstlich und eine Leistung der Zivilisation. Das öffentliche Interesse ist eine Fiktion und aus demselben Grunde ist a fortiori jedes gemeinsame Interesse eine Fiktion.

Im politischen Zustand hat das Individuum sein Recht als sein Interesse verinnerlicht. Zum Teil geschieht dies zugleich damit, daß das Prinzip von anderen Mitgliedern des Verbandes in derselben Weise verinnerlicht wird, und insoweit bleibt die jeweilige soziale Klasse eine Kollektivität; zum Teil geschieht es in Entgegensetzung gegen die anderen Individuen und gesellschaftlichen Kollektivitäten, so daß das Individuum eben die Kollektivität, die das private Recht des Individuums wahrt, und deren öffentliches Recht umgekehrt von dem Individuum als die Veräußerlichung seines eigenen Interesses gewahrt wird, in Frage stellt. Der Konflikt der verinnerlichten Interessen der Eigentümerklasse und seine nur äußerliche Auflösung in Form des Staates führen zu einer zugleich objektiven wie subjektiven Entgegensetzung der Individuen in der zivilisierten Gesellschaft. Die verschiedenen Momente des dialektischen Prozesses der Staatsbildung wurden in Hegels *Grundlinien der Philosophie des Rechts* in ihrer Trennung und ihrem Nebeneinander, sowie in ihrer Subjektivität gesetzt, wie Marx in seiner *Kritik* von 1843, und gemeinsam mit Engels in der *Heiligen Familie* und der *Deutschen Ideologie* gezeigt hat. In der *Deutschen Ideologie* werden die These vom Staat als einer »selbständigen Gestaltung« und die mythische Geschichte der staatlichen Kollektivität kritisiert, und die Beziehungen zwischen den wirklichen und eingebildeten Interessen werden in ihre Bestandteile zerlegt.[124] Die neu gewonnenen Erkenntnisse und ihre Systematisierung durch Morgan veranlaßten Marx, auf dieses Problem in den ethnologischen Exzerptheften zurückzukommen und im Verlauf der Morganexzerpte und in der Umgruppierung des Morganschen Materials Objektivität und Subjektivität in ihrer Verschränkung mit immer größerer Klarheit einander gegenüberzustellen; in den Maineexzerpten verwendet er diese Konzeption dann als ein Mittel der Darstellung und Kritik. Wollte Marx mit seiner Stellungnahme zur Gesellschaft und ihrem Staat zunächst die Sache um ihrer selbst willen klären, so sollte seine Darstellung des Staates als einer gesellschaftlichen Institution in den Maineexzerpten zusätzlich die Theorie der Analytischen Schule widerlegen. Engels hat die objektive Seite der Erfindung des Staates als einer gesellschaftlichen Institution an den Faktor der Akkumulation des Eigentums gebunden, während er auf der subjektiven Seite »die platte Habgier« als die »treibende Seele der Zivilisation« bestimmt.[125]

Der Staat hat – gleichgültig, ob schon früh oder erst später – die Aufgabe, den Konflikt der Eigentumsinteressen sowohl intern zwischen den Eigentümern wie zwischen ihnen und der Gesellschaft und dem Staat zu regulieren, und ist in diesem Sinne ein Organ der Kontrolle der Eigentümerklasse. Das Eigentumsinteresse ist widersprüchlich, insofern es einerseits ein Verhältnis öffentlicher Pflicht und damit eine Notwendigkeit, andererseits aber ein Interesse ist, welches als Recht auf eine private Ausnahme zielt. Wer über Eigentum verfügt, will, daß eine Ordnung der steuerlichen Abgaben und Regulierung des Handelsverkehrs für die anderen unverbrüchlich besteht, während er selbst eine Hintertür sucht, durch die er sich ihnen entziehen kann. Während der Periode der Entfaltung des Kapitalismus bestand ein sehr genaues Bewußtsein von der Angewiesenheit der Interessen des Grundeigentums, des Merkantilismus und der Manufaktur auf ihre öffentliche Regulierung (durch den Staat und seine Regierungsorgane): vor allem in Kants Lehre vom kategorischen Imperativ, in der politischen Philosophie von Adam Smith und allgemein in der protestantischen Ethik. Weder hat das private Interesse das öffentliche, das subjektive das objektive verinnerlicht, noch hat das öffentliche und objektive Interesse die Veräußerlichung des subjektiven und privaten Interesses zustandegebracht.

Die Marxsche Lehre vom Staat richtet sich gegen die der Analytischen Schule John Austins und gegen die Historische Schule von Maine. Eine Kritik der Hobbesschen Theorie, welche der Benthams und Austins zugrundeliegt, hat Marx nicht unternommen. Die Kritik an der Austinschen (und folglich auch Benthamschen) Staatstheorie richtet sich gegen die Auffassung, daß der Staat nicht in seinem Verhältnis zur Gesellschaft bestimmt, sondern ihr a priori vorausgesetzt wird, so daß er außerhalb der Entwicklung der Gesellschaft steht. Dem gegenüber begreift Marx den Staat als eine gesellschaftliche Institution, die in dem Moment verschwinden würde, in dem die Gesellschaft eine neue Stufe erreicht hat (vgl. Marx, *Kritik des Gothaer Programms,* IV. Abschnitt, und der Brief an Zasulič).

Während die Idee der Freiheit des Individuums in der zivilisierten Gesellschaft von Hegel dem Rousseauschen Gedanken einer positiven Freiheit des Urmenschen entgegengesetzt wurde[126], wandte sich die Lehre vom Ursprung des Staates der zivilisierten Gesellschaft aus einem gemeinschaftlichen Leben gegen die Lehre vom Gesellschaftsvertrag, mit der Hobbes, Spinoza, Locke, Pufendorf, Hume und Rousseau das Individuum der Gesellschaft voraussetzten und die Gesellschaftsgründung von der Übereinkunft der Individuen abhängig machten. Soweit die Gesellschaft in dieser Theorie überhaupt vorkommt, ist sie eine Abstraktion der Bedingungen der Staatsbildung und damit eine Abstraktion des Staates. Die Gesellschaft des zivilisierten Zustandes wurde in erster Linie als politische Gesellschaft verstanden, so daß die Aufmerksamkeit von all den gesellschaftlichen Institutionen abgelenkt wurde, die nicht zur Errichtung des Staates führten oder für sein Funktionieren nicht notwendig waren. Gleichzeitig arbeitete die Lehre vom Gesellschaftsvertrag mit einer Abstraktion des Menschen, welche die Recht setzende Gewalt in besonderen Gesellschaften definierte; diese Abstraktion sind Vernunft und Wille des Menschen, die ihn zum direkten Vertragspartner bei der Staatsbildung machen. Wenn die Furcht vor Schmerz, wie bei Hobbes, diejenige Gewalt ist, die den Menschen dazu treibt, eine politische Gesellschaft zu gründen, so ist er in dem Maße vernünftig, als er diesem Motiv der Schmerzvermeidung Rechnung trägt. Andere Bestimmungsgründe der Gesellschaft und des Menschen wurden denjenigen untergeordnet, die im Staat kulminierten, und so wurden Vernunft und Wille aus ihrem gesellschaftlichen Zusammenhang herausgelöst und zugleich zu abstrakten Repräsentanten oder Bestandteilen des Menschenwesens gemacht.

Die Philosophie des Gesellschaftsvertrages war gleichzeitig ein extremer Individualismus und die Abstraktion des Staates von der Gesellschaft um der Konstruktion des Politischen willen, denn von allen gesellschaftlichen Institutionen ist der Staat diejenige Instanz, die Mensch und Gesellschaft in der spezifischsten Weise lenkt; der Begriff des Staates wird so gefaßt, daß durch ihn die Gesellschaft der Entscheidungsgewalt oder dem Willen des Menschen unterworfen wird. Hume, Rousseau und Kant, die die Lehre vom Gesellschaftsvertrag und das ihr vorausgesetzte Naturrecht modifizierten, haben eine empirische Wissenschaft vom Menschen nicht entwikkelt. Obgleich diese Veränderungen angesichts einer Fülle neuer empirischer Daten vorgenommen wurden, blieben ihre Theorien innerhalb des abstrakten und orientierenden Bezugsrahmens einer politischen, juristischen und legislativen Deutung des Gesellschaftsvertrages. Zur Auflösung der politischen Abstraktion des Menschen von seinem Verhältnis zur Gesellschaft haben eine Reihe von Schriftstellern beigetragen: Vico, der in seinen Schriften Mathematik, Poesie und Gesetzgebung als menschliche Schöpfungen begreift; Ferguson, der in der paradoxen Bestimmung der menschlichen Natur als Kunst bereits die Vermitteltheit des menschlichen Verhältnisses zur Natur erfaßt; Herder, der in der Nachfolge Vicos Geschichte als

Tradition versteht und damit die Geschichte des Menschen von der Ebene des Politischen löst; Franklin teilweise mit seiner Definition des Menschen als Werkzeugmacher und mehr noch durch seine praktische Arbeitsethik. Adam Smith äußerte sich verächtlich über das Handeln von Staatsmännern und Politikern, das den Schwankungen des Augenblicks unterworfen ist.[127] Die Zweideutigkeit des Rousseauschen Menschenbildes beruht darauf, daß er den Menschen einmal als politisches und dann wiederum als gesellschaftliches Wesen bestimmt.[128] Die extreme Form des atomistischen Individualismus des Gesellschaftsvertrages und des Naturrechts, von der Rousseau sich nur zum Teil lösen konnte, war auch darin eine Abstraktion, daß der Mensch des zivilisierten Zustandes von allen Anhängern jener Lehre dem Staat als dem sterblichen Gott total unterworfen wurde, dessen Macht keine der gesellschaftlichen Institutionen des Menschen entzogen blieb. Das genaue Gegenteil der Lehre vom Gesellschaftsvertrag wurde im neunzehnten Jahrhundert entwickelt, als die Wissenschaft oder die Wissenschaften vom Menschen zunehmend empirisch wurden und gleichzeitig in den Einflußbereich der Naturwissenschaften gerieten. Der extreme Atomismus und die in ihm implizierte Abstraktion des Menschen in der Lehre vom Gesellschaftsvertrag wurden explizit oder implizit durch die kommunalen Doktrinen des neunzehnten Jahrhunderts in Frage gestellt, welche ihre Wurzeln zu einem Teil in der empirischen Tradition der Naturwissenschaften hatten. Die Urzeit des Menschen und deren bruchloser Zusammenhang mit der natürlichen Ordnung waren durch empirische Beobachtungen, Schlußfolgerungen, Problematisierungen usw. der Geologie, der Paläontologie, der Zoologie und mit anderen Mitteln der Naturwissenschaften der Zeit freigelegt worden. Einerseits war die kommunale Doktrin in diese empirische Tradition eingebettet, zum anderen trat sie dem Individualismus aus ideologischen Gründen entgegen. Individualisten wie Spencer, Maine und T. H. Huxley leugneten zwar nicht den kommunalen Ursprung der Zivilisation, gleichzeitig behaupteten sie jedoch die Evolution des Menschen zu einem in der Konsumtion wie in der weiteren gesellschaftlichen Produktion auf Privateigentum beruhenden Individualismus.

Der utilitarische Individualismus Benthams und der utopische Kollektivismus von Fourier, Pecqueur und Owen waren zwar in den politischen Auseinandersetzungen des frühen neunzehnten Jahrhunderts Gegenpole, ihr Gegensatz wurde jedoch nicht zu einem theoretischen Konflikt über den Ursprung der Zivilisation ausgeweitet. Zweideutig war die Rolle von Saint-Simon, der die kapitalistischen Methoden im Finanz- und Transportwesen als Stützen der kollektivistischen Doktrin pries, von Max Stirner (Johann Kaspar Schmidt), der einen anarchischen Individualismus mit der linkshegelianischen Zuwendung zur Sache des Volkes verband, und von John Stuart Mill, der den Benthamschen Individualismus mit sozialem

Reformismus und dem Kollektivismus von Auguste Comte zusammenbrachte. Die individualistische Lehre von Herbert Spencer, in der Ernest Barker ein letztes Aufflackern des Gesellschaftsvertrages sieht, brachte die polarisierenden Tendenzen der Epoche in normale Bahnen zurück. Den inneren Widerspruch zwischen seinem Individualismus und der Bestimmung des gesellschaftlichen Organismus als einer kollektiven Größe vermochte Spencer nicht aufzulösen.

Dem internationalistischen und sozialistischen Kollektivismus stand die der Romantik des späten achtzehnten und beginnenden neunzehnten Jahrhunderts entstammende Idee vom Ursprung der Nation aus besonderen kollektivistischen Institutionen und Traditionen gegenüber. Die Trennung der bürgerlichen von der politischen Gesellschaft bei Hegel bezeichnet den Punkt, von dem die beiden nachfolgenden kollektivistischen Traditionen ihren Ausgang nahmen: die Hegelsche Rechte begriff die Gemeinschaft als Schoß der Nation, die Hegelsche Linke als den der gesamten Menschheit. Aus dem Nationalismus gingen Slawophile und russische Konservative hervor, die die Grundlage ihrer kulturellen Einheit und Besonderheit in den ländlichen gesellschaftlichen Traditionen suchten.[129]

Gemeinsam mit den meisten Sozialisten und Anarchisten des neunzehnten Jahrhunderts vertraten Maurer, Hanssen, Roscher, Tylor, Morgan, Kovalevsky, Laveleye, Geffroy, Viollet, Gierke, Waitz und Vinogradoff[130] die These vom zeitlichen und logischen Primat des Kollektivismus als Grundstein der Gesellschaft. Ihre Gründe für diese Annahme konnten dabei ganz entgegengesetzte sein: Maurer und Gierke waren konservative Patrioten und Nationalisten, während die Sozialisten internationalistisch und revolutionär waren. Laveleye trat gegen Marx auf und schloß sich J. S. Mill an, während Kovalevsky Maine und Comte folgte, außerdem aber die Verbindung mit Marx suchte.

Die kollektivistische Seite fand im zwanzigsten Jahrhundert in den Theorien von Durkheim, Stein, Toennies, Frobenius, J. Kulischer, Bergson und Kroeber ihre Fortsetzung.[131] Die These vom Ursprung der Familie aus der Hordenpromiskuität, die von J. J. Bachofen, J. F. McLennan, Morgan, Engels und J. Atkinson formuliert worden war, wurde in verschiedener Weise von den psychoanalytischen Schulen Sigmund Freuds und C. G. Jungs aufgegriffen. Zur gleichen Zeit sammelten Simchovič, Kaufmann, Čuprov und Kačorovski Zeugnisse des Altertums der Landgemeinde und deren Überreste in der neueren Zeit bei den Russen und anderen Völkern des russischen Reiches.[132] Innerhalb des sozialistischen Lagers wurde diese Seite der Evolution der Gemeinschaft von Paul Lafargue, Karl Kautsky, Eduard Bernstein und Heinrich Cunow entfaltet.[133]

Baden-Powell wandte sich gegen Maines Theorie vom Primat der kollektivistischen Institutionen mit der Begründung, daß Maines Belege aus

Indien nur zum Teil triftig waren und außerdem wegen der politischen Implikationen einer kollektivistischen Gesellschaftstheorie, die (ihm) nicht wünschenswert erschienen.[134] Ratzel – und in seiner Nachfolge Schurtz – bekämpften die Idee eines ursprünglichen kommunalen Landeigentums als eine unzulässige wissenschaftliche Verallgemeinerung und Pöhlmann widersetzte sich der Idee eines Urkommunismus des Eigentums bei den Sozialisten nicht weniger an als den entsprechenden Gedanken bei Maine, Morgan und Kovalevsky.[135] Die von Dopsch verworfene Idee der Markgenossenschaft, wurde von J. Kulischer verfochten, der ihre erste theoretische Formulierung bei Dane, Olufsen (1821) und ihnen folgend bei G. Hanssen erwähnt. Vor ihnen schrieb C. A. Van Enschut (1818) über die »markgenootschappen« der niederländischen Bauern und im gleichen Jahr Vuk Karadžić über die serbische »zadruga«; diesen beiden Autoren schloß sich J. Čaplowić an, der die gleiche Erscheinung 1819 bei den Südslawen (in Slavonien und Kroatien) beschrieb.

Da es noch keine umfassende Untersuchung der Entwicklung der Idee des bäuerlichen Gemeinwesens in Europa und Asien im neunzehnten Jahrhundert gibt, müssen die Darstellungen von Karadžić und Čaplowić[136] mit denen von Van Enschut und Olufsen erst noch in Zusammenhang gebracht werden. Die Erörterung des bäuerlichen Gemeinwesens in Asien wurde von Maine und anderen zu Recht mit der des europäischen verknüpft, beeinträchtigt freilich durch die Voraussetzung einer gemeinsamen indoeuropäischen Vergangenheit, die nicht frei von rassistischen Untertönen ist. Sieht man einmal von den juristischen, archäologischen und anderen institutionellen und materiellen Voraussetzungen jener Gemeinschaftlichkeit ab, so hat E. Benveniste die linguistischen Schwierigkeiten hinreichend durch den Nachweis verdeutlicht, daß die indoeuropäischen Wurzeln * *dem*- ›Familie‹ und * *dema*- ›bauen‹ voneinander unabhängig und bloß homophon sind; die Identifikation der Verwandtschaftsgruppe (die Benveniste als die soziale Gruppe auffaßt) mit ihrer materiellen Behausung oder ihrer Wohnung beruht auf einer irrtümlichen Verknüpfung beider Wurzeln.[137]

Fustel de Coulanges war ein früher Gegner der These vom historischen Primat des gemeinschaftlichen vor dem individuellen Grundeigentum und fand in J. Peisker einen Nachfolger für das slawische Altertum. In seiner Rezension der Kontroverse zwischen Stanišić und Peisker über die Ur- und Frühgeschichte der »zadruga« stellte Durkheim sich gegen Fustel de Coulanges und Peisker auf die Seite von Stanišić: Fustel de Coulanges täusche sich in der Annahme, daß eine Periode gemeinschaftlichen Bodenbesitzes durch eine lokale Gruppe historisch nicht faßbar sei, und deswegen sei seine Schlußfolgerung, daß Individualeigentum die ursprüngliche Form sei, unhaltbar. Darüber hinaus hielt Durkheim die Peiskersche Auffassung der

Gesellschaft für künstlich, denn die Totalität gehe dem individuellen Teil voraus oder sei mit ihm gleichzeitig, aber keinesfalls sei der Teil früher als das Ganze.[138]

Kropotkins gegen den Individualismus Huxleys formulierter Kollektivismus wurde jüngst von Ashley Montagu hervorgehoben.[139]

Diese Kontroverse ist bis heute nicht beigelegt, sie hat jedoch in der letzten Anthropologengeneration des Westens eine veränderte Form angenommen, während sie andererseits in den meisten anderen Disziplinen heute so gut wie verschwunden ist, obgleich es eine Zeit gab, in der Philosophen, Soziologen und Ökonomen lebhaft an ihr teilnahmen. Auf beiden Seiten freilich ist sie seither nicht mehr mit der Sicherheit ihrer Vorgänger formuliert worden. Der Sozialdarwinismus wurde als ein Biologismus verworfen und mit ihm die ethische Verbrämung, die absichtlich oder unabsichtlich der Gesellschaftstheorie des atomistischen Individualismus der vorhergehenden Jahrhunderte entlehnt war. Seither haben die Kollektivisten keine neuen Fakten oder kritische Einsichten beigebracht. Alle Energien wurden daran gewendet, den Ethnozentrismus zu überwinden und den Chimären spekulativer Rekonstruktionen der Vergangenheit aus dem Wege zu gehen (Marx war sich der methodologischen Schwächen seiner Zeitgenossen in diesen Punkten besonders deutlich bewußt).

In dem früheren und heute üblichen Gebrauch lassen sich ungelöste Probleme der Geschichte der Begriffe Kollektiv, Kollektivismus, Gemeinde und Gemeinschaft bemerken. Die unterschiedlichen Verwendungsweisen dieser Begriffe wurden nicht systematisch untersucht, und infolgedessen stellen Begriff und Terminologie von Sozialismus und Kommunismus semantische Probleme und folglich auch Probleme ihrer Herleitung. Die Beziehungen von Kommunismus zu Gemeinschaft und von Sozialismus zu Gesellschaft liegen auf der Hand, sind aber nicht klar bestimmbar.

Das primitive Gemeinwesen, wie Marx es verstand, legt sowohl die Form wie den Inhalt der naturwüchsigen Daseinsweise des Menschen und seines daraus sich herleitenden und zeitlich sich entfaltenden gesellschaftlichen Charakters fest. In den primitiven und ländlichen Institutionen besteht diese Daseinsweise bis in die moderne Epoche fort, deren städtische Institutionen der jüngeren Vergangenheit und der Gegenwart jenen Institutionen entgegengesetzt sind. Der Entstehung der politischen und industriellen Gesellschaft gingen kommunale Institutionen voraus, und in ihrer Periode wurden die städtischen Institutionen und deren Produktionsweise ausgebildet. Selbst in ihrer verzerrten Form bieten diese alten ländlich-kommunalen Institutionen zugleich ein Modell für die Bildung ländlicher Institutionen in der sozialistischen Gesellschaft und für den Charakter der gesellschaftlichen Verhältnisse in nicht-ländlichen sozialen Institutionen. Die alte ländliche Form des Kollektivs ist für die moderne bestimmend geworden, doch unterscheidet sich die Vergangenheit von der Moderne durch das Verhältnis des Inhalts zur Form, so daß für die Begriffe von Demokratie, Gemeinschaft und Kollektiv eben die Kritik gilt, welche Marx gegen die Parallelisierung der Wahl in der Urgesellschaft und in der modernen Gesellschaft richtet. In ähnlicher Weise verschiebt sich das Verhältnis von wirklicher Verschiedenheit zu potentieller Einheit für die theoretischen Parallelen zwischen der Kooperation in Produktion und Distribution in der Gemeinde der Urgesellschaft und der modernen Gesellschaft; für die verschiedenen Typen von Gemeinden variiert das Verhältnis von Inhalt und Form, während die Parallelen sich aus der Form ergeben (Vgl. Marx, *Ökonomisch-philosophische Manuskripte* und Entwürfe zum Zasuličbrief).

Marx hat die primitiven wie die orientalischen und europäischen bäuerlichen Gemeinwesen in den *Grundrissen,* der *Kritik der politischen Ökonomie* von 1859, in den drei Bänden des *Kapital* und in den *Theorien über den Mehrwert* untersucht; die berühmtesten Ausführungen sind die in den Abschnitten über die Ware und den Warentausch im ersten Band des *Kapital:* »In den altasiatischen, antiken usw. Produktionsweisen spielt die Verwandlung des Produkts in Ware, und daher das Dasein der Menschen als Warenproduzenten, eine untergeordnete Rolle, die jedoch um so bedeutender wird, je mehr die Gemeinwesen in das Stadium ihres Untergangs treten ... Jene alten gesellschaftlichen Produktionsorganismen sind außerordentlich viel einfacher und durchsichtiger als der bürgerliche, aber sie beruhen entweder auf der Unreife des individuellen Menschen, der sich von der Nabelschnur des natürlichen Gattungszusammenhangs mit den anderen noch nicht losgerissen hat, oder auf unmittelbaren Herrschafts- und Knechtschaftsverhältnissen. Sie sind bedingt durch eine niedrige Entwicklungsstufe der Produktivkräfte der Arbeit und entsprechend befangene Verhältnisse der Menschen innerhalb ihres materiellen Lebenserzeugungsprozesses, daher zueinander und zur Natur.« [140] Sein Beispiel für gemeinsame, d. h. unmittelbar vergesellschaftete Arbeit entnimmt Marx nicht den Gemeinwesen an der »Geschichtsschwelle aller Kulturvölker«, sondern der noch undifferenzierten ländlich patriarchalischen Industrie der Gegenwart.[141] Gleichzeitig zitiert er in diesem Zusammenhang, was er 1859 über das naturwüchsige Gemeinwesen geschrieben hatte: »Es ist ein lächerliches Vorurteil in neuester Zeit verbreitet, daß die Form des naturwüchsigen Gemeineigentums spezifisch slawische, sogar ausschließlich russische Form sei. Sie ist die Urform, die wir bei Römern, Germanen, Kelten nachweisen können, von der aber eine ganze Musterkarte mit mannigfachen Proben sich noch immer, wenn auch zum Teil ruinenweise, bei den Indiern vorfindet. Ein genaueres Studium der asiatischen, speziell der indischen Gemeineigentumsformen würde nachweisen, wie aus den verschiednen Formen des naturwüchsigen Gemeineigentums sich verschiedne Formen seiner Auflösung ergeben. So lassen sich z. B. die verschiednen Originaltypen von römischem und germanischem Privateigentum aus verschiednen Formen des indischen Gemeineigentums ableiten.« [142] Die im einzelnen erwähnten Völker gehören alle zur indoeuropäischen Sprachfamilie, deren ursprüngliche kulturelle Einheit vorausgesetzt wird; auch Maine teilte diese zugleich kulturelle und linguistische Voraussetzung jener Zeit, die auch heute noch, wenngleich eingeschränkt, wirksam ist.

Sowohl das alte wie das Indien des 19. Jahrhunderts boten Beispiele für Gemeindeeigentum, welches freilich im 19. Jahrhundert nur noch im Zustand des Zerfalls vorgefunden wurde. Dieses Gemeindeeigentum entwikkelte sich auf verschiedenen Linien zu den germanischen und römischen Formen des Privateigentums. Die Entwicklung von gemeinschaftlichen zu privaten Formen ist in abstracto unilinear, in den konkret verschiedenen Weiterentwicklungen jedoch multilinear. Die These der Marxschen Morganexzerpte und -aufzeichnungen wurde also zum Teil schon 1859 entwikkelt. Die Aussage über den ruinenhaften Zustand des Gemeindeeigentums wiederholt die in der Einleitung zu den *Grundrissen* enthaltene These, daß in der bäuerlichen Gemeinde des 19. Jahrhunderts die Verhältnisse früherer Formen nur travestiert anzutreffen sind; die Aussage über die Losreißung des Individuums von der Nabelschnur der Gemeinschaft deutet die in den Maineexzerpten entfaltete Position an. Der Hinweis auf Herrschafts- und Knechtschaftsverhältnisse wiederholt in Marxens Ausdrucksweise die Hegelsche These (in der *Phänomenologie des Geistes*) von gesellschaftlicher Gegenseitigkeit im Prozeß der Differenzierung. Marx schreibt, daß die Entwicklung der Produkte zu Waren durch den Austausch zwischen verschiedenen Gemeinwesen und nicht zwischen den Gliedern einer und derselben Gemeinde entspringe. Diese Ansicht wurde von Engels 1894 in den dritten Band des *Kapital* eingearbeitet und er fügt die wohl zu optimistische Anmerkung hinzu, daß sie »heute, seit der umfangreichen Untersuchung der ursprünglichen Gemeinwesen von Maurer bis auf Morgan, kaum noch irgendwo bestrittene Tatsache« sei.[143] Ganz abgesehen davon, beruht jedoch die Theorie der von Marx umrissenen Entwicklung der Ware auf einer ganz anderen Grundlage als die Auffassungen von Maurer und Morgan.

Im prähistorischen Gemeinwesen ist die Arbeit ebenso wie in der historischen Bauerngemeinde gemeinsam, d. h. unmittelbar vergesellschaftet, während die im Zusammenhang und auf der Basis der industriellen Gesellschaft entstehende Kollektivität durch dieselbe Form, nämlich gemeinsame Arbeit, bestimmt ist, welche aber nur indirekt vergesellschaftet ist, da die menschlichen Verhältnisse zur Produktion und in ihr durch die veränderten Verhältnisse von Industrie zu Naturstoff und Naturkräften und durch die veränderten Verhältnisse der Menschen zueinander vermittelt werden. Die letzteren sind komplex, indirekt und vermittelt durch die komplexen organisatorischen Erfordernisse, und das Medium selber, die gesamte Industrie in ihrer komplexen Organisation, nötigt seinerseits dem kollektiven Verhalten eine neue Form auf.

Diese Form der Arbeit kann nicht mehr als gemeindliche und gemeinsame Arbeit betrachtet werden. Sie ist ebensowenig im strengen und urtümlichen Sinne gemeinschaftlich, wie die bäuerliche Arbeit der Vorgeschichte und des 19. Jahrhunderts indirekt vergesellschaftet war. Die Form der Gemeinde im strikten Sinne kannte ihre eigene Teilung der Arbeit nach Maßgabe von Alters- und Geschlechtsunterschieden[144], welches unmittelbar biologische (d. h. natürliche) Determinationen sind, zu denen der relative Grad von Gesundheit und physischer Stärke zu rechnen und worauf der Sinn des Rassenbegriffs ausschließlich zu beschränken wäre. Unter der Herrschaft der Industrie werden diese Faktoren in eben der Weise vermittelt, wie tierische und menschliche Muskelkraft durch Maschinen und durch die wachsende technische Kontrolle der Naturkräfte und Elemente ersetzt werden. Die gemeinsame Arbeit der Familie, der Gemeinde usw. wurde von Marx als eine naturwüchsige Entwicklung aufgefaßt: die gemeinsame Arbeit ist die natürliche Form von Arbeit und Teilung der Arbeit.[145] Gemeinde oder Gemeinwesen ist in diesem Sinne eine natürliche Entwicklung. Die Verhältnisse zwischen dem primitiven und bäuerlichen Menschen und der Natur und jene zwischen der naturwüchsigen Form von primitiver und bäuerlicher Familie und Gemeinwesen auf der einen Seite und die Verhältnisse des Menschen der industriellen Epoche zur Natur, sowie jene in den industriellen Kollektivitäten sind nicht absolut, sondern bloß relativ voneinander verschieden. Die entwickelten industriellen Verhältnisse sind in den primitiven und bäuerlichen Zuständen als deren Potentialität angelegt, so daß »natürlich«, »Natur« und »naturwüchsig« nur in übertragenem Sinne zu verstehen sind, da Primitive und Bauern nicht natürlicher sind als Menschen, die lesen und schreiben können.

Die kollektiven Beziehungen der Gesellschaft übertreffen die kommunalen Beziehungen an Größe und Zahl, Reichweite, Mannigfaltigkeit und Komplexität, unabhängig davon, ob ihr Kontext eine überwiegend bäuerliche oder städtisch-industrielle Gesellschaft, oder ob sie in dem einen oder anderen Falle sozialistisch oder kapitalistisch ist. Das Verhältnis von Individuum und Gesellschaft auf der einen Seite und die antagonistischen Beziehungen der Kollektivitäten auf der anderen sind von den politischen Konflikten der westlichen Gesellschaft von 1789 bis in die Gegenwart untrennbar, und gleichzeitig verhüllen diese Konflikte die individuellen und kollektiven gesellschaftlichen Verhältnisse. Die Praxis ist der Ausdruck der Theorie der Verhältnisse; sie erschwert die Auflösung des Konflikts der Verhältnisse in der Theorie und ist zugleich das einzige Mittel ihrer Auflösung im Sinne der Aktualisierung der potentiellen gesellschaftlichen Einheit. Die Potentialität jener Einheit liegt in der Negation der aktual privativen Verhältnisse. Die Form, welche jenes Potential annehmen kann, läßt sich bestimmen, während das Verhältnis der Form zum Inhalt als das Verhältnis der objektiven zur subjektiven Seite nur angedeutet werden kann.

Gegenwärtig finden die Fragen der Priorität von gemeindlichem und individuellem Grundeigentum und des Ursprungs der Zivilisation aus der einen oder der anderen Form in der empirischen Anthropologie kaum Interesse; ebenso wird das Problem des, sei es logischen oder chronologischen, Primats des Individuums vor der Gesellschaft nur selten erörtert. Die Art und Weise, wie diese Fragen gestellt werden, ist einseitig, und es sind nur halbe Fragen. Nur dann, wenn das Individuum im Verhältnis zu Gesellschaft, Kollektivität oder primitivem Gemeinwesen und diese wiederum im Verhältnis zum Individuum begriffen werden, lassen sich Geschichte und Entwicklung von Eigentum, Kultur und Zivilisation überhaupt erörtern.

7. *Zum Verhältnis von Engels zu Marx und Morgan*

Engels hat das Thema der primitiven und Gemeindeinstitutionen in seinen Schriften der vierziger Jahre (in Verbindung mit Marx: *Die Heilige Familie, Die deutsche Ideologie, Das kommunistische Manifest*) und in dem letzten Kapitel seines *Anti-Dühring* (1878) in wenigen Bemerkungen aufgenommen. Auf Anregung von Marx exzerpierte er 1882 Bancroft. (Vgl. Zusatz 2.) In seiner Arbeit über die *Mark* behandelte Engels ausgehend von der Untersuchung Maurers die Gliederung der alten Germanen nach Verwandtschaft und Gemeineigentum am Boden, ging hinsichtlich des Gemeineigentums kurz auf das Zeugnis von Caesar und Tacitus ein und erörterte die lange Dauer der kollektiven Institution und den Übergang zum privaten Grundeigentum im 19. Jahrhundert (das bayrische Palatinat wurde von ihm eigens hervorgehoben). In zwei umfangreicheren Manuskripten hat Engels von deutschen Altertümern gehandelt, ist aber auf die Frage der Mark, ihre Gliederung und Genossenschaft sowie ihre Eigentumsform nur in Rezensionen zurückgekommen.[146]

Bei der Durchsicht des Marxschen Nachlasses im darauffolgenden Jahr stieß Engels auf Marxens Exzerpte; in seiner Bearbeitung der dritten Auflage des *Kapital* gibt er einen Hinweis auf diese Entdeckung: Zu der Marxschen Passage – »Innerhalb einer Familie, weiter entwickelt eines Stammes, entspringt eine naturwüchsige Teilung der Arbeit aus den Geschlechts- und Altersverschiedenheiten . . .« – bemerkt Engels in einer Fußnote: »Spätere sehr gründliche Studien der menschlichen Urzustände führten den Verfasser [des *Kapital*] zum Ergebnis, daß ursprünglich nicht die Familie sich zum Stamm ausgebildet, sondern umgekehrt, der Stamm die ursprüngliche naturwüchsige Form der auf Blutsverwandtschaft beruhenden menschlichen Vergesellschaftung war, so daß aus der beginnenden Auflösung der Stammesbande erst später die vielfach verschiednen Formen der Familie sich entwickelten.« [147]

Die »späteren« Studien Marxens, auf die Engels hinweist, sind seine Untersuchungen zu Morgan. Wie die Fußnote zum *Kapital* vom November 1883 und sein vergeblicher Versuch Anfang Januar 1884, ein Exemplar von *Ancient Society* zu beschaffen, andeuten, formulierte Engels Ende 1883 die Problemstellung seines Buches über den *Ursprung der Familie*.[148] Auf der Grundlage der Marxschen Exzerpte machte er einen Entwurf seines eigenen Werkes, das zunächst den Titel *Entstehung der Familie*, usw. trug, und las Bernstein bei dessen Besuch Ende Februar–Anfang März 1884 sowohl daraus wie aus den Marxschen Exzerpten vor. Ein eigenes Exemplar des Morganschen Werkes hatte Engels erst später im März in Händen[149], und zwei Monate später beendete er die ersten acht Kapitel des *Ursprungs der Familie*, während er das letzte Kapitel nochmals durcharbeiten wollte[150] (diese Änderungen wurden dann nicht mehr vorgenommen: sie stehen im Zusammenhang mit der Zivilisationskritik Fouriers).[151] Engels nahm an, daß Marx sich vorbehalten hatte, das Morgansche Werk in Deutschland einzuführen, und veröffentlichte sein Buch, in welchem er die Intention der Marxschen Exzerpthefte interpretieren wollte, als »die Vollführung eines Vermächtnisses«.[152]

Im ersten Absatz seines *Ursprungs der Familie* stellt Engels fest: »Morgan ist der erste, der mit Sachkenntnis eine bestimmte Ordnung in die menschliche Vorgeschichte zu bringen versucht: solange nicht bedeutend erweitertes Material zu Änderungen nötigt, wird seine Gruppierung wohl in Kraft bleiben.« [153]

Engels hat seine Position einerseits im Verhältnis zum Werk Morgans und andererseits zu dem von Marx bestimmt. Die beiden folgenden Tafeln verzeichnen die wichtigeren Berührungspunkte des Engelsschen Werkes mit dem von Morgan und mit den Anmerkungen von Marx.

Tafel 4 Die wichtigsten Bezugnahmen auf Morgan in Engels' *Ursprung der Familie.*

Engels [a] S.	Morgan [b] S.	Stichworte
Vorwort 1. Aufl.	–	Morgan und die materialistische Geschichtsauffassung Totschweigen Morgans
Vorwort 4. Aufl.	–	Rekonstruktion der menschlichen Vorgeschichte Entwicklung der Geschichte der Familie – vgl. Bachofen Gegensatz zu McLennan; Gruppenehe Irokesische und andere Belege für die Theorie der Gens Kritik der Zivilisation – vgl. Fourier
30–35	Vorwort,	Epochen des menschlichen Fortschritts
36 f.	Kap. 1	Die irokesische Familie
37–39	Teil III (S. 444)	Rekonstruktion der prähistorischen Familie; Theorie der Promiskuität
43–84	393 u. ff.	Entwicklung der Familie
85–97	61–78	Die irokesische Gens
100	236	Über Grote [c]
100–101	239	Die griechische Gens und Grote [c]
101	240	Marxens Zusammenfassung von Morgan über die griechische Gens
103	255	Gladstone
107 ff.	263–284	Der athenische Staat
122	293, 298	Römische Gens
130	368 f.	Der schottische Clan
117–119	283–352	Gens und Staat in Rom
Kap. IX	passim	Barbarei und Zivilisation
172 f.	561 f.	Eigentum

[a] Engels, *Ursprung der Familie.* MEW 21, S. 25 ff.
[b] Morgan, *Ancient Society,* 1907.
[c] Siehe Tafel 1, Fußnote *c.*

Tafel 5 *Die von Engels zitierten Marxschen Morganexzerpte*

Engels [a] S.	Marx [a] S.	
30	2	»Die Geschicklichkeit in dieser Produktion ist entscheidend für den Grad menschlicher Überlegenheit und Naturbeherrschung; von allen Wesen hat nur der Mensch es bis zu einer fast [b] unbedingten Herrschaft über die Erzeugung von Nahrungsmitteln gebracht. Alle großen Epochen menschlichen Fortschritts fallen, mehr oder weniger direkt, zusammen mit Epochen der Ausweitung der Unterhaltsquellen.«
38	10	»Und«, setzt Marx hinzu, »ebenso verhält es sich mit politischen, juristischen, religiösen, philosophischen Systemen überhaupt.«

46	96	»Wenn Bachofen diese Punalua-Ehen ›gesetzlos‹ findet, so fände ein Mann aus jener Periode die meisten jetzigen Ehen zwischen nahen und entfernten Vettern väterlicher oder mütterlicher Seite blutschänderisch, nämlich als Ehen zwischen blutsverwandten Geschwistern.«
60	57	»Eingeborene Kasuisterei des Menschen, die Dinge zu ändern, indem man ihre Namen ändert! Und Schlupfwinkel zu finden, um innerhalb der Tradition die Tradition zu durchbrechen, wo ein direktes Interesse den hinreichenden Antrieb gab!«
60	58	»Dies scheint überhaupt der natürlichste Übergang.«
61	16	»Die moderne Familie enthält im Keim nicht nur Sklaverei (servitus), sondern auch Leibeigenschaft, da sie von vornherein Beziehung hat auf Dienste für Ackerbau. Sie enthält *in Miniatur* alle die Gegensätze in sich, die sich später breit entwickeln in der Gesellschaft und in ihrem Staat.«
65	16	Während, wie Marx bemerkt, die Stellung der Göttinnen in der Mythologie uns eine frühere Periode vorführt, wo die Frauen noch eine freiere, geachtetere Stellung hatten, finden wir zur Heroenzeit die Frau bereits erniedrigt durch die Vorherrschaft des Mannes und die Konkurrenz von Sklavinnen.
99 *c*	68	»Durch die griechische Gens guckt der Wilde (Irokese z. B.) aber auch unverkennbar durch.«
100 *c*	69	»Herrn Grote ferner zu bemerken«, fügt Marx ein, »daß, obgleich die Griechen ihre Gentes aus der Mythologie herleiten, jene Gentes älter sind als die *von ihnen selbst* geschaffne Mythologie mit ihren Göttern und Halbgöttern.
100	70	Die Abstammung der Gentes von gemeinsamen Urahnen hat den »schulgerechten Philistern« (Marx) schweres Kopfbrechen gemacht.
100–101	71	Der Stammbaum ist zwar eine Fabel, aber die Gens ist eine Wirklichkeit, und schließlich heißt es denn bei Grote – mit Einschiebungen von Marx – wie folgt: »Wir hören von diesem Stammbaum nur selten, weil er vor die Öffentlichkeit nur in gewissen, besonders feierlichen Fällen gebracht wird. Aber die geringeren Gentes hatten ihre gemeinsamen Religionsübungen« (sonderbar dies, Mr. Grote!) »und gemeinsamen übermenschlichen Stammvater und Stammbaum ganz wie die berühmteren« (wie gar sonderbar dies, Herr Grote, bei *geringeren* Gentes!); »der Grundplan und die ideale Grundlage« (werter Herr, nicht *ideal,* sondern karnal, germanice *fleischlich*!) »war bei allen dieselbe.« Marx faßt Morgans Antwort hierauf wie folgt zusammen: »Das der Gens in ihrer Urform – und die Griechen hatten diese einst besessen wie andre Sterbliche – entsprechende Blutsverwandtschaftssystem bewahrte die Kenntnis der Verwandtschaften aller Mitglieder der Gentes untereinander. Sie lernten dies für sie entscheidend Wichtige durch Praxis von Kindesbeinen. Mit der monogamen Familie fiel dies in Vergessenheit. Der Gentilname schuf einen Stammbaum, neben dem der der Einzelfamilie unbedeutend erschien. Es war nunmehr dieser Name, der die Tatsache der gemeinsamen Abstammung seiner Träger zu bewahren hatte; aber der Stamm-

baum der Gens ging so weit zurück, daß die Mitglieder ihre gegenseitige wirkliche Verwandtschaft nicht mehr nachweisen konnten, außer in beschränkter Zahl von Fällen bei neueren, gemeinschaftlichen Vorfahren. Der Name selbst war Beweis gemeinsamer Abstammung, und endgültiger Beweis, abgesehn von Adoptionsfällen. Dahingegen ist die tatsächliche Leugnung aller Verwandtschaft zwischen Gentilgenossen à la Grote und Niebuhr, welche die Gens in eine rein ersonnene und erdichtete Schöpfung verwandelt, würdig ›idealer‹, d. h. stubenhockerischer Schriftgelehrter. Weil die Verkettung der Geschlechter, namentlich mit Anbruch der Monogamie, in die Ferne gerückt und die vergangne Wirklichkeit im mythologischen Phantasiebild widergespiegelt erscheint, schlossen und schließen Philister-Biedermänner, daß der Phantasiestammbaum wirkliche Gentes schuf!«

103 73 f. Der Heerführer (basileus). Hierzu bemerkt Marx: »Die europäischen Gelehrten, meist geborne Fürstenbediente, machen aus dem Basileus einen Monarchen im modernen Sinn. Dagegen verwahrt sich der Yankee-Republikaner Morgan. Er sagt sehr ironisch, aber wahr, vom öligen Gladstone und dessen ›Juventus Mundi‹: ›Herr Gladstone präsentiert uns die griechischen Häuptlinge der Heldenzeit als Könige und Fürsten, mit der Zugabe, daß sie auch Gentlemen seien; er selbst muß aber zugeben: im ganzen scheinen wir die Sitte oder das Gesetz der Erstgeburtsfolge hinreichend, aber nicht allzu scharf bestimmt vorzufinden.‹«

104 74 In der »Ilias« erscheint der Männerbeherrscher Agamemnon nicht als oberster König der Griechen, sondern als oberster Befehlshaber eines Bundesheers vor einer belagerten Stadt. Und auf diese seine Eigenschaft weist Odysseus hin, als Zwist unter den Griechen ausgebrochen war, in der berühmten Stelle: Nicht gut ist die Vielkommandiererei, einer sei Befehlshaber usw. (wobei noch der beliebte Vers mit dem Zepter späterer Zusatz).[d] »Odysseus hält hier keine Vorlesung über eine Regierungsform, sondern verlangt Gehorsam gegen den obersten Feldherrn im Kriege. Für die Griechen, die vor Troja nur als Heer erscheinen, geht es in der Agora demokratisch genug zu. Achilles, wenn er von Geschenken, d. h. Verteilung der Beute spricht, macht stets zum Verteiler weder den Agamemnon noch einen andern Basileus, sondern ›die Söhne der Achäer‹, d. h. das Volk. Die Prädikate: von Zeus erzeugt, von Zeus ernährt, beweisen nichts, da *jede* Gens von einem Gott abstammt, die des Stammeshaupts schon von einem ›vornehmeren‹ Gott – hier Zeus. Selbst die persönlich Unfreien, wie der Sauhirt Eumäus u. a. sind ›göttlich‹ (dioi und theioi) und dies in der ›Odyssee‹, also in viel späterer Zeit als die ›Ilias‹; in derselben ›Odyssee‹ wird der Name Heros noch dem Herold Mulios beigelegt, wie dem blinden Sänger Demodokos. Kurz, das Wort basileia, das die griechischen Schriftsteller für das homerische sogenannte Königtum anwenden (weil die Heerführerschaft ihr Hauptkennzeichen), mit Rat und Volksversammlung daneben, bedeutet nur – militärische Demokratie.«[e]

160	79	Das aber wäre nie möglich gewesen, hätte nicht die Gier nach Reichtum die Gentilgenossen gespalten in Reiche und Arme, hätte nicht »die Eigentumsdifferenz innerhalb derselben Gens die Einheit der Interessen verwandelt in Antagonismus der Gentilgenossen«...

a Engels, *Ursprung der Familie,* MEW Bd. 21. Morgan, *Ancient Society,* 1907. Marx, Morganexzerpte, vgl. hier Tafel 1.

b Das von Engels hinzugefügte »fast« gibt das Marxsche Ausrufezeichen wieder, das das Übertriebene der Behauptung Morgans kennzeichnet.

c Engels bezieht sich hier auf Marxens Paraphrase von Morgan, *Ancient Society,* a. a. O., S. 228 und 234.

d Als ein später hinzugefügter Vers identifiziert von Eustathius (Marx, Morganexzerpte, S. 74).

e Engels gibt hier Morgans Gedankengang nach den Marxschen Exzerpten wieder (vgl. Morgan, *Ancient Society,* a. a. O., S. 126, 256, 259, 282).

Engels hat Marxens Einwände gegen Morgan im allgemeinen übergangen; aufgrund von Kenntnissen, über die Morgan noch nicht verfügte, hat er einen eigenen Einwand dahingehend formuliert, daß Morgan mit seiner Auffassung der Gruppenehe und der Punaluafamilie als einer notwendigen Vorstufe der Paarungsehe zu weit gegangen war.[154] Außerdem war Engels' Einstellung zu Bachofen und Maine positiver als die von Marx.[155]

Morgan stellte die Zukunft von Freiheit, Gleichheit und Brüderlichkeit in den alten Gentes der Gesellschaft der Gegenwart, ihrer ausschließlichen Beherrschung durch das Eigentum und dessen nicht zu bewältigende Macht gegenüber.[156] Dies führte über Ralph Waldo Emerson hinaus, der ebenfalls das Reich der Dinge transzendieren wollten, aber die Problematik des Eigentums an ihnen und seiner Akkumulation nicht begriffen hatte. Engels zitiert einen Teil der marxschen Bemerkung zum Interessenantagonismus innerhalb der Gens (Marx, Morganexzerpte, S. 79), stellt sie aber in den Zusammenhang mit der »Gier nach Reichtum«, die in dieser Periode begonnen hatte, die Einheit der Gens zu spalten.[157] Engels nimmt nur die subjektive Seite des Problems auf, während Marx beide Seiten in ein Verhältnis setzt. Als sein Schlußwort zitiert Engels Morgans Urteil über das Verderben, welches das Eigentum über den Menschen gebracht habe, und seine Hoffnung auf eine Wiederkehr der alten Gens.[158] Bernstein charakterisierte Morgans Werk mit der Bemerkung, daß es eher den sozialistischen Theoretikern der Epoche von 1825–1840, das heißt den utopischen Sozialisten, nahestehe. Morgan »überschreitet nirgends principiell die Grenze, die den Durchschnitt der objektivistischen Culturhistoriker vom Vertreter des historischen Materialismus trennt . . .«.[159] Beide Bemerkungen Bernsteins schließen sich jedoch gegenseitig aus. In Wahrheit überschreitet Morgan diese Grenze sehr wohl mit seiner Kritik an der vom Eigentum beherrschten geschichtlichen Laufbahn der Menschheit und steht seinem Gegenstand damit mehr als bloß objektiv oder distanziert gegenüber, wie es Bernsteins Hinweis auf den »Durchschnitt der Culturhistoriker« impliziert. Gleicht Morgans Werk aber dem der utopischen Sozialisten, so kann es nicht als gänzlich objektiv angesehen werden. Der Bernsteinschen Kritik an Morgans reiner Objektivität steht bei Morgan die, wenn auch mangelhafte, Durchdringung seiner wissenschaftlichen Objektivität und seiner Subjektivität, d. h. seiner auf die Zukunft gerichteten Hoffnungen, entgegen. Die Schwäche Morgans liegt anderswo: seine Objektivität ist konkret, seine Subjektivität abstrakt. Daher ist der dialektische Übergang bei Morgan einseitig und nur zum Teil entfaltet, gleichwohl aber existiert er und findet bei Marx ein positives Echo. Engels hat die von Fourier vorgebrachte kritische Argumentation aufgegriffen, während die andere, von Bernstein erwogene Möglichkeit bedeutungslos ist. Und doch weist Engels nur flüchtig auf die kollektiven Institutionen des gesellschaftlichen Lebens und auf das Eigentum in ihrem primitiven Kontext, und noch weniger in ihrem modernen Kontext hin, da er auf sie hauptsächlich im Zusammenhang mit ihrer Auflösung durch die Entfaltung der Zivilisation eingeht. Der dialektische Übergang der Kollektivität in ihr Gegenteil privativer Individualität ist implizites Thema der Marxschen Morganexzerpte; in den ethnologischen Exzerptheften und in anderen Schriften hat er angedeutet, wie die Natur der Kollektivität in dem dialektischen Übergang aus dem privativen Zustand bestimmt ist. Das Morganexzerpt, welches den Vorrang der Interessen der Gesellschaft vor den individuellen Interessen zum Ausdruck bringt, stellt diese Antithese, die unkontrollierbare Macht des Eigentums und das Verschwinden einer ausschließlich vom Eigentum bestimmten geschichtlichen Laufbahn des Menschen bloß nebeneinander. Auf den letzten Seiten des *Ursprungs der Familie* hat Engels diese Punkte in ihrem Übergehen ineinander dargestellt, wobei es seine wie die Marxsche und Morgansche These ist, daß der Mensch in einer langen entwicklungsgeschichtlichen Epoche den Charakter eines kollektiven und gesellschaftlichen Lebewesens angenommen hat, und daß dieser Charakter durch die kurze Laufbahn der Zivilisation verzerrt wurde. Abgesehen von dem zeitlichen Faktor ist dies auch die These Fouriers.

Gleichheit, Demokratie und Allgemeinheit des Rechts hatte Morgan zum Maßstab genommen, welcher die niedrige Position der verheirateten Frau, sowie Disharmonie und Ungerechtigkeit der zivilisierten Gesellschaft unter der Herrschaft des Eigentums zu beurteilen erlaubte.[160] Seine Zukunftsperspektive beruht auf der optimistischen Annahme, daß die Laufbahn des Eigentums die Elemente ihrer eigenen Vernichtung enthält. Es handelt sich hier um einen Organizismus, welcher keine spezifischen Mechanismen in Ansatz bringt, die die Rechtsungleichheit und die Disharmonie des zivilisierten Zustandes zu überwinden vermögen, so daß diese These eine Abstraktion und ohne jede konkrete Bestimmung des Handelns bleibt. Diese Konzeption hat insofern Gemeinsamkeiten mit der historischen Entelechie Hegels; da sie jedoch in ihrem Organizismus befangen bleibt, ohne ihn einer Kritik zu unterziehen, wie sie bei Hegel angelegt ist, war Morgans evolutionäres Fortschrittsdenken als Erklärung für die Entstehung der Zivilisation schon in der Generation vor Marx überholt.

Die positivistische Kritik der evolutionären Fortschrittstheorie Morgans ist zunächst auf ihre Abstraktheit und das Fehlen konkreter Mechanismen sozialer Entwicklung eingegangen. Engels dachte, daß zusätzliche empirische Daten die wissenschaftlichen Kategorien und bestimmte Analysen Morgans verändern würden, ohne die Perspektive des Fortschrittes, die er mit Morgan teilte, zu beeinträchtigen. Die Einwände gegen den Utopismus und die Teleologie Morgans hat Engels ebenso wenig entkräften können, wie er in seinem Werk über den *Ursprung der Familie* über Morgans Utopismus und seine Teleologie hinausgelangt ist. Engels' Dialektik besteht hier darin, daß er Morgans Idee des Verschwindens des Eigentums und die allgemeine, in diesem Fall implizite, unausdrückliche Perspektive, welche wir als die ihm und Marx gemeinsame kennen, nebeneinanderstellte. Der Schluß und die letzte Anmerkung des *Ursprungs der Familie* kündigen an, daß er die »brilliante Zivilisationskritik« Fouriers aufzunehmen und fortzuführen beabsichtigte.

In seiner Ausgabe des *Kommunistischen Manifests* von 1888 hat Engels dessen ersten Satz erläutert (s. o., Abschnitt 3, Marxens Maineexzerpte): »Das heißt, genau gesprochen, die *schriftlich* überlieferte Geschichte. 1847 war die Vorgeschichte der Gesellschaft, die gesellschaftliche Organisation, die aller geschriebenen Geschichte vorausging, noch so gut wie unbekannt. Seitdem hat Haxthausen das Gemeineigentum am Boden in Rußland entdeckt. Maurer hat es nachgewiesen als die gesellschaftliche Grundlage, wovon alle deutschen Stämme geschichtlich ausgingen, und allmählich fand man, daß Dorfgemeinden mit gemeinsamem Bodenbesitz die Urform der Gesellschaft waren, von Indien bis Irland. Schließlich wurde die innere Organisation dieser urwüchsigen kommunistischen Gesellschaft in ihrer typischen Form bloßgelegt durch Morgan's krönende Entdeckung der wahren Natur der Gens und ihrer Stellung im Stamm. Mit der Auflösung dieser ursprünglichen Gemeinwesen beginnt die Spaltung der Gesellschaft in besondre und schließlich einander entgegengesetzte Klassen.« In der vierten Auflage der *Entwicklung des Sozialismus von der Utopie zur Wissenschaft* hat Engels denselben Punkt hervorgehoben.

In seiner Annahme einer kommunalen Vergangenheit »von Indien bis Irland« bezieht sich Engels implizit auf die Einheit der Völker Eurasiens; auch bei Maine bleiben die Beweise hierfür implizit. Auf der anderen Seite hat Engels die theoretischen Voraussetzungen, wenn nicht die Beweiskraft der Tatsachen bei Maurer und Morgan expliziert. Die ursprüngliche kommunistische Gesellschaft, um welche es hier geht, und deren innere Gliederung von Morgan freigelegt wurde, hatte eine weit größere Reichweite als von Indien bis Irland, und in der Tat konnte sie schon deswegen nicht auf jene beschränkte Grundlage gestellt werden, weil Morgans Konzeptionen gerade auf Zeugnissen der mittleren und oberen Stufe der Barbarei beruhten, die für das Kulturgebiet der Alten Welt, deren Kreis damit beschrieben wurde, nicht herangezogen werden konnten. Im Gegenteil, allein die Neue Welt bot in der damaligen wissenschaftlichen Epoche die Beweise für die Entwicklung der Idee der Gens im Verhältnis zur Idee der Gesellschaft. Es handelte sich hierbei nicht um *eine*, sondern um eine Vielheit von Gesellschaften; nichtsdestoweniger identifizierte Morgan in den verschiedenen Stufen der Barbarei *einen* Modus der inneren Gliederung dieser vielen Gesellschaften. In diesem Zusammenhang hat Engels hier einen ursprünglichen Kommunismus des Eigentums als eine Basis für die primitive Gemeinschaft vorausgesetzt und die Auflösung sowohl des Eigentumsverhältnisses wie des gesellschaftlichen Verhältnisses im Übergang zur Zivilisation angenommen. Es ist die Leistung der Marxschen Anthropologie von den vierziger Jahren bis in die achtziger Jahre, das Verhältnis der Gesellschaft als Abstraktion zu ihrer empirischen Konkretisierung in den Gesellschaften herausgearbeitet zu haben, die einen gemeinsamen Übergang vollziehen.

Marx hat sein System, bezogen auf das Problem des Überganges der Menschheit vom primitiven zum zivilisierten Gesellschaftszustand, ausgearbeitet, doch ist dies nur in Umrissen wahrzunehmen, wenn wir von den von ihm zur Kommentierung und Exzerpierung ausgewählten Werken, von dem, was wir über die wissenschaftliche, politische und historische Stellung ihrer Verfasser wissen, und von den von Marx aus ihren Arbeiten entwickelten Problemstellungen ausgehen. Morgan war seine hauptsächliche Stütze, Maine sein Gegner; die Kommentare zu Phear und Lubbock runden dieses Bild ab, doch gewähren sie nur einen begrenzten Einblick. Im allgemeinen stimmt Engels mit der Marxschen Position überein, doch gibt es bezeichnende Differenzen zwischen ihnen; Engels war, auch seiner eignen Einschätzung nach, weniger tief und weniger genau als Marx. Das Marxsche System ist unvollständig, denn in seiner ihm eigenen Weise hat er die Punkte, in denen er anderer Meinung war als Morgan, und das darauf aufbauende System bloß skizziert; die gegen Maine erhobenen Einwände sind bei all ihrer Negativität wichtiger, weil ausführlicher; sie sind – auch in ihren subjektiven Aspekten – in ihrer Kritik der historischen und analytischen Theorien von Staat und Recht, hinsichtlich der orientalischen Gemeinde und Gesellschaft, der Frühgeschichte der Entwicklung von Kapital und Grundbesitz im Westen und des Ursprungs der Zivilisation weniger bekannt. Vor allem zeigt sich die Marxsche empirische und philosophische Anthropologie in ihrem Verhältnis zu Gesellschaftskritik und gesellschaftlicher Praxis, sowie im Verhältnis von Gesellschaftskritik und Praxis unter einer Vielzahl neuer Aspekte, wie dem der Wechselbeziehung des Interesses von Gesellschaft, Kollektivität und Individualität, deren Verhältnis zur Ausbildung der bürgerlichen und politischen Gesellschaft und einer Stellungnahme zum Resultat dieses Prozesses.

1844 schreibt Marx[161]: »Das Große an der Hegelschen *›Phänomenologie‹* und ihrem Endresultate – der Dialektik der Negativität als dem bewegenden und erzeugenden Prinzip – ist also einmal, daß Hegel die Selbsterzeugung des Menschen als einen Prozeß faßt, die Vergegenständlichung als Entgegenständlichung, als Entäußerung und als Aufhebung dieser Entäußerung; daß er also das Wesen der *Arbeit* faßt und den gegenständlichen Menschen, wahren, weil wirklichen Menschen, als Resultat seiner *eignen Arbeit* begreift.« (Vergegenständlichung ist Setzen des Gegenstandes; Entgegenständlichung ist zugleich Entgegensetzung und Auflösung des Gegenstandes. »Wesen der Arbeit« ist als Natur der Arbeit zu verstehen, denn als Prozeß hat Arbeit kein Wesen, das unabhängig wäre von dem Prozeß, der zu dem Produkt führt, welches der Mensch selber ist, wobei der Gegenstand durch seine Vergegenständlichung zerstört wird.) Da Hegel die Selbsterzeugung des Menschen als den Prozeß seiner eigenen Arbeit und folglich als dessen Produkt gesetzt hat, faßt er den Menschen als ein Wesen, das eine Geschichte hat, oder als teilhabend an zeitlichen Prozessen, deren einer die Geschichte ist. Zu diesem Zweck begreift Marx den Menschen zunächst als gesellschaftlichen Menschen, ohne ein inneres, außerhalb der Zeit stehendes Wesen, ohne jedes von seinen Verhältnissen in der Gesellschaft und in der gesellschaftlichen Produktion, einschließlich seiner Selbsterzeugung, unterschiedene Wesen. Diese zeitlichen Prozesse, wie Selbsterzeugung, Geschichte und die Entwicklung der Beziehungen von Gesellschaft, Selbst und Geschichte, sind dem Menschen gleichzeitig äußerlich und innerlich. Sie entfalten sich als das Verhältnis zu inneren Bedürfnissen und Trieben, als das Verhältnis von Funktion zu äußerer Form und als das des Menschen zur natürlichen Welt. Hegel begriff den Prozeß als mit der Zeit sich wandelnden und zugleich als Zeitlichkeit in sich, als eine nichtorganische Entelechie.

Hegels Theorie des Wandels war als organisches Wachstum einer gegebenen Form konzipiert, als die Verwirklichung einer Potentialität durch einen inneren Prozeß, welcher als die Negation der vorhergehenden Form derselben Art veräußerlicht wird, wobei jede vorhergehende Stufe in sich den Keim ihrer eigenen Auslöschung und Überführung in die nächstfolgende Stufe trägt. Es handelte sich jedoch nicht um eine Theorie der Beziehungen zwischen typischen oder generischen Formen. Demgemäß hat Hegel den Prozeß nicht von außen als eine an dem formalen Wachstum vollzogene Vermittlung verstanden und hat folglich den inneren Prozeß und den äußerlich entspringenden, oder den aktualen und den potentialen Prozeß, nicht zu einer Einheit integriert. Halten wir dies fest, so bemerken wir, daß Hegel einen Begriff dessen formuliert hatte, was dann als Kultur bezeichnet wurde, sowohl die Vermittlung von Mensch und Natur, wie das vermittelnde Eingreifen der Kultivierung der Jungen. Er war jedoch nicht zu einem Verständnis der Evolution dieses Prozesses gelangt, und noch weniger hatte er die Kultur in ihrem durch den Menschen bedingten Hervortreten als ein selbständiges Phänomen begriffen. Darüber hinaus trennte er die besonderen gesellschaftlichen Mechanismen von seinem gänzlich organisch-evolutionären Konzept als einem inneren Prozeß. Die Vermittlung selbst wird durch das Verhältnis des Besonderen zum Ganzen verwandelt, und dies ist ein zeitlicher Prozeß; Hegel hat vor dieser Konzeption haltgemacht.

Dem gegenüber faßte Morgans Theorie die Evolution ganz äußerlich als dasjenige, was durch Mechanismen hervorgebracht wird, welche den Wandel von niederen zu höheren Stufen durch Erfindungen und Entdeckungen bestimmen; ebenso war die menschliche Intelligenz in ihrem Wachstum auf das Eingreifen dieser Mechanismen angewiesen. Marx übernimmt von Morgan die Idee der Gens als derjenigen gesellschaftlichen Institution, die vermittelnd die Brücke zur Errungenschaft der Zivilisation schlägt. Gleichzeitig begreift er die Gens als eine Institution, die in ihrem Zerfall konkrete Mechanismen erzeugt, welche den Übergang zur Zivilisation zustandebringen. Der von Morgan im Niedergang der Gens und im Übergang zur Zivilisation namhaft gemachte objektive Faktor war die Akkumulation von Eigentum. Die Auflösung der Gens ist jedoch lediglich ein Stichwort, unter welchem die Analyse weiterzuführen ist, die Marx dann zu dem Begriff eines Zusammenhanges innerer und äußerer Verhältnisse führt. Nach innen bedeutet die Auflösung der Gens die in der Gesellschaft sich vollziehende Umwandlung gemeinschaftlicher Beziehungen zum Eigentum in wechselseitig antagonistische Beziehungen einerseits der Bauern in ihren fortbestehenden gemeindlichen Institutionen und andererseits in die privaten Rechte und die zu ihnen gehörigen Institutionen der nichtarbeitenden Grundbesitzer. Die Formen der Kollektivitäten, reiche und arme, unterscheiden sich ebenso wie die Modi der Verinnerlichung der miteinander in Konflikt stehenden Verhältnisse und das Tempo sozialer Evolution innerhalb derselben Gruppe. Diese gesellschaftlichen Unterschiede werden deshalb als Konflikte erst zu einer viel späteren Zeit als der ihres ersten Auftretens direkt formuliert; der Gegensatz ist unmittelbar mit dem zweiten dialektischen Moment, dem des sozialen Gegensatzes zwischen individuellen Privatinteressen verknüpft. Beide Momente schaffen die Grundlage für die Ausbildung des Staates und seiner primären inneren Funktionen. Demnach wird Morgans objektives Faktum von den gesellschaftlichen Institutionen auf verschiedene Weise verinnerlicht.

Morgans Auffassung der sich wandelnden Beziehungen zum Eigentum als einer Entwicklung der Gesellschaft wurde von Marx als eine ihnen gemeinsame Grundlage angesehen; Engels verstand sie als die Neuentdekkung der materialistischen Geschichtsauffassung durch Morgan. Seither ist die Gemeinsamkeit überbetont worden: der explizite Optimismus und Utopismus Morgans wurde nämlich von Marx in den gesellschaftlichen Konflikt im Zustand der Zivilisation zurückgenommen. Es gibt einen weiteren Grund, um die Betonung der Übereinstimmung zwischen Marx und Morgan in Frage zu stellen: das antiteleologische Element im Marxschen Denken wurde durch seine Lektüre Darwins verstärkt, führte jedoch zur Trennung der Wissenschaft des Menschen von der Wissenschaft der Natur sowohl aufgrund des Standes beider Wissenschaften wie aufgrund der Trennung des Menschen in seiner Aktualität von der Natur. Marx hat Darwins Verwendung des Modells der zeitgenössischen englischen Gesellschaft bei seiner Erforschung des Tierreichs kritisiert.[162] Aus dieser Kritik folgt entsprechend für Morgan, daß er fälschlich, weil einseitig und zu leichtfertig, von der Natur zum Menschen überging, indem er das Modell im umgekehrten Sinne anwendete.

Skeptisch hat Marx sich zu den wissenschaftlichen Theorien von Cuvier, Darwin, Lubbock, Morgan und anderen geäußert. Die objektive Seite dieser Skepsis besteht in einer Kritik der betreffenden Wissenschaften, die den Disziplinen selber immanent bleibt, und in einer Kritik, die von außen auf das Verhältnis zu ihren gesellschaftlichen Ursachen und Motivierungen gerichtet ist. Die immanente Kritik legt den inneren Organizismus dieser Theorien als vorausgesetzte Allgemeinheiten bloß, denen es an Konkretion in identifizierbaren empirischen Prozessen und an Methoden ihrer Beobachtung, Kontrolle und dergleichen mangelt. Negativ hebt diese immanente Kritik den spekulativen Charakter der Rekonstruktionen bei Cuvier, Morgan und Phear hervor. Die von außen kommende Kritik der Wissenschaften richtet sich gegen die selbst von ihren bedeutendsten Repräsentanten vollzogene Verinnerlichung von sozialen Vorurteilen, Ethnozentrismen, gegen die Rückgriffe auf vorgefaßte Ansichten gesellschaftlichen Ursprungs und deren Rückkehr in die betreffende Gesellschaft in einer veränderten Form als wissenschaftliche Schlußfolgerungen: in Evolutionismus überführte Theorie der Evolution, eine Lehre, die jenen behagt, die die bestehende Zivilisation als das Telos evolutionären Fortschritts fixieren wollen; die Inkorporierung der subjektiven Werte der Zivilisation als Resultat der Evolution einer Nation durch eine andere; die Stärkung der Macht der Kolonisatoren durch einen wissenschaftlich-pseudowissenschaftlichen Apparat. Marx läßt sich auf diese Theorien nur mit Vorbehalten ein, was ihn freilich nicht hindert, den wissenschaftlichen Fortschritt der Paläontologie, der systematischen und evolutionstheoretischen Biologie, der Ethnologie und Evolutionstheorie des Menschen und die Leistungen der genannten Wissenschaftler auf dem einen oder anderen Gebiet anzuerkennen.

Antiteleologie in der Natur und Antideterminismus der Menschengeschichte hängen so zusammen, daß sie einander wechselseitig voraussetzen. Darüber hinaus ist das Menschliche einerseits ganz in die Naturgeschichte einbezogen, andererseits sind die formalen und inhaltlichen Bestimmungen beider voneinander ununterschieden. Auf der menschlichen Seite widersetzt sich das Denken von Marx implizit und explizit ebenso jeglicher »Zukunftsmalerei«, wie der Fixität des Prozesses und der Determiniertheit der Form, in die eine Gesellschaft sich entwickelt (siehe Anm. 94).

Am Ende hat Marx diese Gedanken, nachdem er sie formuliert hatte, in seinem Arbeitszimmer vergraben. Doch auch ihre unfertige Form hat den Marxschen Übergang von der Kritik des abstrakten menschlichen Gattungswesens zur empirischen Erforschung besonderer Gesellschaften zu zeigen vermocht. Der von Marx vollzogene Übergang ist zugleich auch der der Entwicklung der Gesellschaft und der Anthropologie jener Epoche. Die posthume Veröffentlichung seiner ethnologischen Exzerpthefte ist Teil seines Vermächtnisses, steht zugleich in Kontinuität und Diskontinuität zu seinem übrigen Werk und stellt erneut die ungelösten Fragen der Kontrolle der menschlichen Entwicklung durch menschliches Eingreifen, das Problem einer durchgängig menschlichen Teleologie und der Naturwissenschaft vom Menschen als ihrer Potentialität. Die gegenwärtige Generation hat ein zweideutiges Verhältnis zu diesen Fragen; hinsichtlich der Zukunft der Gesellschaft und dessen, was wir aus der Vergangenheit zu lernen haben, können wir uns durch nichts anderes leiten lassen, als wir für uns selbst auszuarbeiten vermögen.

1. Chronologie der Materialien in IISG Exzerptheft B 146 mit Exzerpten und Anmerkungen zu Morgan, Phear und Maine und Exzerptheft B 150 mit Exzerpten und Anmerkungen zu Lubbock. (Zur Übersicht über die Exzerpthefte, vgl. Anm. 15.)

Diese Materialien wurden in der angegebenen Reihenfolge bearbeitet. In den Exzerpten selber oder im Marxschen Briefwechsel gibt es keinen direkten Hinweise darauf, wann diese Arbeit begonnen wurde. Für die Datierung der Beendigung der Aufzeichnungen des Exzerptheftes B 146, die in diesem Kapitel behandelt wurden, gibt es einen direkten Hinweis, der dennoch nicht alle Schwierigkeiten beseitigt, also nicht als gesichert angesehen werden kann. In seinen Maineexzerpten, S. 192, also fünf Seiten vor Ende, hat Marx eine *Irish Coercion Bill* des Parlaments kommentiert und hinzugefügt: »Dies geschrieben Juni 1888.« Im Januar 1880 war angekündigt worden, daß ein damals gültiges *Coercion Statute* am 1. Juni 1880 erlöschen würde. Eine neue *Coercion Bill* wurde durch W. E. Forster, von der Partei des Vizekönigs von Irland, im Britischen Parlament am 24. Januar 1881 eingebracht und am 20. März 1881 nach heftigen Parlamentsdebatten und öffentlichem Protest erlassen. »Dem Vizekönig wurde es damit ermöglicht, praktisch jedermann nach seinem Gutdünken einzusperren und ihn während der Dauer der Gültigkeit des Act so lange festzuhalten, wie er wollte.« [163]

Das Exzerptheft B 146 wurde der Reihe nach gefüllt, obwohl Nummer 144 in der Paginierung (nicht aber die Seite selbst – vgl. die *Notebooks* und Anm. 15) überschlagen wurde. Allgemein wurde angenommen, daß dieser Teil des Exzerptheftes, mit Ausnahme der Exzerpte aus Hospitalier, in einem recht kurzen, zusammenhängenden Zeitraum gefüllt wurde. Es muß aber jetzt erwogen werden, daß der Zeitraum, in dem die Materialien aus Morgan, Phear und Maine (einschließlich Money und Sohm) insgesamt bearbeitet wurden, etwas länger war, als bisher angenommen wurde. Im Anschluß an die Aufzeichnungen zu Maine hat Marx im oder um den November 1882 die Exzerpte aus Hospitaliers 1881 veröffentlichtem Werk aufgenommen.[164]

Wann die Folge der Materialien in diesem Exzerptheft begonnen wurde, läßt sich nicht direkt belegen, sondern es gibt nur äußere und indirekte Hinweise darauf, daß Marx an dem ersten Teil dieser Folge, Morgans *Ancient Society,* während des Winters und vielleicht im Frühjahr 1880–1881 gearbeitet hat. In einem Brief vom 16. Februar 1881 hatte Vera Zasulič sich an Marx mit Fragen zu Agrarproblemen und zur Dorfgemeinde in Rußland gewandt.[165] Marxens Antwort trägt das Datum des 8. März 1881.[166] In einem Entwurf, der nicht abgeschickt wurde, schreibt Marx: »Mit einem

Wort, sie [die Dorfgemeinde] findet den Kapitalismus in einer Krise, die erst mit seiner Abschaffung, mit der Rückkehr der modernen Gesellschaften zum ›archaischen‹ Typus des Gemeineigentums enden wird, oder, wie ein amerikanischer Autor, der keineswegs revolutionärer Tendenzen verdächtig ist und in seinen Arbeiten durch die Regierung in Washington unterstützt wird, es sagt – das neue System, zu dem die moderne Gesellschaft tendiert, ›wird eine Wiedergeburt (a revival) des archaischen Gesellschaftstypus in einer höheren Form (in a superior form) sein‹.«[167] [Der amerikanische Autor, dessen Name nicht erwähnt wird, ist Lewis Henry Morgan, bei dem es heißt: »Es wird eine Wiedergeburt der Freiheit, Gleichheit und Brüderlichkeit der alten Gentes in einer höheren Form sein.«[168] Dieses Morganzitat steht auf derselben Seite, wie die von Engels am Ende des *Ursprungs der Familie* zitierte Stelle.] In demselben Entwurf des Zasuličbriefes schreibt Marx: »Zu seiner [Julius Caesars] Zeit wurde der [urbare] Boden schon jährlich aufgeteilt, aber unter die *Gentes* und *Stämme* der germanischen Stammesverbände und noch nicht unter die einzelnen Mitglieder einer Gemeinde.« (Auch hier ist der Einfluß der Morganschen Terminologie spürbar.) Außerdem verweist Marx in diesem Zusammenhang auf Maines Äußerungen zur Gemeinde.[169] Der englische Sozialist Hyndman berichtet in seinen Erinnerungen, daß er Marx 1880–1881 mehrfach in London besuchte[170] und schreibt über diese Begegnungen: »Als Lewis Henry Morgan zu Marxens Genugtuung bewies, daß die Gens und nicht die Familie die gesellschaftliche Einheit des alten Stammessystems und der Urgesellschaft allgemein war, gab Marx seine früheren Überzeugungen, die auf Niebuhr und anderen basierten, unmittelbar auf und übernahm die Ansicht Morgans.«[171]

Die im allgemeinen zuverlässige Arbeit, *Karl Marx, Chronik seines Lebens,* datiert die Aufzeichnungen und Exzerpte aus Morgan, Maine, Phear, Sohm (und Dawkins) von ca. Dezember 1880 bis ca. März 1881. Die vom Herausgeber der *Chronik* für diese Datierung angegebenen Belege sind (a) die Exzerpte, die 1880 datiert werden und (b) Hyndman (s. o.).[172] Der erste Beweis ist beiseite zu lassen, weil er zirkelhaft ist, da das Datum 1880 ja gerade erwiesen werden soll. Aus dem Zeugnis Hyndmans läßt sich nur so viel entnehmen, daß Marx damals Morgan und vielleicht die anderen Werke gelesen hatte. Die Entwürfe zum Zasuličbrief, die Adoratskij und dem Stab des Marx-Engels-Instituts, Moskau, bekannt waren, aber in diesem Zusammenhang von ihnen nicht herangezogen wurden, belegen eindeutig, daß Marx nicht nur Morgan, sondern auch Maine im Blick auf die Erforschung der primitiven Gesellschaft und die Bildung der politischen Gesellschaft aus der Auflösung der alten Gentes und Gemeinwesen gelesen hatte. Aus immanten Gründen nehmen wir an, daß Marx sich mit dem Inhalt des Morganschen Werkes vertraut gemacht hatte, ehe er sich an seine Exzerpierung machte, denn die Umstellung der Abfolge der Teile setzt eine vorgängige Übersicht über das Ganze voraus. Marx kann sich mit dem Inhalt des Morganschen Werkes unmittelbar oder lange vor dem Beginn seiner Exzerpte vertraut gemacht haben. Im Exzerptheft B 146 selber gibt es nur eine begrenzte Zahl von Querverweisen; einen ausdrücklichen Hinweis auf Morgan in den Maineexzerpten S. 163 und 186; implizit einen Hinweis auf Morgan durch die Erwähnung der Oberen Stufe der Barbarei, eine Morgansche Kategorie, auf S. 166 der Maineexzerpte, und vermutlich ebenfalls im Gedanken an Morgan einen Hinweis auf die Gens (Maineexzerpte, S. 161, 178). Auf Phear wird in den Maineexzerpten, S. 162, implizit verwiesen, auf Sohm explizit auf S. 193 mit Seitenangaben. Der immanente Befund stützt die Annahme, daß der Inhalt des Exzerptheftes ein zusammenhängendes Ganzes bildet, daß die Abfolge der Aufzeichnungen geordnet und nicht willkürlich ist, und daß der Stellenwert der Ideen Morgans im Verhältnis zu denen von Phear, Maine, usw., sowie von Sohm im Verhältnis zu Maine usw., Marx zu jener Zeit klar war. Daher gibt es keinen Grund, von der vom Herausgeber der *Chronik* für den Beginn der Arbeit am Exzerptheft B 146 vorgeschlagenen Datierung abzuweichen, und es ist seither kein Beweis dafür geliefert worden, daß dieses Werk nicht in einer kontinuierlich geordneten Weise fortgesetzt wurde, wie Rjazanov und Adoratskij implizit annehmen. Der einzige Anlaß für eine Differenz mit Adoratskij ist durch die Unvollständigkeit der von ihm und seinem Stab angeführten Belege gegeben. Das heißt, sie kannten die Zasuličbriefe, die Rjazanov rund fünf Jahre vorher veröffentlicht hatte, und sie besaßen eine Photokopie des Marxschen Mainemanuskriptes, die Rjazanov schon 1923 nach Moskau gebracht hatte.

Nimmt man das Datum des Dezember 1880 (annäherungsweise) als Beginn des Exzerptheftes B 146, so folgt, daß die Maineexzerpte nach der oben dargestellten Bearbeitungsmethode im Juni 1881 zum Abschluß gebracht wurden.

Möglich ist, daß wir es mit einem Zeitraum vom Winter 1879 an und das Frühjahr und den Sommer 1880 hindurch zu tun haben: die Möglichkeit »Juni 1880« für »Juni 1888« zu lesen wird noch, zumindest theoretisch, durch die Tatsache gestützt, daß ein *Coercion Statute* in England über den 1. Juni 1880 hinaus in Kraft war. Marxens Bemerkung impliziert, daß dieses Datum eine besondere Bedeutung hatte. Wahrscheinlicher ist, daß er sich auf die *Coercion Bill* (von 1881) bezog und nicht auf das *Coercion Statute* vom vorhergehenden Jahr, und wir nehmen an, daß er sich nur einmal, und zwar im Jahr, und nicht im Monat oder Jahrzehnt irrte. Daraus folgt, daß er die Ereignisse von Januar bis einschließlich März 1881 im Sinn hatte, was die Genauigkeit des Hinweises auf den Monat erklärt. (Die Möglichkeit, daß es sich um einen Zeitraum von Dezember 1879 bis Juni 1881 handelt, mag erwähnt werden, um die Zahl der Möglichkeiten zu vervollständigen, doch lohnt es sich nicht, diesen Vorschlag genauer zu verfolgen, weil er zu sehr von der Marxschen Methode der Bearbeitung dieser Materialien abführt.)

Bei der Entscheidung zwischen den beiden Möglichkeiten, Winter 1879 bis Sommer 1880 und Winter 1880 bis Sommer 1881, hat die letztgenannte Datierung einen gewissen Vorrang. Diese Entscheidung beruht auf der Überlegung, daß die Themen und Inhalte dieser Exzerpte sich in Marxens wissenschaftlichen und politischen Arbeiten zu Beginn des Jahres 1881 deutlicher niederschlagen. Außerdem sprechen die Erscheinungsdaten der exzerpierten Arbeiten (die Bücher von Phear und Sohm wurden 1880 veröffentlicht) für die spätere Datierung. Wir schlagen deshalb vor, die Teile des Exzerptheftes B 146 mit den Auszügen aus den Werken von Morgan, Money, Phear, Sohm und Maine vorläufig zwischen Ende 1880 und Mitte 1881 anzusetzen.

Die vom Marx-Lenin-Institut, Moskau, bearbeitete russische Version der Morganexzerpte enthält die Feststellung, daß sie aller Wahrscheinlichkeit nach im Winter 1880–1881 verfaßt wurden.[173] Die für die *Werke* von Marx und Engels verantwortlichen Herausgeber am Institut für Marxismus-Leninismus in Berlin haben sich im allgemeinen auf die Arbeit des Moskauer Instituts gestützt, während sie für die Marxsche Bearbeitung Morgans die Datierung »Mai 1881 bis Mitte Februar 1882« vorschlagen[174], ohne diese veränderte Chronologie zu begründen. Die Datierung 1881–1882 bietet eine stilistische Schwierigkeit: sie versetzt die Marxsche Beschäftigung mit den mit Hyndman und Zasulič verhandelten Problemen in die Vergangenheit, während Hyndmans Erinnerungen und die Marx in den aufeinander folgenden Entwürfen des Briefes an Zasulič beschäftigenden Fragen den Eindruck vermitteln, als handle es um Dinge von aktuellem Interesse. Der Herausgeber der *Chronik* hat die Bearbeitung Lubbocks von der von Morgan, Maine, usw. durch eineinhalb Jahre voneinander getrennt.[175] Soweit Stil und Inhalt der Exzerpthefte in dieser Hinsicht objektive Auskunft geben können, sprechen sie eher für diese Trennung. Angesichts dessen, daß Marx seine Arbeit an Morgan oder Maine niemandem gegenüber eindeutig erwähnt hat, ist alle Argumentation ex silentio, welche die eine oder die andere Chronologie verbindlich machen will, müßige Spekulation. Eine weitere Erörterung der Chronologie, die sich nicht auf gesicherte, sei es direkte oder indirekte, Daten berufen kann, bleibt bloße Mutmaßung, die vielleicht jetzt schon zu weit ausgesponnen wurde.

Marx nahm seine Arbeiten zur Ethnologie gegen Ende 1882 mit den Exzerpten aus dem Lubbockschen Werk wieder auf.[175]

2. *Verschiedenes zu den ethnologischen Studien von Marx*

A. Christoph Meiners und Charles de Brosses

Marx hat C. Meiners, *Allgemeine kritische Geschichte der Religionen,* 1806, zuerst 1842 und dann nochmals 1852 gelesen. Ebenfalls 1842 las er C. de Brosses, *Du Culte des Dieux fétiches,* 1760, in einer deutschen Übersetzung von Pistorius.[176] De Brosses verband seine Überzeugung, daß der Mensch aus einem höheren Zustand herabgesunken sei, mit einem Plädoyer für den Fortschritt der Menschheit. Er hat die Theorien des neunzehnten Jahrhunderts über den Fetischismus in der primitiven Religion beeinflußt[177], obwohl er zugleich gegenüber der »folle imagination du fétichisme« eine kritische Haltung einnahm. Wenn auch weder seine allgemeine Theorie der Menschheit, noch seine spezifische Theorie des Fetischismus Marxens Denken spürbar beeinflußt haben, spielt die formale Kategorie des Fetischismus, die sich möglicherweise de Brosses verdankt, eine gewisse Rolle in den *Grundrissen*[178] und eine bedeutsame Rolle im *Kapital.*[179] De Brosses' Rationalismus gegenüber den primitiven Religionen, nicht aber gegenüber der Religion seiner eigenen Zivilisation, mußte der ›objektiven‹ Einstellung, die unter den Ethnologen des 19. Jahrhunderts in der Erforschung des Primitiven vorherrschte, fremd bleiben.[180]

B. W. Cooke Taylor

Im Mai 1851 machte Marx Auszüge aus W. Cooke Taylor, *The Natural History of Society in the Barbarous and Civilized State. An Essay Towards Discovering the Origin and Course of Human Improvement,* 2 Bde., 1840. (Diesen Hinweis verdanke ich H. P. Harstick.) Dieses Werk beschreibt die Stufen gesellschaftlichen Fortschritts vor dem Erscheinen der hier erörterten Schriften über gesellschaftliche Evolution; es ist deren Vorläufer. Zusätzlich zur Unterteilung der Menschheit in Barbarei und Zivilisation unterscheidet diese Arbeit die barbarischen Völker in Jäger, Hirten und Ackerbauer (Kap. 9). Es ist daher ein Vorläufer der später von Eduard Hahn und anderen vorgeschlagenen Abfolge Jäger-Hirte-Bauer. In seiner Einleitung zu *The Aryan Village* hat Phear diese Abfolge übernommen (s. Anm. 61). E. B. Tylor kennt, ebenso wie Morgan, drei Stufen – Wildheit, Barbarei und Zivilisation.[181] Hegel erwähnt in der *Philosophie der Geschichte* wilde und barbarische Völker, ohne diese Unterscheidung im einzelnen zu entfalten.

C. Adolf Bastian

In einem Brief an Engels vom 19. Dezember 1860 schreibt Marx im Anschluß an einen positiven Hinweis auf Darwin: »Dagegen A. Bastian, ›*Der Mensch in der Geschichte*‹ (3 dicke Bände, der Bursche junger Bremer Arzt, der mehrjährige Reise um die Welt gemacht) mit seinem Versuch einer ›naturwissenschaftlichen‹ Darstellung der Psychologie und psychologischen Darstellung der Geschichte schlecht, konfus, formlos. Das einzige Brauchbare darin hie und da ein Pa[a]r ethnographische oddities. Dazu viel Prätention und scha[u]derhafter Stil.« In einem Brief an Lassalle vom 16. Januar 1861 äußert Marx sich im selben Sinne.[182]

D. Marx und E. Ray Lankester

Der Biologe, Paläontologe und Darwinist Lankester stand 1880 in enger Verbindung mit Marx.[183]

E. Sir William Boyd Dawkins

Der *Chronik* zufolge hat Marx Dawkins, *Early Man in Britain and his Place in the Tertiary Period,* 1880, gelesen und exzerpiert.[184] Phear, a. a. O., benutzte die Dawkinsche Arbeit für seine Einleitung, und Engels zog Dawkins als Grundlage für sein unveröffentlichtes Werk *Zur Urgeschichte der Deutschen* heran.[185]

F. Hubert Howe Bancroft

Am 8. Dezember 1882 schreibt Engels an Marx:[186] »Um endlich mit der Parallele zwischen Tacitus' Germanen und amerikanischen Rothäuten ins reine zu kommen, habe ich mir den ersten Band von Deinem Bancroft gelind exzerpiert.« (Bancroft, *The Native Races of the Pacific States,* 5 Bde., San Francisco, 1874–1875; New York, 1874–1876.)[187]

II.

Zum Vergleich der ethnologischen Arbeiten von Marx und Engels

1. Einleitung. Zum Verhältnis von Marx und Engels allgemein

Die Beiträge von Karl Marx und Friedrich Engels zur Theorie und Praxis des Sozialismus wurden zu ihren Lebzeiten nicht ernsthaft voneinander geschieden, vielmehr geschah dies erst in der folgenden Generation.[1] Unabhängig von ihrem gesamten gemeinsamen Lebenswerk war Engels sich des Unterschiedes ihrer theoretischen Qualitäten bewußt, denn er schreibt: »Marx war ein Genie, wir andern höchstens Talente. Ohne ihn wäre die Theorie heute bei weitem nicht das, was sie ist. Sie trägt daher auch mit Recht seinen Namen.«[2] Engels' Einschätzung ihres Verhältnisses wurde von ihren Biographen getreu wiederholt. Gustav Mayer vergleicht sie so: »... sein [Marxens] Denken bohrt tief, weil es niederreißend und aufbauend, souverän und schöpferisch mit dem Stoffe schaltet. Engels ist von Natur praktischer und von schnellerem Orientierungsvermögen, aber ohne gründlichere philosophische Durchbildung und dialektische Originalität.«[3] Rjazanov beschränkt sich auf die Feststellung, daß ihre Zusammenarbeit und gegenseitige Unterstützung in vollkommener Harmonie verlief, und spricht erst in zweiter Linie von der untergeordneten Rolle von Engels.[4] Sowohl Mehring[5] wie Rjazanov zitieren die bescheidene Formulierung, mit der Engels sein Verhältnis zu Marx selber charakterisiert hatte. Über den Beginn ihrer Zusammenarbeit schreibt Auguste Cornu: »Engels' Studien zur Entstehung des Kommunismus bewegten sich mehr auf dem ökonomischen und sozialen als auf dem philosophischen und politischen Gebiet, und schilderten ihn als ein notwendiges Produkt der Entwicklung der kapitalistischen Gesellschaft. Dies wurde bestimmend für Marxens noch theoretische und abstrakte Auffassung.«[6]

Auguste Cornu, der der orthodoxen Schule angehört, bezieht sich hier auf Engels' Artikel über politische Ökonomie in den *Deutsch-Französischen Jahrbüchern* von 1844. Ohne irgend ein Zugeständnis in der Frage der intellektuellen Überlegenheit des einen über den anderen zu machen, vertritt er die These von der Marxschen Abstraktionskraft und der Engelsschen Konkretheit.

Die Orthodoxie der sozialistischen Lehren unterschiedlicher Schattierung will die Auffassung von der Identität des Denkens und Handelns von Marx und Engels durchsetzen; demgemäß schließt der qualitative Unterschied ihrer denkerischen Kraft keinen substanziellen Unterschied ihrer Produktion ein, sei es in der Theorie oder in der Praxis des Sozialismus bzw. Kommunismus.

Von der Theorie, die unter seinem Namen verbreitet wurde, hat Marx sich zum Teil ernsthaft distanziert. Andere Bezeichnungen der mit seinem Namen verbundenen Theorie wurden von Engels vorgeschlagen: »die materialistische Auffassung der Geschichte«[7] oder »materialistische Geschichtsauffassung«[8], »die materialistische Anschauung der Geschichte«[9]. Der Begriff »historischer Materialismus« wurde zuerst von Engels verwendet: »Diese Schrift [*Die Entwicklung des Sozialismus von der Utopie zur Wissenschaft*] vertritt das, was wir den ›historischen Materialismus‹ nennen...«[10]

Einige Verwirrung ist dadurch entstanden, daß wir für die Herkunft eines Begriffs, den Engels geprägt hat, auf Marxens Artikel in *Das Volk* vom 4. Juni 1859 verwiesen werden. Acht Jahre später gibt Marx eine klare Formulierung seiner Position, wenn er es als »die einzig materialistische und daher wissenschaftliche Methode« bezeichnet, statt »durch Analyse den irdischen Kern der religiösen Nebelbildungen zu finden ... umgekehrt, aus den jedesmaligen wirklichen Lebensverhältnissen ihre verhimmelten Formen zu entwickeln.«[11] (Die Mängel des abstrakt naturwissenschaftlichen Materialismus, der den geschichtlichen Prozeß ausschließt, werden wir unten im zweiten Abschnitt besprechen.)

Korsch[12] und Lukács[13], die unabhängig voneinander in den frühen zwanziger Jahren zu ähnlichen Schlußfolgerungen kamen, haben den Unterschied zwischen Marx und Engels nicht in ihrem jeweiligen Anteil an der Entwicklung des Sozialismus als einem Programm politischer Aktion und noch weniger im Unterschied ihrer theoretischen Qualitäten gesucht, was in jedem Falle eine biographische und subjektive Tatsache ist, sondern in der inhaltlichen Differenz ihrer theoretischen Beiträge. Die Trennung beider wurde dann (von Korsch) als die Ausweitung der Dialektik auf die außerhalb der menschlichen Geschichte stehende Sphäre der Natur diskutiert, was (von Lukács) ausdrücklich darauf zurückgeführt wurde, daß Engels dem falschen Beispiel der Hegelschen Naturphilosophie folgte.[14] Dabei blieb die Diskussion ohne weitere Entwicklung für viele Jahre stehen.

Sidney Hook schreibt: »Das genaue Verhältnis zwischen [Marx und Engels] muß noch freigelegt werden.« Er fährt fort, daß die orthodoxe Auffassung die ihrer vollständigen Identität ist, und gleichzeitig verwirft er die Ansicht von Thomas Masaryk, Arturo Labriola und R. Mondolfo, »daß es zwischen beiden einen wesentlichen Unterschied gab.« Sidney Hook zufolge hat Engels der Marxschen Lehre einen charakteristischen Akzent gegeben, indem er die Theorien von Marx als ein »hypothetisch-deduktives System«, ein »geschlossenes System«, einen »vereinfachten Materialismus« dargestellt hat, dem Marxens »naturalistischer Aktivismus« konstrastiere.[15] Für Hook ist Marx Naturalist und Humanist.[16] Gemeinsam vertraten Marx und Engels einen antidoktrinären und antidogmatischen Standpunkt.[17]

Für Schumpeter ist Marxens »ökonomische Geschichtsauffassung ... zweifellos bis auf diesen Tag eine der größten individuellen Leistungen der Soziologie«, seine Theorie trage dazu bei, die ökonomischen Bedingungen aufzudecken, die Religion, Ethik, Ästhetik, politisches Wollen und deren Aufstieg und Niedergang bestimmen. Engels gehe in der Definition seiner Theorie der ökonomischen Bedingungen der Geschichte als ökonomischer Triebkräfte teils fehl, teils sei er »erbärmlich trivial«.[18] Den Ökonomen Marx nennt Schumpeter einen »sehr gelehrten Mann«, ein »Genie« und einen »Propheten«, seine *Theorien über den Mehrwert* »ein Denkmal theoretischen Eifers« und Marx selbst einen »scharfen Intellekt«,[19] während er von Engels bemerkt, daß er, obgleich »hervorragend«, »intellektuell und namentlich als Theoretiker weit unter Marx stand. Wir können nicht einmal sicher sein, daß er des letzteren Meinung immer verstand.«[20] Von Plechanovs Ansicht, der zufolge ein wesentlicher Unterschied zwischen Marx und Engels nicht einmal erwogen werden kann, haben wir uns damit weit entfernt.[21] Troeltsch[22] und von Mises[23] aus dem entgegengesetzten Lager teilen Plechanovs Auffassung.

F. A. Hayek charakterisiert die Philosophie von Marx und Engels als einen Hegelianischen Positivismus.[24] Lichtheim[25] und Jordan[26] wenden diesen Ausdruck nur auf Engels an. Im Gegensatz zu Jordan, der aus Marx einen Naturalisten macht, grenzt Habermas den Marxschen Naturalismus im »Horizont seines revolutionären Humanismus« gegen die naturalistische Kosmologie von Engels ab: Marxens Naturalismus stellt er dem »metaphysischen Materialismus der Epigonen Engels und Kautsky, Lenin und Stalin« gegenüber.[27]

Der Gedanke Cornus, daß Engels von den beiden der konkretere Denker war, findet sich bei Cole in einer leicht veränderten Form: Engels war von mehr praktischem Zuschnitt und er lenkte Marx, der Cole zufolge »seinem Temperament nach ein Gelehrter« war, zum »Realismus und weg von Abstraktionen, die sich als höhere Werte maskierten«; Engels sei ein »lebendiger eher als ein tiefer Denker« gewesen und Marxens Tod habe ihn davon befreit, »um vieles mehr Marxist« zu sein als Marx, wie er es gewesen war.[28] Sartre zufolge neigt Engels zu Vereinfachungen, die dem Marxschen Denken eher fremd sind.[29]

Lichtheim hat die Entwicklung einer eigenen Philosophie von Engels auf der Grundlage seiner Schriften von 1883 bis 1895 dargestellt.[30] Nach

Meinung Lichtheims sind es diese Schriften gewesen, die der nachfolgenden marxistischen Orthodoxie zugrundeliegen.[31] Jordans Akzentuierung des Verhältnisses von Marx und Engels kommt der von Hook nahe, der die Gemeinsamkeit beider, ungeachtet der charakteristischen Färbung, die Engels ihrem Werk gibt, betont.

Alfred Schmidt hat die Differenz der kosmologischen Dialektik von Engels und der historischen Dialektik von Marx systematisch entfaltet.[32] Von Hook, Habermas und Jordan ist die naturalistische Terminologie auf Marx bezogen worden; Avineri unterscheidet die historische Dialektik Marxens von der Engelsschen Anwendung der Dialektik auf die Natur.[33] Ausführlich wird das Verhältnis von Marx und Engels bei Fleischer dargestellt. Seine Auffassung wird in dem Abschnitt »Marx und Engels – Marx oder Engels?« deutlich: Engels hat den kategorialen Apparat Hegels für die Naturphilosophie »kodifiziert«; Marx und Engels hatten die gleiche Weltanschauung, aber eine verschiedene Philosophie; Engels ist der »Stammvater« der sowjetischen Philosophie des dialektischen Materialismus.[34]

2. Marx und Engels in ihrem Verhältnis zur Dialektik von Naturgeschichte und Menschengeschichte

Korsch, Lukács und viele, die ihnen gefolgt sind, haben die Auffassung vertreten, daß Marx der Engelsschen Theorie der Dialektik der Natur ferngestanden hat. Dem Kontext und dem allgemeinen Sinn nach ist dies richtig, insofern die Marxschen Schriften überwiegend von den ökonomischen Verhältnissen in der Gesellschaft und der Dialektik der gesellschaftlichen, politischen Produktionen und Verhältnisse handeln. Es ist allein Engels gewesen, der die philosophische Position der Dialektik der Natur entwickelt hat, und mit Ausnahme von Plechanov und Lenin, die darin eine Marx und Engels gemeinsame Position sahen, ist dies die Ansicht seiner Interpreten. Obgleich Marx wenig über die Dialektik der Natur gesagt und sie nicht systematisch formuliert hat, stand er dieser philosophischen Position nicht absolut fern. In den *Ökonomisch-philosophischen Manuskripten* von 1844 hat er die potentielle Einheit von Natur und Mensch behauptet: »Die Geschichte selbst ist ein *wirklicher* Teil der *Naturgeschichte,* des Werdens der Natur zum Menschen. Die Naturwissenschaft wird später ebensowohl die Wissenschaft von dem Menschen wie die Wissenschaft von dem Menschen die Naturwissenschaft unter sich subsumieren: es wird *eine* Wissenschaft sein.«[35]

Im Zustand der Zivilisation vertieft sich die Spaltung von Mensch und Natur zunehmend. Marx schreibt in diesem Zusammenhang: »In allen Formen, worin das Grundeigentum vorherrscht, die Naturbeziehung noch vorherrschend. In denen, wo das Kapital herrscht, das gesellschaftlich, historisch geschaffne Element.«[36] Diese Formulierung der Einleitung zu den *Grundrissen* stellt die kapitalistische Epoche der alten orientalischen Gesellschaft, der klassischen Antike und dem mittelalterlichen Feudalismus gegenüber. A fortiori gehört die ursprüngliche kommunale Daseinsweise der Menschheit in dieselbe Kategorie wie die orientalische, klassische usw. Produktionsweise, insofern sie mit ihnen eine nicht- oder vorindustrielle Produktion in der Gesellschaft gemeinsam hat und Kapitalbildung nur in minimalem Ausmaß vorkommt. Auf der anderen Seite unterscheidet sich das Grundeigentum in der primitiven Gesellschaft von dem in der orientalischen, klassisch feudalen oder kapitalistischen Gesellschaft ebenso wie die sozialen Klassenverhältnisse verschieden sind oder der Klassenunterschied überhaupt fehlt. Die bäuerliche Gemeinde des alten oder traditionalen Orients ist wiederum von der des primitiven Gemeinwesens verschieden. Die unvollständige grammatische Formulierung Marxens weist darauf hin, daß hier noch viele Probleme ungelöst sind; die Einleitung der *Grundrisse* ist von Marx nicht zur Veröffentlichung fertiggestellt worden.

Bezogen auf die Teilung der Arbeit innerhalb der primitiven Familie und des Stammes hat Marx das Verhältnis des Menschen zur Natur auch für die primitiven Völker herausgestellt. »Natur«, »naturwüchsig« ist nur eine Seite des Lebens der primitiven Völker. Marx schreibt: »Andrerseits, wie ich früher bemerkt, entspringt der Produktenaustausch an den Punkten, wo verschiedne Familien, Stämme, Gemeinwesen in Kontakt kommen, denn nicht Privatpersonen, sondern Familien, Stämme usw. treten sich in den Anfängen der Kultur selbständig gegenüber.« Schon im Leben des primitiven Menschen also läßt Marx Natur und Kultur in Gegensatz zueinander treten. Er fährt fort: »Verschiedne Gemeinwesen finden verschiedne Produktionsmittel und verschiedne Lebensmittel in ihrer Naturumgebung vor. Ihre Produktionsweise, Lebensweise und Produkte sind daher verschieden.«[37] Wir stehen hier auf festem Boden, um jede Vorstellung abweisen zu können, daß Marx den primitiven Menschen absolut vom zivilisierten geschieden habe. Die Anspielung auf die Anfänge der Kultur in den primitiven Gemeinwesen ist so zu verstehen, daß alle Menschen kulturelle Wesen sind. Das Leben des primitiven Menschen ist so beschaffen, daß die natürliche Umgebung ihre Herrschaft über die Anfänge der Kultur ausübt und sich daraus – natürlich – Unterschiede der Produktionsweise und der Lebensweise ergeben. Der primitive Mensch hat die Naturumgebung nicht in dem Ausmaß und in derselben Weise wie der zivilisierte Mensch unter seine Herrschaft gebracht und umgeformt.

Der erste Satz des *Kommunistischen Manifests* trennt die Geschichte von der Vorgeschichte der Menschheit nach dem Kriterium von Klassenkämpfen.[38] Dieses Prinzip ist dem aus der Einleitung der *Grundrisse* zitierten Abschnitt implizit, das Verhältnis beider Stellen ist jedoch auch dann noch problematisch und bleibt genau herauszuarbeiten. Die von Engels in die Ausgabe des *Manifests* von 1888 in einer Fußnote zum ersten Satz eingeführte Modifikation läßt die Trennung zwischen dem natürlichen und dem kulturell-historischen Menschen im wesentlichen unangetastet. Engels schreibt dort: »Das heißt, genau gesprochen, die *schriftlich* überlieferte Geschichte.« Anschließend weist er auf das Gemeineigentum am Boden in Rußland und darauf hin, daß die deutschen Stämme von einer gesellschaftlichen Grundlage historisch ausgingen, die der von Morgans Entdeckung der Gens bloßgelegten Organisation der urwüchsigen kommunistischen Gesellschaft entsprach. Engels bemerkt: »Mit der Auflösung dieser ursprünglichen Gemeinwesen beginnt die Spaltung der Gesellschaft in besondre und schließlich einander entgegengesetzte Klassen.« Gegen die Zuordnung dieser Phänomene läßt sich einwenden, daß die russischen Bauern schon eine Klasse bildeten und in zahlreichen Revolten in den Jahrhunderten, welche der Bemerkung von Engels vorausliegen, in explizitem Antagonismus zu den Grundeigentümern gestanden hatten. Engels hat diese Völker, ihre Handlungen und Institutionen nicht hinreichend von den alten Germanen und der ursprünglichen gentilen Organisation unterschieden.

Abgesehen vom Inhalt gibt es hier ein stilistisches Problem. Der Anfangssatz des *Kommunistischen Manifests* lenkte die Aufmerksamkeit auf die Klassenkämpfe und ihre historische Bedeutung. Die Fußnote von Engels lenkt die Aufmerksamkeit von der Anfangsdeklaration ab und infolgedessen von dem Manifest als einem Manifest, als einer Erklärung des Klassenkrieges und als eines Beschlusses der *Kommunistischen Partei* über ihre Zielsetzung. Der Form und dem Inhalt nach hat Engels aus dieser Wendung eine Auseinandersetzung über die Natur und die Formen der Geschichtsschreibung gemacht. Die Fußnote verwandelt einen politischen Akt in eine gelehrte Debatte, auf deren einer Seite Engels mit einer für dieses Vorhaben ungeeigneten Waffe Stellung bezieht. Schließlich beruhigt sich Engels in der Frage des Verhältnisses des primitiven und des zivilisierten Menschen zur Natur bei einer bereits ausgebildeten Position, die den Menschen nicht in seiner Einheit, sondern in einer Dualität, einer undialektischen Trennung, und damit anti-dialektisch sieht.

Marx ist von diesem Dualismus, der noch in seinen Schriften der fünfziger Jahre greifbar ist, zu einer Position der aktualen Einheit der Menschengattung übergegangen, welche die primitiven und die zivilisierten Menschen in ihrem Verhältnis zur Natur und zu sich selbst nur durch ihre gesellschaftlichen, insbesondere ihre produktiven Verhältnisse, konkreten Gesellschaften und sozialen Situationen trennt. Bereits in einigen Abschnitten des *Kapital* und mit größerer Bestimmtheit in von ihm in die Exzerpte aus Morgan und Maine eingeschobenen Stellungnahmen, auf die wir unten im dritten Abschnitt zurückkommen, behauptet Marx die Einheit der menschlichen Kultur und der in ihrem Innern sich vollziehenden historischen Prozesse.

Die oben erwähnte Formulierung im ersten Band des *Kapital* (s. Anm. 11) scheint an der Oberfläche eine Trennung der Dialektik des Menschen und der Natur vorzunehmen, jedoch nicht vollständig: »Die Mängel des abstrakt naturwissenschaftlichen Materialismus, der den geschichtlichen Prozeß ausschließt, ersieht man schon aus den abstrakten und ideologischen Vorstellungen seiner Wortführer, sobald sie sich über ihre Spezialität hinauswagen.« Der naturwissenschaftliche Materialismus ist von dem der menschlichen Geschichte durch seine Abstraktion geschieden; seine Mängel werden in den abstrakten und ideologischen Vorstellungen seiner naturwissenschaftlichen Wortführer offensichtlich.[39] Nichts in diesem Abschnitt leugnet die potentielle Einheit der Wissenschaften vom Menschen und von der Natur, sobald die Abstraktionen der Naturwissenschaft konkret gemacht und die abstrakten und ideologischen ›Vorstellungen‹ ihrer Wortführer kritisiert sind. Die bekannte Formulierung des *Kapital* ist also im Lichte der Passage aus den *Ökonomisch-philosophischen Manuskripten* zu sehen, und umgekehrt. Dennoch ist der Unterschied zwischen beiden Stellen beträchtlich: In der Formulierung von 1844 ist die Potentialität der Natur ihr »Werden zum Menschen«. Marx dachte hier an die Industrie als den Teil der Natur, welcher, wenn auch in einer entfremdeten Gestalt, in die menschliche Sphäre fällt.[40] Im *Kapital* und in der zur Zeit seiner Niederschrift geführten Korrespondenz, hat Marx angedeutet, daß ihm eine Form der Naturwissenschaft vorschwebte, die umfassender ist als die unter die menschliche Geschichte subsumierte Wissenschaft der industriellen Seite der Natur: er schreibt, daß gemäß dem Hegelschen Gesetz bloß quantitative Veränderungen in qualitative Unterschiede umschlagen.[41] Dies bezieht er sowohl auf die Verwandlung des Handwerksmeisters in den Kapitalisten, welche das mittelalterliche Zunftwesen gewaltsam zu verhindern suchte, als auch auf die in der modernen Chemie angewandte Molekulartheorie. Die Anmerkung, in der Marx diesen Hinweis gibt, wurde in der 3. Ausgabe des *Kapital* von Engels durch einen erläuternden Zusatz ergänzt. Der gesamte Abschnitt, einschließlich der erwähnten Anmerkung, entwickelt das Gesetz über das Verhältnis von quantitativer Veränderung und qualitativem Unterschied sowohl für die Chemie wie für die mittelalterlich-moderne Geschichte Europas. Das Wort ›angewandt‹ meint dabei nicht die angewandte Chemie (oder die industrielle Chemie usw.), sondern die Chemie überhaupt, reine, angewandte, usw. Marxens Brief an Engels vom 22. Juni 1867 trifft dieselben Feststellungen.[42] Die Hand von Engels macht sich nicht nur in der Anmerkung zur dritten, posthumen Ausgabe des *Kapital* bemerkbar, sondern ebenso in dem Briefwechsel. Außerdem fügt Engels zur dritten Ausgabe des *Kapital* als Anmerkung eine Marxsche Randbemerkung aus seinem Handexemplar über Quantität und Qualität in der Ökonomie hinzu.[43] Dieser Aspekt der Marxschen Auffassung von Dialektik und Materialismus (die er jeweils getrennt voneinander formulierte) wurde von ihm sowohl auf den Menschen wie auf die Natur angewandt – die Natur einmal in ihrer Trennung vom Menschen und zum anderen als deren industrieller Teil innerhalb der menschlichen Technologie. Zunächst ist diese Problemstellung verschieden von, möglicherweise aber eins mit der Einheit von Menschen- und Naturgeschichte. (S. oben über die *Ökonomisch-philosophischen Manuskripte.)*

In dem Kapitel über die »Geschichtliche Tendenz der kapitalistischen Akkumulation« schreibt Marx: »Aber die kapitalistische Produktion erzeugt mit der Notwendigkeit eines Naturprozesses ihre eigne Negation. Es ist die Negation der Negation.« [44] In seinem Brief an die Redaktion der *Otečestvennje Zapiski* (etwa) vom 27. November 1877 ist er auf diesen Gedanken nochmals zurückgekommen.[45] Die Rede vom Prozeß ist nicht ein Vergleich oder eine Analogie, das heißt keine literarische Figur. Der natürliche Prozeß und der ökonomische Prozeß sind hinsichtlich der Negation der Negation miteinander identisch. Dieselbe Formulierung findet sich bei Hegel und Engels. Es ist deshalb eine Ungenauigkeit, Marx auf der einen Seite in seiner Anwendung Hegels und Engels auf der anderen einander gegenüberzustellen. Marx hat sein Verhältnis zu Hegel, zur Dialektik und zur materiellen Welt am Ende seines Nachworts zur zweiten Ausgabe des *Kapital* vom 24. Januar 1873 klar dargestellt. Die Dialektik wird an dieser Stelle ausschließlich in ihrem geschichtlichen, menschlichen und gesellschaftlichen Zusammenhang begriffen. Außerdem unterscheidet Marx den Gedanken einer Geschichte der natürlichen Technologie, d. h. der »Bildung der Pflanzen- und Tierorgane als Produktionsinstrumente für das Leben der Pflanzen und Tiere« (Darwins Interesse) von der »Bildungsgeschichte der produktiven Organe des Gesellschaftsmenschen«. Er folgt Vicos Unterscheidung der Naturgeschichte, welche wir nicht gemacht haben, von der Menschengeschichte, welche wir gemacht haben.[46] In den *Theorien über den Mehrwert* entfaltet Marx die Dialektik des Naturverhältnisses des Menschen im Gegensatz zur Dialektik der Natur in einer dem Inhalt und der Form nach sehr engen Übereinstimmung mit den frühen *Ökonomisch-philosophischen Manuskripten*, den *Thesen über Feuerbach* und der *Deutschen Ideologie*. Nach der Formulierung der *Theorien über den Mehrwert* ist der Mensch das Resultat von Naturprozessen, dies aber gesetzt, tritt er in Verhältnisse ein, die als sein eigenes Produkt und Resultat bloße Voraussetzung sind.[47] Dies ist zunächst der Sinn der Marxschen Theorie des Menschen als eines sich selbst erzeugenden Wesens. (Hannah Arendt bestreitet, daß der Mensch sich selbst macht, und meint Marx damit zu widersprechen, sie hat jedoch diesen Sachverhalt nicht richtig erfaßt.)[48]

Begriffe wie »historischer Materialismus« oder »materialistische Geschichtsauffassung« hat Marx vermieden; am nächsten kam er einer so verkürzten Ausdrucksweise mit seinem Hinweis auf die »materialistische und daher wissenschaftliche Methode«. Diese Methode bezieht sich auf die Konkretion der Wissenschaft im Gegensatz zu ihrer Abstraktion, auf die konkrete Entschleierung der Religion, die eine Abstraktion ist. Die materialistische Basis der Religion wird ihrer Mystifikation oder ihren »verhimmelten Formen« und damit ihrer Abstraktion gegenübergestellt. Dies ist freilich ebenso nur ein Teil der wissenschaftlichen Methode, wie die Naturgeschichte nur ein Teil der Naturwissenschaft ist.

In den Bereich der Menschengeschichte fällt die Mathematik, die Vico zufolge von Menschen gemacht ist, und die deswegen zur Menschengeschichte gehören sollte. Die Mathematik hat ihre Geschichte, die freilich teils innerhalb, teils außerhalb der historischen Chronologie liegt. Das Verhältnis der verschiedenen Beziehungen der Mathematik zu zeitlichen Veränderungen bleibt im einzelnen zu untersuchen.

Natürlich ist die Mathematik nicht die einzige Erscheinung der Wissenschaft, die in einem komplexen Verhältnis zu Geschichte und Zeitlichkeit steht. Geschichte und Zeitlichkeit, d. h. die Untersuchung von Ereignissen in der Zeit, die zeitlichen Verhältnisse von Ereignissen, abstrakte und konkrete Zeit, die Untersuchung der Abfolge von Singular und Plural, Umkehrbarkeit und Unumkehrbarkeit, Dimensionalität und viele andere Probleme sind miteinander nicht identisch. Nicht-mathematische Aspekte der Wissenschaft sind, wie Marx in der Einleitung der *Grundrisse* (1857–1858) ausführt, geschichtlich wie ungeschichtlich. Im dritten Abschnitt über die Methode der Politischen Ökonomie führt er dort aus, daß die historische Folge des Auftretens von Erscheinungen nicht mit der Ordnung ihrer wissenschaftlichen Analyse zusammenfällt. Die Ordnung der Wissenschaft ist also von der Geschichte zu unterscheiden.

Die *Deutsche Ideologie* nimmt in der Entwicklung der wissenschaftlichen oder materialistischen Methode einen besonderen Platz ein. Marx und Engels hielten diese Arbeit für sehr wichtig, gaben ihre Bemühungen nicht auf, sie zu veröffentlichen, und stimmten schließlich der Publikation eines Teils (der Kritik an Karl Grün) in dem westfälischen *Dampfboot* und eines indirekt damit zusammenhängenden Teils (gegen Carl Heinzen) in der *Deutschen Brüsseler Zeitung* zu, beides im Jahre 1847. Eine genaue und wohlwollende Einschätzung dieses Werkes hat Marx im Vorwort der *Kritik der politischen Ökonomie* von 1859 gegeben. Als die ursprüngliche Publikationsabsicht sich nicht verwirklichen ließ, sah Marx dessen Hauptzweck gemeinsam mit Engels in ihrer Selbstverständigung. Engels mochte sich mit diesem bitteren Eingeständnis nicht abfinden, setzte seine Bemühungen fort und besprach die Veröffentlichung noch 1883, nach Marxens Tod, mit Eduard Bernstein, jedoch vergeblich. Der erste Teil dieser Arbeit, das Kapitel über Feuerbach, wurde von D. Rjazanov herausgebracht.[49] In dem Vorwort des Herausgebers unterscheidet Rjazanov zwischen der »materialistischen Geschichtsauffassung« und der Theorie vom »Vorwiegen des ökonomischen Faktors in der Geschichte.« Diese nun schon vor über vierzig Jahren vorgetragene wichtige These ist unbeachtet geblieben.

Die *Deutsche Ideologie* enthält sowohl in ihrer editorischen Form, wie inhaltlich, und zwar zum Teil aufgrund des Standes der editorischen Bearbeitung des Manuskripts, eine Reihe unklarer Punkte. Obwohl diese Arbeit zur Veröffentlichung vorbereitet wurde, entspricht sie in der uns vorliegenden Form nicht genau dem Zustand, in dem sie von Marx und Engels hinterlassen wurde, besonders das 1. Kapitel über Feuerbach. Anders als die *Heilige Familie,* deren einzelne Teile und Abschnitte der Autorschaft des einen oder anderen zugeschrieben wurden, ist die *Deutsche Ideologie* eine im ganzen gemeinschaftliche Arbeit beider. Die Frage ihrer Autorschaft ist deswegen wichtig, weil einige ihrer Formulierungen, besonders im ersten, Feuerbach gewidmeten Kapitel, die Frage berühren, in welchem Maße Marx sich auf die Dialektik der Natur eingelassen hat. (Ebenso muß das Feuerbachkapitel zusammen mit Marxens Vorrede zur *Deutschen Ideologie* und seinen *Thesen über Feuerbach* studiert werden.) In seiner Einleitung zu diesem Kapitel schreibt Rjazanov den ersten Abschnitt über »Die Ideologie überhaupt, namentlich die deutsche« Marx zu. Marxens charakteristische Ausdrucksweise ist jedoch in späteren Abschnitten des Kapitels nicht weniger spürbar. Wir gehen davon aus, daß das ganze Kapitel im wesentlichen, wenn auch nicht ausschließlich, von Marx stammt.

Zwei Problemstellungen dieser Arbeit sind für eine Erörterung der materialistischen Anschauung von Bedeutung. Die erste tritt im Untertitel des Kapitels auf: »Gegensatz von materialistischer und idealistischer Anschauung«. Laut Rjazanov ist dieser Untertitel mit Bleistift am Schluß des Kapitels von Engels' Hand hinzugefügt worden, dieser Zusatz wird jedoch nirgends datiert. Möglicherweise wurde er hinzugefügt, als Engels sich diesem Werk im Jahre 1888 (siehe Anm. 49) wieder zuwandte; einen immanenten, jedoch nicht schlüssigen Beweis dafür liefert Engels' eigenes Werk über Feuerbach. Weder die Anschauung noch die Ausdrucksweise entspricht der von Marx, der diese Formulierung vielleicht nie zu sehen bekam. Abweichend von den anderen beiden Kapiteln des ersten Teils der *Deutschen Ideologie* trägt allein das über Feuerbach einen Untertitel. (Demgegenüber haben alle Kapitel des zweiten Teils Untertitel.) Die formale Seite der

Frage, die für sich bedeutsam ist, wird hier nur angesprochen, um die Auffassung zu stützen, daß es nicht Marx war, der in das Kapitel über Feuerbach Begriff oder Thematik des Gegensatzes von materialistischer und idealistischer Anschauung hineingebracht hat. Daß Marx sich formelhaftes Denken dieser Art untersagt hat, stimmt mit seiner allgemeinen Haltung in dieser Hinsicht überein.

Die zweite Frage betrifft die Ausdrücke »Natur«, »naturwüchsig«, die durchgängig im Feuerbachkapitel erscheinen. Der Herausgeber der englischen Ausgabe der *Deutschen Ideologie* stellt fest, daß Marxens Verwendung dieser Ausdrücke »inkonsistent« sei, was die Sache jedoch nicht trifft. Marx hat die Bedeutung dieser Ausdrücke so erweitert, daß sie die menschliche Geschichte außerhalb der fortgeschrittenen Zivilisationen einschließen, sich auf den Menschen im Naturzustand, in der vorkapitalistischen Zivilisation, usw. im Gegensatz zu der modernen, kapitalistischen Epoche beziehen. Weiter scheint die Verwendung dieser Ausdrücke zu bezeichnen, was nicht bewußter Zwecksetzung entspringt. So wird in dem dritten Abschnitt [C.] über den Kommunismus »naturwüchsig« folgendermaßen erläutert: »d. h. nicht einem Gesamtplan frei vereinigter Individuen subordiniert«. Damit ist eine Auffassung des gesellschaftlichen Verhältnisses in der Art von Hobbes oder Rousseau ausgeschlossen. Marxens Verwendung von »Natur«, »naturwüchsig«, »Naturwüchsigkeit« an verschiedenen Stellen der *Deutschen Ideologie* spiegelt die von Hegel getroffene Unterscheidung zwischen dem ganzen und dem entzweiten Menschen wider, deren sich Marx auch noch im *Kapital* bedient, sowie die Feuerbachsche Unterscheidung von entfremdetem und wahrem Menschen oder entfremdeter und wahrer Arbeit, wie sie in den *Ökonomisch-philosophischen Manuskripten* greifbar ist. Eine speziell diesem Gegenstand gewidmete Abhandlung, die von der Zielsetzung dieses Kapitels abführen würde, wäre wünschenswert. In der *Deutschen Ideologie* ist Marx einer naturphilosophischen Systematik aus dem Weg gegangen und die hierher gehörigen Fragen blieben unausgearbeitet, was etwas anderes ist als Inkonsistenz. Dasselbe gilt von den Bezugnahmen auf Natur im *Kapital* und in den *Theorien über den Mehrwert*.

Marx war nicht der Mann, sich in eine Richtung drängen zu lassen, die er sich nicht selbst gesetzt hatte. Andererseits hat Engels Fragen, die Marx nicht systematisch ausarbeiten wollte, in seinen eigenen Schriften aufgenommen. Insgesamt gewinnen sie dort eine Bedeutung, die Marx ihnen nicht gegeben hat, obgleich sich hier und da in seinem Werk unsystematische Aussagen finden. Ein subjektives Urteil ist dabei nicht auszuschließen, jedoch liegt nichts von dem, was Engels in seine Ausgabe des *Kapital* aufgenommen hat, nicht auch in Marxens eigenen Worten und Gedanken vor, abgesehen von einer Korrektur zur Geschichte der Chemie, die die Sache nicht ändert. Außerdem hat Engels Marx gedrängt, die Geschichte der Naturwissenschaft in ein Verhältnis zu den Gesetzen der Dialektik zu bringen, und damit den Anstoß gegeben, den Marx dann aufnahm. Schließlich ist es Aufgabe des Lesers, durch eine allseitige Untersuchung der Texte auf allen möglichen Ebenen diese Gedanken in Worte zu fassen, die Beziehungen des einen Mannes zum anderen und zu seinen Worten und durch ihr Verhältnis zu Worten und Taten ihre Beziehung zu Theorie und Praxis ein Jahrhundert später zu untersuchen. Die Dinge liegen nicht mehr so, wie sie ursprünglich konzipiert waren, und eine ihrer Potentialitäten hat eine größere Bedeutung erhalten, als sie es ohne das Eingreifen von Engels, in den Marx sein ganzes Vertrauen setzte, gehabt hätte. (Im nächsten Abschnitt werden wir im Zusammenhang der ethnologischen Anschauungen von Marx einen weiteren Aspekt seiner Lehre von der Natur und den Beziehungen der primitiven und zivilisierten Menschen zu gesellschaftlichen und Naturgesetzen aufnehmen.)

Marx hat die Naturwissenschaft aus der Dialektik nicht ausgeschlossen und unterschied sich damit formal gesehen nicht von Engels. Inhaltlich ist die Naturdialektik in den Schriften von Engels für sich und nicht als ein Produkt Marxens oder des Marxismus' zu beurteilen. In ähnlicher Weise wurde die Dialektik der Menschengeschichte von beiden auf zwei verschiedenen Wegen entwickelt. Dabei handelt es sich nicht nur, wie Sidney Hook meint, um eine unterschiedliche Betonung, obgleich es zum Teil sicherlich auch dies ist. Die Seite, die Hook unerwähnt läßt, betrifft den Gebrauch, den Engels und andere von dem Korpus der Marxschen Schriften durch ihre Überführung in einen Kanon verschiedener Orthodoxien gemacht haben. Die Unterscheidung von Philosophie und Weltanschauung ist in diesem Zusammenhang nichtssagend. Der Kanon der Engelsschen Schriften trat nicht erst, wie Lichtheim in seiner Behandlung eines Teils dieser Problematik behauptet, nach dem Tode von Marx ans Licht; die unabhängige Produktion von Engels beginnt in dieser Hinsicht lange vor Marxens Tod. Das Kanonische des Denkens von Engels ist seinem Inhalt äußerlich und bestimmt die Beziehung von Engels zu Marx sowohl vor wie nach seinem Tode, wie auch unser Verhältnis zu jener Beziehung. In ›unser Verhältnis‹ schließe ich diejenigen ein, die diesen Kanon aufgestellt haben, die ihm anhängen, die sich seiner bewußt sind, ohne ihm anzuhängen, die über ihn urteilen, usw. Ihr Verhältnis zu Marx unterscheidet sich von dem von Korsch oder dem jungen Lukács darin, daß die beiden letzteren nicht nur rezipieren oder festhalten wollten, sich zu den Schriften nicht wie Gläubige zu einer Lehre verhielten (wie es auch die redlichen und zuverlässigen Historiker tun), sie vielmehr als Gegenstand ihrer eigenen Arbeit ansahen. Gleichzeitig waren sie in dem Sinne der Sache ergeben, als sie Schriften und Tätigkeit mit der Genauigkeit verläßlicher Historiker festhielten. Seit der Zeit der politischen Aktivität und des schriftstellerischen Engagements von

Korsch und Lukács ist ein Nachlassen von Verpflichtung und Intensität des Engagements gegenüber den Begriffen und Formulierungen von Marx und ein Verlust schöpferischer Praxis in diesem Bereich zu verzeichnen. (Korsch und Lukács spielten beide eine führende Rolle in den kurzlebigen Revolutionsregierungen unmittelbar nach der Russischen Revolution und dem Ersten Weltkrieg.) Neben diesem veränderten Verhältnis zur und im Umgang mit der Dialektik ist ein Wandel in der äußeren Beziehung zur politischen Aktivität eingetreten, die der späte Lukács außerhalb der Kommunistischen Partei für ohnmächtig hielt. Die Frage jedoch ist: Welche kommunistische Partei, und wann? Die Kommunistische Partei ist immer die eines bestimmten Landes, und daher kommen Nation und Nationalität in diese Überlegung hinein. Die Partei des jeweiligen Landes hat ihre eigene Geschichte von Macht und Ohnmacht; das Land kann seine Form oder Größe ändern. Lukács hat die Partei hypostasiert.

Engels' bescheidne Selbsteinschätzung, von der wir ausgingen, wirkt sich so aus, daß in die Diskussion über Marx und Engels ein gewisser Snobismus eingedrungen ist; nur die Loyalität der Biographen von Engels und die Autoren, die in sein Werk eingeführt haben, wie J. B. S. Haldane, haben ihn nicht geringschätzig behandelt. Die Geringschätzung von Engels hat sich erst spät entwickelt und dies zum Teil bei jenen, die den Gedanken von Marx wie von Engels fremd gegenüberstehen.

3. *Die ethnologischen Arbeiten von Marx und Engels*

Kein Werk von Friedrich Engels ist bekannter als *Der Ursprung der Familie, des Privateigentums und des Staats*. Seine Entstehung hängt eng mit der Marxschen Arbeit an dem identischen Quellenmaterial, Morgans *Ancient Society*, zusammen.[50] Die Geschichte des Marxschen Manuskripts, zu dem die Exzerpte und Aufzeichnungen zu Morgan gehören, Engels' Zugang zu diesen Materialien und zu Morgans Buch, sowie die formale Seite der Beziehung von Engels' Werk über diesen Gegenstand zu dem von Morgan und Marx ist im ersten Kapitel[51] behandelt worden. Hier soll ein Vergleich von Marx und Engels im Zusammenhang mit dem Stand der ethnologischen Forschung der achtziger Jahre versucht werden.

In den vierziger Jahren des neunzehnten Jahrhunderts hatte Marx Teil an der philisophischen Anthropologie: seine Dissertation, seine Studien und seine Aktivität in den Hegel-Klubs, seine Veröffentlichungen und sein Briefwechsel mit Arnold Ruge und anderen belegen das.[52] Darüber hinaus schrieb Marx jedoch, teils in der Polemik gegen Hegel, Feuerbach, Proudhon und andere, weit mehr über philosophische Anthropologie als zu seinen Lebzeiten publiziert wurde. Dieses gesamte publizierte und unpublizierte Korpus, hatte einen Einfluß auf seine späteren Formulierungen, der sich in seinen Schriften, wie sie uns vorliegen, verfolgen läßt. Die jüngst von dem Herausgeberstab der *Sočinenija,* Moskau, und der *Werke,* Berlin, neu edierten *Theorien über den Mehrwert* machen dies deutlich.[53]

Eine Kontroverse ist jüngst über Kontinuität oder Diskontinuität im Leben und in der Lehre von Marx entstanden. Insbesondere meinen einige, wie Cornu, daß die Arbeiten von 1845–1846 über ökonomische Fragen die Bruchstelle bezeichnen, da dies die Zeit der »Ausbildung des historischen Materialismus«[54] oder, alternativ dazu, seiner Ausarbeitung durch Marx und Engels ist.[55] Die Herausgeber der *Marx Engels Werke* sind der Auffassung, daß die Schriften beider in der Zeit vor 1845/46 gleichermaßen die Voraussetzungen des dialektischen und historischen Materialismus schufen und daß sie in diesen beiden Jahren an seine systematische Ausarbeitung gingen und den Kommunismus wissenschaftlich begründeten.[56]

Den gleichen Gedanken formuliert Althusser definitiv so: »Von 1845 an bricht Marx radikal mit jeder Theorie, die die Geschichte und die Politik auf ein Wesen des Menschen begründet.«[57] Das klingt wie eine Aussage ex cathedra.

Wir werden von der Voraussetzung sowohl von Kontinuität wie Diskontinuität im Werk von Marx ausgehen. Zu Marxens Lebzeiten machte die Entwicklung der empirischen Anthropologie, wozu wir Ethnologie, Vorgeschichte, Humanbiologie und verwandte Disziplinen rechnen, Fortschritte. Viele seiner Formulierungen der vierziger Jahre, die im Stil der philosophischen Anthropologie jener Zeit gehalten sind, lassen sich in seinen späteren Schriften, einschließlich der in den ethnologischen Exzerptheften enthaltenen Aufzeichnungen, wiederfinden.[58]

Marxens Morganexzerpte füllen 98 Seiten des Exzerptheftes B 146, die Phearexzerpte 26 und die aus Maine 38; die Lubbockexzerpte machen 8 Seiten des Exzerptheftes B 150 aus. Engels fand das Heft mit den Morganexzerpten erst spät im Jahre 1883. Er konnte sich mit seinem Inhalt nicht vor dem 7. November 1883 vertraut gemacht haben, als er die dritte Ausgabe des ersten Bandes des *Kapital* zum Druck vorbereitete. In einer Anmerkung zu dieser Ausgabe[59] spricht er vom *Stamm,* wo er nach seiner Auffassung im *Ursprung* in dem gegebenen Kontext *Gens* geschrieben hätte, wie er es in der 4. Auflage des *Kommunistischen Manifests* von 1888 getan hat. Seine Nachforschungen nach einem Exemplar von Morgans Buch begann er Anfang Januar 1884. Da er keines erhalten konnte, legte er auf der Grundlage der Marxschen Morganaufzeichnungen einen eigenen Entwurf an, aus dem er Eduard Bernstein bei dessen Aufenthalt in London zwischen Ende Februar und Anfang März 1884 vorlas.[60] Spät im März

1884 fand er ein Exemplar des Morganschen Buches und mit diesem, den Marxschen Aufzeichnungen, seinen eigenen Entwurf und einem Hintergrund breiter Gelehrsamkeit ausgerüstet, vollendete er sein schmales Buch in den beiden darauffolgenden Monaten. In den Briefen jener Zeit erwähnt Engels nirgends die in dem Exzerptheft B 146 außerdem enthaltenen Werke von Phear und Maine; Moneys Buch erwähnt er in einem Brief an Karl Kautsky[61] und dann in einem Brief an Paul Lafargue, in dem der Name Maines ohne Bezugnahme auf ein bestimmtes Werk vorkommt.[62]

Marx kam zu seinem Studium empirischer Anthropologie mit dem Hintergrund seiner Arbeiten zur philosophischen Anthropologie. Über primitive Völker hatte er damals bereits Charles de Brosses, Chr. Meiners und andere gelesen. Kurz nach seiner Niederlassung in London nahm er das Studium der Ethnologie wieder auf. Im Jahre 1851 exzerpierte er ein Werk von W. C. Taylor, *The Natural History of Society in the Barbarous and Civilized State,* 1840. Bis in die späten siebziger und frühen achtziger Jahre, als er sich diesem Gebiet intensiv zuwandte, arbeitete er gelegentlich ethnologische Bücher durch. Manchmal exzerpierte Engels für ihn Literatur, wie er auf Bitten von Marx Abschnitte von H. H. Bancroft, *The Native Races of the Pacific State,* 1874–1876, durchgesehen hatte.[63] Auf das Buch von Morgan wurde Marx durch Kovalevsky, seinen »wissenschaftlichen Freund«, aufmerksam gemacht. Morgans Werk beruht teils auf seinen eigenen Forschungen bei den Irokesen und auf denen seiner Freunde und Korrespondenten in Ozeanien, teils beruht es auf seinen Forschungen über griechische und römische Antike, in geringerem Ausmaß über hebräische Altertümer. Der Morganschen Ethnologie Nordamerikas oder Ozeaniens hatte Marx wenig hinzuzufügen, doch in der Ethnologie des Altertums und des Mittelalters brachte er eine Fülle eigener Kenntnisse hinzu. Auf diesen Gebieten verfügte Engels über Materialkenntnisse und Argumentationen, die über Morgan und Marx hinausführen.

Im Vorwort zum *Ursprung der Familie* schreibt Engels, daß sein Werk »gewissermaßen die Vollführung eines Vermächtnisses« sei und daß Marx es »sich vorbehalten hatte, die Resultate der Morganschen Forschungen im Zusammenhang mit den Ergebnissen seiner – ich darf innerhalb gewisser Grenzen sagen unsrer – materialistischen Geschichtsuntersuchung darzustellen«. Er erwähnt die kritischen Anmerkungen von Marx und fügt hinzu, daß seine eigene Arbeit nur einen »geringen Ersatz« für die von Marx bieten könne.[64]

Dann beginnt er: »Nach der materialistischen Auffassung ist das in letzter Instanz bestimmende Moment in der Geschichte: die Produktion und Reproduktion des unmittelbaren Lebens. Diese ist aber selbst wieder doppelter Art. Einerseits die Erzeugung von Lebensmitteln, von Gegenständen der Nahrung, Kleidung, Wohnung und den dazu erforderlichen

Werkzeugen; andererseits die Erzeugung von Menschen selbst, die Fortpflanzung der Gattung.« [65] Diese Engelssche Formulierung ist von Heinrich Cunow, Eduard Bernstein, den sowjetischen Herausgebern der Werke von Marx und Engels und den Herausgebern der in der Deutschen Demokratischen Republik erschienenen Werke kritisiert worden.[66] Produktion und Reproduktion in der Gesellschaft sind von den Prozessen gleichen Namens in der Biologie zu unterscheiden.

Otto Mänchen-Helfen hat die Engelssche Anschauung, die seiner mangelnden Unterscheidung des Biologischen vom Sozialen und Ökonomischen zugrundeliegt, bis zur *Deutschen Ideologie* zurückverfolgt.[67] Wenn dies zutrifft, so muß dieses Werk oder die betreffende Passage daraus außerhalb des Bereichs des ökonomischen Faktors in der Geschichte fallen. Wohlgemerkt, versuchte Engels zwischen primitiven und fortgeschrittenen Gesellschaften zu unterscheiden; in den ersteren treten an die Stelle des ökonomischen Faktors die Verwandtschaftsbeziehungen.[68] Die Stelle in der *Deutschen Ideologie,* mit der Mänchen-Helfen seine These belegt, ist jedoch nicht eindeutig. Marx schreibt dort: »Die Weise, in der die Menschen ihre Lebensmittel produzieren, hängt zunächst von der Beschaffenheit der vorgefundenen und zu reproduzierenden Lebensmittel selbst ab. Diese Weise der Produktion [in der Gesellschaft und der Ökonomie der Gesellschaft] ist nicht bloß nach der Seite hin zu betrachten, daß sie die Reproduktion der physischen Existenz der Individuen ist.« [69] Reproduktion der physischen Existenz der Individuen ist nicht dasselbe wie die Reproduktion der physischen Existenz des Geschlechtspaars oder der Gattung. Wie Cunow und andere gezeigt haben, bezieht sich das Wort Reproduktion auf einen geschlechtlichen oder ökonomischen Vorgang, und es ist nicht klar, ob Marx hier ebenso an biologische wie an ökonomische Reproduktion gedacht hat.

Mänchen-Helfen merkt an, daß Marx und Engels den biologischen Prozeß schon deswegen in die materialistische Anschauung hineingenommen hatten, weil sie den Begriff der Produktivkraft nicht als einen rein ökonomischen verstanden, und daß diese unbestimmte Idee von Produktivkraft später aufgegeben wurde, um dann von Engels, nicht aber von Marx wieder aufgegriffen zu werden, da Engels eine vorökonomische Epoche annahm. Cunow hat gezeigt, daß diese Vorstellung falsch ist, und hat gegen Engels die Einheit der materialistischen Geschichtsauffassung nachgewiesen.[70] Engels hatte eine Seite der in der Formulierung der *Deutschen Ideologie* impliziten Möglichkeiten aufgenommen.

Wenn an dieser Stelle die biologische Reproduktion gemeint ist, so muß dieser Teil des Werkes aus dem Kanon des historischen Materialismus von Engels, aus der kanonischen Auffassung vom Vorherrschen des ökonomischen Faktors in der Interpretation der Geschichte, aus dem dialektischen Materialismus von Plechanow usw. ausgeschieden werden.[71]

Marx über Naturgesetze, primitive und zivilisierte Gesellschaft

Die Frage der ökonomischen und gesellschaftlichen Faktoren im Leben des Menschen der Frühzeit hat Marx an einer Reihe von Stellen in seinen Morganaufzeichnungen berührt. Dort behandelt er die Kaste[72] als ein gänzlich gesellschaftliches Phänomen, das gesellschaftlichen Gesetzen unterliegt, während er im *Kapital* im Kapitel über Teilung der Arbeit und Manufaktur schreibt: »Kasten und Zünfte entspringen aus demselben Naturgesetz, welches die Sonderung von Pflanzen und Tieren in Arten und Unterarten regelt, nur daß auf einem gewissen Entwicklungsgrad die Erblichkeit der Kasten oder die Ausschließlichkeit der Zünfte als gesellschaftliches Gesetz dekretiert wird.« [73] Marx unterscheidet hier Entwicklungsstufen der Gesellschaft; auf der einen Seite sind diejenigen Gesetze, welche die Erblichkeit der Kasten usw. regeln, dasselbe wie Naturgesetze; auf der anderen Seite der Entwicklung unterliegen sie menschlichem Dekret. Die Zweideutigkeit dieser Formulierung besteht darin, daß die Praktiken des Kastenwesens in der Urgesellschaft nach der einen Interpretationsmöglichkeit ganz und gar als Naturerscheinung begriffen werden und daß, weiterhin nach dieser Interpretation, auf einer anderen Stufe der Entwicklung der menschlichen Gesellschaft ein davon ganz verschiedenes Gesetz eintritt, das gesellschaftlichem Dekret unterliegt. Nach einer zweiten Interpretation ist der Faktor der Erblichkeit in den Gesetzen der Urgesellschaft ebenso natürlich wie er es bei Pflanzen und Tieren ist; die Tatsache, daß diese Gesetze von der menschlichen Gesellschaft als gesellschaftliche Gesetze dekretiert werden, ändert weder den natürlichen Charakter der Erblichkeit auf der späteren Stufe der Entwicklung, noch hebt es den gesellschaftlichen Charakter der Erblichkeit auf der früheren Stufe auf. Im *Ursprung der Familie* hat Engels sich für die erste Alternative entschieden. Weder ergibt sich diese Position von einer gänzlich gesellschaftlichen Auffassung des Menschen her, wie sie von Marx in den *Ökonomisch-philosophischen Manuskripten* von 1844 und in den *Thesen über Feuerbach* vorgetragen wird, noch ist sie mit ihr verträglich. Die weiteren Formulierungen dieser Marxschen Konzeption finden sich in den Schriften der späten fünfziger Jahre: in den *Grundrissen* und im Vorwort zur *Kritik* von 1859. In den *Theorien über den Mehrwert*, besonders im dritten Band, hat Marx diese Thesen weiterentwickelt, und im *Kapital* hat er seine Formulierung dieser Position kontinuierlich verschärft und durch neues Material und neue Einsichten erweitert. Aus den Exzerpten und Aufzeichnungen zu Lewis Morgans *Ancient Society* und Henry Maines *Early History of Institutions* geht klar hervor, daß Marx den ökonomischen Einfluß im sozialen Leben der Frühzeit wie der Zivilisation für den ausschlaggebenden Faktor hielt. Die Engelssche

Unterscheidung zwischen dem ökonomischen Faktor im primitiven und zivilisierten Leben des Menschen entspricht nicht den Marxschen Schlußfolgerungen in seinen Bemerkungen zu Morgan und in seinem Gegensatz zu Maine. Bei den Kutschin im Gebiet des Yukonflusses in Kanada verzeichnet Marx »drei Ränge oder Klassen der Gesellschaft«, welche exogame Einheiten waren, und bemerkt dazu: »und in der Art namentlich, wie zum Gensprinzip Eroberung hinzukommt, können nach und nach die Gentes zur Kastenbildung Anlaß geben?« Er fügt dann hinzu: »... daß sobald Rangunterschied zwischen Blutsverwandten der Gentes entsteht, dieses in Konflikt mit dem gentilen Prinzip gerät und die Gens in ihr Gegenteil, Kaste, versteinern kann.« [74] Die Kaste folgt hier nicht auf die Gens, sondern sie besteht in ihrem Gegensatz synchron mit ihr; sie wird als Teil der zivilisierten Gliederung der Gesellschaft betrachtet. Damit hat Marx eine weitere Schranke zwischen primitivem und zivilisiertem Menschen beseitigt.

Entwicklung der Gesellschaft in Stufen und Unterstufen, 1

Aristoteles bestimmte die Entwicklung der Gesellschaft als von Barbarei zum politischen Leben fortschreitend. Die erste Form des gesellschaftlichen Lebens des Menschen ist die Familie, doch scheint das Dorf dem Staat, der ein Zusammenschluß von Dörfern in einer für sein annähernd oder vollkommen selbstgenügsames Bestehen hinreichenden Zahl ist, noch vorherzugehen.[75] Der aristotelische Begriff für Staat ist *polis,* eine Form gesellschaftlichen Lebens bei den Griechen, die vielen Völkern jener Zeit unbekannt war. Den Menschen definierte Aristoteles durch seine Natur als ein *zoon politikon.*[76] Jene Natur aber, *physis,* war nicht in jeder menschlichen Gesellschaft aktual gegenwärtig, denn er erwähnt einige, die nicht in der Polis leben. Daraus folgern wir, daß die Polis eine Verfassung menschlichen Lebens ist, welche aktual die Natur einiger Menschen, potentiell die Natur der übrigen ist. Einige der Kommentatoren des Aristoteles, wie Thomas von Aquin, haben die Unterscheidung zwischen Aktualität und Potentialität in diesem Zusammenhang nicht gemacht.

Hegel hat sich an das aristotelische Schema gehalten. In der Vorrede zur zweiten Ausgabe der *Logik* zitiert er die Meinung des Aristoteles, daß die Ägypter sich der Philosophie erst zuwandten, nachdem alles zum Leben Notwendige vorhanden war.[77] »In Ägypten«, fährt Aristoteles fort, »sind die mathematischen Wissenschaften früh ausgebildet worden, weil daselbst der Priesterstand früh in die Lage versetzt worden, Muße zu haben.« [78]

Hegel hat den Gedanken einer in der Zeit sich vollziehenden Entwicklung vom Niederen zum Höheren entwickelt und auf die menschliche Geschichte und Gesellschaft angewandt. Ritchie hat in diesem Zusammenhang auf den Hegelschen Begriff von ›Entwicklung‹ als einem begrifflichen Prozeß hingewiesen.[79] Wallace[80] hat hervorgehoben, daß Hegel kein biologischer Evolutionist, wohl aber in dem oben genannten Sinne ein sozialer Evolutionist war, und Fischer und nach ihm Cassirer haben gezeigt, wie Hegels System im allgemeinen, abgesehen von den hier genannten Besonderheiten, zu einem Evolutionismus der im neunzehnten Jahrhundert vertretenen Art hinführt.[81] Darwin formuliert die dialektischen Beziehungen von struktureller Beständigkeit und Wandel: »Ich räume jetzt ein, ... daß ich in den früheren Ausgaben meines *Origin of Species* dem Wirken der natürlichen Auslese oder dem Überleben der Tauglichsten vielleicht zu große Aufmerksamkeit gewidmet habe. Die fünfte Ausgabe des *Origin* habe ich so abgeändert, daß meine Bemerkungen sich auf adaptive Strukturänderungen beschränken; die allein in den letzten Jahren gewonnenen Einsichten haben mich jedoch davon überzeugt, daß sehr viele Strukturen, die heute nutzlos erscheinen, später als nützlich erscheinen werden und damit in den Bereich der natürlichen Auslese fallen. Nichtsdestoweniger habe ich früher die Existenz von Strukturen nicht hinreichend berücksichtigt, welche, soweit wir das jetzt beurteilen können, weder wohltätig noch schädlich sind. Ich halte dies für eine der weitreichendsten der durch mein Werk bisher zutage gebrachten Einsichten.«[82]

Die von Darwin formulierte Wechselbeziehung von Struktur und adaptiver Veränderung ist die in eine Konkretion überführte dialektische Wechselbeziehung von Sein und Werden, während Hegel sie nur potentiell als solche, in Wirklichkeit aber als eine abstrakte Potentialität begriffen hatte. Marx hat diese Seite Hegels entfaltet. Sein Verhältnis zu Darwin war allein schon durch die ihnen beiden gemeinsame antiteleologische Naturauffassung gegeben. Darwin argumentierte gegen die Vorstellung, daß die natürliche Auslese Variationen innerhalb der Spezies herbeiführe, und gegen die Vorstellung, daß Auslese bewußte Wahl oder bewußtes Wollen impliziere. Diesen Einwänden entgegnete er, daß »natürlich« ein falscher Ausdruck sei. »Es ist gesagt worden, daß ich von natürlicher Auslese wie von einer aktiven Kraft oder Gottheit spreche ... So ist es wiederum schwierig, die Personifizierung des Wortes ›Natur‹ zu vermeiden; unter ›Natur‹ verstehe ich jedoch die vereinte Wirkung und das Produkt einer Vielzahl von Gesetzen, und unter Gesetzen die von uns festgestellte Abfolge von Ereignissen.«[83] In einem Brief an Engels schreibt Marx, daß Darwins Buch *The Origin of Species* die »naturhistorische Grundlage für unsre Ansicht« enthalte,[84] und in einem Brief an Ferdinand Lassalle stellt er fest: »Trotz allem Mangelhaften ist hier zuerst der ›Teleologie‹ in der Naturwissenschaft nicht nur der Todesstoß gegeben, sondern der rationale Sinn derselben empirisch auseinandergelegt.«[85]

Zur Theorie der Entwicklung des Menschen aus dem übrigen Tierreich und zur Theorie der Entwicklung des Menschen als solchen hat Marx u. a. in der *Deutschen Ideologie,* dem *Kommunistischen Manifest,* der *Kritik der politischen Ökonomie* und den *Theorien über den Mehrwert* einen wesentlichen Beitrag geleistet. Den Entwicklungen in der Biologie, die er genau, aber von außen verfolgte, stand er jedoch eher fremd gegenüber. Darwins Naturphilosophie hat er von seiner Sozialphilosophie geschieden. So hat er Darwin wegen seiner Übernahme Malthusianischer Ideen über Bevölkerung und menschliche Gesellschaft kritisiert, ohne sein Urteil über Darwin als Biologen zu ändern; er schätzte Darwin als Naturphilosophen.

Demgegenüber formulierte Engels Positionen innerhalb der biologischen Evolutionstheorie. Die Wechselbeziehung von Erhaltung und Variation der Spezies, zu der Darwin in seinen späteren Äußerungen gelangt ist, hat Engels nicht untersucht; wenn er sich dieser Frage zugewandt hätte, hätte er dieses Verhältnis wohl als einen dialektischen Gegensatz und Übergang formuliert. Stattdessen hat er lediglich die Frage der Ursachen wiederholter individueller Variationen aufgenommen, deren Vernachlässigung er Darwin vorhält.[86] Engels *Dialektik der Natur* enthält denselben Gesichtspunkt. Die Betonung liegt durchweg auf dem Werden, in Abstraktion von seinem Verhältnis zum Sein. Darüber hinaus hat Engels in dem zuletzt genannten Buch die Diskussion auf ein Gebiet gelenkt, gegen das Darwin sich nicht mit der nötigen Sorgfalt abgegrenzt hatte: den Sozialdarwinismus. Engels' Kritik an dieser Lehre war jedoch unzureichend, denn er schreibt: »Schon die Auffassung der Geschichte als einer Reihe von Klassenkämpfen viel inhaltsvoller und tiefer als die bloße Reduktion auf schwach verschiedne Phasen des Kampfs ums Dasein.« [87] In Wirklichkeit ist dies ein in seiner Form sanfter Angriff auf den Sozialdarwinismus. Inhaltlich verfehlt diese Kritik das Wesentliche. Es trifft nicht zu, daß der Sozialdarwinismus eine vergleichsweise ärmere und flachere Geschichtsauffassung ist als die Lehre vom Klassenkampf; er ist von der Lehre vom Klassenkampf toto coelo verschieden, da beide Doktrinen von unterschiedlichen Voraussetzungen über die Natur des Menschen und der Gesellschaft, ihre Wechselbeziehungen usw. ausgehen.

Im Werk von Engels ist die Lehre von der menschlichen Evolution, einschließlich der sozialen, sowohl in ihren direkten wie in ihren beiläufigen Darstellungen nur zum Teil auf den wissenschaftlichen Materialismus oder die Dialektik in ihrer konkreten Form bezogen. Engels hat – strenger noch als Morgan – die These einer unilinearen Evolution vertreten, während Morgan wenigstens gelegentlich Erwägungen über multilineare Evolution anstellt. So vollziehen sich in seiner Darstellung die Fortschritte der Neuen und der Alten Welt entlang verschiedenen Linien, denn er hatte festgestellt, daß die Neue Welt vor ihrer Entdeckung keine Domestikation von Tieren kannte. Aus diesem Grunde suchte er nach einander äquivalenten Formen in beiden Hemisphären. Marx hat dies aufgezeichnet, ohne eigene Bemerkungen hinzuzufügen. Nur gelegentlich hat Morgan auf quer zu den beiden Entwicklungslinien verlaufende Einflüsse hingewiesen: er war in einem entschieden geringeren Maße Diffusionist. Marx hat diese Fälle notiert und selbst einiges bestätigende Material hinzugefügt. Diese Gedankengänge kommen in Engels' *Ursprung der Familie* nicht vor.[88]

Zweifellos die schwächste Seite des Buches von Engels ist seine Darstellung des Ursprungs der Familie. Cunow war einer der ersten, die das Buch wegen seiner Mängel in der Darstellung der Entwicklung der Familie angegriffen haben.[89] Von Seiten der deutschen Kommunistischen Partei hat sich Duncker der Ansicht Cunows angeschlossen.[90] Mit nur wenigen Äußerungen einer abweichenden Meinung übernimmt Marx das von Morgan entwickelte System der Familie. Morgan betrachtet die patriarchalische Familie der alten Hebräer und Römer als eine Ausnahme und Abweichung von der Hauptlinie der Entwicklung der Familie,[91] womit er sich in Gegensatz zu Maine bringt und seinerseits bei Kovalevsky Widerspruch findet. Ohne, wie Morgan, auf die abweichende hebräische und römische Entwicklung hinzuweisen, schließt sich Engels in der vierten Auflage des *Ursprungs* den Beweisen Kovalevskys an[92], ändert aber im übrigen, wie ein Vergleich der ersten und vierten Auflage zeigt, seine Darstellung aufgrund der Veröffentlichung Kovalevskys nicht, sondern baut dessen Theorie in seine unveränderte ursprüngliche Position ein. Die einander entgegengesetzten Systeme von Morgan und Kovalevsky hat Engels nicht miteinander in Übereinstimmung gebracht.

Während Duncker den Engelsschen Standpunkt zur Entwicklung der Familie kritisiert, findet die Darstellung der Staatsentwicklung seinen Beifall. Im Gegensatz dazu hatte Lukács in seinem frühen Werk an der Engelsschen Darstellung der Familie nichts auszusetzen, kritisiert aber seine Schilderung der Bildung des athenischen Staats. In der Entwicklung des Staats bei den Athenern hatte Engels ein »besonders typisches Muster« der Staatsbildung im allgemeinen sehen wollen, was er damit begründet, daß sie sich hier »ganz rein, ohne Einmischung äußerer ... Vergewaltigung« vollzieht.[93] Lukács hält dem entgegen, daß dies »wahrscheinlich auf Athen sachlich nicht ganz zutrifft und ganz gewiß nicht typisch für den Übergang auf dieser Stufe der Entwicklung ist.«[94] Wiederum ist der Vorwurf gegen Engels der der Vereinfachung. Engels hatte einen komplizierten Sachverhalt vor Augen, der im einzelnen entwickelt werden muß, weil seine Darstellung an dieser Stelle zu gedrängt ist. Zu der damaligen Zeit hatte die Theorie der Staatsbildung durch Eroberung viele Anhänger; wenig später sollten L. Gumplowicz und F. Oppenheimer von diesem Standpunkt aus, der zu der sog. Gewalttheorie führt, über die Bildung des Staats schreiben. Engels hatte die Theorie der gewaltsamen Staatsgründung bereits im *Anti-Düh-*

ring angegriffen. Die inneren Kräfte im Prozeß der Staatsbildung stellt Engels sehr klar als ökonomische heraus, während äußere Faktoren die Sachlage verdunkeln und komplizieren. Der von Lukács erhobene Vorwurf der Vereinfachung ist zum Teil gerechtfertigt, doch ist die Sache offensichtlich verwickelter, als es bei ihm erscheint; auch Lukács hat vereinfacht. Engels hatte dadurch vereinfacht, daß er eine Abstraktion setzte, auf welche wir unten bei einigen damit zusammenhängenden Fragen eingehen werden.

Die von Cunow, Bernstein, Duncker, Lukács geführte Diskussion über den Ursprung der Familie und des Staates hat den von Engels aufgestellten Mittelbegriff aus den Augen verloren. Auch Kovalevs Beitrag macht darin keinen Unterschied, da es ihm um die »theoretische« und »politische« Seite des Werkes von Engels und nicht um die Rolle des ökonomischen Faktors in der Untersuchung der klassischen Gesellschaft geht.[95] Engels Behandlung des Ursprungs des Privateigentums findet sich verstreut in seiner Erörterung anderer Themen: nach einer kurzen Skizze der prähistorischen Kulturstufen von Wildheit und Barbarei gliedert er sein Buch in folgende Kapitel: *Die Familie; Die irokesische Gens; Die griechische Gens; Entstehung des athenischen Staats; Gens und Staat in Rom; Die Gens bei Kelten und Deutschen; Die Staatsbildung der Deutschen; Barbarei und Zivilisation.* Die Kapitelüberschriften lenken die Aufmerksamkeit des Lesers auf die Institutionen von Familie, Gens und Staat, die allein als solche erwähnt werden. Ebenso werden die Stufen der Kulturentwicklung und die behandelten Völker hervorgehoben, während die Institutionen des Eigentums weder in den Kapitelüberschriften noch in deren Untertiteln zu finden sind. Abgesehen von dem Hinweis im Titel des Buches wird das Privateigentum nur hier und dort im Text erwähnt. Morgan hatte demgegenüber Teil IV von *Ancient Society* der Herausbildung der Idee des Eigentums gewidmet. Diesen Teil hat Marx in Abänderung der Reihenfolge bei Morgan in seinen Aufzeichnungen zum zweiten Teil gemacht und seinen Exzerpten daraus einen proportional zum Ganzen größeren Raum gegeben als Morgan.

Und doch hat Engels das Thema des Eigentums zu einem zentralen gemacht: Gesellschaftliche Anerkennung der Vaterschaft, schreibt er, »wird erfordert, weil diese Kinder dereinst als Leibeserben in das väterliche Vermögen eintreten sollen.«[96] Im heroischen Zeitalter Griechenlands begann die Gens zu zerfallen; der Beweis dafür ist das Patriarchat, die Anhäufung von Reichtümern in der Familie und als Rückwirkung der ungleichen Verteilung des Reichtums die ersten Ansätze eines erblichen Adels; neuerworbene Reichtümer; Heiligung des Eigentums als Privateigentum; Erfindung des Staates zur Sicherung der Güter und die Verewigung der Spaltung der Gesellschaft in besitzende und nichtbesitzende Klassen usw.[97] In diesen

Passagen wird die objektive Seite der Staatsbildung und die zentrale Bedeutung des Eigentums, seiner Akkumulation in privaten Händen usw. herausgestellt.

Morgan hat diese Fragen besonders im 10. Kapitel von Teil II von *Ancient Society* behandelt. Er entwickelt dort die dem Theseus, den er nicht als Person, sondern als Repräsentanten einer Epoche sieht, zugeschriebenen Reformen[98] und weist auf die Teilung der attischen Gesellschaft in drei Klassen hin: »Die Klassifikation war nicht nur eine Anerkennung des Eigentums und des aristokratischen Elements der Regierung der Gesellschaft, sondern direkt eine Bewegung gegen die Regierungsmacht der Gentes.«[99] In seinen Exzerpten folgt Marx dieser Darstellung und fügt hinzu:

> Die Äußerung von Plutarch, daß »die Niedrigen und Armen bereitwillig der Aufforderung des Theseus folgten« und ⟨der⟩ von ihm zitierte Ausspruch des Aristoteles, daß Theseus »sich zum Volk hinneigte« scheinen aber trotz Morgan darauf hinzuweisen, daß die Häuptlinge der Gentes etc. durch Reichtum etc. bereits in Interessenkonflikt mit der Masse der Gentes geraten ⟨waren⟩, was unvermeidlich bei Privateigentum in Häusern, Ländereien, Herden, verbunden mit ⟨der⟩ monogamischen Familie ⟨eintritt⟩.

Morgan zitiert in diesem Zusammenhang weder Plutarch noch Aristoteles; zusammen mit der kritischen Zwischenbemerkung zu Morgan ist dies eine Zutat von Marx.[100] Engels hat in seiner Darstellung diese Überlegungen beiseitegelassen und ist Morgan an diesem Punkt vorbehaltlos gefolgt. Die von Marx aufgeworfenen Fragen sind jedoch, auch abgesehen von der Verbindung, die er zwischen monogamer Familie und Privateigentum herstellt, wichtig. Erstens bestreitet er die Morgansche Bestimmung des Verhältnisses von Häuptlingen und Masse der Gentes. Zweitens betrifft dieser Streit inhaltlich nicht nur die objektive und öffentliche Seite von Eigentum und Regierungsverhältnissen, sondern auch das Problem des Interesses als ein Konflikt zwischen den Häuptlingen und der Masse. In diesem Kontext hat Marx die Frage des Interesses nicht entwickelt, er kommt auf sie aber in seinen Bemerkungen in den Maineexzerpten zurück. Hier macht er deutlich, daß das Interesse eine objektive und eine subjektive Seite hat, und daß beide aufeinander bezogen sind.[101]

In den Maineexzerpten schreibt Marx, daß der Staat ein Auswuchs (»excrescence«) der Gesellschaft einer bestimmten Stufe der gesellschaftlichen Entwicklung ist und daß er wieder verschwindet, »sobald die Gesellschaft eine bisher noch nicht erreichte Stufe erreicht hat«.[102] Zum Anfang dieses Prozesses schreibt er: »Erst Losreißung der Individualität von den ursprünglich *nicht despotischen Fesseln . . ., sondern befriedigenden und gemütlichen Banden der Gruppe,* der primitiven Gemeinwesen – damit die einseitige Herausarbeitung der Individualität. Was aber die wahre Natur der letzteren, zeigt sich erst, wenn wir den Inhalt – die *Interessen* dieser

›letzteren‹ analysieren.« Individualität setzt Marx in Anführungszeichen als etwas, was nicht oder nicht ganz das ist, was es zu sein scheint. Die Individualität gehört dem Individuum an und zugleich ist sie etwas anderes. Das Interesse hat ebenso wie der Inhalt des Individuums im Verhältnis zu seiner Form zwei Seiten, eine innere und eine äußere. Der Inhalt dieser Individualität ist das Interesse und dieses ist in einer Hinsicht die Subjektivität des menschlichen Individuums. Marx fährt fort: »Wir finden dann, daß diese Interessen selbst wieder gewissen gesellschaftlichen Gruppen gemeinsame und sie charakterisierende Interessen, Klasseninteressen etc. sind, also diese Individualität selbst Klassen- etc. Individualität ist, und diese in letzter Instanz haben alle ökonomische Bedingungen zur Basis.«[103] Der innere, subjektive Inhalt der Individualität wird so in das äußere, gesellschaftliche Verhältnis des Individuums gewendet, und dieses ist ein sozialökonomisches Klassenverhältnis. Der Umschlag des Formalen in den Inhalt ist zugleich das Umschlagen des individuellen Interesses in seine andere Seite, das Gruppeninteresse, der Subjektivität in die Objektivität und der Innerlichkeit in die Äußerlichkeit. Diese Momente werden in ihren Wechselbeziehungen gesetzt, welche ihrerseits komplex sind, da es sich einerseits um Gegensätze handelt und andererseits um konstitutive Elemente von Individuum und sozialer Klasse, der das Individuum angehört. Die Gegensätze wiederum sind die zwischen sozialen Klassen, zwischen Individuen innerhalb einer Klasse und verschiedenen Klassen. Schließlich sind die Interessen Gegensätze im Individuum, welches sie auf diese Weise konstituiert haben.

Engels für seinen Teil hat als subjektiven Faktor in der Geschichte »platte Habgier« eingeführt, die er für »die treibende Seele der Zivilisation von ihrem ersten Tag bis heute« hält.[104] Einerseits ging es Engels dabei nicht nur um das äußere Gesicht des Menschen, sondern ebenso um sein inneres Leben, andererseits muß das, worauf diese Aussage sich bezieht, mit den objektiven historischen Faktoren in Wechselbeziehung gesetzt werden.

Obgleich Engels nur gelegentlich aktiv ethnologischen Studien nachging, hatte er einen Sinn für die Fortschritte auf diesem Gebiet und war darin Marx überlegen. So schreibt Engels, daß Morgans Schema nur vorläufig akzeptiert werden könne und in Kraft bleiben werde, solange nicht bedeutend erweitertes Material der sich entwickelnden Wissenschaft zu Änderungen nötige.[105] Da damit normalerweise gerechnet werden kann, konnte man nicht erwarten, daß seine Klassifikation lange Bestand haben würde. Dieses genaue Problembewußtsein war freilich rein theoretisch, denn von 1884 bis 1891 führte es zu keinerlei Änderungen der allgemeinen theoretischen Konzeption seines Buches über den *Ursprung der Familie*. Neben den Werken, zu denen Engels sich geäußert hat, erschienen in diesem Zeitraum die Arbeiten von F. Boas über die Eskimos, von Boyd Dawkins über Vorgeschichte (Marx hat dieses Werk möglicherweise exzerpiert: im Amsterdamer Institut finden sich aber darüber keine Belege), G. de Mortillet, A. H. Lane-Fox Pitt-Rivers, S. Reinach, A. H. Sayce, F. Seebohm, W. Robertson Smith, und anderen. In seinem Aufsatz *Zur Urgeschichte der Deutschen* stützt sich Engels in der Hauptsache auf die Arbeit von Dawkins.[106]

Marxens Exzerpte sind Büchern entnommen, die zwischen 1870 und 1880 veröffentlicht wurden. Diese Jahre waren reich an Publikationen, doch die beherrschenden Figuren auf den einschlägigen Gebieten waren in England Charles Darwin und Herbert Spencer, denen Marx Exemplare seines *Kapital* überreicht hatte. Ihre Stellung zu den Wissenschaften vom Menschen und von der Gesellschaft war damals bereits formuliert. Lubbocks Einfluß auf Darwin ist bekannt, und Marx verfolgte, wie aus seinen Bemerkungen zu Darwin hervorgeht, die er zur Zeit der Veröffentlichung von dessen erstem Werk in Briefen an Engels und Ferdinand Lassalle, sowie in Anmerkungen im Kapital, usw. gemacht hat, die Entwicklung auf diesem Gebiet genau. Zu der weiteren Entwicklung in ihrem Einfluß auf Lubbock, E. Ray Lankester und andere Autoren der Zeit hat Marx sich nicht geäußert. Demgegenüber ist die Problemstellung von Engels, die die Wechselbeziehung von Daten, ihrer Interpretation und der Theorie berührt, noch immer ein entscheidender Beitrag zur Ethnologie.

Engels hat die erste Ausgabe des *Ursprungs* in der zweiten und dritten Auflage unverändert wieder herausgebracht. In der vierten Auflage von 1892 hat er, abgesehen davon, daß er hier und da einzelne Wendungen und Sätze neu formuliert hat, Änderungen im 2. Kapitel über die Familie und im 7. Kapitel über die Gens bei Kelten und Germanen vorgenommen. Die Änderungen im zweiten Kapitel nehmen seine weiteren Kovalevskystudien auf, dessen Buch über die Ursprünge der Familie 1890 erschien, außerdem Henrich Cunow über das alte Peru (1890), Fison und Howitt über die Australischen Ureinwohner (1880), sowie andere Materialien aus älteren Autoren: A. Heusler über die Germanen des Mittelalters; Bachofen über die Mutterherrschaft, 1861; Maine, *Ancient Law,* 1861; Charles Fourier; außerdem fügte er weitere Stellen aus Homer, Euripides, dem Nibelungenlied usw. hinzu: insgesamt erweitert sich der Umfang des Kapitels um ein Drittel. Die Änderungen im siebten Kapitel schließen zusätzliches Material aus Kovalevsky, Grimm und altnordischen Gesängen ein. Das Material aus Fison und Howitt[107] hat er mit bewußter Bezugnahme auf seine programmatische Feststellung zu Anfang des Buches aufgenommen. Trotz der Bedeutung, die dieses Material für sich genommen hat, hat Engels in keinem Falle einen Grund gesehen, sein Schema als Ganzes abzuändern. Bei der Verschiedenheit der von Kovalevsky zum System der Entwicklung der Familie beigebrachten Materialien von Morgan hätte Engels im Sinne seines eigenen wissenschaftlichen Programms die Gründe angeben müssen, warum er sich in diesem Streit für die eine und nicht für die andere Seite entschieden hat. V. G. Childe hat den Versuch unternommen, auf der Grundlage der allgemeinen theoretischen Konzeption von Engels und Morgan und im Lichte neuer Daten, die die Anthropologie zwischen dem Ende des neunzehnten und der Mitte des zwanzigsten Jahrhunderts gewonnen hat, eine neue Systematik aufzubauen.[108]

Entwicklung der Gesellschaft in Stufen und Unterstufen, 2

Bei dem Vergleich der ethnologischen Arbeiten von Marx und Engels werden wir uns als nächstes der Frage Entwicklungsstufe des Übergangs zur Zivilisation oder der politisch organisierten Gesellschaft zuwenden. Morgan hatte von der Freiheit, Gleichheit und Brüderlichkeit der alten Gentes gesprochen.[109] In der Periode der Auflösung der Gens bildete sich dann eine militärische Demokratie heraus, wie auch Engels in genauer Übereinstimmung mit Morgan festhält.[110] Es geht hier um den *basileus,* das militärische Oberhaupt im homerischen Griechenland, der manchmal als ›König‹ bezeichnet wird. Morgan hatte für die Stufe der Barbarei mit Beispielen irokesischer, aztekischer und griechischer Führerschaft zwischen zivilen und militärischen Oberhäuptern unterschieden. Seiner Analyse zufolge hatten die homerischen Griechen einerseits den militärischen Befehlshaber und andererseits die von der militärischen abgehobene juristische und priesterliche Regierungsgewalt. Diese Form der Regierung erscheint bei Morgan als eine besondere Unterstufe am Ende der Oberen Stufe der Barbarei, und ebenso bei Engels. Auch in späteren Arbeiten taucht diese Einteilung auf.

Marx entwickelt den Begriff der homerischen Gesellschaftsorganisation folgendermaßen: Jede Gens stammt von einem Gott ab, die Stammesoberhäupter bereits von einem höheren. Selbst die persönlich Unfreien, wie der Schweinehirt Eumaieus und der Kuhhirt Philoitios sind als von göttlicher Abstammung *dioi* oder *deioi,* und dies in der *Odyssee,* also zu einer viel späteren Zeit als die *Ilias; Heros* wird in der *Odyssee* der Bote Mulios, der blinde Sänger Demodokos usw. genannt. *Koiranos* – eine Bezeichnung, die Odysseus außer basileus für Agamemnon verwendet – bedeutet also noch in der Odyssee bloß Befehlshaber im Kriege. »βασιλεία angewandt von den griechischen Schriftstellern für das homerische Königtum (weil Kriegführung sein hauptsächliches Merkmal) mit βουλή und agora ist – Sorte militärischer Demokratie.« [111]

Diese Formulierung unterscheidet sich von Morgan und Engels. »Militärische Demokratie« wird von Morgan und Engels als eine formale Kategorie eingeführt, während Marx militärische Demokratie beiläufig als eine

Art Vergleich, nicht als eine bestimmte Unterstufe oder Stufe, versteht. Das Amt des militärischen Führers, Rat und Versammlung bilden zusammen eine Art militärischer Demokratie. Diese lockere Formulierung schließt ein, daß die Periodisierung nicht übernommen und in der Form, wie sie Marx vorlag, in Frage gestellt wird. Marx hat sich der geologischen Stratifikation gegenüber, die im späteren neunzehnten Jahrhundert mit Erfolg entwickelt wurde und die zweifellos ihre Spuren im Morganschen Denken hinterlassen hat, eher zurückgehalten und sie in eine Form der Analogiebildung umgewandelt. (Engels hat die Methode des Paläontologen Cuvier in einem organischen Modell der Rekonstruktion der Gesellschaft angewandt, was Marx ebensowenig voll akzeptierte.) [112]

4. Von philosophischer Anthropologie zu empirischer Ethnologie

In der sechsten These über Feuerbach schreibt Marx: »Feuerbach löst das religiöse Wesen in das *menschliche* Wesen auf. Aber das menschliche Wesen ist kein dem einzelnen Individuum inwohnendes Abstraktum. In seiner Wirklichkeit ist es das ensemble der gesellschaftlichen Verhältnisse.« [113] Die gesellschaftlichen Verhältnisse sind das Gegenteil des isolierten Individuums, wie es in der Figur des Robinson Crusoe und bei den klassischen Ökonomen vorausgesetzt wird. Marx hat an seinem Gegensatz zur Figur des Robinson, der Robinsonade, kontinuierlich festgehalten, und Hilferding hat dies in den Mittelpunkt seines Angriffs gegen Böhm-Bawerk gestellt, wie Sweezy in einer Anmerkung zur Kontroverse zwischen Böhm-Bawerk und Hilferding hervorhebt.[114]

Das isolierte Individuum ist nicht eine Erdichtung der klassischen Ökonomen und der subjektiven Wertlehre in der Ökonomie, sondern ebenso eine These der Theorie des Gesellschaftsvertrages. Sie geht von der Annahme aus, daß (mythische oder wirkliche) Individuen einen Vertrag darüber schließen, eine Gesellschaft für die von ihnen gewollten Zwecke zu bilden: Frieden, Nachlassen der Furcht, materieller Fortschritt, längeres Leben. Das Individuum existiert früher als die Gesellschaft und seine Existenz ist bei den Theoretikern des Gesellschaftsvertrages Hobbes, Spinoza, Rousseau bis zu Herbert Spencer eine vorgängige Bedingung ihrer Errichtung. Der Marxsche Gedanke ist, daß der Mensch nur in Gesellschaft existiert, und daß diese genauso eine Bedingung seines menschlichen Lebens ist wie der Mensch in seiner biologischen Aktualität und menschlichen Po-

von Arbeiten über slawische bäuerliche Institutionen und die orientalischen Gemeinden; dazu gehören auch die Schriften von Maine und Phear. (Phear macht die detailliertesten Angaben, gibt freilich wenig Belege kollektiver gemeindlicher Organisationen oder Institutionen; darüber hinaus sind seine Rekonstruktionen der Vergangenheit spekulativ.) Im ersten Kapitel[122] sind Marxens Studien über Bauerngemeinden dargestellt worden, hier sollen einige untergeordnete Fragen behandelt werden.

Die erste betrifft die Unterscheidung von Gemeinde oder Gemeinwesen und Kollektivität. Derartige Gemeinden können ländliche oder städtische sein, und in der Tat ist es für Völker, Gesellschaften und Zivilisationen, deren Zusammensetzung überwiegend bäuerlich ist, charakteristisch, daß die städtischen Institutionen von den ländlichen stark bestimmt sind. So sind für das Rußland des 19. Jahrhunderts Produktionskollektivitäten (Artel) beschrieben worden, die bäuerlichen Ursprungs sind.[123] Kollektive Institutionen der Produktion oder Konsumtion sind sowohl in Osteuropa bis ins neunzehnte und sogar im zwanzigsten Jahrhundert, aus der Frühgeschichte Griechenlands und Roms, aus dem alten Orient und anderswoher bekannt.[124]

Marx hat das Problem der gemeindlichen Kollektivität in der Diskussion von Caesars Gallischem Krieg, Tacitus' Germania und der germanischen Mark, der Markgenossenschaft, des russischen *mir,* der südslawischen *zadruga* sowie der orientalischen Gemeinde aufgeworfen. Er schließt seine Morganaufzeichnungen mit einer Reihe eigener, zusätzlicher Exzerpte aus Caesar, Tacitus und Justus Lipsius, dem Kommentator des Tacitus, die sich bei Morgan nicht finden und zum größeren Teil die kollektiven Institutionen der alten germanischen Völker betreffen. Daß er das Problem der Gemeinde in Indien im Sinne hatte, geht aus seiner irrtümlichen Zitierung von Phears Buch »The Aryan Village« als »The Aryan Commune« hervor; die Untersuchung des Dorfes sollte teilweise zu diesem Problem beitragen.[125] Die Morganexzerpte enthalten von Marx hinzugefügtes Material über die südslawische *zadruga,* den russischen *mir* und verwandte Institutionen, und auch in den Maineexzerpten gibt es Ausführungen über das gemeindliche Leben.

Die Unterschiede zwischen öffentlichen und privaten Verhältnissen und Praktiken in der archaischen gemeindlich-kollektiven Organisation hatte Marx erst ansatzweise untersucht, und ebenso hat er den Übergang von Status zu Vertrag in der Periode der Auflösung der alten Gentes als gegeben hingenommen. Der Gegensatz von öffentlichem und privatem Eigentum im Zustand der Zivilisation steht der im primitiven Zustand üblichen kollektiven Nutzung gegenüber. Für Marx wie für Morgan und Maine galten die alten Gentes als Kollektivitäten, mit dem Unterschied, daß Maine den Aufstieg des Individuums, des individuellen Eigentums, seiner rechtlichen und moralischen Position, verherrlichte, während Morgan das Aufkommen des Eigentums, die dominierende Rolle des Eigentums in der Zivilisation und seinen schädlichen Einfluß auf den Menschen und seine geistige Verfassung beklagt. Engels stimmte Morgan aus voller Seele zu; Marx machte keine Einwände.

In einer Reihe der Marxschen Schriften der frühen vierziger Jahre ist die Auffassung des Menschen als eines Geschöpfs der Gesellschaft schon bestimmt ausgesprochen. Wie wir gesehen haben, hat er dieses Problem mit Bezug auf die primitive Gesellschaft nochmals kurz aufgenommen. Das Leben im primitiven Gemeinwesen, in welchem die Kluft zur Natur weder groß noch tief ist, und in dem der Mensch »sich von der Nabelschnur des natürlichen Gattungszusammenhangs mit andren noch nicht losgerissen hat«, steht im engen Zusammenhang mit der früheren Auffassung und wurde in den Exzerptheften zu Maurer, Kovalevsky, Morgan, Maine, Phear und Lubbock wieder aufgenommen. Das Verhältnis des primitiven Gemeinwesens zur Individualität des Menschen hat Marx nicht nur in Entgegensetzung zu Maine, sondern ebenso zu Hobbes und Rousseau thematisiert. Das Problem des Übergangs aus dem primitiven Gemeinwesen wurde für sich und zum Verständnis des gesellschaftlichen Übergangs aus dem anfänglichen Zustand des Urkommunismus und dem nachfolgenden Zustand einer in Klassen gespaltenen Gesellschaft in einen Kommunismus unter Bedingungen der Zivilisation aufgenommen. Für Kovalevsky, der ein ursprüngliches Leben in einer Dorf- oder Verwandtschaftsgemeinde mit gemeinschaftlichem in Intervallen umverteiltem Landbesitz ansetzte, war die Grundlage, auf welcher der Übergang aus dem primitiven Gemeinwesen sich vollzog, mit der Entwicklung des Privateigentums verknüpft. Zustrom entfernterer Verwandter und neuer Siedler brachte eine ungleiche Verteilung mit sich, welche die entfernten Verwandten und die Neuankömmlinge benachteiligte. Die engeren Verwandten, die die älteren Ansässigen waren, besaßen größere [oder besser zugängliche, fruchtbarere? – Kovalevsky vereinfacht hier. L. K.] Landstriche und verwandelten diese, in Erwartung der Verluste durch eine gleiche Verteilung, in private Anteile.[126] Im weiteren stellt Kovalevsky dann eine Theorie der Priorität des Anspruchs für begrenzte Zeiträume, zuerst von zwanzig, dann von zehn Jahren auf, was dann zu rechtmäßigem Erwerb von Bodenrechten auf Dauer führte. Marx bemerkt dazu: »Viel einfacher zu sagen: Krakehl bei groß gewordner Ungleichheit der Anteile, die bei längrer Dauer auch verschiedne andre Ungleichheiten des Vermögens, der Ansprüche etc., kurz viele andere gesellschaftliche Ungleichheit implizieren mußte, muß auf der Seite der so faktisch Privilegierten Tendenz hervorrufen, sich als possidentes zu befestigen.«[127]

Die Annahme ursprünglicher dörflicher Verwandtschaftsgemeinden mit gemeinschaftlichem Grundbesitz, Umverteilung des Landes unter den Familien in Intervallen, Hinzukommen entfernter Verwandter oder anderer Neuankömmlinge ließ Marx gelten. Ungerechtigkeiten bei der Umverteilung des Bodens schufen dabei Unruhe, und die länger ansässigen Siedler errichteten das Privateigentum zunächst als eine Verteidigung ihrer Ansprüche auf Land. [Diese Verteidigung war eine doppelte – sie sollte die früheren Rechte wahren und Übergriffe in unruhigen Zeiten verhindern.]

Die Ansiedlung in Verwandtschaftsgruppen setzt jedoch die räumliche Trennung verschiedener Zweige der Verwandtschaftsgemeinden voraus, wobei der räumlichen Entfernung eine zeitliche Distanz zur ursprünglichen Ansiedlung entspricht. Soweit stimmen Marx und Kovalevsky überein. Kovalevsky führt jedoch den Faktor des Verwandtschaftsbewußtseins als »causa efficiens« ein und geht nicht von dem Faktum der Trennung in verschiedene Zweige der Deszendenzlinien aus. Mit Hinweis darauf wendet sich Marx gegen eine Einführung des Faktors des Bewußtseins in die Geschichte.[128]

Nach der Marxschen Lesart von Kovalevsky haben die Ansiedlung von Verwandtschaftsgruppen in Dörfern, der Zustrom von Außenstehenden und die Reaktion der älteren Ansiedler die sozialen und ökonomischen Ungerechtigkeiten geschaffen. Die mystischen Umkehrungen Kovalevskys werden damit zurechtgerückt und seine überflüssigen Zutaten eliminiert. Soziale und ökonomische Ungleichheit beruht so auf Faktoren der Gesellschaft und der Ökonomie, die der Verwandtschaftsgemeinde inhärent sind, sowie zugleich auf äußeren Beziehungen: der Verzweigung kollateraler Linien gemeinsamer Deszendenz, der Rückkehr von einigen von ihnen und anderen Migrationsfaktoren. Die gesellschaftlichen Vorkehrungen, die zum Privateigentum führen, werden getroffen, um bereits bestehende Ungerechtigkeiten in der Verteilung gesellschaftlichen Reichtums aufrechtzuerhalten oder um diejenigen gegen zu erwartende soziale Unruhen zu schützen, die aus diesen Ungerechtigkeiten bereits ihren Vorteil ziehen. (Da diese Gemeinwesen der Natur nahe sind, werden natürliche Vorzüge des einen Gemeinwesens vor dem anderen die internen Ungerechtigkeiten verschärfen und damit einen weiteren Zustrom von Familien von einem Gemeinwesen ins andere verursachen.)

Die Theorie des Verfalls von ursprünglicher Gleichheit, Brüderlichkeit und Kommunismus auf Grund von internen Faktoren muß mit dem Faktor des Austausches zwischen Gemeinwesen in Verbindung gebracht werden, mit dem Ware und Warentausch ihre geschichtliche Laufbahn beginnen.[129] Dies ist ein dem zuerst genannten Faktor entgegengesetztes dialektisches Moment, denn es schließt die Verinnerlichung eines äußerlichen Verhältnisses – Austausch zwischen Gemeinwesen – durch das betreffende Gemeinwesen ein; damit wird das innere Verhältnis der Warenproduktion etabliert. Die zuerst genannte Theorie dagegen erklärt das Aufkommen der Ungleichheiten durch eine Veräußerlichung von inneren Verhältnissen und ihre Verinnerlichung durch Einwanderung, Rückkehr der kollateralen Verwandten, usw. Marx hat innere und äußere Faktoren nicht zusammenbringen können, da seine Studien durch seinen Tod abgebrochen wurden.

Die von Engels vorgetragene Theorie des Zerfalls der alten Gemeinwesen haben wir teilweise schon wiedergegeben: die subjektiven Faktoren von Habgier usw., der objektive Faktor der Akkumulation von Eigentum im Gemeinwesen. Besonders im Hinblick auf das primitive Gemeinwesen der Germanen, die Markgenossenschaft, hat auch Engels in gemeinschaftlichem Besitz und Nutzung des Bodens durch die dörfliche Verwandtschaftsgemeinde die ursprüngliche Ordnung gesehen. Engels zufolge wurde die Blutsverwandtschaftseinheit durch Bevölkerungszunahme und weitere Entwicklung des Volks aufgebrochen. Aus dieser ursprünglichen Einheit entstand das System des »Urdorfs« und der »Dorfkolonien«.[130] Dieselbe Annahme findet sich in einer späteren Untersuchung von Engels über die Mark, wo er sogar annimmt, daß das gesamte Volk ursprünglich eine einzige Markgenossenschaft war, aus der das System der Mutter- und Tochterdörfer entstand.[131] In seinen Anmerkungen zu der Marxschen Darstellung der Anfänge des Warentausches hat Engels für die Anfänge des Austauschs den Faktor überschüssiger [gesellschaftlicher] Produkte eingeführt.[132]

Die Faktoren wachsender Bevölkerung und weiterer Entwicklung des Volkes, was immer dies heißen mag, sind wirklich oder scheinbar innere Faktoren sozialgeschichtlicher Entwicklung. Das System der Mutter- und Tochterdörfer erscheint in diesem Zusammenhang als ein Faktor äußerer Verhältnisse, die in dieser Entwicklung eine Rolle spielen, es wurde jedoch von Engels als gesellschaftliche Bewegung eines einzelnen Systems verstanden, die sich im Innern des gesamten sozialen Lebens eines einzelnen Volks abspielt. (Es ist der Übergang von einem internen zu einem externen Faktor.) Ebenso ist die These überschüssiger gesellschaftlicher Produkte der Übergang zu einem äußeren Verhältnis, dem Austausch von Waren zwischen Gemeinwesen. Engels hat diese Faktoren nicht zusammengebracht, sondern sie hier und dort unverbunden stehen lassen. Weder werden die Übergänge ausdrücklich gesetzt, noch werden sie auf ihre Folgen bezogen – die historische Entwicklung voneinander getrennter Gemeinden mit Warenaustausch und Warenproduktion, also Veräußerung der Produkte, Entfremdung der Menschen voneinander und von der Natur, Antagonismen im Innern der Gemeinwesen, die keine Gemeinwesen mehr sind, sowie Antagonismen zwischen ihnen. Der Übergang zur Zivilisation, den Engels gesetzt hatte, ist von den vorhergehenden Verhältnissen getrennt.

Die Faktoren verbesserter Technologie, Entwicklung der naturbeherrschenden Wissenschaft, Einführung neuer Züchtungen von Pflanzen und

Tieren, neue Werkzeuge (Pflug, Windmühle, Entwicklung der Metallbearbeitung usw.) werden in diese Überlegungen nicht einbezogen. Vielleicht sind sie in der Engelsschen Wendung von der »weiteren Entwicklung des Volks« in seinem Aufsatz »Fränkische Zeit« mitgemeint, doch ist die Formulierung zu unbestimmt, um das zu entscheiden.

Bei Engels fehlt völlig die Wechselbeziehung der verschiedenen Faktoren subjektiver und objektiver, innerer und äußerer, formaler und inhaltlicher Verhältnisse des gesellschaftlichen Lebens der primitiven Völker. Bei Marxens Tod waren diese Beziehungen als disjecta membra stehen geblieben. Es läßt sich nicht sagen, daß Engels sie in einem dialektischen System zusammengebracht hätte, obgleich seine Beiträge sowohl zur subjektiven wie zur objektiven Seite dieser Problematik bedeutender sind, als in den folgenden Generationen angenommen wurde; die seine Tradition fortsetzenden Arbeiten sind eher einseitiger gewesen und haben also seinen Ansatz nicht allgemein weiterführen können.

2. Asiatische Gesellschaft und Produktionsmittel

Sowohl in den Phear- wie in den Maineexzerpten hat Marx zwischen dem orientalischen und europäischen Geschichtsverlauf scharf unterschieden. Selbst den vorsichtigen Versuch von Phear, den Begriff des Feudalismus auf asiatische Verhältnisse anzuwenden, hat er lächerlich gemacht und Maines Schilderung der orientalischen Monarchie von Runjeet Singh im Kontrast zur europäischen stillschweigend unterstützt. Ebenso ist er Kovalevskys Theorie des Feudalismus im traditionellen Indien entgegengetreten.[133] Dementsprechend unterschied Marx, wie Phear, zwischen dem indischen und dem westeuropäischen Dorf. Während der Zeit seiner journalistischen Tätigkeit in den fünfziger Jahren hatte Marx die Entwicklung in Asien, besonders in China und Indien, verfolgt. Unabhängig davon, ob die weitere Entwicklung Asiens mit der europäischen Geschichte konvergieren würde, verwarf er den Gedanken eines bis dahin gemeinsamen Geschichtsverlaufs.

Engels ging von der Voraussetzung aus, daß die »Produktion aller früheren Gesellschaftsstufen ... wesentlich eine gemeinsame (war), wie auch die Konsumtion unter direkter Verteilung der Produkte innerhalb größerer oder kleinerer kommunistischer Gemeinwesen vor sich ging.« Die gesellschaftliche Teilung der Arbeit untergräbt die Gemeinsamkeit der Produktion.[134] Dies sind allgemeine Gesetze, die geographische Variation ausschließen. Zuvor hatte Engels von der Zähmung, Züchtung und Wartung des Viehs in Asien gesprochen und gezeigt, daß die Hirtenstämme sich mit der ersten großen gesellschaftlichen Teilung der Arbeit von der übrigen Masse der Barbaren absonderten.[135] In der späteren Passage sieht Engels als Folge der [gesellschaftlichen] Teilung der Arbeit die allmähliche Entwicklung der Warenproduktion und des Austausches zwischen Individuen; an der früheren Stelle gehen die Herden allmählich in Privatbesitz über, und der Austausch zwischen den Individuen wird allmählich vorherrschend. Demnach entspricht die asiatische Entwicklung der für die Menschheit allgemein geltenden Regel.

Wittfogel hat Engels Schwanken für und wider die Annahme der Existenz der asiatischen Gesellschaft als »eine der großen Gesellschaftsordnungen« vorgeworfen. In seinen Schriften vor und nach der Veröffentlichung des *Ursprungs der Familie* habe er die asiatische Gesellschaftsformation grundsätzlich akzeptiert, während sie im *Ursprung* als eine dem Feudalismus usw. vergleichbare historische und soziale Kategorie nicht auftauche.[136] Im *Anti-Dühring* hat Engels die Existenz des orientalischen Despotismus behauptet und ihn direkt mit dem Fortbestehen der Dorfgemeinden, die »seit Jahrtausenden die Grundlage der rohesten Staatsform, der orientalischen Despotie, von Indien bis Rußland« bilden, in Zusammenhang gebracht.[137]

Wittfogels These ist erstens, daß die orientalische Despotie eine Form der Herrschaft ist, die aus den administrativen Funktionen monopolistischer Kontrolle der Wasserversorgung und der Hydro-Technologie hervorgeht, die allgemein in den alten Staaten Asiens verbreitet ist und in einigen Fällen bis ins zwanzigste Jahrhundert fortbesteht; weiterhin, daß Lenin und Stalin zu dem Schluß gekommen seien, daß das administrative Monopol von Funktionen dieser Art eine soziale Kategorie des Politischen, der Ökonomie und Technologie darstellte, die auf die Staatsform der Sowjetunion anwendbar sei, und daß sie deswegen diese Kategorie sozialer, historischer und ökonomischer Analyse unterdrückten.

Wittfogel zeigt nicht, wie Engels mit diesem Gedankengang in Verbindung gebracht werden kann. Seinen Darlegungen im *Anti-Dühring* bescheinigt er einen »grobschlächtigen Charakter« [138], obgleich er die asiatische Gesellschaft in diesem Werk anerkannt findet; Engels wird jedoch vorgehalten, daß er hier die von ihm sonst so beredt beschriebenen rücksichtslosen Methoden der Ausbeutung durch die despotischen Herren des funktionalen Staates verbarg, und daß er indirekt zugegeben habe, daß sein Begriff von Zivilisation die orientalische Despotie nicht berücksichtigt.[139] Und doch unterscheidet sich Wittfogels Einschätzung von Engels von der Lenins und Stalins; entweder ist er dem Leser gegenüber nicht offen genug oder er hat seine Stellungnahme selber nicht hinreichend ausgearbeitet. Es handelt sich hierbei um formale und äußerliche Fragen, die den politischen Kontext, die Verwendung und die Zielrichtung der Argumente betreffen. Was den Gehalt der Wittfogelschen Analyse von Engels angeht, so muß eine von ihm nicht ins Auge gefaßte Alternative in die Überlegung einbezogen werden. Der *Ursprung der Familie* handelt nur von einer unilinearen Evolution, ebenso die englische Ausgabe des *Kommunistischen Manifests,* die Engels 1888 bearbeitete. Engels' *Anti-Dühring,* die russische Ausgabe des *Kommunistischen Manifests* (1882) und dessen deutsche Ausgabe von 1890 setzen einen multilinearen Verlauf gesellschaftlicher Entwicklung voraus. Diese Arbeiten sind entweder gemeinsam mit Marx verfaßt worden oder sie reflektieren von beiden gemeinsam erarbeitete frühere Positionen. Der gleiche Zwiespalt zeigt sich in Engels' Bearbeitung des dritten Bandes des *Kapital:* die erste Hälfte des 43. Kapitels wurde von Engels auf der Grundlage von Marxschen Materialien hergestellt: die nordamerikanischen Prärien, die argentinischen Pampas und die Ländereien der russischen und indischen kommunistischen Gemeinwesen werden hier von denen der [mittel- und west-]europäischen Pächter und Bauern unterschieden.[140] In den von Engels im Zusammenhang mit dem dritten Band des *Kapital* veröffentlichten Aufsätzen wird dagegen die Entwicklung von der bäuerlich-gemeindlichen zu der kapitalistischen Produktonsweise in gerader Linie, ohne jede Abweichung, entfaltet.[141]

Wesentlich ist nicht, daß Engels allein ein unilinearer Evolutionist und gemeinsam mit Marx ein multilinearer Evolutionist gewesen ist, entscheidend ist vielmehr, daß Engels eine Dialektik des Verhältnisses von Einem und Vielem, von Abstraktem und Konkretem, Besonderem und Allgemeinem nicht ausgearbeitet hat. Karl Korsch zufolge hat Marx vom Abstrakten zum Konkreten gearbeitet, und, insoweit seine Veröffentlichung voll entfaltete Positionen wiedergeben, bringen sie die dialektischen Beziehungen von Abstraktem und Konkretem heraus.

Die Engelssche Dialektik ist in einer Reihe von Fällen mangelhaft, weil einseitig. Wittfogels Dialektik ist ebenfalls mangelhaft, einseitig, hinsichtlich der Staatsbildung entwickelt sie jedoch die entgegengesetzte Seite zu derjenigen von Engels. Im *Ursprung der Familie* wird die Entwicklung des Staats »ganz rein« dargestellt, indem Engels von den natürlichen Verhältnissen und den Verhältnissen zu den umgebenden Gemeinwesen, Gentes, Stämmen abstrahiert. Der Prozeß der Staatsbildung vollzieht sich nach Engels gänzlich im Innern des athenischen Gentilsystems und wird durch die Auflösung und Verwandlung der sozialen und ökonomischen Verhältnisse innerhalb seiner erklärt.[142] Weder trägt Engels den veränderten Verhältnissen des Menschen zur Natur in dieser Periode des Übergangs von der kommunalen zur politischen Form gesellschaftlichen Lebens Rechnung, noch sieht er die äußeren Verhältnisse ökonomischen Austauschs zwischen Gemeinwesen, oder Eroberung. Demgegenüber hatte Marx die Ansicht geäußert, daß die Entwicklung von Produkten zu Waren aus dem Austausch zwischen Gemeinwesen und nicht zwischen Gliedern desselben Gemeinwesens entspringt.[143] »Der Warentausch beginnt, wo die Gemeinwesen enden, an den Punkten ihres Kontakts mit fremden Gemeinwesen oder

Gliedern fremder Gemeinwesen.« [144] 1894 bemerkt Engels dazu: »Heute, seit der umfangreichen Untersuchung der ursprünglichen Gemeinwesen von Maurer bis auf Morgan, kaum noch irgendwo bestrittne Tatsache.« [145] Die Lücke in der Darstellung im *Ursprung der Familie* ist um so erstaunlicher, als Engels die athenische Entwicklung in ihrer Reinheit (abstrakt) isoliert, während sich die Verwandlung der Produkte in Waren als der in der Periode der Auflösung der alten Gentes und der Bildung der politischen Gesellschaft wirksame ökonomische Faktor in der Beziehung von Gemeinwesen zueinander entwickelt. Der Vorwurf gegen Engels muß also schärfer sein als der der Ungenauigkeit (Lukács) oder des Auslassens geographischer Varianten dieses Prozesses (Wittfogel). Es handelt sich darum, daß Engels seinen eigenen Kanon negiert und ein Verständnis, geschweige denn eine Anwendung, des dialektischen Begriffs dieses Prozesses vermissen läßt.

Engels hat zwei Faktoren unterschlagen: Erstens die Wechselbeziehung zwischen Gemeinwesen, Gentes usw. in der Verwandlung von Produkten zu Waren. Die Urgesellschaft kennt keinen reinen Fall der Transformation in eine politische Gesellschaft; infolgedessen ist die Beschäftigung mit Athen als einem reinen Fall dieser Entwicklung theoretisch unsinnig, abgesehen davon, daß diese Annahme faktisch falsch ist. Nichts geschieht isoliert; darüber hinaus jedoch hat Marx, dem sich der Kanon des Engelsschen Denkens in diesen Fragen verdanken dürfte, im allgemeinen gegen den Übergang isolierter Größen zur politischen Gesellschaft argumentiert, gleichgültig ob es sich bei ihnen um Stämme, Gentes, Gemeinden, Dörfer usw. handelt. Zweitens greift der ökonomische Faktor schon während der Periode des Übergangs zur Zivilisation und nicht nur während der Periode der Zivilisation selber ein, was eine wichtige Modifikation der Engelsschen Trennung von primitivem und zivilisiertem Menschen bedeutet. Aus diesen beiden Überlegungen folgt eine dritte: die Verwandlung der Produktion von Produkten zur Produktion von Waren in der Gesellschaft und die Verwandlung des kommunalen zum zivilisierten Leben vollzieht sich nicht pari passu, so daß beide Seiten in einem äußerlichen Verhältnis zueinander stünden. Beide Prozesse sind vielmehr ineinander verschränkt, und Engels hat es unterlassen, deren ökonomische Wechselbeziehung herauszuarbeiten.

Wittfogels Position ist jedoch andererseits bis zu einem bestimmten Grade durch später veröffentlichte Zeugnisse von Marx gerechtfertigt: Marx hat seinen Einwand gegen jegliche Subsumption orientalischer historischer Kategorien unter europäische beibehalten. Er hat die traditionelle Gesellschaft Asiens scharf von der des klassischen und feudalen Europa geschieden. Wittfogel behandelt im Gegensatz zum Engelsschen Problem des Staates in statu nascendi den schon ausgebildeten Staat der Frühzeit. Am einen Ende des Wittfogelschen Spektrums der Gesellschaftsformationen stehen die einfacheren Gesellschaften ohne Staat und am anderen Ende die komplexen Gesellschaften mit dem Staat. Der hinzutretende und gemeinsame Faktor, der die verschiedenen Abstufungen politischer Entwicklung durchläuft, ist die Entwicklung der Wasserkontrolle, die gesellschaftlichen Institutionen ihrer Leitung, und die unmittelbar damit verbundene Technologie, Eigentumsrechte, usw.[146] In erster Linie sind dies Verhältnisse des Menschen zur Natur, sowie die aus ihnen sich ergebenden inneren und äußeren Einrichtungen. Zunahme des Reichtums und Akkumulation von Eigentum; die ökonomischen Beziehungen von gemeinschaftlichem zu privatem Eigentum; die ökonomischen Verhältnisse der Verwandlung von Produkten in Waren; der Warentausch als Austausch zwischen Gemeinwesen; die gesellschaftlichen Verhältnisse im Innern der Gesellschaft, wie die Auflösung von Institutionen, die den von Morgan und Engels beschriebenenen alten Gentes vergleichbar sind; die subjektiven Faktoren der Individuen in der Gesellschaft und die inneren Faktoren gesellschaftlicher Entwicklung, die von Morgan und Engels erörtert wurden, werden von Wittfogel ebensowenig aufgenommen, wie die anderen genannten Punkte. Er behandelt demgegenüber den äußeren gesellschaftlichen Faktor der Eroberung im Kontext einer bereits in Klassen gespaltenen Gesellschaft, die den Staat ausgebildet hat.[147] Das dialektische Verhältnis des Menschen zu seiner Naturumgebung im Prozeß der Bildung komplexer Klassengesellschaften und das Verhältnis des Menschen zu seiner äußeren gesellschaftlichen Umgebung werden von Wittfogel zwar diskutiert, nicht aber die inneren Verhältnisse und der im Innern der Gesellschaft selber sich vollziehende Prozeß der Herausbildung ihres Staats. Hier liegt jedoch das hauptsächliche Interesse von Marx in seiner Kritik an Kovalevsky, Morgan und Maine; Engels folgt ihm hier. Die Dialektik der internen gesellschaftlichen Faktoren als die ihrer Wechselbeziehung mit externen Faktoren im Prozeß der Entstehung und Herausarbeitung des Staats, ist von Wittfogel nicht entfaltet worden.

Die ethnologischen Exzerpthefte von Marx stehen im Zentrum der Entwicklung der philosophischen im Verhältnis zur empirischen Anthropologie. Innerhalb der philosophischen Anthropologie ist die Theorie des Menschen als eines gesellschaftlichen Wesens und der Gesellschaft als einer ursprünglich gemeinschaftlichen Einrichtung im Gegensatz zur Theorie des Menschen als eines unabhängigen, individuellen Wesens schon seit langem aufgestellt, jedoch nicht vollständig entfaltet worden. Innerhalb der empirischen Anthropologie wurde die Entwicklung der menschlichen Gesellschaft einerseits als die der äußeren Verhältnisse, andererseits als die der inneren Verhältnisse der gegebenen Gesellschaft betrachtet. Das Verhältnis beider Seiten zueinander bleibt als dialektisches Problem bestehen.

In den Marxschen Schriften zur Ethnologie hat Engels einen Leitfaden durch die menschliche Geschichte und den sozialen Kampf gesucht. Von einem Teil, nicht dem Ganzen dieser Schriften, hat er sich leiten lassen und dabei selbst bruchstückhafte Bemerkungen von Marx in seinen Kanon aufgenommen und ebenso andere dazu ermuntert. Engels hat die Kritik an seinen Arbeiten in diese selber einbezogen und damit in einer konkreten Weise einen Beitrag zur Wissenschaft geleistet. Im Verhältnis zu Marx ist seine Rolle zweideutig, zum Teil kanonisch, zum Teil wissenschaftlich.

Marx begann in den frühen vierziger Jahren seine Veröffentlichungen als philosophischer Anthropologe, dem es ganz zentral um die empirische Untersuchung des Menschen ging, nicht aber um besondere empirische Forschungen. Andererseits waren die empirisch ethnographischen Forschungen damals nicht weit genug entwickelt, um die dem Programm der *Ökonomisch-philosophischen Manuskripte* implizite empirische Anthropologie stützen zu können. In den folgenden vier Jahrzehnten machte Marx sich sehr genau mit den empirischen Wissenschaften vom Menschen im Gange ihrer Entwicklung vertraut. Ein wichtiger Teil seiner Lektüre und Gegenstand seiner Kritik waren auf diesem Gebiet neben den genannten Autoren Ethnologen wie A. Bastian und E. B. Tylor. In dem Maße, als die Sozial- und Kulturanthropologie eine zunehmend konkrete empirische Wissenschaft wurde, ging Marx von einer abstrakten zu einer Position über, auf welcher die wissenschaftliche, materialistische Methode entwickelt wurde, und er hatte an der Bewegung teil, welche die wissenschaftliche Betrachtungsweise auf diesem Gebiet zur Geltung brachte.

ZUSÄTZE

1. Lukács' Darstellung der Sozial- und Naturphilosophien von Marx und Engels

Lukács hat in *Geschichte und Klassenbewußtsein,* a. a. O., S. 230 und 408 f., den vorgeschichtlichen vom geschichtlichen Menschen direkt getrennt; er deutet an, daß Engels diese Trennung schärfer zieht als Marx, freilich mit der gleichen Zielrichtung, und beruft sich dabei auf einen Brief von Engels an Marx vom 8. Dezember 1882 (MEW 35, S. 125).

Obgleich Lukács hier wie in vielen anderen Fragen die Werke von Marx und Engels schöpferisch aufnimmt, bleibt seine Darstellung der Naturphilosophie von Marx einseitig, selbst wenn man die Tatsache berücksichtigt, daß ihm damals verschiedene Werke von Marx (Die *Ökonomisch-philosophischen Manuskripte, Die deutsche Ideologie,* die *Grundrisse*) nicht vorlagen, die erst nach 1923 veröffentlicht wurden. In diesem Zusammenhang halten wir uns deshalb an die Positionen, die Marx im *Kapital* ausgearbeitet hat. Vgl. Lukács, a. a. O., S. 230. Lukács sieht (a) hinsichtlich des Verhältnisses des primitiven Menschen zur Natur keinen Unterschied zwischen Marx und Engels und stellt (b) für Marx eine Trennung von primitivem und zivilisiertem Menschen fest. Dies ist jedoch eine Vereinfachung, die eine sorgfältige Lektüre des *Kapital* widerlegen kann.

Dieselbe These vertritt Lukács, a. a. O., S. 407 ff. Seine Darstellung leidet an dieser Stelle an einem einfachen Fehler. Zunächst (S. 408) will er den historischen Materialismus »auf die vorkapitalistischen Zeitalter« anwenden, dann zitiert er Engels' *Ursprung der Familie* als Beleg für den »struktiven Unterschied zwischen dem Zeitalter der Zivilisation und der ihr vorangegangenen Epochen« (ebd.). Offensichtlich setzt Lukács hier die vorkapitalistischen und die vorzivilisatorischen Epochen gleich. Dem muß entgegengehalten werden, daß die Epoche des Kapitalismus und die der Zivilisation sich nicht miteinander decken. (Fourier hätte umgekehrt argumentiert.) Und in der Tat hat Engels die historisch-materialistische Methode niemals ausschließlich mit Bezug auf den Kapitalismus bestimmt, sondern schwankte in ihrer Anwendung auf die Urgesellschaft. Darüber hinaus bemerken wir einen komplexen Irrtum von Lukács, der nicht nur eine einfache Tatsache, sondern die Konstruktion selbst betrifft: er identifiziert die Entwicklung der Wissenschaft der Ökonomie mit der Ausbildung der kapitalistischen Ökonomie und der Epoche der kapitalistischen Gesellschaft. Er erklärt dies so, daß die Ökonomie als selbständige Wissenschaft erst in der kapitalistischen Gesellschaft entstanden ist (S. 407). Diese Argumentation beruht auf der Gleichsetzung der Wissenschaft, der Ökonomie, und des Gegenstandes dieser Wissenschaft, des ökonomischen Lebens, der Produktion und der Produktionsverhältnisse der Gesellschaft. Dies ist jedoch genau das, was zu beweisen war. (Das Ideal oder der Wunsch der Kapitalisten, einen Zustand des laisser faire zu haben, ist mit einem tatsächlich realisierten selbständigen ökonomischen Leben nicht gleichzusetzen. Die Selbständigkeit des ökonomischen Lebens ist nicht dasselbe wie der Wunsch oder das Bewußtsein solcher Selbständigkeit. In Wirklichkeit kommt das Bewußtsein, wie für Hegel der Philosoph, post festum.) Außerdem ist das ökonomische Leben der Periode, in der kapitalistische Verhältnisse vorherrschen nicht identisch mit derjenigen Periode, in der Produktion und Kapitalverhältnisse entstehen, lange bevor sie die vorherrschenden sind, wie in den klassischen, feudalen usw. Gesellschaften. (Da wir auf die schrittweise sich entwickelnden kapitalistischen Verhältnisse zurückschauen, läßt sich dies im übrigen nicht durch Negation als Grundlage für die Identifikation von Kapitalismus und Zivilisation nehmen.) Den ökonomischen Faktor in der Geschichte aufzusuchen, ist weiterhin nicht gleichbedeutend mit historischem Materialismus. (Dies ist oft genug von Autoren gleichen und minderen Ranges wie Lukács hervorgehoben worden.) Beschränken wir uns allein auf den ökonomischen Faktor, so treffen wir ihn in Epochen vor dem Anbruch der Zivilisation an, das heißt, in primitiven oder Urgesellschaften, in der Zivilisation, ehe die kapitalistischen Produktionsverhältnisse in der Gesellschaft vorherrschend werden, usw. In dieser Hinsicht hat Lukács das Werk von Cunow (s. unten), dem er aus anderen Gründen entgegengetreten ist (Lukács, a. a. O., S. 185, 190, 595), vernachlässigt. Es ist jedoch unklug, seine Feinde zu ignorieren. Lukács' These bleibt es, daß die Wissenschaft der Ökonomie unterm Kapitalismus entstand, als das Bewußtsein der ökonomischen Verhältnisse in der Gesellschaft in ihrer Wirkung auf andere gesellschaftliche Verhältnisse eine vorher nie erreichte Aktualität gewann. Diese These ist nicht gleichbedeutend mit der Konstatierung der Existenz jener ökonomischen Verhältnisse und ihrer Wirkung auf andere gesellschaftliche Verhältnisse.

2. *Menschengeschichte und Naturgeschichte in der* Deutschen Ideologie

Engels hat im Jahre 1888 nochmals einen Blick auf das Manuskript der *Deutschen Ideologie* geworfen und schreibt darüber in der Vorbemerkung zu seinem Buch über *Ludwig Feuerbach* (MEW 21, S. 264): »... habe ich das alte Manuskript von 1845/46 nochmals herausgesucht und angesehn. Der Abschnitt über Feuerbach ist nicht vollendet. Der fertige Teil besteht in einer Darlegung der materialistischen Geschichtsauffassung, die nur beweist, wie unvollständig unsre damaligen Kenntnisse der ökonomischen Geschichte noch waren.« Engels scheint sagen zu wollen, daß Marx und er sich auf eine »Darlegung der materialistischen Geschichtsauffassung« beschränkt hätten, und daß diese Beschränkung nur beweise, wie unvollständig, usw. Eine andere Interpretation wäre die, daß ihre Darlegung entgegen dem, daß sie sich selbst auf diese formale Fragestellung beschränkt hatten, inhaltlich beweise, wie unvollständig ihre damaligen Kenntnisse der ökonomischen Geschichte waren. (Für eine materialistische Interpretation der Geschichte müßte man nicht nur die Geschichte, einschließlich der ökonomischen Geschichte, kennen, sondern auch das System der Ökonomie unabhängig von seinem historischen Aspekt, sowie andere gesellschaftliche, sozialgeschichtliche Sachverhalte, usw.)

Die Reichweite des ökonomischen Faktors wird im dritten Abschnitt, des ersten Kapitels der *Deutschen Ideologie* über »Kommunismus, Produktion der Verkehrsform selbst« angedeutet (MEW 3, S. 70–77.) Marx hebt hier die Kollision von Produktivkräften und Verkehrsform hervor. »Verkehr« meint einerseits die Beziehungen zwischen den öffentlichen äußerlichen Einrichtungen der Gesellschaft, ihren Institutionen, und andererseits die persönliche Seite der gesellschaftlichen Verhältnisse, welche das Individuum und die Subjektivität des Menschen betrifft. Objektive und subjektive Seite werden aufeinander bezogen (S. 73): »Dagegen geht die Entwicklung in Ländern, die, wie Nordamerika [Goethe!], in einer schon entwickelten Geschichtsepoche von vorn anfangen, sehr rasch vor sich. Solche Länder haben keine andern naturwüchsigen Voraussetzungen außer den Individuen, die sich dort ansiedeln und die hierzu durch die ihren Bedürfnissen nicht entsprechenden Verkehrsformen der alten Länder veranlaßt wurden. Sie fangen also mit den fortgeschrittensten Individuen der alten Länder und daher mit der diesen Individuen entsprechenden entwickeltsten Verkehrsform an, noch ehe diese Verkehrsform in den alten Ländern sich durchsetzen kann.« Die fortgeschrittenen Individuen sind, wie wir sehen, nicht mit alten Verkehrsformen belastet; sie beginnen also mit den entwickeltsten Verkehrsformen, die diesen Individuen entsprechen. (Dies ist ein Rückschritt gegenüber der weitergehenden Formulierung der *Thesen über Feuerbach,* wo das Verbum nicht »entsprechen«, sondern »sein« ist. »Entsprechend« unterschlägt die kühnere und genauere Formulierung der Ätiologie des Fortschritts der Individuen im Verhältnis zum Fortschritt der Verkehrsform. Außerdem heißt es hier »Verkehrsform« im Gegensatz zu Verinnerlichung von Verkehr, wie sie Marx in seiner *Kritik der Hegelschen Rechtsphilosophie* und den *Ökonomisch-philosophischen Manuskripten* setzt.)

(Die Fußnote zu diesem Abschnitt der *Deutschen Ideologie* erwähnt »persönliche Energie der Individuen einzelner Nationen«, »Energie schon durch Rassenkreuzung«. Auch dies ist ein Rückzug von einer Gesellschaftstheorie, indem biologische Elemente eingeführt werden, die Marx später abweist. Nebenbei sei angemerkt, daß in diesem Text die biologischen Elemente nicht nur im primitiven, sondern auch im zivilisierten Zustand des Menschen für wirksam gehalten werden.)

Die Länder der Neuen Welt haben keine anderen naturwüchsigen Voraussetzungen als die Individuen, die sich von den ihren Bedürfnissen nicht entsprechenden Verkehrsformen befreit haben. Der Mensch kann also wählen, die Verkehrsformen bilden kein System, das als ganzes sich bewegen muß; was unnötig, irrational, unökonomisch, für die eigenen Bedürfnisse unerheblich und überflüssig ist, kann man hinter sich lassen. Dieses Bild des vernünftigen Menschen, des homo oeconomicus, – nicht nur hinsichtlich der ökonomischen Produktionsverhältnisse, usw., sondern in seinen Energien, seinen Kräften, seinen menschlichen Beziehungen – welches der junge Marx entwirft, bliebe noch im einzelnen zu erörtern.

Die Theorie der Verkehrsform wird von Marx verallgemeinert, um neue, von Interessen usw. früherer Epochen unbelastete Formen der Macht, die Kolonien des alten Karthago und Griechenland, Irland und Sizilien des Mittelalters zu erfassen. Die subjektive Seite der Verkehrsform stellt Marx in ihrem Verhältnis zur objektiven Seite dar: »Die Verwandlung der persönlichen Mächte (Verhältnisse) in sachliche« geschieht durch die Teilung der Arbeit (S. 74). Damit ist jedoch noch keine Auflösung des dialektischen Problems der inneren und äußeren Seite des Menschen gegeben; dieses Problem wird im 1. Bd. des *Kapital* im Kapitel über den Warenfetischismus beigelegt. Im Zusammenhang der *Deutschen Ideologie* ist die Problemstellung von dem Widerspruch der äußerlichen Seite von Produktivkräften und Verkehrsformen eine dialektische, während im *Kapital* beide Seiten des Menschen in ihrer Wechselwirkung mit dem Verhältnis des Warentausches in der Gesellschaft aufeinander bezogen sind: ein bestimmtes Verhältnis zwischen Menschen nimmt daher die phantasmagorische Form eines Verhältnisses von Dingen an. Damit ist nicht nur das Problem in seiner Abstraktheit, sondern die Grundlage herausgebracht, welche dafür verantwortlich ist, daß es in der konkreten Form, in der es sich in der Gesellschaft ausbildet, stillgestellt ist.

(Die Herausgeber der *Marx Engels Werke,* Bd. 3, S. IX, erläutern die Bedeutung von Verkehrsform als »die jeweilige Gesamtform der Produktionsverhältnisse«. Diese Bedeutung ist in einem Sinne enger als die oben für die *Deutsche Ideologie* geltend gemachte; andererseits übergreift sie, womit die Verkehrsform in Widerspruch kommt, so daß sie in Kollision mit sich selbst geriete. Cornu, a. a. O., S. 182, Anm. und S. 183, Anm. übersetzt »Verkehr« nach der frz. Übers., *L'Idéologie allemande,* 1968, S. 90 f., mit »rapports sociaux«. Die englische Ausgabe gibt »Verkehr als »intercourse« wieder (a. a. O.). Marx selber spricht in seinem Brief an P. V. Annenkov vom 28. Dezember 1846 (MEW 27, S. 453) von »Verkehr« im Sinne von frz. »commerce«.

III.

Verdinglichung und Abstraktion in der Gesellschaftstheorie

1. Karl Marx über menschliche Natur und Gesellschaft

Zum Verständnis der menschlichen Natur verweist uns Marx auf die gesellschaftlichen Verhältnisse des Menschen und verwehrt uns, nach Wesen zu suchen, die den Sinnen unzugänglich sind.[1] Darüber hinaus setzt er das menschliche Individuum in seinen konkreten gesellschaftlichen Verhältnissen, und nicht den in den abstrakten Menschen der politischen Ökonomen des 18. Jahrhunderts verwandelten Robinson Crusoe des Daniel Defoe.[2] Der Mensch steht zur Gesellschaft in einem wechselseitigen Verhältnis: wie die Gesellschaft den Menschen als Menschen produziert, so wird sie von ihm produziert; menschliches Handeln und Denken sind ihrem Inhalt wie ihrer Entstehungsweise nach gesellschaftlich.[3] Die Erzeugung der menschlichen Welt ist die Vergesellschaftung des Menschen: durch sie vergegenständlicht der Mensch seine Welt. Der Akt der Vergegenständlichung ist die Aneignung des Gegenstandes, dessen, was dem menschlichen Individuum gegenübergestellt ist und was es sich im Verhältnis zu sich als objektiv gegenüberstellt. Der angeeignete Gegenstand ist ihm nicht eigen, er gehört nicht seiner Subjektivität an, sondern wird als äußerlicher, im Verhältnis zu ihm formaler Gegenstand angeeignet und erst dann sein eigen. Das heißt, entgegen der These Max Stirners, der das Ich zum Welt-Eigner machte, ist der Gegenstand nicht *eo ipso* sein eigen. Vergesellschaftung und Vergegenständlichung sind wechselseitig aufeinander einwirkende Prozesse; Vergesellschaftung ist immer eine besondere, ein Bündel von Verhältnissen in einer bestimmten Gesellschaft und ein Zusammenhang sozialer Akte in ihr. Die Vergegenständlichung ist allgemein, der gesamten Menschengattung gemeinsam: das menschliche Individuum vergegenständlicht seine Welt und alle Organe seiner Individualität. Organe, welche direkt gemeinsame sind, sind in ihrer objektiven Stellung oder in ihrer Stellung relativ zum Gegenstand die Aneignung des Gegenstandes. Andererseits sind die menschlichen Verhältnisse und Tätigkeiten in der Gesellschaft die objektive Bedingung seines gesellschaftlichen Seins oder seiner Vergesellschaftung – eine universelle Bedingung der Menschengattung.[4] Das gesellschaftilche

Sein verwirklicht sich nur in seiner Besonderheit, der Einheit von Raum, Zeit und Tätigkeit einer gegebenen Gesellschaft. Es gibt keine allgemeine Gesellschaft der Menschengattung: sie existiert nur als eine Potentialität.

Die Erzeugung der menschlichen Welt ist die Vergesellschaftung des menschlichen Individuums und die Vergegenständlichung seiner gesellschaftlichen Welt, welche die Vergegenständlichung seiner selbst ist. Der Mensch wird dadurch nicht in einen Gegenstand verwandelt, sondern als menschliches Lebewesen ist er zunächst genau so Objekt, das heißt in seinem Verhältnis zu sich gegenständlich, wie er Subjekt und also in seinen inneren wie äußeren Verhältnissen für sich ist. Seine Vergegenständlichung seiner selbst ist eine Bedingung seines individuellen Seins – seine Subjektivität ist eine Bedingung seines gesellschaftlichen Seins. Infolgedessen ist jene Vergegenständlichung an sich weder eine Vermenschlichung der Menschengattung noch ihre Entmenschlichung.

Das menschliche Individuum wird unter den besonderen Bedingungen seiner Gesellschaft ein Gegenstand für sich, wodurch die objektiven und subjektiven Beziehungen ineinander übergehen. Kehrt das Objekt nicht in das Subjekt zurück, wird das Objekt zurückgehalten, so wird das Verhältnis zum Objekt ein privatives Verhältnis. Die dialektische Bewegung kommt dadurch zum Stillstand, ist so eine mangelhafte, einseitige Bewegung, und der Mensch, der aus ihr hervorgeht, ist eine einseitige und daher mangelhafte Person. Privateigentum ist der sinnlich greifbare Ausdruck dessen, daß der Mensch für sich gegenständlich ist: im Akt der Aneignung für sich selbst enthält einer dem anderen das Eigentum vor, welches er sich genommen hat. Der eine, der in seiner Subjektivität den Gegenstand sich zum Privateigentum nimmt, wird in seinem Verhältnis zum anderen und zu sich ein fremder, unmenschlicher Gegenstand.

In der Form des privaten Verhältnisses zum Eigentum ist die Vergegenständlichung des menschlichen Individuums die eines menschlichen Wesens, welches sich zu dem Gegenstand, den es durch seine Arbeit erzeugt hat, wie zu einem Ding verhält; jene Arbeit ist seine Arbeit in der Gesellschaft. Zunächst ist sein Sein ein gesellschaftliches Sein, welches sich zu anderen Wesen verhält – jetzt ist es ein Sein im Verhältnis zu Dingen. Die gesellschaftlichen Verhältnisse privater Arbeitsprozesse erscheinen nicht als die unmittelbaren Verhältnisse von Personen im Prozeß ihres Arbeitens, sondern als das, was sie sind: sachliche Verhältnisse von Personen und gesellschaftliche Verhältnisse von Sachen. Die Person ist hier die formale, äußerliche, rechtliche Seite des menschlichen Wesens; die Verwandlung von Sache und Person ist der Fetischismus der Warenproduktion und des Warenverhältnisses. Der Fetischismus, den Marx [5] als die der Gegenwart von der Vergangenheit auferlegte tote Hand begriffen hat, wird jetzt als die tote Last der Gegenwart begriffen. Jener Fetischismus ist eine Mystifikation, eine phantastische Konstruktion des Geistes, über einem Prozeß der Entmenschlichung errichtet, welcher zum Teil schon umrissen wurde: Die Vergegenständlichung ist zugleich die Erzeugung der Welt der Gegenstände durch den gesellschaftlichen Menschen und die Erzeugung des gegenständlichen Verhältnisses des Menschen zu sich selbst, des Verhältnisses seines objektiven Seins zu seinem subjektiven Sein.[6] Der Mensch ist durch und durch ein gesellschaftliches Wesen und sein Akt der Vergegenständlichung ist sowohl innerlich, reflexiv, wie äußerlich, gegenüber der ihn umgebenden Welt, ein gesellschaftlicher Akt – die Arbeit des Individuums in der Gesellschaft. Indem sich in die Gesellschaft das privative Verhältnis einschiebt und sich zum Warenverhältnis entwickelt, vollziehen wir einen Akt der Entmenschlichung und treten in ein entmenschlichtes, d. h. fremdes, unmenschliches Verhältnis ein: die von uns erzeugte Welt der Gegenstände wird zu einer Welt von Dingen, das Gegenständliche wird zum Dinglichen. Das dingliche Verhältnis ist nicht nur ein Verhältnis der warenproduzierenden Gesellschaft, vielmehr ist es allgemein eine Bedingung des Verhältnisses von Herr und Knecht, Patron und Klient, hoch und niedrig, reich und arm, mächtig und schwach. Wir unterscheiden jetzt zwischen gegenständlich, Gegenstand allgemein und Ding oder subhumanem Gegenstand.

In der warenproduzierenden Gesellschaft verinnerlicht das menschliche Individuum sein Verhältnis zum subhumanen Gegenstand genau so wie es sein Verhältnis zu anderen Menschen als zu Dingen verinnerlicht; im selben Maße verwandelt er sich selbst wie ein Ding. Gleichzeitig veräußerlicht sich der Mensch nicht mehr als Mensch, als ganzer individueller *atomos*. Sein subjektives Leben wird jetzt als Form vergegenständlicht, und in der Gesellschaft ist er eine rechtliche Einheit, Vertragspartner, Lohnarbeiter, Eigentümer usw. Zu Anderen steht er im Verhältnis dessen, was er verkauft und besitzt und wird nicht an dem gemessen, was er tut und ist, sondern an dem, was er hat,[7] sein Wert ist seine Substanz.[8]

Unsere menschliche Konstitution als ein Bündel von Verhältnissen in einer besonderen Gesellschaft wird von der Tatsache in Frage gestellt, daß wir einen Schleier dinglicher Verhältnisse errichtet und ihnen in den warenproduzierenden Gesellschaften eine fetischisierende Form gegeben haben. Nicht alle konstitutiven Elemente, Verhältnisse und Produkte sind dingliche, doch ist es die weit überwiegende Menge gesellschaftlicher Produkte, und infolgedessen werden die konstitutiven Elemente und Verhältnisse des Menschen weitgehend zu Dingen gemacht, sie schlagen in Dinge um, oder sie werden, wenn sie es nicht schon sind, als Dinge verwirklicht – was immer ihre menschliche Potentialität gewesen sein mag. Menschen oder das Menschliche der Menschengattung, die Verhältnisse, welche wir als menschliche, gesellschaftliche zueinander haben, und die Produkte der

Hand und des Kopfes, die geistige und ästhetische Produktion, die ausschließlich und einzig menschlich ist, treten auf die eine Seite, während alles übrige in der menschlichen Gesellschaft und Kultur Dinge sind, welche in ihrer Gesamtheit die Welt der Dinge konstituieren: z. B. Fabrikprodukte und objets d'art.

Verdinglichen heißt zu einem Ding machen, was kein Ding ist: einen Menschen, einen unserer konstitutiven Teile oder ein menschliches Produkt der Hand oder des Kopfes. Dem Akt der Verdinglichung ist der Akt der Vermenschlichung entgegengesetzt. Im Lateinischen war das Gegenteil des Menschlichen einerseits das Göttliche: ›humanus‹ meint das der Erde Angehörende (humus; engl. und frz. ›humble‹: niedrig, demütig); auf der anderen Seite war es im Lateinischen das Gegenteil von *res*, Ding, Sache. Gleichzeitig ist das Menschliche das dem Irdischen Entgegengesetzte: wir haben unsere menschliche Macht mystifiziert und sie auf phantastische Weise in göttliche Macht verwandelt. Das Gegenteil menschlicher Akte und ihrer Produkte sind Serienarbeit, Routinearbeit, Manufakturarbeit nach vorgegebenen Mustern, Arbeit an Fließbändern durch Rationalisierung, Mechanisierung, Automatisierung von Maschinen wie Menschen, die in Heimarbeit Michelangelos kopieren. Paul Goodman hat davon gesprochen, wie Menschen in Personal verwandelt werden. Damit stellen wir nicht in Frage, daß menschlichen Bedürfnissen entsprochen wird: Serienproduktion von Schuhen und Wohnungen, die tausenden vor ihnen genau gleichen, Serienproduktion von Holzornamenten, die an der Traufe, über Toren und Eingängen hängen und in großer Stückzahl von Laubsägearbeitern fabriziert werden.

Verwandlung von Menschen in Sklaven. Kaufen und Verkaufen eines menschlichen Körpers, Kaufen und Verkaufen menschlicher Arbeitszeit. Durch Vertrag zwischen formell freien Parteien langfristig gebundene analphabetische Arbeiter. Zwang oder Lockung zur Migration von Völkern. Menschenhandel, Menschendiebstahl, Sklavenhandel: Sklaverei und gebundene Arbeit als bestimmendes Element des Rassismus und durch ihn verinnerlicht, Kastenausschließungen, Rassenausschließungen, religiöse Vertreibungen und Ausschließungen, Inquisitionen, Pogrome, Religionskriege, Einkerkerungen, Todesmärsche, Todeslager, Todesfoltern. Die Geschichte der Menschheit übertritt die Grenze zwischen Realität und Paranoia. In ihren realistischen und paranoischen Formen deckt die Verdinglichung einen gewaltigen Teil, wenn nicht das Ganze des Katalogs menschlicher Unmenschlichkeit. (Das englische Wort für Verdinglichung ist »reification«, ein farbloses Wort, dessen Abstand zur direkten Erfahrung seines Inhalts an dem Abstand seiner latinisierten Form von der lateinischen Wurzel sich messen läßt. Morris Raphael Cohen hätte es durch »thingification« ersetzt, ein häßliches Wort für eine häßliche Sache.)

Die Welt der Dinge ist nicht mit der Welt der Natur identisch; so gehört der Mensch der Welt der Natur an, nicht aber der Welt der Dinge. Diese ist einschließlich der vom Menschen produzierten Dinge nicht statisch, und die Schranke zwischen Menschlichem und Dinglichem ist realiter nicht undurchdringlich. Zunächst ist das Menschliche ein Teil unseres Daseins und unserer Verhältnisse, welcher einst vormenschlich war, sodann gehen wir in unserem alltäglichen Leben von der Welt des Menschen in die der Dinge über und umgekehrt. Mit unserem Kopf und unseren Händen verwandeln wir die Dinge in menschlichen Stoff und, allgemeiner, Naturstoff in menschlichen, indem wir Pflanzen und Tiere domestizieren. An anderer Stelle habe ich gezeigt[9], daß einige menschliche Gemeinwesen sich in nomadischen Zyklen bewegen; die von ihnen domestizierten Tiere bewegen sich in Zyklen des Nomadismus unter der Herrschaft menschlicher Kultivierung, das heißt, unserer Kultur. Eben jene Tiere nomadisierten aber bereits im wilden Zustand, ehe sie domestiziert wurden, und wir, oder einige von uns, die Hirtennomaden, haben sie dazu gebracht, unserer kulturellen Herrschaft sich zu fügen und ihr natürliches Nomadisieren seiner menschlichen und in diesem Sinne kulturellen Form anzupassen. Anpassung beruht auf wechselseitiger Einwirkung, doch ist der Mensch in dieser Wechselbeziehung das dominante Wesen. Unter den von uns domestizierten Pflanzen und Tieren sind schöne Dinge, wie Pflanzen, die wir anbauen, und schöne Objekte, wie die Bewegung von Pferden. In unserer Subjektivität finden wir Schönes in der Natur, Schönheiten, die eigentlich und doch subjektiv so genannt werden, und wir unterscheiden sie von ihrer Karikatur, die John Ruskin als »pathetic fallacy« bezeichnet hat, welche uns menschliche Gefühle aus Szenen der Natur herauslesen läßt: lächelnde Seen, drohende Wolken. (Georg Simmel, der über Naturschönheit geschrieben hat, dachte dabei ganz offensichtlich an unser subjektives Verhältnis zur Natur.) Die Schönheit, welche wir domestizierten Produkten abgewinnen, ist in ihrem objektiven Aspekt mit der Domestikation von Pflanzen und Tieren verknüpft. Indem wir sie töten, uns durch sie ernähren und mit ihnen kleiden, machen wir lebende Natur zu toten Produkten oder Dingen, die nützlich sind, schön, überflüssig: dies ist die erste Bedeutung von Verdinglichung. Durch einen subjektiven Akt der Kunstfertigkeit beseelen wir die Natur und statten sie mit menschlichen Zügen aus; der Übergang von dem Prozeß der Kunstproduktion zum Produkt jenes Produktionsprozesses ist gleichzeitig dessen Vergegenständlichung. Schlimmstenfalls ist dieser Prozeß die Verwandlung des Produktes in ein Ding.

Die Unterscheidung des Menschlichen von der Welt der Natur läßt diese in unseren Augen zu Dingen werden, wodurch die Objektivität in eine Subjektivität übergeht. Das Objekt ist freilich kein Ding, denn es ist sowohl in der menschlichen wie in der dinglichen Welt anzutreffen. Vergegenständlichung und Verdinglichung sind nicht dasselbe. Während mit der Verdinglichung das Subhumane gesetzt wird, ist dies bei der Vergegenständlichung nicht notwendig so. In dem Übergang von Objektivität zu Subjektivität wird ein entmenschlichender Prozeß eingeleitet, denn in unserem Urteil haben wir das Vormenschliche in das Subhumane verwandelt. Mit der Unterscheidung menschlich/vormenschlich meinen wir allein den Unterschied von Mensch und Natur, von Kulturellem und Natürlichem, während wir mit der Unterscheidung menschlich/subhuman die Welt des Menschen von der Welt der Dinge getrennt haben. Letztere Unterscheidung ist freilich ein subjektives Urteil – wir sind damit über die Objektivität in unserem Verhältnis zur Natur hinausgegangen. Das Subhumane ist eine subjektiv konzipierte Kategorie, in unsere intellektuelle Tradition vor dem objektiven Begriff des Vormenschlichen eingeführt: ohne das Subjekt können wir nicht zum objektiven Urteil kommen. Objektiv können wir der Natur keine Hierarchie zusprechen, doch in unserer zivilisierten Tradition ist es anders. In ihr wird die objektive Ordnung der Natur in die Ordnung verwandelt, welche wir subjektiv der Natur zusprechen: Das Menschliche und das Nichtmenschliche werden in Rängen und Schichten einander zugeordnet, in einer Wiederholung unserer Handlungen gegenüber der nichtmenschlichen Welt, der wir eine Hierarchie überstülpen, wie wir sie in der Umsetzung unseres subjektiven Urteils in objektives Tun, in wirklichem Handeln gegenüber der wirklichen Welt für unsere menschlichen Zwecke durchführen. Wir sprechen von jener Hierarchie des Seienden, die bereits in der Antike von der platonischen Tradition ebenso wie von der hebräischen aufgestellt wurde und dann wieder von Henri Bergson, Hans Driesch, Samuel Alexander und Alfred North Whitehead. In dieser Form ist das Verhältnis von Dingen und Menschen ein charakteristisches Phänomen von in Klassen gespaltenen und geschichteten Gesellschaften, welches unsere Verhältnisse in der Gesellschaft wiederholt. In der primitiven Mythologie ist die Schranke zwischen Menschen und Dingen durchlässiger und die Umsetzung von Wesen einer Ordnung in die andere ist häufiger und in einer bezeichnenderen Weise eine Bewegung in beiden Richtungen. Menschenwelt und Dingwelt sind aus einem Stoff und die zwischen ihnen in der zivilisierten Gesellschaft errichteten Schranken sind Übergangsstellen zwischen unseren physischen und geistigen Handlungen. Freilich sind diese mit der Trennung der zivilisierten Gesellschaft in Handarbeit und Kopfarbeit von einander getrennt worden. Die auf diesen getrennten Welten errichteten Unterscheidungen sind abgeleitete, nichts an ihnen ist objektiv gegeben, obgleich es den Platonikern so schien.

Das Verhältnis zwischen Menschenwelt und Dingwelt ist komplex: das Verhältnis selbst ist sowohl objektiv wie subjektiv, da der Mensch sowohl

Subjekt wie Objekt ist, während die Welt der Dinge als Objekt und nur in ihrer Objektivität existiert, denn es gibt kein natürliches Subjekt. Die Meinung, ein Computer denke in demselben Sinne wie ein Mensch, ist ein Anthropomorphismus, und abgesehen von der menschlichen Natur gibt es in diesem Sinne in der Natur kein denkendes Subjekt. Der Mensch ist in seiner Subjektivität dasjenige Wesen, das seine Phantasien verwirklicht, und in dieser Subjektivität phantasieren wir und bringen diese Phantasien in der Welt um und in uns zur Wirkung. In dem Maße, wie wir diese Phantasien ausführen und uns das Instrumentarium unserer Sinne aneignen und es anwenden, um diese Phantasien auszuführen, wird die natürliche, empirisch wirkliche Welt verändert. Die Menschen stellen sich phantastische Dinge vor, wie eine Welt ohne Malaria, ohne Mücken. Wir haben festgestellt, daß nicht die Luft und die Mücken die Malaria übertragen, sondern deren Parasit.

Aufgrund der universell menschlichen Kultur, die überall als Instrument der Dominanz angewendet wird, ist die Menschengattung die ökologisch dominante Spezies des Planeten. Die Fähigkeit, durch Erfindungen und Entdeckungen dominant zu sein, ergibt sich aus und ist orientiert an der Lösung wirklicher Probleme: Domestizierung von Tieren und Pflanzen, Überwindung von Krankheiten. Wir übertreten aber auch die Schranke zwischen der Lösung wirklicher Probleme mit wirklichen Mitteln und verallgemeinern jene Mittel, indem wir sie auf Gebiete ausdehnen, in denen die Lösung nicht anwendbar ist, weil das Problem sich geändert hat, das heißt, der Gegenstand ein anderer ist.

2. Verdinglichung des Bewußtseins, Verdinglichung des Klassenbewußtseins

Verdinglichung ist ein gesellschaftliches Produkt, variierend je nachdem, wie die Gesellschaft variiert. Einfache Gesellschaften sind jene, in welchen die Menschen für sich selbst arbeiten, die Einheit der Produktion nahezu dieselbe ist wie die Einheit der Konsumtion, in denen es nur geringfügige oder keine Teilung der gesellschaftlichen Arbeit gibt, in denen ein Mensch nicht für einen anderen arbeitet und in denen es eine Spaltung zwischen reich und arm, schwach und mächtig, oder eine Hierarchie der Niedrigen und Großen nicht gibt. In solchen Gesellschaften gibt es Verdinglichung – innerhalb der Familie behandeln die Menschen einander als Dinge, doch hat diese Verdinglichung eine einfache Form.[10] In Gesellschaften komplexer Struktur, die in einander entgegengesetzte Klassen gespalten und in denen Reichtum und Macht ungleich und damit ungerecht verteilt sind, ist die Verdinglichung als gesellschaftliches Phänomen in ihrer Form und in ihrem Inhalt dementsprechend komplex. Die verschiedenen Verdinglichungen sind sowohl passiv wie aktiv: erzwungene Migration ist eine Passivität, das Verkaufen der eigenen Arbeitszeit, Arbeiten für einen Anderen ist in seinem Inhalt gleichzeitig passiv und aktiv, während es seiner Form nach eine Aktivität ist: der Vertrag wird zwischen formell und objektiv freien Menschen geschlossen. Die Aktivität geht jedoch in eine Passivität über, indem man einen Teil seiner Lebenszeit, einen Teil seiner selbst verkaufen läßt.

Eine undialektische Trennung von Form und Inhalt hat Jean-Paul Sartre vorgenommen, als er behauptete, daß Worte Materie seien. Diese Aussage impliziert, daß der Schriftsteller mit seinem Material arbeitet, daß der Intellektuelle ein Arbeiter ist, sein Produkt also die Welt verändern und nicht bloß interpretieren kann. Damit nimmt Sartre das Programm von Marxens elfter These über Feuerbach auf: Bisher haben die Philosophen die Welt verschieden interpretiert, es kommt darauf an, sie zu verändern. Sartre verwandelt Überbau in Unterbau, Ariel wird Caliban, der vom Proletarier abgespaltene Intellektuelle wird eins mit ihm, Worte sind Naturbearbeitung, materieller Stoffwechsel mit der Natur, gesellschaftliches Produkt wie eine Axt. Die Axt ist ein nützlicher Gegenstand und erzeugt eine Welt nützlicher Gegenstände. Worte tun nach Sartre nicht anders ihren Dienst, und so verändern sie die Welt: eine optimistische Hoffnung. Dieser Grundsatz führt zu einer Aufblähung der Rolle des Intellektuellen in der Gesellschaft, ist Eigenreklame. Diese Bearbeitung des Geistes, und nicht der Natur, ermutigt den Schriftsteller und seine Anhänger, sich so zu verhalten, als basierte die Gesellschaft auf der Arbeit des menschlichen Individuums, auf dessen Geist und nicht auf der Welt der Natur. Die Aussage Sartres negiert die Beziehung zum Proletariat, das in der Gesellschaft die Bearbeitung der Natur durchführt. Sartre hat verstanden, daß wir unsere menschliche Macht nicht verloren haben und nicht machtlos als Kriegsbeute daliegen, doch hat er unsere Mittel, die Potentialität der Menschengattung im Kampf der sozialen Klassen zu aktualisieren, vertauscht und hat sich dabei selbst eine allzu hoffnungsvolle Rolle zugewiesen. Er sucht seine Phantasie zu aktualisieren, doch hat diese Aktualisierung an seiner Beziehung zum gesellschaftlichen Produkt und an der Natur seiner Arbeit in der Gesellschaft ihre Schranke. Er hat sich einer Passivität verschrieben, die, teils reflexiv, teils aktiv, sekundär vermittelt ist.

Ernst Bloch hat die poetische Passivität in eine Aktivität verwandelt, denn er bekämpft die Philosophie der Angst, der »Sorge« Martin Heideggers, und setzt ihr das Prinzip Hoffnung entgegen. Freilich tut er dies in einer utopischen Weise, mit einem utopischen Ziel, ohne dessen Umsetzung, die Arbeit der Gesellschaft an der Natur, sondern durch Worte in Worten – eine falsche Umsetzung.

Durch die primäre Vermittlung der Arbeit in der Gesellschaft wirkt die Menschengattung auf die Welt der Materie, und durch unsere auf die natürliche Welt gerichtete Tätigkeit schieben wir uns selbst in dieses Verhältnis ein. Der Schriftsteller hat es mit einer sekundären Vermittlung der Reflexion auf jene Arbeit zu tun; sein Tun ist wie Hamlet von des Gedankens Blässe angekränkelt. Unsere Verhältnisse in der Gesellschaft werden durch Worte verändert, diese Verhältnisse lasten auf der Arbeit der menschlichen Wesen als ihrer gesellschaftlichen Tätigkeit.

Das Verhältnis zwischen der Verwirklichung von Ideen und Plänen auf der einen Seite und der Veränderung der Welt auf der anderen Seite ist eine Dialektik der Untrennbarkeit von menschlichem Gehirn und den übrigen physischen Organen. Der Mensch ist ein gesellschaftliches Wesen, als Mensch, das heißt, als ein Wesen, das zugleich durch seine Sinne begrenzt ist und über sie hinausgeht: sinnlich-übersinnlich. Das Holz des Tisches ist ein Ding in der Welt unserer Sinne, welches wir wahrnehmen. Als Ware ist der Tisch ein Ding der sinnlichen Welt und ein übersinnliches Ding zugleich, das heißt, ein gesellschaftliches Ding.[11] Die menschliche Gesellschaft ist ebenso, wie es die menschlichen Verhältnisse sind, ein sinnlich-übersinnliches Phänomen. Diese übersinnlichen Phänomene stehen in einem dialektischen Verhältnis, welches, wie es gegenwärtig der Fall ist, die Reduktion des Menschen zum Ding ist.[12] Es ist deshalb eine mangelhafte, einseitige Dialektik. Nichtsdestowengier ist es eine Dialektik, und die produzierte Ware ist ein, wenn auch verkehrtes, menschliches Produkt. Selbst den schlechtesten menschlichen Baumeister von der Biene unterscheidet, daß der Mensch einen Plan in seinem Kopf entwirft und in seiner Arbeit mit seinem Kopf und seinen Händen vermittelt zu Werke geht.[13] Sartre hat einen treffenden Gedanken formuliert, doch beginnt er in der falschen Ordnung, nicht am Anfang, sondern in der Mitte. Die Umsetzung des Gedachten geschieht durch gesellschaftliche Arbeit.[14] Die Gesellschaft ist weder ein Ding allein des Kopfes, von Gedanken und Phantasien, noch auch gehört sie allein der objektiven Welt der Sinne an, sondern sie ist ein Verhältnis beider. Sie ist ein Verhältnis von Sinnlichem und Übersinnlichem, wie sie ein Nexus individueller Verhältnisse ist; die in diesen Verhältnissen stehenden Individuen sind wiederum, sofern wir einen Menschen, die menschliche Seite unseres Seins im Auge haben, ein Bündel von Verhältnissen zwischen der Arbeit ihrer Hände und der ihres Kopfes. Die übersinnliche Welt des Menschen ist nicht in ihrer Totalität phantastisch, sie hat aber ein Element des Phantastischen in sich und kann in dem Fall, wo die Realität unserem Zugriff entgleitet, gänzlich phantastisch werden. Zuerst ist die Gesellschaft ein gegenständliches Verhältnis, ein Bündel gegenständlicher Verhältnisse unter Menschen. In der zivilisierten Gesellschaft sind diese Verhältnisse antagonistisch gespalten und die Antagonismen werden von den Individuen verinnerlicht. Diese Beziehungen der menschlichen Individuen sind ihrerseits genau so objektiv-subjektiv wie die Menschen selbst sowohl Subjekt wie Objekt sind. Der Mensch vergegenständlicht also nicht seine gesellschaftliche Welt, die bereits vergegenständlicht ist. Der Mensch verinnerlicht die Gegenständlichkeit der gesellschaftlichen Welt, indem er seine von ihm entwickelten gesellschaftlichen Verhältnisse vergegenständlicht. Eben jene gesellschaftlichen Verhältnisse sind für sein Dasein und für seine Entfaltung als Mensch notwendig. (Siehe oben, Abschnitt 1.)

In der in Klassen gespaltenen Gesellschaft kann es nicht nur *eine* Verdinglichung geben, sie muß vielmehr entsprechend den Verhältnissen der menschlichen Individuen in ihrer gesellschaftlichen Produktion gespalten sein. Die Arbeit des Individuums ist verdinglichte Arbeit in dem Maße wie es seine Zeit in die Zeit teilt, die es verkauft und die es zu seiner eigenen unbeschränkten Nutzung zurückbehält. Der Prozeß der Teilung der eigenen Zeit ist selber eine Verdinglichung, einerseits eine Unterbrechung ihres kontinuierlichen Flusses und andererseits eine Veräußerung des Eigenen, der eigenen Substanz, an einen anderen. In der zivilisierten Gesellschaft ist die Verdinglichung, zunächst, eine zweifache. Marx zitiert dazu David Urquhart: »Einen Menschen unterabteilen, heißt ihn hinrichten, wenn er das Todesurteil verdient, ihn meuchelmorden, wenn er es nicht verdient. Die Unterabteilung der Arbeit ist der Meuchelmord eines Volks.« [15] Aufgeteilte Arbeit ist tote Arbeit, zu Ware geronnene Materie. Es ist nicht das Individuum, das dieser Aufteilung der Arbeit unterworfen wird, sondern es ist ein ganzes Volk, und so ist es keine individuelle, sondern eine gesellschaftliche Sache. Die Unterbrechung, welche die Aufteilung des Tages ist, ist gleichzeitig die Aufteilung des Produktionsprozesses in der Gesellschaft, des Arbeitsprozesses als gesellschaftlicher Arbeit, als Arbeiten für einen anderen. Diese beiden Aufteilungen machen die erste Stufe des Prozesses der Verdinglichung in der zivilisierten Gesellschaft aus. Die Abtrennung des Arbeitstages von den Stunden, die wir unsre eigenen nennen können, die Trennung fremder und eigner Zeit, eigentlicher Zeit, toter und lebendiger Zeit, ist direkt auf die Spaltung der Gesellschaft in Käufer und Verkäufer der Arbeitszeit bezogen. Die Teilung des Arbeitstages ist nicht selbst eine Verdinglichung, doch entspringt die Verdinglichung aus ihr. Die an dem Fließband in der Fabrik oder am Schreibtisch im Büro mit lebendiger Arbeit verbrachte Zeit ist tote Zeit, die dem Menschen verloren geht, nicht seine eigene ist. Es ist die Zeit eines anderen, die man aus Notwendigkeit verkauft, um leben, essen, sich kleiden zu können. Die verkaufte

Zeit gehört nicht mehr dem, der sie verkauft, es ist in ein Ding, in das Eigentum eines anderen verwandelte Zeit.

Die nicht verkaufte Zeit ist nicht einfach freie Zeit, sie ist frei nur in einem zweideutigen Sinne, denn die unfreie, die notwendige Zeit lastet auf der freien Zeit und ist mit Notwendigkeit ein Teil des Tages und des Lebens. Diejenigen, die nach diesem Gesetz arbeiten, erfahren, daß die freie Zeit unfrei ist, nichts wert, und, wenn sie sich zur Ruhe setzen, verfallen sie bald körperlich und geistig. Der Arbeiter benötigt jene Zeit, die er verkauft, und gleichzeitig ist er genötigt, die Zeit zu verkaufen, sie in Lohn und Dienst eines anderen einzusetzen. Da ihm in der Gesellschaft ein anderes Leben nicht möglich ist, benötigt er jene von anderen eingesetzte und besetzte Zeit. Epiktet hat von dem Sklaven gesprochen, der, nachdem er seine Freiheit gewonnen hat, die Erfahrung macht, daß sie eine Illusion ist und lieber im Dienst seines Herrn geblieben wäre. Die Illusion der Freiheit ist eine doppelte: erstens ist es die Illusion der Freiheit, welche der freie Mann genießt; zweitens ist es die Illusion der Freiheit, welche der frühere Sklave entdeckt, wenn er sie mit dem Zustand der Sklaverei vergleicht, den er kennengelernt hat. Die erste Illusion hat nichts mit der zweiten zu tun, denn sie wäre unter Bedingungen jeglicher Zivilisation, für den freien Mann der altorientalischen wie der modernen kapitalistischen Gesellschaft, eine Illusion. Epiktets Sklave hat seinen Zustand in Fesseln verinnerlicht, und dieser wird so zur Bedingung seines Lebens in der Gesellschaft.

Die Gesellschaft, um die es hier geht, ist die der Arbeitsteilung, deren verschiedene Glieder dem allgemeinen Erfordernis der Zuteilung freier Zeit [16] für das gemeinsame oder individuelle Wohl unterstehen. In der zivilisierten Gesellschaft ist die Verteilung des gesellschaftlichen Produkts ungleich, entsprechend dem präharmonischen Zustand unserer Zivilisation, wie ihn Fourier dargestellt hat. Dieses Charakteristikum trifft auf jede Produktionsweise zu, die asiatische, antike, feudale sowie die kapitalistische. Die ungleiche Verteilung des gesellschaftlichen Produkts konstituiert die weitere Verdinglichung des Menschen, denn ungleiche Verteilung heißt Aufhäufung des Reichtums in Händen Weniger und Verarmung der Vielen. Je größer die Ungleichheit in der Verteilung des Reichtums ist, je größer die Macht einer Person über andere, um so weiter schreitet die gänzliche Verwandlung des Menschen in ein Ding fort, bis sie zum Abschluß kommt, wenn er Sklave ist. (Nahezu, doch nicht gänzlich. Die Auffassung ist weit verbreitet, daß der Sklave, entsprechend der Definition des Sklaven im altrömischen Recht, ein Ding ist: er ist ein *instrumentum vocale,* ein Werkzeug, das sprechen kann.[17] Jene Stimme aber ist nicht dinglich, sie ist menschlich. Der Sklave wird aufgrund seines Vermögens zu sprechen, mit seinem Herrn vernünftig zu denken, sein Urteil und seine Gefühle mitzuteilen und die anderer aufzufassen, über das Vieh gestellt. Jenes Vermögen zu sprechen ist ein Eigentum. Es ist ein universelles Eigentum der Menschengattung und also ein Sklaven und Herren gemeinsames Eigentum; es ist weder privates, noch persönliches Eigentum. Seine Gemeinschaftlichkeit ist die Grundlage seiner Mitteilbarkeit.) Die Macht einer Person über eine andere verwandelt einen Menschen teilweise in ein Ding. Die Verwandlung eines Sklaven in ein Ding ist zur gleichen Zeit die Verwandlung des Herrn in ein Ding.

Die Verdinglichung der Lohnarbeit in der kapitalistischen Gesellschaft ist die Folge dessen, daß die Arbeitszeit an den Eigentümer des Kapitals verkauft wurde; dies ist auch die Bedingung für einen Vertrag über den Verkauf jener Zeit, für die die Arbeit in der Fabrik, im Büro usw. vorbereitende Stufe. Der Mensch verwandelt sich selbst in ein Ding, indem er am Produktionsprozeß in der Gesellschaft durch Teilung der Arbeit in der Fabrik teilzunehmen lernt. Er wird teilweise oder ganz zu einem Ding, im gesellschaftlichen Produktionsverhältnis wird er partiell zu einem Ding gemacht. Das Individuum antezipiert also die Bedürfnisse einer gegebenen Gesellschaft, und dadurch werden die Beziehungen des Individuums in der Gesellschaft und zu sich selbst reguliert und kontrolliert. Den Kontrollmechanismus seines Lernens als ein in der Produktion einer gegebenen Gesellschaft verdinglichtes Individuum hat es verinnerlicht; diese Verdinglichung ist ein gesellschaftliches Verhältnis, welches verinnerlicht ist; da es durch ein Verhältnis erzeugt wird, in welchem es als ein Ding behandelt wird, wird es in eben diesem Maße zu einem Ding. Die Beschränkung des Ausmaßes, in dem dies geschieht, ist ein ungeheures Problem. In seiner konkreten Form in der Gesellschaft ist das Verhältnis der Lohnarbeit ein Mittel, den Bedürfnissen von Individuum und Gesellschaft nachzukommen; Kontrolle und Lenkung der Bedürfnisse werden in der Form abstrakter gesellschaftlicher Arbeit veräußerlicht; die konkreten und abstrakten Formen der Arbeit schließen eine doppelte Entfremdung des Individuums in der gesellschaftlichen Produktion ein.

3. Verdinglichung und Personifizierung in der kapitalistischen Gesellschaft

Das Verhältnis des Individuums zu seiner Arbeit in der Gesellschaft und das des Arbeiters zu der Arbeit und dem Käufer der Arbeitszeit sind gegenständliche Verhältnisse. Kapital ist die vergegenständlichte Arbeitszeit, die Summe der vergegenständlichten und verdinglichten Abschnitte des Tages, welche zusammen den Teil des Tages konstituieren, den ein Mensch für einen anderen arbeitet, oder gesellschaftliche Arbeit, die den größten

Teil unserer Arbeiten insgesamt ausmacht. Lebendige Arbeit in der Gestalt des lebendigen Arbeiters löst aus dem lebendigen Tag einen vergegenständlichten und daher verdinglichten Teil heraus. In ihrer Summe sind die Abschnitte des Tages der Teil der Lebenszeit, welcher in einen isolierten und Sache verinnerlicht, doch ist die Subjektivität in diesem Falle eine falsche selbständigen Gegenstand verwandelt wird. Er wird als eine subjektive Subjektivität, die aus von außen herangetragenen Erfordernissen abgeleitet und nicht von innen her erzeugt ist. Der Mensch ist sowohl Subjekt wie Objekt und er ist von Anbeginn an beides gleichermaßen, während dies nicht für die Arbeitszeit gilt, die zunächst, insofern sie Arbeit für einen Anderen ist, vergegenständlicht wird: dies hat nichts mit der Frage zu tun, ob der produzierte Gegenstand schön ist, einen wissenschaftlichen Fortschritt konstituiert, usw. Diese Vergegenständlichung ist das Nichtmenschliche am menschlichen Individuum, sie ist eine Verdinglichung, die Verwandlung jenes Ausschnittes eines Menschen in ein Ding. Damit verliert das Individuum die Möglichkeit, ein Ganzes zu sein, sein Potential an Individualität ebenso wie seine Ungeteiltheit – der *atomos* wird anatomisch zerlegt. Die Selbst-Verdinglichung des Individuums ist die seine Verwandlung in einen Gegenstand im Tages- und Lebenszyklus des Individuums vorbereitende Stufe; die Vergegenständlichung ist die wirkliche Bühne, auf welcher sich die Verdinglichung abspielt; Verdinglichung und Vergegenständlichung sind nicht dasselbe. Verdinglichte Gegenstände werden in unserer Gesellschaft als subhuman, als gänzlich nicht-menschlich klassifiziert, Dinge sind Menschen untergeordnet. Die Vergegenständlichung ist andererseits ein Teil des Prozesses der Vermenschlichung, der Menschwerdung, deren anderer Teil die Subjektivierung ist. Etymologisch ist Verdinglichung des Menschen Verwandlung in den Zustand der Dingheit: ein Ding läßt sich nicht in ein Ding verwandeln, weil es dies bereits ist; man kann ein Ding nur in ein anderes Ding verwandeln, einen Menschen zu einem Ding oder ein Ding in der Phantasie zu einem menschlichen Wesen machen. Der Mensch ist beständige Trennung und Verbindung, Entgegensetzung und Zusammensetzung von Subjekt und Objekt, Übergang von einem zum anderen. Wenn die Vergegenständlichung ohne Rückkehr des Objekts in das Subjekt, das heißt ohne Rückkehr des vergegenständlichten Menschlichen ins menschliche Subjekt und ohne daß der Übergang ebenso in die entgegengesetzte Richtung vollzogen wird, angehalten wird, dann ist sie Verdinglichung des Menschen. Der Mensch ist ein komplexes gespaltenes Ganzes, und in diesem Sinne, überhaupt kein Ganzes. Ein Teil von ihm kann verdinglicht werden, und dieser Teil wird ein Ding sein, ein verdinglichter Gegenstand innerhalb eines menschlichen Kontextes. Der lebendige Arbeiter in der Form lebendiger Arbeit vergegenständlicht einen Teil seines Tages und seiner Lebenszeit. Die gegenständliche Zeit wird erstens verdinglicht, insofern sie der für die Herstellung von Dingen aufgewendete Teil der Zeit ist. Zweitens wird die Arbeitszeit in ein Ding verwandelt, da sie der aufgehaltene, vom Subjekt oder von dessen subjektivem Dasein zurückgehaltene Gegenstand ist. Drittens wird die Arbeitszeit verdinglicht, indem sie verkauft, gekauft und Gegenstand eines Vertrages wird. Was die erste Bedingung der Verdinglichung gesellschaftlicher Arbeit angeht, so ist Vergegenständlichung nicht notwendig ein verdinglichender Prozeß; sie ist es nur unter einer besonderen, subsumptiven Bedingung gegenständlicher gesellschaftlicher Arbeit, ihrer Verwandlung in vergangne, tote, geronnene Arbeitszeit, den Teil der Lebenszeit, welcher durch den gesellschaftlichen Produktionsprozeß in eine Ware verwandelt wird, die Ersetzung eines menschlichen Verhältnisses, in welchem der Mensch als ein Ding behandelt wird, das er zu sich selbst als zu einem Ding in Beziehung gesetzt hat. Seine Arbeitszeit erscheint als ein Verhältnis von Dingen; die produzierte Ware ist ein Ding, und die Ersetzung des menschlichen Verhältnisses durch das dingliche Verhältnis in der gesellschaftlichen Produktion ist dessen Fetischform.

Das Verhältnis des Menschen zum Kapital ist sowohl objektiv wie subjektiv, doch beziehen sich diese beiden Seiten getrennt aufeinander. Im *Kommunistischen Manifest* schreibt Marx, daß das Kapital eine gesellschaftliche, nicht eine persönliche Macht ist, und bringt damit die objektive Seite des Verhältnisses zum Ausdruck.[18] Nach seiner subjektiven Seite ist der Kapitalist personifiziertes Kapital – mag er außerdem noch Handwerker oder Vater sein, so ist der Kapitalist dennoch in seiner Subjektivität die Personifizierung des Kapitals. Die Zirkulation des Geldes als Kapital oder die Verwertung des Wertes faßt Marx als den subjektiven Zweck des Kapitalisten und fügt hinzu: »und nur soweit wachsende Aneignung des abstrakten Reichtums das allein treibende Motiv seiner Operationen, funktioniert er als Kapitalist, oder mit Willen und Bewußtsein begabtes Kapital.« [19] Die zunächst subjektive Personifizierung des Kapitals ist in ihrem treibenden Motiv etwas gänzlich Innerliches. Bewußtsein und Wille des Kapitalisten liegen in der Abstraktion, der Aneignung abstrakten Reichtums, des Geldes. Die Verwertung des Werts des Kapitals ist der objektive Inhalt der Zirkulation des Geldes als Kapital; es ist der subjektive Zweck des personifizierten Kapitals. Die Personifizierung ist die Veräußerlichung des menschlichen Individuums, welches in diesem Verhältnis als *auri sacra fames,* verdammter Hunger nach Gold, existiert. Die Produktion von Gebrauchswerten oder die Befriedigung menschlicher Bedürfnisse durch menschliche Arbeit ist nicht das Ziel des Kapitalisten, seine Motive sind Profitstreben, Gier nach Tauschwerten, die subjektive Seite des Verhältnisses von Individuum und Kapital, welche es als den objektiven Inhalt der Zirkulation des Geldes usw. veräußerlicht. (Man wird erkennen, daß die Gegensätze Philanthropie-Misanthropie oder Altruismus-Egoismus nicht in besonderer Weise mit dem Produktionsprozeß des Kapitals und seiner Zirkulation zu tun haben; sie betreffen andere gesellschaftliche Beziehungen, die von Max Weber, Ernst Troeltsch, P. Sorokin, Talcott Parsons und anderen dargestellt worden sind.) Der Kapitalist ist die Subjektifizierung des Kapitals oder das Kapital ist die Veräußerlichung der Subjektivität des Kapitalisten. Zusammengenommen bilden sie ein Ganzes, wobei der Kapitalist sein objektives Dasein als Kapital hat und das Kapital sein subjektives Leben ist. Dies ist ein unmenschlicher, geistloser Zustand, weil das Objekt als Kapital, Geld, Ware ein Ding bleibt, während das Subjekt im Streben nach diesen Objekten sein Dasein hat. Das Objekt ist vom Subjekt getrennt, es ist ein Ding und vermag so nicht ins lebendige menschliche Subjekt zurückzukehren. Zunächst gehörte es nicht dem Subjekt an, denn es lag außerhalb des menschlichen Bereichs. Das Subjekt wird stillgestellt, von dem Übergang in seine eigene Gegenständlichkeit abgelenkt, geht zu einem ihm fremden Gegenstand über und wird so in ein Ding verwandelt. Als Personifizierung des Kapitals – ein phantastischer Vorgang, denn Personifizierung ist eine Kunstfigur epischer Dichtung und anderer Formen des Mythos – wird der Kapitalist verdinglicht.

Der Arbeiter ist lediglich von der objektiven Seite seines Verhältnisses zum Kapital her betrachtet worden; in diesen Beziehungen und durch sie wird er verdinglicht. Der Rest seiner Lebenszeit mag in rein menschlichen Beziehungen aufgehen, obgleich dies von seinem Standpunkt her schwierig ist, da die Entfremdung und Verdinglichung der Arbeitszeit auf der Lebenszeit und gesellschaftlichen Existenz des Arbeiters lastet. Gleichgültig, ob objektiv oder subjektiv betrachtet, fällt jener Teil des Tages des Arbeiters, der nicht Arbeit ist, aus dem Produktionsverhältnis der Gesellschaft heraus.

Beim Kapitalisten verhält es sich umgekehrt. Sein Verhältnis zum Kapital wird von ihm in seinem, in der Form spekulativer Unternehmungen rationalen, in der Hingabe des Geizigen an die Aufhäufung von Reichtümern irrationalen, Profitstreben ausschließlich als ein subjektives Phänomen aufgenommen. Es sind dies ganz und gar innerliche, persönliche Dinge. Doch ungeachtet dessen folgt daraus, wie wir gesehen haben, die Verdinglichung des Menschen als Käufer der Arbeitszeit ganz genau so, wie die Verdinglichung des Menschen, der dieselbe verkauft. Das Verhältnis der Verdinglichung ist deshalb im Prozeß der Kapitalbildung nicht einfach, sondern zweiseitig, je nachdem, ob es sich um die Seite des Käufers oder die objektive des Verkäufers handelt. Diese Verhältnisse sind trotz des »Volksvorurteils« der Gleichheit nicht umkehrbar; das Proletariat als solches ist weder Käufer der Arbeitszeit des Kapitalisten, noch verkauft der Kapitalist die seine an das Proletariat. Das Bewußtsein des Menschen wird variieren, je nachdem, ob es von der einen oder der anderen Seite herkommt.

In seinem Aufsatz über die Verdinglichung und das Bewußtsein des Proletariats[20] hat Georg Lukács die These vertreten, daß die Warenproduktion die Herrschaftsform der kapitalistischen Gesellschaft ist und daß sie die Verdinglichung des Bewußtseins aller ihrer Mitglieder, Proletarier und Kapitalisten, bewirkt. Lukács faßt die Gesellschaft in ihrer Totalität (siehe dazu die Bemerkung am Schluß über die gesellschaftliche Totalität und das verdinglichte Bewußtsein), die Warenbeziehung als eine Einheit, und die Wirkung der Verdinglichung auf das menschliche Bewußtsein ist in Form und Inhalt ungeteilt und durchzieht unterschiedslos die gesamte Gesellschaft. Diese Theorie hat bis heute ihre Bedeutung behalten und aus diesem Grunde ist es nötig, sie zu kritisieren und zu begrenzen: ihre Grundlage in der Marxschen Theorie ist schmal und muß verbreitert werden, ihre Reichweite ist, besonders in ihrer weiter entwickelten Form, zu groß und muß eingeschränkt werden. Methodisch geht Lukács nicht von dem Verhältnis der Arbeit in der gesellschaftlichen Produktion aus, von gesellschaftlicher gegenüber privater Arbeit, sondern von deren Resultat, der Ware, und berührt nur flüchtig den gesellschaftlichen Grund, auf welchem die Ware produziert wird.[21] Bei einem Problem, das die Dialektik der kapitalistischen Gesellschaft einschließt, ist es jedoch notwendig, mit der gesellschaftlichen Arbeit in ihren abstrakten und konkreten Ausdrucksformen zu beginnen. Daß nicht an diesem Punkt begonnen wurde, hat sich beengend auf die Theorie der Verdinglichung ausgewirkt, worauf wir noch zurückkommen werden.

Lukács folgend hat Lucien Goldmann die These vertreten, daß das Bewußtsein ein Zerrspiegel sei, denn aufgrund seines Bildungsprozesses in der Gesellschaft spiegele es die Realität nur verzerrt wieder. Demgemäß ist die Verdinglichung die unvermeidliche Konsequenz einer Warenökonomie, die alle nichtökonomischen Bereiche des Kognitiven und Affektiven von innen durchdringe. Goldmann behauptet, daß Religion, Moral, Kunst und Literatur weder autonome Realitäten seien, noch einfach Widerspiegelungen des ökonomischen Lebens. »In der *kapitalistischen* Welt neigen sie jedoch dazu, (autonom) zu werden, da ihre Authentizität durch das Erscheinen eines *autonomen* ökonomischen Sektors gesellschaftlichen Lebens, der danach strebt, sich alle übrigen Bereiche des menschlichen Lebens unterzuordnen, von *Innen her ausgehöhlt wird*«.[22] Diese These stellt der Widerspiegelung als dem ›natürlichen‹ Faktor die Kontingenz in der Konstitution des Bewußtseins gegenüber. Damit wird die These von Lukács bestätigt, daß unter dem Kapitalismus das Bewußtsein von Gesellschaft und Geschichte deswegen fortgeschritten ist, weil sich in ihm die ökonomischen Beziehungen in einer autonomen Weise entwickelt haben.[23] Goldmann schränkt das Phänomen der Verdinglichung auf die historische Epoche der Warenökonomie ein, für welche er vielleicht recht hat, vorausgesetzt, daß damit die

Setzung der Verdinglichung in anderen Formen, in anderen Gesellschaften, wie den gemeindlichen und primitiven, nicht ausgeschlossen wird. Die Entleerung von Religion, Kunst, usw. von ihrem Inhalt läßt nur deren Formen zurück, die zu den besonderen gesellschaftlichen Bedingungen der Warenproduktion in Beziehung gesetzt worden sind. Diese Theorie des Bewußtseins betrachtet den Menschen nicht universell, vielmehr ist die Form seines Bewußtseins eine konkrete Gegebenheit einer besonderen Gesellschaft. (Diese Besonderheit mit dem psychischen universale der Menschengattung, dem Bewußtsein, in Wechselbeziehung zu setzen, bleibt der Zukunft vorbehalten.)

Das menschliche Individuum ist ein gesellschaftliches Wesen und seine verschiedenen Organe, Kopf und Hand, usw. stehen mit der es umgebenden Welt der Gesellschaft und der Natur in Wechselwirkung. Das als eine Funktion des menschlichen Seins begriffene Bewußtsein schließt vielleicht seine eigene Mangelhaftigkeit ein, denn es ist sowohl durch konkrete gesellschaftliche Zwänge und allgemeine natürliche Schranken gebunden. Das abstrakte Bewußtsein reiner Reflexion muß als eine Potentialität mit der Aktualität, den Zufälligkeiten und Mängeln besonderer gesellschaftlicher Bedingungen, welche jedoch nicht ewige sind, in Wechselbeziehung gesetzt werden. In einem anderen gesellschaftlichen Zustand werden wir die umgebende Realität vielleicht weniger verzerrt, sicherlich aber in einer anderen Form widerspiegeln. Die Beschränkungen, die dem Individuum in unserem gegenwärtigen gesellschaftlichen Zustand auferlegt sind, sind mit der Mitgliedschaft in einer in Klassen gespaltenen und antagonistischen Gesellschaft, gesellschaftlicher Entfremdung, Selbstentfremdung, Verdinglichung und anderen persönlichen, unpersönlichen, subjektiven Faktoren gegeben. Durch unsere gesellschaftliche Arbeit und in ihr, sowie durch unsere gesellschaftlichen Verhältnisse sind wir zu einem Teil oder ganz zu Dingen geworden, was die Verdinglichung des menschlichen Individuums zur Folge hat, welche ihrerseits den gesellschaftlichen Zustand des verdinglichten Bewußtseins geschaffen hat. Die Theorie, die von dieser Abfolge ausgeht, ist weiter zu entfalten.

(1) Die Form des Bewußtseins steht mit dem Inhalt ebenso in Wechselbeziehung wie der ökonomische Unterbau mit dem Überbau, dem ganzen übrigen gesellschaftlichen Leben. So hatte Marx die These aufgestellt, daß das Geheimnis des Wertausdrucks nur entziffert werden könne, wenn der Begriff menschlicher Gleichheit bereits die »Festigkeit eines Volksvorurteils« besitze.[24] Da der Begriff menschlicher Gleichheit nur als ein Teil des gesellschaftlichen Überbaus angesehen werden kann, und da dieser Begriff für das Geheimnis des Warenausdrucks notwendig ist, wird damit offenkundig eine Wechselwirkung von Basis und Überbau gesetzt: durch die Entschlüsselung des Geheimnisses des Wertes, namentlich der Gleichheit

und Gleichwertigkeit aller Arbeiten, kann die Welt verändert werden. Das Bewußtsein ist eine Komponente der Tätigkeit der Weltveränderung, es ist, wenn auch in verdinglichter Form, ein aktiver Faktor. Die Form wird Inhalt als das verdinglichte Bewußtsein; es ist ein notwendiger Bestandteil des Planens, ohne welches die Welt nur in wirkungsloser Weise verändert werden kann. Die Form variiert nicht direkt mit dem Inhalt des Bewußtseins, sie unterliegt vielmehr subjektiver Variation. Vorausgesetzt ist jedoch, daß in der kapitalistischen Gesellschaft eine allgemeine Beziehung beider besteht. Gleichfalls vorausgesetzt ist, daß das Bewußtsein als organisierende, planende, wirkende Aktivität mit der verdinglichten, formalen und verinnerlicht-formalen Passivität des Bewußtseins in Wechselbeziehung steht. Die Aktivität ist begrenzt und die Passivität geht über die Form von Verdinglichung und ihre Verinnerlichung hinaus, denn sie umfaßt die gesellschaftlichen Traditionen, ihre unkritische Anerkennung, Erzwingung von Passivität durch Gewalt, Furcht und Androhung von Gewalt, sowie deren Verinnerlichung. Das in sich gespaltene Individuum ist eine Passivität, die ebenso zu überwinden ist, wie die in sich gespaltene Gesellschaft.

(2) Die These der Integration von Form und Inhalt des individuellen Bewußtseins im gegenwärtigen Gesellschaftszustand hat ihre Antithese in der Trennung von Form und Inhalt als der Grundlage der Verdinglichung des Bewußtseins. Die Gesellschaft selbst ist einerseits ein Ganzes, andererseits ist sie gespalten, sie ist jedoch nicht unmittelbar verdinglicht, sondern verdinglicht sind das Individuum in der Gesellschaft und sein Bewußtsein, sowie durch sie vermittelt die Gesellschaft.[25]

In gespaltenen Gesellschaften stehen Klassen von Menschen in unterschiedlichen Verhältnissen zur Produktionsweise als Verkäufer oder Käufer der Arbeitszeit, wobei die Seite des Käufers insofern objektiv ist, als die Beziehung zu Geld und Kapital vom Käufer verinnerlicht wurde. Die durch Verinnerlichung objektive Beziehung wird seine Subjektivität, ist aber gleichzeitig seine objektive Beziehung zu seinem Dasein in der Gesellschaft und dessen objektive Bedingung. Der Akt der Personifizierung ist die Übertragung eines Attributs oder einer Gefühlshaltung aus der Welt des Menschen in die von unseren Phantasien gebildete Welt. Der Kapitalist verwirklicht seine Phantasien und wird ein von seiner Beziehung zum Kapital geschaffener phantastischer Gegenstand. Der Mensch ist ein in hohem Maße plastisches Wesen, das seine subjektive Seite sehr weitgehend und für lange Zeit unterdrücken kann, obgleich diese Unterdrückung im subjektiven Leben des Individuums ihren Tribut fordern wird. Die Unterdrückung der subjektiven Seite erzeugt ein Vakuum und setzt damit einhergehend die objektiven gesellschaftlichen Verhältnisse an ihre Stelle. Indem der Kapitalist eine Personifizierung des Kapitals wird, wird er nicht unmittelbar verdinglicht, er muß dieses Verhältnis verinnerlichen und dann im Ausleben seiner Phantasie veräußerlichen. Die Verdinglichung hat jedoch nicht mehr reales Dasein als der Kapitalist unmittelbar als Kapital, denn Verdinglichung ist ein falsches Dasein: sie verwandelt in ein Ding, was kein Ding ist. Wenn wir jedoch unsere Dingheit verinnerlicht haben, machen wir sie subjektiv real. Sie ist nicht für sich, sondern für uns real. So zu agieren, als ob sie real wäre, mag die Verdinglichung für uns real machen, doch ist eine Realität ›als ob‹ keine Wirklichkeit, sondern die Illusion von Wirklichkeit, falsche Wirklichkeit, die Ersetzung von Wirklichkeit durch Phantasie. Menschliche Realität, um die es hier geht, ist die Wechselbeziehung von Subjektivität und Objektivität; die subjektive Wahrnehmung und Definition der Realität, die Subjektivierung der Wirklichkeit und die Ersetzung der objektiven Seite des Menschen durch die subjektive ist nur die eine Seite – sie als das Ganze anzusehen, ist ebenso falsch, wie allein die objektive Seite zu berücksichtigen. Die Verfechter der ehernen Gesetze des Lohns, der Geschichte, der Bürokratie usw. sind diesem Irrtum ebenso verfallen wie Emile Durkheim, der eine bloß objektive Sozialwissenschaft konzipierte.

Wir haben gesehen, daß die Verdinglichung variiert, je nachdem, ob die Gesellschaft in sich gespalten ist oder nicht; ebenso variiert sie in ihrem Inhalt, wenn man sich den Spaltungen jener Gesellschaft zuwendet. Das Resultat des Prozesses objektiver Verdinglichung ist vielmehr eine Sache der Organisation der Gesellschaft und der Ökonomie. Seiner subjektiven Seite nach ist der Prozeß der Verdinglichung des Individuums jedoch der des mit Bewußtsein und Willen begabten Kapitals. Hier hat die Verdinglichung ihren voluntaristischen Aspekt. Die objektive Seite steht in einem anderen Verhältnis zur Organisation der Produktion, der Distribution und des Austausches in der Gesellschaft als die subjektive Seite. An anderer Stelle haben wir ausgeführt, daß der Staat nicht nur ein Organ der herrschenden Klasse zur Lenkung und Kontrolle anderer sozialer Klassen ist, da die Gesellschaft gespalten ist und ihren Staat herausbildet. Der Staat ist gleichzeitig das Organ der Gesellschaft, der herrschenden Klasse der Gesellschaft aufgrund der Lenkung und Kontrolle der subjektiven und Privatinteressen der Mitglieder der herrschenden Klasse, jener also, die über ein unverhältnismäßig großes Maß an Eigentum und damit gesellschaftlicher Macht verfügen. Diese subjektiven Interessen können mit denen der Institutionen der Gesellschaft und des Staats, z. B. bei der Zahlung und Erhebung von Steuern und Abgaben, übereinstimmen, wenn sie Hintertüren finden, um Profite zu machen, oder sie können ihnen entgegengesetzt sein. Aufgabe der staatlichen Organe wie der Steuerbehörden, Untersuchungsbeamten und dergleichen ist es, die gegensätzlichen Akte und Interessen jener Privatpersonen zu kontrollieren, wenn sie sich gegen die res publica stellen. Entscheidend ist nicht, daß es dort, wo es um große mehr als um kleine Reichtümer geht, größere Nachlässigkeit, Korruption usw. gibt; wo die Interessen denen der staatlichen Institutionen entgegengesetzt sind, müssen sie unter Kontrolle gebracht werden, und gesetzwidrige Handlungen sind in diesen Dingen Indiz des Zerfalls der Gesellschaft und ihrer Staatsorgane.[26] Der Kapitalist macht mächtige Anstrengungen, sich in seinen privaten Unternehmungen am Rande der Gesetze zu bewegen oder sie zu umgehen, und seine Arbeit nimmt eine personifizierte, subjektive Form an; sie ist eine weitgehend individuelle Sache. Der Gegensatz des Proletariats gegen den Staat und die Gesetze ist demgegenüber in seiner Aktualität durch gewerkschaftliche Organe usw. eine institutionelle, in seiner Potentialität eine kollektive Angelegenheit. Der Gegensatz der Kapitalisten gegeneinander, gegen das Proletariat und den Staat trägt den Namen des *bellum omnium contra omnes,* des Krieges aller gegen alle. Auf diese Form des Krieges hat Thomas Hobbes hingewiesen, später Malthus und in seiner modernen Form der Sozialdarwinismus.

In ihren Bildungsprozessen und in ihrem Resultat ist die Verdinglichung der Arbeit objektiv. Die Verdinglichung des Kapitalisten ist in ihren Bildungsprozessen subjektiv, in ihrem Resultat jedoch auf unterschiedliche Weise objektiv und subjektiv; für die objektive Seite weisen wir auf die Beschaffenheit der Rechtsperson in der Gesellschaft hin, welche gleichermaßen aus Lohnarbeit und Kapital besteht. Die Folge der Aufspaltung beider Klassen in eine subjektive und eine objektive Seite ist die objektive Verdinglichung der Lohnarbeit und die objektive Form ihres Verhältnisses zur kapitalistischen Gesellschaft und zum Staat, denn durch deren Institutionen distanziert sich das Proletariat vom Staat, bezieht sich nur von seiner formalen und äußerlichen Seite auf ihn und tritt zu ihm in Gegensatz. (Während der Labourregierung in England in den sechziger Jahren waren trotz der Nähe des Trades Union Congress zur Regierung wilde Streiks weit verbreitet – die Labourregierung war nicht die Regierung des Proletariats, sondern des Staates, zu dem es in Gegensatz stand.)

Als Klasse haben die Kapitalisten andererseits ihre Verhältnisse zum Kapital in ihrer Objektivität wie in ihrer Subjektivität veräußerlicht. Zunächst ist dieses Verhältnis subjektiv und innerlich, wie die Verdinglichung der Kapitalisten. Sie verinnerlichen jene Verdinglichung nicht, weil sie ihnen bereits innerlich ist, sowie sie zu Kapitalisten werden. Lohnarbeit hat demgegenüber kein subjektives Verhältnis zum Kapital und muß deshalb die Verdinglichung des Selbst verinnerlichen und sich so in ein Ding verwandeln, wie es die den gesellschaftlichen Bedürfnissen entsprechenden Dinge in Waren verwandelt.

Das Bewußtsein der Lohnarbeiter ist aufgrund ihres Verhältnisses zur gesellschaftlichen Produktion unmittelbar; durch das vermittelnde Dazwischentreten anderer Instanzen als der Lohnarbeiter selbst ist jenes Bewußtsein, welches nicht im Interesse der Lohnarbeiter agiert, falsches Bewußtsein, Umbiegung, Ablenkung des Bewußtseins des Individuums in die verdinglichte Beziehung zur Gesellschaft. Das Bewußtsein der Personifizierung des Kapitals ist verdinglichtes Bewußtsein, anfänglich vermittelt, sich selbst angemessen und kann in sich weder als wahr noch als falsch bestimmt werden: es existiert von den eigentlichen menschlichen Verhältnissen gänzlich getrennt, ist dinglich, gehört der Welt der Dinge an, ist deswegen pseudomenschlich und läßt sich von außen als falsches Bewußtsein bestimmen, doch ist diese Falschheit nicht die ihm eigene, sondern die eines anderen. Das Bewußtsein der Lohnarbeiter ist für sich und in sich seiendes Bewußtsein, seine Substantialität liegt in seiner Unmittelbarkeit, denn es hat sein Interesse verinnerlicht, subjektiv gemacht. Es lernt sein Interesse als Kollektivität. Vermittelt ist es nur in sich. Der Kapitalist ist in sich unmittelbar das subjektive Interesse, personifiziertes Kapital. Objektiv ist das Interesse des Kapitals individuell, entstammt dem Individuum, ist für das Individuum, seine Substanz ist seine Subjektivität, für sich. Objektiv trägt der Kapitalist sein privates Interesse in seine Pseudokollektivität, seine soziale Klasse und seinen Staat und verinnerlicht das Interesse nicht, welches in sich und ihm äußerlich bleibt; es wird durch äußere Gestalten vermittelt, die großen Männer, Führer, Staatsmänner, die ihre private Substanz oder ihren privaten Wert öffentlichen Würden opfern. Deshalb aber kann der Kapitalist diese großen Männer nicht mit sich identifizieren, denn einer ist dem anderen äußerlich, wohl aber kann er sich mit Staat und der Nation, dem Volk im ganzen identifizieren, denn jene öffentlichen Figuren sind dem Kapitalisten ebenso fremd wie dem Volk im ganzen, da sie Geschöpfe allein des Staates sind. Diese großen Männer sind die reine Subjektivität, welche die Kapitalisten als Klasse der Nation zur Verfügung stellen. Die Kapitalisten erkunden ihr Interesse als Individualität; ihre Substanz ist die für sich seiende Subjektivität und sie veräußern diese Subjektivität in der Gestalt von Staatsmännern, deren Beziehung zum Ganzen ganz äußerlich und formal ist. In diesem Sinne ist das Ganze eine falsche Kollektivität. Das Bewußtsein des Proletariats ist in sich der Ausdruck eines kollektiven Interesses, es ist der falschen Kollektivität der gespaltenen Gesellschaft und dem auf ihm errichteten falschen Bewußtsein entgegengesetzt.

In der *Heiligen Familie*[27] hat Marx zwischen dem unterschieden, was das Proletariat sich als Ziel vorstellt, und dem, was es ist, und was es diesem Sein gemäß geschichtlich zu tun gezwungen sein wird. Von Anfang an und ohne erhebliche spätere Abweichung beruht das Programm von Marx auf der Wechselwirkung von bewußter Aktivität, dem Setzen eines Zieles, und der Passivität, zum Handeln gezwungen zu werden. Das Bewußtsein des Proletariats ist in sich und substanziell unmittelbares Bewußtsein, seine Aktivität und seine Passivität sind beide objektiv und werden dann verinnerlicht. Gewöhnlich ist die Vermittlung in der Geschichte vom Einbruch falschen Bewußtseins, Pseudomaterie, begleitet; das Bewußtsein des Kapitalisten ist vermittelt, für sich und subjektiv in seinem Verhältnis von Aktivität und Passivität. Die Aktivität des Kapitalisten ist jedoch subjektiv, die Passivität objektiv, während die Aktivität wie die Passivität des Proletariats, wenigstens zunächst, objektiv ist. Die äußere Form des Bewußtseins ist seine Verdinglichung durch den Kapitalisten in der Personifizierung des Kapitals, außerdem ist sie sein innerer Gehalt, da sie als solche verinnerlicht wurde. Die äußere Form des Bewußtseins des Proletariats ist verdinglicht, als seine Passivität bleibt sie jedoch ebenso äußerlich, wie das, was es zu tun gezwungen sein wird, an sich äußerlich bleibt und die Substanz der Geschichte ist. Die äußere Form der Verdinglichung ist einheitlich, während sich die Dingheit, der Inhalt, das Produktionsverhältnis der Lohnarbeit von dem Verhältnis des Kapitalisten zur gesellschaftlichen Produktion wie Objektivität von Subjektivität unterscheidet. Die Subjektivität des Kapitalisten bleibt der Produktion in der Gesellschaft äußerlich; die Objektivität des Lohnarbeiters ist die Unterdrückung und Überwindung ihrer Verdinglichung durch die Produktion in der Gesellschaft und in der Fabrik. Die verinnerlichte Objektivität wird die Substanz des revolutionären Bewußtseins des Proletariats und die Bedingung seiner geschichtlichen Aktivität; was es zu tun gezwungen wird, wird zu seiner gesellschaftlichen Substanz, zur objektiven Aktivität des Proletariats, das sich dadurch selbst aufheben wird.

Für dieses Problem der Dialektik der kapitalistischen Gesellschaft haben wir vorgeschlagen, von gesellschaftlicher im Unterschied zu privater Arbeit auszugehen. Allein auf dieser Grundlage kann die systematische Entwicklung des Verhältnisses abstrakter Arbeit, miteinander austauschbarer, gleichwertiger und standardisierter Abschnitte der Arbeitszeit, von Arbeitstag und -stunde auf der einen Seite und konkreter, für die Produktion konkreter Produkte in einer gegebenen Gesellschaft aufgewendeter Arbeit systematisch erzeugt werden. Die Unterscheidung zwischen abstrakter und konkreter Arbeit ist, wie Friedrich Engels sich ausdrückt, die zwischen »labor« und »work«.[28] Mit der Unterscheidung von abstrakter und konkreter Arbeit, mit der Abtrennung der abstrakt vom konkreten, nützlichen Produkt abgespaltenen Arbeitszeit beginnt die Entfremdung. Die Abstraktion, welche die Arbeitszeit ist, wird weiter in abstrakte Segmente aufgeteilt, die mit Lohnberechnung, Preisbildung, Rationalisierung der menschlichen Leistung und physischen Energie im Produktionsprozeß in der Gesellschaft und in der Fabrik zu tun haben. Die Abstraktion hat keine direkte Beziehung zur konkreten Produktion nützlicher Gegenstände oder von Gebrauchswerten. Die Differenzierung von Teilung der Arbeit in der Gesellschaft und in der Fabrik verstärkt und entwickelt die Verdinglichung des Bewußtseins des Arbeiters weiter, doch ist damit die Ätiologie der Leiden des menschlichen Individuums unter den Bedingungen von Kapital und Warenproduktion allgemein und Fabrikproduktion im besonderen noch nicht vollständig. In der Tat können die verderblichen Auswirkungen der Verdinglichung auf den Menschen und auf das Bewußtsein auch übertrieben werden, wenn sie in der Kritik der kapitalistischen Gesellschaft auf Kosten der Verkrüppelung durch Antagonismus und Gegensatz in der Gesellschaft, Teilung der Arbeit in der Gesellschaft und in der Fabrik, sowie der sozialen Ungerechtigkeit, Ungleichheit und Entfremdung dargestellt werden.

Das Warenverhältnis ist kein einheitliches Verhältnis, es ist in seiner Form, nicht aber in seinem Inhalt einheitlich. Zunächst ist es nicht unmittelbar und direkt ein gesellschaftliches Verhältnis, sondern ein gesellschaftliches Verhältnis zwischen Dingen und ein sachliches oder dingliches Verhältnis zwischen Menschen, die Summe vergangener, toter, geronnener Arbeitszeit. Die Ware als Kapital wird nicht personifiziert, das heißt, vom Proletarier verinnerlicht, subjektiviert, angeeignet, vielmehr ist dies das Verhältnis des Kapitalisten zum Geldkapital. Ein menschliches Verhältnis, wie beispielsweise Freundschaft, Liebe, Lernen, Lehren, oder ein menschliches Produkt, wie ein Kunstwerk, ist in Form und Inhalt ebenso mit denen eins, die an der Freundschaft usw. teilhaben oder das Werk hören, es sehen, wie es mit seinem Komponisten, Maler usw. eins ist. In wenigen, seltenen Augenblicken aktualisiert und realisiert der Mensch in dieser Weise seine Potentialität. Form läßt sich hier nicht vom Inhalt trennen, wie dies im Warenverhältnis der Fall ist. Die Ware bildet deswegen in ihrem Verhältnis zu ihrem unmittelbaren Produzenten, zu ihrem ursprünglichen Eigentümer, Verkäufer, schließlichen Käufer und Eigentümer kein Ganzes, vielmehr ein zerstückeltes Ganzes. Sie ist ein Ding, und ihre gesellschaftlichen Verhältnisse sind dinglich. In ähnlicher Weise bildet die von der Warenproduktion und dem Warenverhältnis beherrschte Gesellschaft nur im formalen Sinne ein Ganzes oder sie ist ein zerstückeltes Ganzes, und jedes seiner Glieder ist eine in sich antagonistische, unausgeglichen Totalität.

Die Klasse der Kapitaleigentümer hat ihr Gegenteil durch ihren geschichtlichen Sieg nicht aufgehoben, vom Proletariat jedoch sagt Marx, es sei die Aufhebung seiner selbst und seines Gegenteils. Diese Aufhebung ist ein komplexes Verhältnis, denn das Gegenteil des Proletariats ist auf der einen Seite das Privateigentum, auf der anderen der Eigentümer. Beide Verhältnisse sind der Form, nicht dem Inhalt nach, eins, denn im ersten Fall handelt es sich um einen Gegensatz zu Dingen, im zweiten zu einer Person, in Wirklichkeit zur formalen Seite eines Menschen, der Personifizierung eines Dings. Das Proletariat ist und wird nicht das Absolute der Gesellschaft, absolut die Gesellschaft, denn es triumphiert nur in der Aufhebung seiner selbst und seines Gegenteils; es nähert sich seinem geschichtlichen Ende so wie die Gesellschaft, in welcher es der unmittelbare Produzent ist, an ihr Ende kommt.[29] Ehe dieser Zustand erreicht ist, bilden die beiden Seiten des Gegensatzes kein Ganzes, das heißt, sie bilden, wie wir gesehen haben, ein mangelhaftes Ganzes.

Lukács hat die Einheit des Phänomens der Verdinglichung herausgestellt[30] und die rational-unmenschliche Teilung der Arbeit, wie sie technisch, mechanisch in der Fabrik gegeben ist, angegriffen. Er fügt hinzu, daß er den Klassencharakter des Staates nicht hervorhebe, weil er die Verdinglichung als ein allgemeines, struktives Grundphänomen der *ganzen* bürgerlichen Gesellschaft begreifen wolle; andernfalls müßte der Klassenstandpunkt schon bei der Betrachtung der Maschine gelten. Dem ist entgegenzuhalten, daß keiner seiner Ausgangspunkte, einerseits der gesellschaftliche, andererseits der technische, fundierend, geschweige denn notwendig ist. Zwar hat Lukács vorgeschlagen, von der Maschine auszugehen, doch er selbst hatte Nikolai Bucharin kritisiert, weil er die technische Seite der Ökonomie mit der Ökonomie als solcher verwechselte.[31] Dies ist keine Nebenfrage, weil Lukács tatsächlich nicht von den ökonomischen Verhältnissen, sondern von Mechanisierung, Taylorismus und dergleichen ausgeht. Der von ihm eingeführte gesellschaftliche Faktor enthält einen ebenso schwerwiegenden Irrtum, denn er beginnt mit der bürgerlichen Gesellschaft als einem *Ganzen* (wie er selbst hervorhebt) und sieht in der Verdinglichung das allgemeine, struktive Grundphänomen jenes Ganzen; die Antithese zur Lehre von der Totalität hat er nicht aufgenommen: die bürgerliche Gesellschaft in ihrer gegensätzlichen, antagonistischen Verfassung. Er vertritt die These, daß die Verdinglichung die universelle Grundlage jener Gesellschaft ist und betont diesen Punkt, obgleich es in der kapitalistischen Gesellschaft neben der Verdinglichung, so wichtig sie ist, eine Reihe anderer Grundkomponenten gibt. Das Phänomen der Verdinglichung, welches den Menschen einerseits ganz oder teilweise für die Produktion von Dingen in ein Ding verwandelt und andererseits der Welt der Dinge subsumiert, ist eine Brücke zwischen Basis und Überbau der Gesellschaft. Verdinglichung als solche gehört keinesfalls zur Ordnung der gesellschaftlichen Basis, noch weniger ist sie ein Grundphänomen, ein zentrales Element der Basis. Während die Form der Verdinglichung in der Gesellschaft, womit ihre Äußerlichkeit gemeint ist, *eine* ist, variiert ihr Inhalt je nach gesellschaftlicher Klasse und damit auch der Klassenstandpunkt. Der Klassencharakter des Inhalts der Verdinglichung entsteht aus der Aufspaltung der kapitalistischen Gesellschaft in einander entgegengesetzte Klassen: von dieser Gesellschaft als einem Ganzen auszugehen, ist ein falscher Ausgangspunkt. An der oben zitierten Stelle[32] verweist Lukács den Leser auf den dritten Abschnitt seines Aufsatzes, wo der Klassenstandpunkt aufgenommen werden soll, doch beginnt er in diesem Abschnitt wiederum mittendrin, indem er eine Reihe vom Proletariat übernommener, bereits verdinglichter Formen betrachtet. Er nimmt an, daß das Proletariat die Verdinglichung aller Lebensäußerungen mit dem Bürgertum teilt. Den einander entgegengesetzten sozialen Klassen eine allen Lebensäußerungen gemeinsame Verdinglichung zuzuschreiben, ist weder ganz richtig, noch ganz falsch, doch ist die übertriebene Formulierung (*alle* Lebensäußerungen!) Symptom eines darunter verborgenen Problems: Lukács hat begonnen, das Phänomen zu untersuchen, mit dem sein Name verknüpft ist, er hat die Dialektik der Verhältnisse von Form und Inhalt, Subjekt und Objekt, Aktivität und Passivität, Basis und Überbau zum Teil entfaltet, doch bleiben noch viele Probleme bestehen.

Marx schreibt: »Die besitzende Klasse und die Klasse des Proletariats stellen dieselbe menschliche Selbstentfremdung dar. Aber die erste Klasse fühlt sich in dieser Selbstentfremdung wohl und bestätigt, weiß die Entfremdung als ihre eigene Macht, und besitzt in ihr den Schein einer menschlichen Existenz; die zweite fühlt sich in der Entfremdung vernichtet, erblickt in ihr ihre Ohnmacht und die Wirklichkeit einer unmenschlichen Existenz.«[33] Wir merken an, daß Lukács in seinem eigenen Vorstellen Verdinglichung und Selbstentfremdung einander substituiert und implizit gleichsetzt. Deutlich ist, daß Marx unter dem Stichwort der Entfremdung ein weit komplexeres Phänomen untersucht, als Lukács es sich unter Verdinglichung vorstellt, denn Marx sagt, daß die beiden sozialen Klassen dieselbe menschliche Selbstentfremdung darstellen, daß sich aber die Beziehungen beider Klassen zu diesem selben Phänomen unterscheiden. Auf der einen Seite Wohlbefinden, Bestätigung der eigenen Macht, Schein einer menschlichen Existenz, auf der anderen Ohnmacht, Gefühl der Selbstzerstörung und Wirklichkeit einer unmenschlichen Existenz. In der Tat ist die Entfremdung des Proletariats als sozialer Klasse oberflächlich, weil es sich dabei um die subjektiven Gefühle der Mitglieder jener Klasse handelt, obgleich richtig ist, daß sie sich aus Erfahrungen herleitet, welche ihr alltägliches Leben allgemein durchziehen. Als Klasse ist das Proletariat im Gegenteil, zumindest potentiell, mächtig und wird nicht durch den Schein einer Existenz, sondern in und durch deren Wirklichkeit gelenkt. Die besitzende Klasse wird durch den Schein irregeführt und verwechselt subjektive Gefühle mit objektiver Wirklichkeit: Die Ersetzung der objektiven Wirklichkeit durch die subjektive ist die Grundlage der Personifizierung des Kapitals durch seine individuellen Glieder. Die Form der Selbstentfremdung mag dieselbe sein, doch ändert sich ihr Inhalt von einer Klasse zur anderen. Weit entfernt, in allen Lebensäußerungen geteilt zu werden, ist dieses Phänomen keiner der bisher genannten Lebensäußerungen gemeinsam.

Verdinglichung und Entfremdung sind verwandte Phänomene; ein Fremder kann wie ein Ding behandelt werden, ein Ding ist oder kann unmenschlich, fremd sein. Wir veräußern ein uns gehöriges Ding an einen anderen. Jener andere kann ein Fremder sein. Andererseits muß die Trennung und Wechselbeziehung von Form und Inhalt beider Phänomene genau verfolgt werden; ihrer Form nach sind beide den entgegengesetzten sozialen Klassen gemeinsam, unterscheiden sich aber in jedem Falle in ihrem Inhalt und den Beziehungen der einander entgegengesetzten Klassen zu den Phänomenen und zueinander. Die Selbstentfremdung und die Entfremdung in der Gesellschaft sind eine Stufe, welche der Verkäufer seiner Arbeitskraft in ihrem Verkauf überschreitet; in diesem Prozeß ist der Akt der Verdinglichung ein Resultat, als Resultat des Verkaufs ein Nebenprodukt der darin eingehenden Aktivitäten. Der in ein Ding verwandelte Mensch ist das Resultat der Aufspaltung des Selbst und des Verkaufs der Arbeitszeit in der Gesellschaft; indem man für einen anderen arbeitet, verdinglicht man sich selbst; zugleich ist die Verdinglichung sowohl eine die Lohnarbeit vorbereitende Stufe, als auch deren Produkt. Entfremdung wie Verdinglichung sind beides, wenn auch nicht identische, gesellschaftliche Störungen.

Die Verdinglichung des Sklaven ist, inhaltlich betrachtet, der des Lohnarbeiters gleich, differiert aber in ihrer Form. Als gesellschaftliche Lage des Sklaven ist die Verdinglichung in ihrem äußerlichen Aspekt größer als die des Lohnarbeiters, da Sklaverei formal gebunden, Lohnarbeit formal frei ist. Der geschichtliche Fortschritt aus dem unfreien Zustand unter der Herrschaft von Sklaverei, Kastenstatus, Klientel, Gebundenheit an den Boden oder Leibeigenschaft im allgemeinen zum Zustand von Freiheit und Gleichheit hat sich in der Form der Verdinglichung der Freiheit verfestigt. Diese entwickelte sich mit dem Begriff der Rechtspersönlichkeit in Teilen Europas und Amerikas im neunzehnten Jahrhundert. Damals und seither riefen die gesellschaftlichen Verschiebungen, das jetzt offensichtlich gemachte soziale Ungleichgewicht und die Entzweiung von rechtlichen Formen der Freiheit und deren Inhalt Konflikte und Spannungen innerhalb der auf Freiheit und Gleichheit zielenden sozialen Bewegungen hervor. Die Abstraktion der Freiheit ist ihrer Konkretion entgegengesetzt. Im neunzehnten Jahrhundert hat sich das Proletariat auf die in den Verfassungen vieler liberaler Staaten und konstitutioneller Monarchien garantierte Freiheit der Rede in der konkreten Form des Klassenkampfes in diesen Ländern, der Organisation von Gewerkschaften, politischen Bewegungen, Streiks und Protesten berufen. Goldmann hat darauf hingewiesen, daß das Proletariat an den Bewegungen für Bürgerrecht und bürgerliche Freiheiten gegenwärtig nicht teilnimmt. Die Trennung des Proletariats von diesen Bewegungen ist jedoch eine Folge des Faktums, daß diese bürgerliche Freiheit nicht *seine* Konkretion ist und also für das Proletariat eine Abstraktion bleibt.

Dies ist die erste Überlegung. Die zweite ist, daß das Proletariat selber in sich gespalten ist, zum Teil als Folge seiner Verdinglichung, zum Teil neben anderen Faktoren als Folge von gesellschaftlicher Entfremdung und Selbstentfremdung; die Verdinglichung des Bewußtseins des Proletariats ist ihrerseits die Folge seiner inneren Spaltungen, die heute zunehmen.

Die Entzweiung der gesetzlichen Formalität der Freiheit und ihres Inhalts, der Zustand der Unfreiheit, werden vom Individuum, das den Konflikt in seinem Innern nicht auflösen kann, verinnerlicht, und diese Entzweiung und dieser Konflikt sind in jedem Land der Welt anzutreffen. (Offiziell stehen Großbritannien und Amerika im Gegensatz zu Südafrika und Rhodesien, die darin gescheitert sind, das Prinzip formaler, rechtlicher Freiheit zu wahren.) Die Entzweiung der Gesellschaft und die des Individuums hängen miteinander zusammen; sie bilden in diesem Sinne ein Ganzes, doch sollte jedem klar sein, daß dieses Ganze die Negation der Einheit beider und jedes von ihnen ist. Die Entzweiung von Form und Inhalt der Freiheit in formal freien Gesellschaften, in denen die Lohnarbeit als eine rechtlich gleichgestellte Partei mit dem Kapital unter der Bedingung gleicher Freiheit beider in ein Vertragsverhältnis tritt, ist allein in dieser Gesellschaft untersucht worden; die römischen Stoiker begannen der Heuchelei in der Behandlung des Sklaven nachzugehen, doch unter dem Banner der christlichen Ethik wurde dies nicht weiter verfolgt. Im Kapitalismus ist die Trennung von Form und Inhalt als die von rechtlicher Fiktion und ökonomischer Realität deutlich geworden. Darauf weist Marx hin, wenn er sagt, daß Freiheit und Gleichheit die »Festigkeit eines Volksvorurteils« angenommen haben. Sein besonderes und konkretes Bewußtsein von der Abstraktion der Gleichheit hat zu seiner Weiterentwicklung der Werttheorie über die des Aristoteles beigetragen. Wo das menschliche Bewußtsein allgemein gespalten und damit verdinglicht ist, ist die bloße Diskussion der Auswirkungen dessen noch nicht die Negation der Verdinglichung. Die wirkliche Konformität des äußeren, formalen Ausdrucks mit den gesellschaftlichen Bedingungen der Freiheit, von rechtlicher Form und ökonomischer Wirklichkeit, wird die Auflösung der Spaltung des Bewußtseins, seine Vereinigung und damit die Negation seiner Verdinglichung zustandebringen.

Während sich die Verdinglichung des Sklaven und des Lohnarbeiters in ihrer Form unterscheiden, in ihrem Inhalt aber einander gleichen, gleichen sich im Gegensatz dazu die Verdinglichung von Lohnarbeit und Kapital in ihrer Form, nicht aber in ihrem Inhalt. Von den beiden Klassen der kapitalistischen Gesellschaft wird die Verdinglichung in unterschiedlicher Form verinnerlicht, vom Proletariat wird sie von innen und direkt erfaßt, von den Intellektuellen abstrakt, und von den Kapitalisten wird sie, nachdem sie verinnerlicht, angeeignet und zu ihrem Eigentum wurde, veräußerlicht und zu einem Instrument ihrer Herrschaft gemacht.

Über gesellschaftliche Totalität und verdinglichtes Bewußtsein

Nach der These der gesellschaftlichen Totalität in den Schriften von Karl Korsch und Georg Lukács stehen alle Teile einer gegebenen Gesellschaft miteinander in Wechselwirkung. Nicht nur die rechtlichen und politischen Strukturen, sondern auch die ätherischen Formen von Kunst, Religion und Philosophie stehen mit den ihnen zugrundeliegenden und sie bestimmenden ökonomischen Strukturen in einem wechselseitigen Verhältnis. Die Totalität der Gesellschaft und das wechselseitige Verhältnis von Basis und Überbau wird von der Kritik der Verdinglichungsthese ebensowenig negiert, wie die Einheit von Ökonomie, Recht und Politik in der gegebenen Gesellschaft durch den Klassengegensatz in jener Gesellschaft zerfällt. Nichtsdestoweniger behauptet die auf den vorangegangenen Seiten entwickelte Kritik, daß die Form der Totalität sich im Bewußtsein der Mitglieder der einander entgegengesetzten Klassen in verschiedener Weise darstellt; jede von ihnen erfährt die gegebenen Strukturen anders oder verhält sich anders zu ihnen. Das Resultat der gesellschaftlichen Spaltung ist die verdinglichte Form des Bewußtseins. Die Kritik der Verdinglichungsthese negiert ebensowenig die Einheit des Inhalts und der Auffassung der gesellschaftlichen Verhältnisse. Die These von der gesellschaftlichen Totalität ist mit ihrer Antithese, den Gegensätzen der zivilisierten Gesellschaft, zu verbinden.

In der zivilisierten Gesellschaft durchschneidet die gesellschaftliche Totalität die Klassengegensätze und die Klassengegensätze durchschneiden die Einheit der Gesellschaft. Die Einheit der ökonomischen, politischen, rechtlichen Strukturen ist eine formale Einheit, die die formale Einheit der Gesellschaft formt und umgekehrt von dieser Einheit geformt wird. Gleichzeitig wird die formale Einheit vom Inhalt des Lebens in der zivilisierten Gesellschaft, den differentiellen Verhältnissen, Erfahrungen und Tätigkeiten der Menschen in diesem zunächst in soziale Klassen, dann in Nationen gespaltenen gesellschaftlichen Zustand getrennt. Die Spaltung und der Gegensatz des gesellschaftlichen Lebens und die Trennung von Form und Inhalt in diesem gesellschaftlichen Zustand stehen in einem dialektischen Verhältnis zur Trennung von Form und Inhalt des Bewußtseins aller Mitglieder der Gesellschaft, unabhängig von ihrer gesellschaftlichen Klassenzugehörigkeit. Wir haben gesehen, daß die Form der Verdinglichung des Bewußtseins in allen Teilen der kapitalistischen Gesellschaft einheitlich ist, während der Inhalt des Bewußtseins und seiner Verdinglichung je nach sozialer Klasse und auch in anderer Weise variiert.

Anmerkungen

Die Werke von Marx und Engels werden zitiert nach: Karl Marx/Friedrich Engels, *Historisch-kritische Gesamtausgabe* (MEGA), 1927–1935, mit Angabe von Abteilungs-, Band- und Seitenzahl; Karl Marx/Friedrich Engels, *Werke* (MEW), 39 Bände und Ergänzungsband (Ergbd.) in zwei Teilen, 1956 ff., mit Angabe von Band- und Seitenzahl. Die Exzerpte aus Morgan, Phear, Maine und Lubbock werden zitiert nach: *The Ethnological Notebooks of Karl Marx,* hg. von Lawrence Krader, Assen: Van Gorcum 1972 (im folgenden: *Notebooks*); die Seitenzahlen beziehen sich auf die Originalpaginierung der Exzerpthefte.

Einleitung

[1] Vgl. *Die Hegelsche Linke,* hg. von Karl Löwith, 1962 (H. Heine, A. Ruge, M. Hess, M. Stirner, B. Bauer, L. Feuerbach, S. Kierkegaard) und *Die Hegelsche Rechte,* hg. von H. Lübbe, 1962 (F. W. Carové, E. Gans, H. F. W. Hinrichs, C. L. Michelet, K. Rosenkranz).

[2] Marxens Hegelkritik: *Zur Kritik der Hegelschen Rechtsphilosophie,* 1843; *Ökonomisch-philosophische Manuskripte,* 1844. Zur Kritik der Hegelschulen siehe die *Thesen über Feuerbach,* 1845; *Die Heilige Familie,* 1845, und *Die deutsche Ideologie,* 1845–1846; die beiden letzten Arbeiten gemeinsam mit Engels.

[3] Karl Korsch, *Marxismus und Philosophie,* 1966, S. 52 f. (Anmerkung) hat G. Lukács und J. Révai die Einseitigkeit vorgeworfen, »mit der sie die Marxsche und Engelssche Auffassung als zwei völlig auseinandergehende Anschauungen behandelt haben« und hält sich selbst »ebenso von den grundsätzlich dogmatischen und also unwissenschaftlichen Verfahren der ›Orthodoxen‹ (fern), für die die vollständige und absolute Übereinstimmung der von den beiden Kirchenvätern bezeugten ›Lehre‹ einen von vornherein feststehenden und unerschütterlichen Glaubenssatz bildet.«

[4] Die englische Fassung erscheint in *International Review of Social History,* 1973, Nr. 1.

I. Die ethnologischen Exzerpthefte von Marx

[1] Karl Marx, Brief an Ferdinand Lassalle, 16. Jan. 1861. MEW 30, S. 578: »Sehr bedeutend ist Darwins Schrift und paßt mir als naturwissenschaftliche Unterlage des geschichtlichen Klassenkampfes. Die grob englische Manier muß man in Kauf nehmen. Trotz allem Mangelhaften ist hier zuerst der ›Teleologie‹ in der Naturwissenschaft nicht nur der Todesstoß gegeben, sondern der rationale Sinn derselben empirisch auseinandergelegt.« Charles Darwins Werk *The*

Origin of Species, 1859, hatte Marx schon in seinem Brief an Engels vom 19. Dez. 1860 (a. a. O., S. 131) mit einer Bemerkung erwähnt, die in dem Brief an Lassalle weiter ausgeführt ist. Während er dort von der »naturhistorische(n) Grundlage für unsere Ansicht« spricht, formuliert er einen Monat später: »naturwissenschaftliche Unterlage des geschichtlichen Klassenkampfes«. Der »Todesstoß« gegen die Teleologie ist ein in diesem Zusammenhang völlig neuer Gedanke. Unter Teleologie verstand Marx einen Bildungsprozeß, der einem belebten oder unbelebten Naturding oder der Natur als ganzer vollkommen äußerlich ist. Im ersten Band des *Kapital* (MEW 23, S. 361–2) zitiert Marx Darwin für die These, daß die allgemeine Ähnlichkeit der natürlichen Organe sich nach ihren Funktionen richtet, wobei kleine Abweichungen der Form durch »natürliche Züchtung« unterdrückt werden. Die Form wird durch die Beziehung zur Funktion bestimmt und nicht durch äußere Einwirkung, die die Richtung des Formwechsels festlegt. Eine dem Darwinschen Prinzip in seiner Anwendung auf die Organe natürlicher, lebender Wesen entsprechende Untersuchung für die menschliche Gesellschaft fordert Marx an späterer Stelle (a. a. O., S. 392–3): Er hebt hervor, daß Darwin »das Interesse auf die Geschichte der natürlichen Teleologie ..., d. h. auf die Bildung der Pflanzen- und Tierorgane als Produktionsinstrumente für das Leben der Pflanzen und Tiere« gelenkt habe und fügt hinzu: »Verdient die Bildungsgeschichte der produktiven Organe des Gesellschaftsmenschen, der materiellen Basis jeder besonderen Gesellschaftsorganisation, nicht gleiche Aufmerksamkeit?« Äußere Einwirkung hat keine Beziehung auf das Verhältnis von Funktion und Form oder zum Formwechsel in seinem Verhältnis zum Funktionswechsel. Das Verhältnis Innen-Außen bei Naturdingen ist etwas Anderes als die Beziehung auf eine Kraft oder eine Lenkung, die der Natur als ganzer äußerlich ist, wodurch die Teleologie charakterisierbar ist. Darwin beanspruchte, jegliche Bezugnahme auf »die natürliche Auslese als eine aktive Kraft oder Gottheit« ausgeschlossen zu haben, sich also gänzlich innerhalb der natürlichen Gegebenheiten zu bewegen und nur mit der »zusammengesetzten Wirkung und dem Produkt einer Reihe von Naturgesetzen [oder] der Abfolge von Ereignissen, die von uns festgestellt werden« zu operieren (a. a. O., 2. Aufl. u. ff., Kap. 4, § 2). In diesem Abschnitt und durchgängig im *Origin of Species* wird der rationale Sinn der Teleologie dargestellt, den Darwins wissenschaftliche Auffassung empirisch entfaltet.

Hegels Anthropologie verstand Marx als Prozeß der menschlichen Selbsterzeugung und damit anti-teleologisch. Vgl. K. Marx, *Ökonomisch-philosophische Manuskripte*, (1844). MEGA I, 3. S. 156.

[2] Bei den Darwinisten, ob nun Darwin selbst, T. H. Huxley oder Lubbock, gibt es keinerlei Bezugnahme auf einen übernatürlichen Plan oder auf Teleologie. Diese Vorstellung wurde später von C. Lloyd Morgan und anderen entwickelt, die sich dem Darwinismus anschlossen und ihn mit der Lehre von der ›emergenten‹ Evolution verbanden.

[3] J. B. Bury, *The Idea of Progress*, 1932. K. Löwith, *Weltgeschichte und Heilsgeschehen*, 1953 und M. Ginsberg, *The Idea of Progress*, 1953, folgen dieser Unterscheidung Burys.

[4] Differenz der demokritischen und epikureischen Naturphilosophie (Doktor-

dissertation), (1840). Das philosophische Manifest der historischen Rechtsschule, *Rheinische Zeitung,* Nr. 221, 1842. Zur Kritik der Hegelschen Rechtsphilosophie, (1843), von der allein die Einleitung veröffentlicht wurde, in: *Deutsch-Französische Jahrbücher,* 1844; *Ökonomisch-philosophische Manuskripte,* (1844); *Die Heilige Familie,* 1845 (gemeinsam mit Friedrich Engels); *Thesen über Feuerbach,* (1845); *Die deutsche Ideologie,* (1845–1846) (gemeinsam mit Engels).

[5] *Zur Kritik der politischen Ökonomie,* 1859.

[6] D. [David Borisovič] Rjazanov, Novye dannye o literaturnom nasledstve K. Marksa i F. Engel'sa. *Vestnik Socialističeskoj Akademii,* Nr. 6, 1923, S. 351–376, hat die Frage gestellt, welches Licht diese ethnologischen Materialien auf die Biographie und den Charakter von Karl Marx werfen. Diese Frage wird hier nur insoweit behandelt, als für die Beurteilung der ethnologischen Materialien selber notwendig: vgl. dazu unten Anm. 88. Zur Frage Kontinuität-Diskontinuität des Marxschen Denkens, vgl. Auguste Cornu, *La Jeunesse de Karl Marx,* 1934; ders., *The Origins of Marxian Thought,* 1957; Georg Lukács, *Der junge Hegel,* 1948. Jean Hyppolite, *Etudes sur Marx et Hegel,* 1955. Karl Korsch, *Karl Marx,* 1938.

Cornu zufolge bezeichnen die *Ökonomisch-philosophischen Manuskripte* von 1844 den Wendepunkt, doch ist Cornus Gelehrsamkeit hier seinen eigenen Konstruktionen bei der Suche nach Ursprüngen und Wendepunkten als einem Spiel der intellektuellen Biographie eines Autors aufgesessen. Eine noch extremere Auffassung vom Bruch zwischen dem jungen und dem reifen Marx ist von Louis Althusser u. a., *Lire le Capital,* 2 Bde., 1965 vertreten worden (vgl. auch Althusser, *Pour Marx,* 1965). Eine überzeugendere Darstellung der kontinuierlichen wie diskontinuierlichen Entwicklung der Marxschen Gedanken hat George Lichtheim, *Marxism,* 2. Aufl., 1964, gegeben. Die bis heute eingehendste Untersuchung dieser Entwicklung mit besonderer Bezugnahme auf die *Grundrisse der Kritik der Politischen Ökonomie,* 1857–1858 (vgl. Anm. 7), als das Zwischenglied zwischen Marxens Schriften der vierziger Jahre und der Niederschrift des *Kapital* ist Roman Rosdolsky, *Zur Entstehungsgeschichte des Marxschen ›Kapital‹,* 2. Aufl., 1969. Vgl. auch Otto Morf, *Geschichte und Dialektik in der Politischen Ökonomie,* 1970, S. 171–236, der dem von Rosdolsky eingeschlagenen Weg folgt.

Marx hat auf das Jahr 1843, in welchem er die *Kritik der Hegelschen Rechtsphilosophie* niederschrieb, als das für seine Entwicklung kritische Jahr hingewiesen; vgl. sein »Vorwort« zur *Kritik* von 1859, a. a. O., auf das Korsch aufmerksam gemacht hat. Zeit seines Lebens hat Marx bestimmte Interessen unverändert beibehalten, während er neue entwickelte, sowie Methoden für ihre Analyse. Das Studium der Gesellschaft war Gegenstand seiner ersten Arbeit: in den Jahren 1843–1845 erkannte er die Grenzen der Untersuchung der »bürgerlichen Gesellschaft«, da »Rechtsverhältnisse wie Staatsformen weder aus sich selbst zu begreifen sind noch aus der sogenannten allgemeinen Entwicklung des menschlichen Geistes, sondern vielmehr in den materiellen Lebensverhältnissen wurzeln« (a. a. O., S. 8). In dem Manuskript von 1843, in den *Ökonomisch-philosophischen Manuskripten* von 1844 und in den *Thesen über Feuerbach* von 1845 wird das Programm eines Studiums des Menschen im Verhältnis zur Gesellschaft formuliert. Eine Theorie der Entwicklung der Produktivkräfte der Gesellschaft in verschiedenen Stufen entwickelt Marx in der *Deutschen Ideologie* im Zusammenhang seiner ersten Studien zur politischen Ökonomie konkret als die Entwicklung vom primitiven Menschen zum Kapitalismus. Das Resultat dieser Studien, das sich in der Kritik an Proudhon schon abzeichnete, stellt die weitergehende, einer genauen Untersuchung bedürftige Frage nach dem Verhältnis der *Einleitung zur Kritik der Hegelschen Rechtsphilosophie* zum *Kommunistischen Manifest.* In den ethnologischen Manuskripten sind diese Problemstellungen sowohl in der Auswahl der Werke, in den Themen der Exzerpte wie in der Behandlung dieser Themen miteinander verknüpft. So wichtig es sein mag, die composita des Marxschen Denkens für sich genommen zu erkennen, stellt sich uns eine andere Aufgabe: die Beziehungen zu untersuchen, die der Inhalt der Exzerpthefte zu den verschiedenen Wissenschaften vom Menschen im Kontext ihrer damaligen Entwicklung hat, sowie die Stellungnahmen Marxens zu jener Entwicklung.

[7] *Grundrisse der Kritik der politischen Ökonomie* (Rohentwurf), 1857–1858, zuerst 1939 veröffentlicht, 1953 neu aufgelegt. Die Einleitung (1953, S. 5–31) wurde zuerst von Karl Kautsky in *Die Neue Zeit,* 1903, (in drei Teilen) veröffentlicht.

[8] Marx, *Kapital* I, Kap. 12. MEW 23.

[9] *Kapital* II, MEW 24, S. 436 f., zum unterschiedlichen Aufwand disponibler und notwendiger Zeit in der primitiven und der kapitalistischen Produktion: E. B. Tylor, *Researches into the Early History of Mankind,* 1865 (von Marx nach der deutschen Übersetzung – als Tyler – zitiert). Vgl. *Kapital* I, a. a. O., MEW 23, S. 102, wo die Auffassung vertreten wird, daß der Mensch zuerst außerhalb des Gemeinwesens, dann innerhalb seiner austauscht. Vgl. auch ebd., S. 102, und *Kapital* III, 1. Teil, MEW 25, S. 187.

[10] *Marx-Engels-Archiv,* Bd. 1 [1926], S. 316–342; vgl. die Einleitung von D. Rjazanov, S. 309–314; und *Karl Marx, Chronik seines Lebens in Einzeldaten,* (im folgenden: *Chronik*), 1934, V. Adoratskij (Hrsg.), S. 365.

[11] Lewis Henry Morgan, *Ancient Society or Researches in the Lines of Human Progress from Savagery through Barbarism to Civilization,* 1877; unveränderte Neuauflage 1878; 1907 neu aufgelegt mit veränderter Seitenzählung; wenn nicht anders angegeben, wird im Folgenden diese Ausgabe zitiert. Neue englischsprachige Ausgaben: 1963 (E. B. Leacock, Hrsg.) und 1964 (L. A. White, Hrsg.); deutsche Übersetzung Morgan, *Die Urgesellschaft,* von K. Kautsky und W. Eichhoff, 1891.

Die Ausgabe von 1877 und ihre Neuauflage von 1878 enthalten mehr als 70 Zitate griechischer und lateinischer Autoren im Original. In der Ausgabe von 1964 wurden sie ins Englische übersetzt. In der Ausgabe von 1907 und entsprechend in der Ausgabe von 1963, die den Text und die Seitenzählung der Ausgabe von 1907 unverändert übernimmt, wurden die meisten dieser Zitate, vor allem die griechischen, stillschweigend entfernt. In die Ausgabe von 1964 wurden Änderungen von Morgans Hand aufgenommen. Nichtsdestoweniger ist eine endgültige Ausgabe von *Ancient Society* immer noch ein Desiderat, teilweise um ihrer selbst willen: Morgans Exposition (a. a. O., 1907, S. 90–93) der Beziehungen der Tuscarora und anderer irokesischer Gentes ist unklar. Vgl. Marx, Morganexzerpte, *Notebooks,* a. a. O., Teil I, Anm. 5, 57, 82, 104, 113, 206, 228, 229, 233, 259. Zu Homer s. u., Anm. 31. Zu wünschen ist eine Neuausgabe auch wegen des Schicksals, das das Buch in den Händen anderer gehabt hat: Morgan hat den Missionar Ashur Wright zitiert (a. a. O., S. 83 und Index; A. Wright, S. 464), der inzwischen als Asher Wright identifiziert wurde, siehe B. J. Stern, *American Anthropologist,* Bd. 33, 1935, S. 138–145, und W. N. Fenton, *Ethnohistory,* Bd. 4, 1957, S. 302–321; ders., *Ethnology,* Bd. 4, 1965, S. 252–265. Marx (Morganexzerpte, a. a. O., S. 13) verweist auf Arthur Wright, unnötigerweise, weil Morgan an dieser Stelle (1907, S. 464) nur A. Wright erwähnt. An anderer Stelle (Morganexzerpte, S. 36) folgt Marx Morgan (S. 83), indem er Ashur Wright schreibt. Engels (*Ursprung der Familie*) gibt den Vornamen als Arthur wieder; in die englische Übersetzung von Engels (S. 43) wurde Morgans Schreibweise, Ashur, übernommen. (Siehe die folgende Anm.) Die deutschen Ausgaben von Engels 1931, S. 25 und 1962, S. 53 geben den Namen Arthur. (Vgl. die folgende Anm.) Die russische Ausgabe der Marxschen Morganexzerpte ›verbesserte‹ dies zu Ashur (*Konspekt knigi Liuisa G. Morgana, »Drevnee Obščestvo«, Archiv Marksa i Engel'sa,* Bd. 9, 1941, M. B. Mitin (Hrsg.), S. 26 und 70). Vgl. E. Lucas, Die Rezeption Lewis H. Morgans durch Marx und Engels, *Saeculum,* Bd. 15, 1964, S. 158: »Auch die Marxsche Handschrift hat *Engels* einen Streich gespielt: der Missionar Ashur Wright hat den Vornamen Arthur erhalten«; Lucas verweist auf die Ausgabe des *Archiv,* a. a. O., S. 26 und auf Morgan, a. a. O., 1877, S. 455.

Über Morgan gibt es zwei Biographien, von B. J. Stern, *Lewis Henry Morgan, Social Evolutionist,* 1931 und von Carl Resek, *Lewis Henry Morgan, American Scholar,* 1960. Morgans Werk *Ancient Society* ist Thema eines 1964 veranstalteten Symposiums gewesen: *VII Congrès International des Sciences Anthropologiques et Ethnologiques,* Moskau, Bd. IV, 1967, S. 441–511.

[12] Friedrich Engels, *Der Ursprung der Familie, des Privateigentums und des Staats im Anschluß an Lewis H. Morgans Forschungen.* Erste Aufl. 1884, vierte Aufl. 1892., Neuaufl. 1931, von H. Duncker; MEW 21, 1962. Im folgenden wird nach der letztgenannten Ausgabe zitiert. Zur Titelwahl des Werkes s. u., Anm. 152, (7) und (11). Der Einfluß Darwins auf die Formulierung des Titels läßt sich vermuten; die Frage nach dem Ursprung ist nicht von Darwin angeregt worden, ein Jahrhundert zuvor hatten Bernard Mandeville, Condillac, Francis Hutcheson, N. S. Bergier, Lord Monboddo, Jean-Jacques Rousseau und John Millar nach den Ursprüngen von Lastern, Tugenden, menschlicher Erkenntnis, Ungleichheit, heidnischen Gottheiten, Sprache und Rangunterschieden gesucht. Vor ihnen war man den Ursprüngen von Geld, Vorurteil und Ungehorsam nachgegangen. In Charles Darwins Werk *The Origin of Species by Means of Natural Selection, or the Preservation of Favoured Races in the Struggle for Life,* 1859, hat »origin« eine von diesen Vorgängern verschiedene Bedeutung. Auf dem Gebiet der Ethnologie und Evolutionstheorie folgten dann: John Lubbock, *The Origin of Civilisation,* 1870. A. Giraud-Teulon, *Les origines de la famille,* 1874. Ders., *Les origines du mariage et de la famille,* 1884. M. M. Kovalevsky, *Tableau des origines et de l'évolution de la famille et de la propriété,* 1890. In

diesem Zeitraum stellten E. B. Tylor, W. H. Holmes, H. L. Roth, J. H. King, F. v. Schwarz, Can. Taylor die Frage nach den Ursprüngen von Spielen, Kunstformen, Agrikultur, Übersinnlichem, afrikanischen und arischen Kulturen. Die Suche nach Ursprüngen richtete sich aber jetzt ebensosehr auf geographische und zeitliche Lokalisierungen, wie es ihr um ein abstraktes Prinzip ging; Engels und denjenigen Autoren, die in Darwins Richtung arbeiteten, ging es bei ihrer Suche nach Ursprüngen um Prinzipien und nicht um geographische Lokalisierungen.

Im 20. Jahrhundert ist die Frage nach Ursprüngen unter anderem von E. Westermarck, *The Origin and Development of the Moral Ideas,* P. Wilhelm Schmidt, *Der Ursprung der Gottesidee,* R. H. Lowie, *The Origin of the State* und C. Lévi-Strauss, *L'Origine des Manières de Table* aufgenommen worden; da es auch hier um Prinzipien des Ursprungs zu tun ist, setzen diese Autoren die Richtung von Darwin und Engels fort. Weitere Werke, die Ursprung/Ursprünge im Titel führen, siehe in der Bibliographie, passim.

13 M. M. Kovalevsky, Dve Žizny, *Vestnik Evropy,* 1909, Nr. 7, S. 11. Die Herkunft der Marxschen Kopie von *Ancient Society* ist wegen der Engelsschen Verschwörungstheorie, daß dieses Werk in England totgeschwiegen wurde von mehr als bibliophilem Interesse. (Engels' Vorworte zur ersten und vierten Auflage des *Ursprungs der Familie,* a. a. O., und sein Brief an Karl Kautsky vom 16. Februar 1884, MEW 36, S. 109.) Kovalevskys Aussage, daß er das Buch aus Amerika mitbrachte und daß Marx es von ihm erhielt, muß im Zusammenhang mit Marxens eigener bibliographischer Eintragung des Morganschen Buches, London 1877, gesehen werden (s. u. Anm. 15). Nach Auskunft von D. N. Anučin, *Etnografičeskoe Obozrenie,* 1916, Nr. 1–2, S. 11, wurde Kovalevsky die Lektüre Morgans durch V. F. Miller empfohlen, der den Kaukasus, ein Gebiet, über das auch Kovalevsky arbeitete, erforschte. Vgl. B. G. Safronov, *M. M. Kovalevsky kak sociolog,* 1960, S. 32; B. A. Kaloev, M. M. Kovalevsky, *Sovetskaja Etnografija,* 1966, Nr. 6, S. 30–42; M. O. Kosven, M. M. Kovalevsky kak etnograf-kavkazoved. Ebd., 1951, Nr. 4, S. 116–135.

14 Marx starb am 14. März 1883. Über Engels' Suche nach Morgans *Ancient Society,* vgl. seinen Brief an Kautsky vom 16. Februar 1884 (s. o., Anm. 13); siehe auch Engels, *Ursprung der Familie,* a. a. O., Vorwort zur ersten und zur vierten Auflage.

15 Die Exzerpthefte mit den Auszügen aus Morgan, Maine, Lubbock und Phear werden im Internationaal Instituut voor Sociale Geschiedenis (IISG), Amsterdam, aufbewahrt. Das Exzerptheft B 146 hat das Format von 19,5 cm x 15,6 cm, ist in Karton gebunden und von Marx paginiert. Auf der Innenseite des Einbanddeckels und der ersten Seite finden sich weiterführende bibliographische Angaben. Der Inhalt der Exzerpte ist (auf dem vorderen Einbanddeckel in der Handschrift von Engels) wie folgt verzeichnet:

1. Lewis H. Morgan, Ancient Society, p. 1.
2. J. W. B. Money, Java, or How to Manage a Colony, p. 99.
3. Sir J. Phear, The Aryan Village in India & Ceylon, p. 128.
4. Dr. Rud. Sohm, Fränkisches Recht & Römisches Recht, p. 155.
5. Sir H. S. Maine, Lectures on the Early History of Institutions, p. 160.

6. E. Hospitalier, Les principales applications de l'Electricité, p. 198.

Das Inhaltsverzeichnis des Exzerptheftes von Marxens Hand auf der Innenseite des rückwärtigen Einbandes lautet:

1. *Lewis Morgan, »Ancient Society«*. London 1877. (p. 1–98)
2. *J. W. B. Money, »Jawa«* etc. 2 *vls. London* 1861. (p. 99–127)
3. *Sir J. Phear, »The Aryan Village in India and Ceylon.« 1880* (p. 128–155)
4. *Dr. Rudolph Sohm, »Fränkisches Recht u. Römisches Recht etc.«* (p. 155–159)
5. *Sir Henry Sumner Maine: »Lectures on the Early History of Institutions«*. Lond. 1875. (p. 160)

S. 144 ist bei der Pagination überschlagen worden. Das Exzerptheft B 146 enthält 316 linierte Seiten, von denen 260 von Marx paginiert wurden, 59 unbeschrieben und 56 unnumeriert blieben.

Exzerptheft B 150 hat das Format 22,5 cm x 18,6 cm, gebunden, mit von Marx paginiertem Rand. Das Inhaltsverzeichnis von Engels' Hand macht folgende (unvollständige) Angabe:

Lubbock, Origin of Civilization – p. 1.

Marxens Lubbockexzerpte füllen die ersten acht Seiten des Exzerptheftes, darauf folgen die unbeschriebenen Seiten 9–11. S. 12 trägt die Überschrift »Egypt« und enthält einen bibliographischen Hinweis auf »Mr. Wilfrid Scawen Blunt, a member of the Diplomatic Service, not very long ago a British Consul in Egypt«. (Siehe die Bibliographie).

Dann folgt auf den Seiten 12–19 Mulhalls Artikel (s. die Bibliographie). Weitere fünf Seiten des Exzerptheftes folgen, die unbeschrieben und unnumeriert sind. Eine große Zahl der folgenden Seiten wurden aus dem Heft herausgeschnitten. Gegenüber S. 1 findet sich eine bibliographische Eintragung Marxens, Watson und Kaye, *The People of India,* Bd. II (s. die Bibliographie) und Tomkin und Lemon: *»Commentaries of Gajus.«*

Zur Datierung der Exzerpthefte siehe Zusatz I.

An dieser Stelle möchte ich meine tiefe Dankbarkeit gegenüber dem IISG, seinem Direktor und den Mitarbeitern zum Ausdruck bringen. Besonders zu Dank verpflichtet bin ich den Herren H. P. Harstick. G. Langkau und Ch. B. Timmer für ihre bereitwillige Hilfe und ihren Kenntnisreichtum.

[16] M. M. Kovalevsky, *Obščinnoe zemlevladenie. Pričiny chod i posledstvie ego razloženija* (Gemeinschaftlicher Grundbesitz. Ursachen, Verlauf und Folgen seines Verfalls). Teil 1, 1879. Marxens Exzerpte aus diesem Buch, IISG B 140, S. 19–40, sind September 1879 datiert (*Chronik,* a. a. O., S. 374). Eine genaue Übersetzung des Marxschen Manuskriptes S. 28–40 und S. 59–83, wurde in *Sovetskoe Vostokovedenie,* 1958, Nr. 3, S. [3]–13, Nr. 4, S. [3]–22, Nr. 5, S. [3]–28, und in *Problemy Vostokovedenija,* 1959, Nr. 1, S. [3]–17 veröffentlicht. Vgl. L. S. Gamajunov und R. A. Uljanovskij, Trud russkogo sociologa M. M. Kovalevskogo »Obščinnoe Zemlevladenie...« i kritika ego K. Marksom (Das Werk des russischen Soziologen M. M. Kovalevsky »Gemeinschaftlicher Grundbesitz...« und seine Kritik durch K. Marx), *Trudy XXV Meždunarodnogo Kongressa Vostokovedov* (1960) 1963, Bd. 4, S. 38–44.

Marx ist der Ansicht, daß Kovalevsky die Welt wie Hegel auf den Kopf stellt, und fragt, warum das Bewußtsein bei Kovalevsky die Rolle einer causa efficiens spielt. Kovalevsky war Anhänger der kollektivistischen Theorie, die dem Primat des Individuums im Prozeß der Herausbildung von Mensch und Gesellschaft entgegentrat. Gleichzeitig plädierte Kovalevsky für die Theorie der Eroberung bei der Expansion und Bildung komplexer Gesellschaften. Vgl. Marx, Kovalevskymanuskript, a. a. O., S. 29 und *Sovetskoe Vostokovedenie,* 1958, Nr. 3, S. 5:

»Im Maß der Entfernung von der Zeit der ursprünglichen Ansiedlung der Geschlechter innerhalb der Grenzen des von ihnen eroberten Territoriums (daß ⟨die⟩ Geschlechtsgemeinde notwendig auf *fremdem, erobertem* Territorium sitzt, ist eine *willkürliche* Annahme Kovalevskys) schwächt sich notwendig ab das Bewußtsein der Blutsverwandtschaft *unter den besondern Zweigen des Geschlechts.* Mit dem *allmählichen Verfall dieses Bewußtseins* (warum spielt das *Bewußtsein* hier die Rolle der causa efficiens und nicht die faktische Raumtrennung, ⟨die⟩ mit der Spaltung des Geschlechts in »Zweige« schon vorausgesetzt ist?) offenbart sich in *jeder der geschlechtlichen Unterabteilungen* der Wunsch, ihre *Vermögensverhältnisse zu regeln* unabhängig von der Sphäre der Teilnahme und Einmischung der mehr oder minder ihr fremden übrigen Unterabteilungen des Geschlechts (es tritt vielmehr *faktische Notwendigkeit des Aufbruchs der Gemeinwirtschaft* in einzelnere Kreise ein und zugleich (?) verstärkt sich notwendig die *Tendenz zu Individualisation der Vermögensverhältnisse* innerhalb der Grenzen des Dorfes (poselko).«

(Die Marxschen Abkürzungen wurden aufgelöst und die Schreibweise modernisiert; runde Klammern von Marx, spitze Klammern vom Verf.; für die genaue Transskription des Textes vgl. *Notebooks,* a. a. O., Teil I, Anm. 16.)

Die Marxsche Stellungnahme zu der auf dem Kopf stehenden Welt Hegels, wie sie aus dem Vorwort zur zweiten Auflage des *Kapital* I, 1873, wohlbekannt ist, hat ihr Gegenstück in der Kritik an Kovalevsky. Dem kontrastiert die Marxsche Position gegenüber Morgan. Marx, Morganexzerpte, S. 14: »Der Hang zur Paarbildung, jetzt zu mächtig in den zivilisierten Rassen, also nicht normal für die Menschheit, sondern eine Entwicklung durch Erfahrung, wie alle großen Leidenschaften und Mächte des Geistes.« (Dt. vom Übers., für die Marxsche Formulierung vgl. *Notebooks,* a. a. O.) Der Geist wird hier als empirische Größe behandelt und als sich in der Erfahrung entwickelnd. Morgan hatte physische und geistige Entwicklung des Menschen aufeinander und auf die Praxis der gentilen Exogamie bezogen, in welcher die »Heirat zwischen miteinander nicht verwandten Personen ein stärkeres Band schuf«. Dies ist insofern eine Vereinfachung, als die verheirateten Personen nicht ohne Verwandtschaftsbeziehungen zueinander sein konnten; »Ausheirat« (out-marriage) bedeutet hier, daß die betreffenden Personen nicht nahe miteinander verwandt sind. Vor allem sind jedoch Morgans Kriterien physischer und geistiger Entwicklung in diesem Falle erblich im biologischen Sinne; vom gesellschaftlichen und kulturellen Erbe des Menschen wird in diesem Zusammenhang nichts in die Entwicklungsprozesse einbezogen, was der Marxschen Position sowohl in der empirischen wie in der philosophischen Anthropologie im allgemeinen und im besonderen widerspricht. In ähnlicher Weise setzte Morgan einen Normalverlauf biologischer Geschichte, dem die Normalität der menschlichen geistigen Erfahrung, wie sie der zivilisierte Zustand prägt, gegenübersteht. Morgans Biologismus bleibt im einzelnen zu untersuchen; die geistige Entwicklung wurde von ihm auf die empirisch greifbare Erfahrung bezogen, nicht aber auf Verhältnisse in der Gesellschaft. Morgans Hinweis auf die »Mischung zweier aufsteigender Stämme« und die dadurch herbeigeführte Längung von Schädel und Gehirn ist Ausdruck seines Biologismus (Marx, a. a. O.; Morgan, a. a. O., S. 468).

Seit Morgan hat die Anthropologie die biologischen und gesellschaftlichen Faktoren der menschlichen Entwicklung miteinander verwoben statt sie voneinander zu trennen. Kovalevsky nahm gegenüber dem Problem des Geistes eine unkritische Position ein, während Morgan eine Übergangsposition bezog, die die nachfolgende Kritik ermöglichte.

In Wirklichkeit ist Morgans Schema komplexer, denn er überschreibt Teil I von *Ancient Society* »Entwicklung der Intelligenz durch Erfindungen und Entdeckungen«. Im ersten Kapitel erörtert er den Fortschritt durch Erfindungen und Entdeckungen und die Entfaltung von Institutionen aus »einigen wenigen Keimen des Denkens« (Morgan, a. a. O., S. 4). Diese Ideen Morgans wurden nicht weiter entwickelt, und vor allem hat er sie nicht zu dem zuvor erwähnten Biologismus in Beziehung gesetzt.

In den genannten Abschnitten des ersten Kapitels behandelt Morgan einerseits Erfindungen und Entdeckungen und auf der anderen Seite Institutionen. Zu diesen gehören: Subsistenz, Regierung, Sprache, die Familie, Religion, Hauswesen und Architektur, sowie Eigentum. Die ethnischen Perioden, in die die Menschheit sich gliedert, werden voneinander durch Erfindungen und Entdekkungen abgegrenzt (Morgan, a. a. O., S. 6). Daraus folgern wir, daß Morgan die Idee hatte, daß das menschliche Verhältnis zur Natur und zu seiner eigenen Entwicklung in zwei Richtungen untersucht werden müsse, a) als Produkt seiner eigenen Tätigkeit und b) als seine Verhältnisse in der Gesellschaft. Beide Momente wurden von ihm nicht klar unterschieden: einige der Verhältnisse zur Natur, wie die Erfindungen und Entdeckungen, gehören zu den Institutionen der Subsistenz, des häuslichen Lebens, des Eigentums, usw. Andererseits sind einige dieser Institutionen nicht unmittelbar gesellschaftliche Verhältnisse, sondern erscheinen als gesellschaftliche Verhältnisse in verdinglichter Form. Morgans Idee der Kultur als Gesamtprodukt einer ethnischen Periode war als eine Passivität konzipiert, als Resultat eines Komplexes von Beziehungen und Tätigkeiten, die auf Natur und Gesellschaft gerichtet sind. Die Kultur charakterisiert die Lebensweise einer besondern ethnischen Periode (Morgan, a. a. O., S. 9, 12–13), sie ist weder in einer besondern Weise an eine gegebene soziale Gruppe geknüpft, noch ist sie ein umfassend menschlicher Wesenszug; sie kultiviert die Menschen jener Periode nicht in aktiver Weise, ist also keine causa efficiens. Sodann wirkt die Kultur nicht auf oder durch besondere Völkerschaften, Gruppen und Gesellschaften, so daß ihr Verhältnis zur wirklichen gesellschaftlichen Interaktion und Produktion unbestimmt bleibt. Auf der anderen Seite erzeugt sie den Übergang von einer ethnischen Periode zur nächsten nicht selber, doch die Kräfte, die diesen Übergang herbeiführen, sind innerhalb ihrer anzutreffen; sie sind nirgendwo sonst vorhanden. Die Kultur ist konservativ, und doch entwikkelt sich der Übergang zur nächsten ethnischen Periode aus der Kultur der vorhergehenden. Die Kultur einer ethnischen Periode übergreift die Verschiedenheit der Hemisphären und erzeugt dadurch deren Identität ungeachtet der natürlichen Unterschiede (S. 16–17). Der Übergang zwischen den ethnischen Perioden wird innerhalb der Kultur oder der Lebensform und damit außerhalb der natürlichen Unterschiede erzeugt.

Im *Kapital* I, (a. a. O. S. 535) schreibt Marx: »In den Kulturanfängen sind die erworbenen Produktivkräfte gering...« Der Begriff der »Kulturanfänge« wird hier wie bei Morgan als terminus technicus allgemein für jene Periode verwendet, die der Zivilisation vorausgeht, weitgefaßt und ohne Bezugnahme auf eine bestimmte Gesellschaft. Im *Kommunistischen Manifest* wird der Begriff der Kultur (»Bildung«) als je nach den sozialen Klassen der modernen bürgerlichen Gesellschaft variabel gefaßt und sie ist zugleich das Produkt jeder Gesellschaft; die Kultur ist eine Aktivität des Menschen, die ihn zu seinem Tun heranbildet (in diesem Falle: bloß wie eine Maschine tätig zu sein), und also eine allgemeine menschliche Tätigkeit; dem entgegengesetzt sind die bürgerlichen Begriffe von Eigentum, Freiheit, Recht – und Bildung (vgl. engl. Ausg., 1888: »culture«). Dieser Begriff von Kultur deckt sich vollkommen mit dem der Gegenwart; Kultur ist variabel, aktiv, interaktiv wie auch das Produkt einer Tätigkeit. Hegel verstand Bildung als eine Entwicklung der Menschheit, als die Wechselbeziehung der aktiven und passiven, der abstrakten und konkreten Momente der Geschichte des Menschen und der Natur. Das Moment des absoluten Wesens und seine Beziehung zum historisch Besonderen und Relativen ist jenes Absolute, welches Marx in den Thesen über Feuerbach und im *Kommunistischen Manifest* zurückgewiesen hat. Nichtsdestoweniger ist die Seite der Hegelschen Formulierung, die den Entwicklungscharakter betont, zentral für die These des *Kommunistischen Manifests,* die ohne Hinwendung zum Metaphysischen den Hegelschen Begriff der Bildung neu formuliert. Für den gesamten Bereich der Geschichte wird die Hegelsche Position festgehalten, die Engels zweimal zu präzisieren versuchte.

Auch Morgan, a. a. O., S. 499, bewegte sich in dieser Richtung: die Familie ist ein Geschöpf des gesellschaftlichen Systems und eine Widerspiegelung seiner Kultur. Dieser Auffassung nach ist sie nicht das aktive Prinzip, sondern ein passives. Das gesellschaftliche System ist aktiv, die Familie ist sein Geschöpf, so daß die Familie in doppelter Weise von dem bewegenden Prinzip der Gesellschaft entfernt ist, da sie zugleich die Kultur des gesellschaftlichen Systems widerspiegelt. In dem von Engels übernommenen Abschnitt (*Ursprung,* a. a. O., S. 37–38, das Morganzitat, *Ancient Society,* a. a. O., S. 444) ist die Familie das aktive Prinzip, während das System der Blutsverwandtschaft passiv ist. Die von Morgan hier angenommene Bewegung ist einseitig, weil nicht zur Einheit integriert. Beide Seiten wurden nirgends zusammengebracht und gleichwohl ist dies der Ansatz eines dialektischen Moments. Über Theseus als den Repräsentanten einer Periode oder einer Ereignisreihe und damit als unpersönlichen Agenten einer Kultur, vgl. Morgan, a. a. O., S. 265 und hier S. 78, Kap. II, S. 146. Zum objektiven Prozeß des Überganges von einer gesellschaftlichen Ebene auf die nächstfolgende, vgl. Morgan, a. a. O., S. 561–562.

17 J. J. Bachofen, *Das Mutterrecht. Eine Untersuchung über die Gynaikokratie der alten Welt nach ihrer religiösen und rechtlichen Natur,* 1861. N. D. Fustel

de Coulanges, *La cité antique,* 1864 (The Ancient City, 1873). H. H. Bancroft, *The Native Races of the Pacific States,* 1875. Maurers Werk wird an mehreren Stellen im *Kapital* zitiert, Tylor in *Kapital* II (s. o., Anm. 9). Band 1 von Bancroft wurde von Engels auf Anregung von Marx exzerpiert (MEW 35, S. 125). Zu Bancroft siehe Zusatz 2 zu diesem Kapitel und unten Anm. 187. Zu Fustel de Coulanges, siehe Morgan, a. a. O., S. 240–241, 247, 558; außerdem dieses Kapitel, Abschnitt 6 über Gemeinwesen, Kollektivismus und Individualismus und die dort zitierten Arbeiten, insbesondere Anm. 137 und 138.

Das Werk Bachofens enthält eine Reihe mystischer und mystifizierender Thesen. In erster Linie ist es eine Untersuchung über Religion und Gesellschaft und besonders über die Stellung der Frauen in der Urgesellschaft und im alten Recht. In dieser Hinsicht ist Bachofens Werk noch nicht erschöpfend untersucht worden. Seine These hat für die moderne Sozialanthropologie Gültigkeit, wenn sie ihrer ethnozentrischen Naivität entkleidet wird. Bachofens *Versuch über die Gräbersymbolik der Alten,* 1859, entfaltet einen Gedanken, der für das gegenwärtige Studium von Mythen als einer äußeren Manifestation bedeutsam ist: Der Mythos ist die Auslegung des Symbols und wickelt in einer Reihe äußerlich verbundener Handlungen aus, was das Symbol als eine Einheit in sich faßt. Die Natur des Symbols sollte in diesem Zusammenhang ebenfalls von neuem untersucht werden.

Die Frage, wie Morgan, der nicht die deutsche Sprache beherrschte, sich Bachofens *Mutterrecht* zugänglich machen konnte, ist immer noch unbeantwortet. (Vgl. L. Krader in: *American Anthropologist,* Bd. 72, 1970, S. 108–109.)

18 *Chronik,* S. 104–105.

19 Engels, a. a. O., S. 38. Morgan schrieb: »Die Familie repräsentiert ein aktives Prinzip ... Systeme der Blutsverwandtschaft sind passiv; sie verzeichnen den Fortschritt, den die Familie macht, nur über große Zeitabschnitte, und wandeln sich radikal nur dann, wenn die Familie sich radikal gewandelt hat.« (*Ancient Society,* S. 444).) Marx hat diesen Abschnitt kommentiert (Morganexzerpte, a. a. O., S. 10): »Ebenso verhält es sich mit politischen, religiösen, juristischen, philosophischen Systemen überhaupt.« Engels hat beide Aussagen wiedergegeben und den Gedanken weiterentwickelt, indem er die Analogie von Gesellschaft und organischer Welt einführte: »... Mit derselben Sicherheit aber, mit der Cuvier aus den ... Marsupialknochen eines Tierskeletts schließen konnte, daß dies einem Beuteltier gehörte ... mit derselben Sicherheit können wir aus einem historisch überkommenen Verwandtschaftssystem schließen, daß die ihm entsprechende, ausgestorbne Familienform bestanden hat.« (a. a. O.) Engels meinte, daß Morgans und seine eigene Methode der Rekonstruktion mit derselben Sicherheit vorgingen wie die von Cuvier. Seine Formulierung behauptet definitiv die Präzision der Methode des Biologen und des Ethnologen.

Marxens Formulierung nimmt auf gesellschaftliche Institutionen Bezug, ohne sich in seiner Methodologie auf ein organizistisches Modell oder auch nur auf eine metaphorische Übernahme eines organischen Modells festzulegen. Morgan freilich neigte allgemein zu einer organizistischen Auffassung der menschlichen Gesellschaft, welche gewisse Ähnlichkeiten mit derjenigen Herbert Spencers hat. Eine Generation später vermochte es Durkheim nicht, sich ganz der Last einer organizistischen Gesellschaftstheorie kollektiver Vorstellungen zu entledigen. Marx ist im Zusammenhang seiner Beschäftigung mit Morgan nicht für die organizistische Anschauung eingetreten und hat sie im Blick auf Hegels Theorie der Gesellschaft zurückgewiesen (vgl. *Grundrisse,* a. a. O., Einleitung passim). Er meinte, daß Cuvier, obgleich einer der besten Geologen, »gewisse facts ... ganz verkehrt ausgelegt« habe (Brief vom 25. März 1868, MEW 32, S. 52). Zu Cuviers Gegenstellung gegen die Evolutionstheorie und den Darwinismus, vgl. A. D. White, *A History of the Warfare of Science and Theology,* (1896) 1960, Bd. 1, S. 63–64.

Daß Marx unterschiedlicher Meinung über Darwin war, geht aus seinem Brief an Engels vom 7. August 1866 hervor (MEGA III, 3, S. 355). Dort wird das Werk von Trémaux als »ein sehr bedeutender Fortschritt über Darwin« hingestellt.

Im allgemeinen hat Marx Morgans Organizismus sowohl in seiner Ausdrucksweise wie inhaltlich in seinen Aufzeichnungen und Exzerpten ignoriert oder er hat ihm widersprochen.

[20] Morgans allgemeine Hypothese: a. a. O., S. 390.

Zur ganowanischen kulturellen Einheit als Grundlage der Bevölkerung beider Amerika: ebd., S. 156. Beweise gegen die Einbeziehung der Eskimos, ebd. und S. 181.

Zur Behandlung der turanischen und ganowanischen Familien in der gleichen Begrifflichkeit: ebd., S. 438, 444.

Über die Entwicklung von Keimen des Denkens; ebd., S. 59–60.

Über natürliche Auslese: ebd., S. 48.

[21] In der Paginierung der Ausgabe New York 1877–1878 gliedern sich die Teile folgendermaßen:

Teil	I, S.	3– 45	Intelligenz
	II, S.	49–379	Regierung
	III, S.	383–521	Familie
	IV, S.	525–554	Eigentum

Die Londoner Ausgabe, die Marx in dem Inhaltsverzeichnis seines Exzerptheftes erwähnt (s. o., Anm. 15), hat möglicherweise eine andere Paginierung gehabt; wir sind dem nicht nachgegangen, es ist jedoch deswegen unwichtig, weil uns hier die Proportion der Teile interessiert. Die von Marx vorgenommene Umstellung in der Reihenfolge der Teile muß nicht notwendig eine Kritik an der Schlüssigkeit der Morganschen Anordnung bedeuten, die von ihm vorgenommene Anordnung und Gewichtung der Teile steht in genauerer Übereinstimmung mit seinen eigenen Interessen. In Marxens Exzerptheft ist die Anordnung der Teile und die Paginierung die folgende:

Teil	I Ms. S. 1	insgesamt	3 ½ S.	ca.
	III Ms. S. 4		16 ¼ S.	
	IV Ms. S. 20		8 ½ S.	
	II Ms. S. 29		69 ¾ S.	
			98	

Zu Engels, siehe dieses Kapitel, Abschnitt 7, Das Verhältnis von Engels zu Marx und Morgan, und die Anmerkungen 156–158. Morgans Werk enthält die folgenden Tafeln: am Ende von Teil III, Kap. II, zum malaiischen System der Blutsverwandtschaft; Teil III, Kap. III, das turanische und das ganowanische System; Teil III, Kap. V, das römische und das arabische System. (Der hebräische Familientypus wird in dem letztgenannten Kapitel behandelt, während die arabischen Blutsverwandtschaftsterme im Anhang verzeichnet werden. Diese Unregelmäßigkeit wird von Morgan nicht erklärt.) Die Tafeln sind Morgans *Systems of Consanguinity and Affinity of the Human Familiy. Smithsonian Institution, Contributions to Human Knowledge,* Bd. 17, 1871, entnommen. J. F. McLennan, *Studies in Ancient History,* 1876, hatte Einwände gegen Morgans Erklärung des Ursprungs des klassifikatorischen Systems der Blutsverwandtschaft gemacht, die von Morgan in einer Fußnote beantwortet wurden. (Vgl. Morgan, *Ancient Society,* Fußnote zu Teil III und *Systems of Consanguinity,* a. a. O., S. 479–486.) Zur Kürze der Lubbockexzerpte und ihrer Stelle in der Marxschen Biographie, vgl. unten Anm. 88.

22 Engels, a. a. O., Vorwort zur vierten Aufl. Marx hat die Theorie der Gens und nicht das Vorhergehen des Matriarchats vor dem Patriarchat betont.

23 Vgl. auch Engels, a. a. O., S. 103, 123.

24 J. J. Bachofen, *Briefe* (Gesammelte Werke, Bd. X, 1967) Festzuhalten ist die gegenseitige Stützung von Bachofen und Morgan. Zu Engels' Hochschätzung von Bachofen, vgl. *Ursprung der Familie,* Vorwort zur vierten Auflage.

25 Marx entnahm sie hauptsächlich Anmerkungen von Justus Lipsius: *C. Cornelii Taciti, De Situ, Moribus, et Populis Germaniae.* Opera qvae exstant, ex Iusti Lipsi editione ultima. Antverpiae, apud C. Plantinum (Christophe Plantin), 1585, 1589. Spätere Ausgaben sind bekannt. 1581 hatte Lipsius eine Tacitusausgabe ohne nennenswerte Anmerkungen veröffentlicht. Spätere Ausgaben des Tacitus enthielten Anmerkungen von Lipsius, Beatus Rhenanus, u. a.; vgl.: J. P. Gronovius ed., Amsterdam, 1672. Insgesamt handelt es sich um rund 75 lateinische und griechische Zitate, hauptsächlich die von Morgan angegebenen Stellen. Die von Morgan zitierte Iliasstelle XII 274 (s. Morgan a. a. O., S. 552), die vom Austausch von Gold nach seinem Gewicht in Talenten handelt, konnte Marx nicht auffinden (Morganexzerpte, a. a. O., S. 26). (S. A. Žebelev zufolge, in *Archiv,* a. a. O., Bd. 9, S. 51, steht sie Buch XIX 247: χρυσοῦ δὲ στήσας 'Οδυσεὺς δέκα πάντα τάλαντα. »Ganze zehn Talente Goldes wog Odysseus ab . . «

Am Schluß der Morganexzerpte zitiert Marx: Eginhartus/Einhard (Vita Karoli Imperatoris, nach der Tacitusausgabe von Lipsius), Jordanes (Getica, zitiert nach Lipsius), Julianus (Antiochico, zitiert nach Lipsius), Tacitus (Annalen, nach Lipsius), Tacitus (Germania), Caesar (Gallischer Krieg); diese Passagen werden bei Morgan nicht zitiert.

In der Literatur über das Marxsche Manuskript haben mit der klassischen Literatur zusammenhängende Fragen zu einiger Verwirrung geführt. Marx erwähnt dort (Morganexzerpte, S. 73, a. a. O.) Dionysius von Halikarnassus, ohne den Titel des betreffenden Werkes, die Römischen Altertümer, zu nennen. Die russische Version der Morganexzerpte (*Archiv,* a. a. O., Bd. 9, S. 142) ergänzt diesen Hinweis durch einen Titel, ohne anzugeben, daß es sich um eine Hinzufügung der russischen Ausgabe handelt, die also nicht von Marx selber stammt; das genannte Werk erscheint hier als »Römische Archäologie«. E. Lucas, Die Rezeption Lewis H. Morgans durch Marx und Engels, *Saeculum,* Bd. 15, 1964,

S. 156, nimmt ohne weitere Prüfung an, daß es sich um einen Irrtum von Marx handelt: »Im letzten Fall ist Marx ein Irrtum unterlaufen: der Titel des Werkes des Dionysius heißt nicht ›Römische Archäologie‹, sondern ›Römische Altertümer‹« (Morgan, a. a. O., S. 251, hatte, ebenso wie Marx, nur den Namen des Dionysius zitiert.)

Auf derselben Seite des Aufsatzes von Lucas stellt sich ein ähnliches Problem. Morgan hatte geschrieben (a. a. O., S. 553–554; = 1877, S. 544): »When field agriculture had demonstrated that the whole surface of the earth could be made the subject of property owned by individuals in severalty, and it was found that the head of the family became the natural centre of accumulation, the new property career of mankind was inaugurated. It was fully done before the close of the Later Period of Barbarism. A little reflection must convince anyone of the powerful influence property would now begin to exercise upon the human mind, and of the great awakening of new elements of character it was calculated to produce«. Diese Passage lautet in den Marxschen Exzerpten: »When field culture bewiesen hatte, daß ⟨die⟩ ganze Oberfläche der Erde could be made the subject of property owned by individuals in severalty u⟨nd⟩ ⟨das⟩ Familienoberhaupt became the natural center of accumulation, the new property career of mankind inaugurated-, fully done before the close of the Later Period of Barbarism, übte einen großen Einfluß auf ⟨the⟩ human mind, rief new elements of character wach...« (Morganexzerpte, S. 26, a. a. O.).

Die russische Ausgabe gibt dies folgendermaßen wieder: »Als die Beschäftigung mit der Agrikultur bewiesen hatte, daß die gesamte Oberfläche der Erde Objekt des Eigentums getrennter Individuen werden konnte, und das Familienhaupt der natürliche Mittelpunkt der Akkumulation des Reichtums wurde, betrat die Menschheit einen neuen, durch das private Eigentum geheiligten Weg (čelovečestvo vstupilo na novyj, osviaščennyj častnoj sobstvennost'iu put'). Dies hatte sich schon vollzogen, ehe die spätere Periode der Barbarei zu ihrem Ende kam. Privates Eigentum (častnaja sobstvennost') übte einen mächtigen Einfluß auf den menschlichen Geist aus, rief neue Elemente des Charakters wach... (*Archiv*, a. a. O., Bd. 9, S. 52).

In drei Punkten hat die russische Fassung das Marxsche Exzerpt verändert. Sie gibt »Eigentum« an zwei Stellen als »privates Eigentum« wieder und sie führt das Wort »osviaščennyj«, »geheiligt«, ein, obwohl es weder von Morgan noch von Marx verwendet wird. Die Verknüpfung des Adjektivs »privat« mit dem Substantiv »Eigentum« durch die russischen Herausgeber geht vielleicht auf ihre Lektüre von Engels zurück, die durch den Titel des Engelsschen Buches ihre Marxlektüre beeinflußt haben mag. (s. auch *Archiv*, a. a. O. S. 10, wo das Marxsche Ms., S. 5, in derselben Weise geändert wird.) Obgleich also eine Art Erklärung für diesen Eingriff gegeben werden kann, sollte dies nicht als eine Rechtfertigung für die Freiheit im Umgang mit dem Marxschen Material genommen werden.

Diese von den russischen Herausgebern vorgenommene Änderung hat weitere Konsequenzen gehabt, weil sie nicht in einer Fußnote gekennzeichnet wurde. Lucas, a. a. O., S. 156, schreibt in diesem Zusammenhang: »Darüber hinaus ist die [von Marx] nicht wörtlich festgehaltene, sondern durchweg paraphrasierte

Vorlage subjektiv verfärbt. Eine Wendung, Anmerkung oder ein Zitat ist ironisch wiedergegeben und ironische Zwischenbemerkungen werden gemacht.« Die Anmerkung von Lucas bezieht sich auf den Satz: »... betrat die Menschheit einen neuen, durch das private Eigentum geheiligten Weg«, der von Lucas als Beispiel einer ironischen Wendung von Marx und einer subjektiven Verfärbung herangezogen wird. Dieser Satz findet sich nicht bei Marx.

Das in der russischen Fassung vorkommende Wort »osviaščennyj« wird von Lucas mit »geheiligt« wiedergegeben. Der Text von *Der Ursprung der Familie* gibt einen Hinweis, warum dieser Einschub in den Marxschen Text ohne Angabe, daß es sich nicht um Marxens wörtliche Formulierung handelt, gemacht wurde. Bei Engels heißt es (MEW 21, S. 105): »... eine Einrichtung ..., die nicht nur das früher so geringgeschätzte Privateigentum heiligte und diese Heiligung für den höchsten Zweck aller menschlichen Gemeinschaft erklärt.«

Die russische Version ist nicht eine Übersetzung, sondern eine Wiedergabe, die dem Russischen eigentümliche semantische, grammatische und syntaktische Konstruktionen an die Stelle des vielsprachigen Marxschen Exzerpierstils setzt.

[26] Morgan, *Ancient Society*, 1907, S. 17, charakterisiert die lateinischen Stämme der Periode des Romulus als das »... höchstentwickelte Beispiel für die Obere Stufe der Barbarei.«

[27] Th. Mommsen, *Römische Geschichte*, 6. Aufl., 1874, Bd. 1, S. 35: »Die römische Mark zerfiel in ältester Zeit in eine Anzahl Geschlechterbezirke, welche späterhin benutzt wurden, um daraus die ältesten ›Landquartiere‹ *(tribus rusticae)* zu bilden ...«

[28] Mommsen, ebd., S. 36: »Wie zu dem Haus ein Acker, so gehört zu dem Geschlechtshaus oder Dorf eine Geschlechtsmark, die aber, wie später zu zeigen sein wird, bis in verhältnismäßig späte Zeit noch gleichsam als Hausmark, das heißt nach dem System der Feldgemeinschaft bestellt wird. Ob die Geschlechtshäuser in Latium selbst sich zu Geschlechtsdörfern entwickelt haben oder ob die Latiner schon als Geschlechtsgenossenschaften in Latium eingewandert sind, ist eine Frage ... Von Haus aus aber galten diese Geschlechtsgenossenschaften nicht als selbständige Einheiten, sondern als die integrierenden Teile einer politischen Gemeinde (*civitas, populus*), welche zunächst auftritt als ein zu gegenseitiger Rechtsfolge und Rechtshilfe und zu Gemeinschaftlichkeit in Abwehr und Angriff verpflichteter Inbegriff einer Anzahl stamm- und sittengleicher Geschlechtsdörfer.«

Ilias V, 90–91: οὔτ' ἄρα ἕρκεα ἴσχει ἀλωάων ἐριθηλέων ἐλθόντ' ἐξαπίνης' ὅτ' ἐπιβρίσῃ Διὸς ὄμβρ
»... die Aufdämmungen vermochten der Winterflut ebensowenig standzuhalten wie die Mauern der fruchtbaren Weingärten ihrem plötzlichen Kommen widerstehen, wenn der Regen des Zeus sie antreibt«, usw. ἕρκεα Zaun, Umwallung. ἀλωά Garten, Weinberg, Obstgarten, bearbeiteter Boden.

[29] Morgan, a. a. O., S. 19. Engels, a. a. O., S. 30, zitiert, als habe Morgan geschrieben: »... zu einer fast unbedingten Herrschaft ...« und gibt so das von Marx hinter Morgans uneingeschränkte Feststellung gesetzte Ausrufezeichen wieder. Die deutschen Ausgaben von H. Duncker, 1931, und von 1962, a. a. O., behalten Engels' Text unverändert bei.

[30] Morgan, a. a. O., S. 544. Morgans Ansicht, daß die Ufer des Tigris, des Euphrat und anderer Flüsse (Südwest-)Asiens die natürliche Heimat der Hirtenstämme waren, ist einer der Gründe, auf die Gordon Childe seinen Vorschlag stützt, das Morgansche Schema inhaltlich, wenn schon nicht seiner Form nach, zu verändern. (S. u., Anm. 153).

[31] Morgan, ebd., S. 552. Ilias Buch V, 90. Diomedes greift hier die Trojaner wie die Winterflut an, die über die Zäune und Dämme an der Flußböschung hinwegfegt. Aus dem Zusammenhang lassen sich einige Vermutungen über die Technologie der Hochwasserregulierung im homerischen Griechenland, möglicherweise über ihren Weinbau, usw. gewinnen, nichts jedoch über Formen des privaten oder kollektiven Grundeigentums.

Mommsens Ausdruck ist »Geschlechtshaus«, Morgan liest dafür in der englischen Mommsenübersetzung »clan-household«; Mommsens »Geschlechtsmark« wird dort als »clan-lands«, »Geschlechtsgenossenchaften« als »clanships« wiedergegeben. Bei Morgan steht »civitas populi« für Mommsens »civitas, populus«; »gleichsam als Hausmark« wird fälschlich als »analogy of houselands« übersetzt. Mommsens Wendung »von Haus aus«, die sich auf die integrierenden Teile einer politischen Gemeinde bezieht, verschleiert den Sachverhalt: diese integrierenden Teile gehörten anfänglich nicht zur politischen Gemeinde, noch trat die politische Gemeinde »zunächst« als »Inbegriff« von Geschlechtsdörfern auf. Mommsen bedient sich gerne pseudotemporaler Ausdrücke, wie »von Haus aus«, »zunächst«. Sein Gedankengang ist unklar, während seine entwicklungsgeschichtliche Konzeption zum Teil in der Formulierung *›integrierend‹* – im Gang oder Prozess der Integration – zum Ausdruck kommt. Die »politische Gemeinde« ist ein Anachronismus oder ein Oxymoron. Mommsen schreibt, a. a. O., S. 38: »Alle diese Gaue waren in ältester Zeit politisch souverain und wurden von seinem Fürsten unter Mitwirkung des Rathes der Alten und der Versammlung der Wehrmänner regiert.« Politische Souveränität und das Amt des Fürsten können nicht Bestandteil der Regierung »in ältester Zeit« gewesen sein; eine klarer gegliederte Abfolge der relativen Chronologie wäre am Platze gewesen, doch Mommsen hat die Problematik nicht durchdacht und das Problem der frühen politischen Entwicklung Roms gelöst, indem er sich einredete, daß seine Formulierungen der Quellenlage gerecht würden und daß diese für die gezogenen Schlußfolgerungen ausreiche.

[32] Marx hat an einer Reihe von Stellen auf den Begriff der Kaste Bezug genommen. Vgl. den Brief an P. V. Annenkov vom 28. Dezember 1846, MEW 27, S. 454. Die Frage des »Kastenregimes« wird hier im Zusammenhang seiner Kritik am Proudhonschen Begriff »ökonomischer Evolutionen« aufgeworfen. Im *Kapital* I, Kap. 12, a. a. O., S. 359–360, äußert sich Marx zu »dem Trieb früherer Gesellschaften, die Gewerbe erblich zu machen, sie in Kasten zu versteinern oder in Zünfte zu verknöchern, falls bestimmte historische Bedingungen dem Kastenwesen widersprechende Variabilität des Individuums erzeugen. Kastenwesen und Zünfte entspringen aus demselben Naturgesetz, welches die Sonderung von Pflanzen und Tieren in Arten und Unterarten regelt, nur daß auf einem gewissen Entwicklungsgrad die Erblichkeit der Kasten oder die Ausschließlichkeit der Zünfte als gesellschaftliches Gesetz dekretiert wird.« Siehe

auch ebd., S. 388, wo die Teilung der Arbeit in Platos Staat als die »atheniensische Idealisierung des ägyptischen Kastenwesens« dargestellt wird.

Im *Kapital* ebenso wie in seinem Kommentar zum Morganexzerpt versteht Marx die Kaste als eine archaische, in beiden Fällen versteinerte, Institution. Im Brief an Annenkov und im *Kapital* wird die Kaste unmittelbar mit der Teilung der Arbeit in der Gesellschaft in Zusammenhang gebracht und sie hat mit deren Entstehen zu tun: im Kommentar zu Morgan kommen die Rangunterschiede zwischen Blutsverwandten in Konflikt mit dem Gentilprinzip und können in dessen Gegenteil, die Kaste, versteinern.

Die Marxsche Bemerkung zur Kaste in den Morganexzerpten hat eine darüber noch hinausweisende Bedeutung: Im *Kapital* subsumiert Marx Kasten und Zünfte auf einer frühen Stufe der Entwicklung der natürlichen Ordnung; sie »entspringen aus demselben Naturgesetz, welches die Sonderung von Pflanzen und Tieren in Arten und Unterarten regelt«. Er meint, daß erst dann, wenn ein bestimmter Grad der Entwicklung erreicht ist, »die Erblichkeit der Kasten oder die Ausschließlichkeit der Zünfte als gesellschaftliches Gesetz dekretiert wird«. Die Trennung von früher und später Kastenorganisation, die die frühe Form in die Ordnung der Natur einbezieht und die späte in den Wirkungsbereich gesellschaftlicher Gesetzgebung, steht im Gegensatz zu der Marxschen Auffassung der Kaste in dem Kommentar zu Morgan. Hier begreift er das Phänomen der Kaste insgesamt innerhalb der gesellschaftlichen Ordnung, wobei er die Frage offen läßt, ob das Kastenwesen sich unbewußt entfaltet oder bewußter Gesetzgebung entspringt. Der Vergleich der frühen Entwicklungsstufen der Kaste mit Phänomenen der natürlichen Ordnung ist nicht mehr als eine bloße Analogie. Er ist mit Marxens allgemeinen Ansichten in den *Ökonomisch-philosophischen Manuskripten,* der *Heiligen Familie,* der *Deutschen Ideologie* und anderen Schriften, in denen die Beziehungen von Mensch und Natur aufgenommen werden, weniger vereinbar, als es die Formulierung der Morganexzerpte ist.

[33] Morgan, a. a. O., S. 471.

[34] Ebd., S. 540.

[35] Engels, a. a. O., S. 62. M. M. Kovalevsky, *Tableau des Origines et de l'Evolution de la Famille et de la Propriété,* 1890.

[36] Morgan, a. a. O., S. 478.

[37] Ebd., S. 479–480.

[38] Ebd., S. 480.

[39] Engels, a. a. O., S. 172.

[40] Ebd., S. 61.

[41] Morgan, a. a. O., S. 42. Marx (Morganexzerpte, S. 8) schreibt: »each smaller family would be a miniature of the group«. Die russische Fassung gibt dies so wieder: »... každaja men' šaja sem' ja dolžna byla predstavljat' soboj v miniature vsju gruppu.« – Wörtlich: »jede kleinere Familie wäre in Miniatur die gesamte Gruppe« (*Archiv,* a. a. O., Bd. 9, S. 16). Die Bedeutung wird damit auf die größere Gruppe übertragen, was wahrscheinlich weder Morgans Intention war, noch dem Marxschen Verständnis Morgans entspricht.

[42] Morgan, ebd., S. 22.

[43] Aristoteles, Politik, Erstes Buch, 2, 1253a.

[44] Marx, *Grundrisse*, S. 6.

[45] Marx, *Kapital* I, a. a. O., S. 346. S. auch S. 194.

[46] Aristoteles, a. a. O., Erstes Buch, 1–3 passim. Die Familie und das Dorf gehen der Polis zeitlich voraus, ebd. 1252b. Ist es zur Errichtung der Polis gekommen, so geht sie der Familie und dem Individuum genau so voraus wie das Ganze früher ist als die Teile, ebd. 1253a. Aristoteles unterscheidet so die chronologischen und logischen Bedingungen des Verhältnisses von Familie, Gesellschaft und Staat, wobei die Polis der Endzweck der Gesellschaft ist: »Wenn also schon die früheren Formen der Gesellschaft natürliche sind, so gilt dies erst recht von der Polis, denn sie ist ihr Endzweck. Was ein jegliches Ding ist, wenn seine Entwicklung vollendet ist, nennen wir seine Natur ...« Ebd., 1252b.

[47] Vgl. Anm. 4.

[48] *Ökonomisch-philosophische Manuskripte,* MEGA, III, 1, S. 88–89 (MEW, Ergbd. 1, S. 517–518).

[49] MEW 3, S. 20–21.

[50] L. Krader, Critique dialectique de la nature de la nature humanine. *L'Homme et la Société,* Nr. 10, 1968, S. 21–38. Dort weitere Literaturangaben.

[51] Morgan, a. a. O., S. 265.

[52] Ebd., S. 276.

[53] Ebd., Vorwort und S. 6.

[54] *Kapital* I, a. a. O., S. 411–412. Roman Rosdolsky, *Zur Entstehungsgeschichte des Marxschen ›Kapital‹*, 2. Aufl., 1969, Bd. 1, S. 147, hat auf Morgans Gedanken hingewiesen, daß die Haustiere ein Besitz von größerem Wert waren als alle früheren Formen des Eigentums zusammengenommen. (Siehe Marx, Morganexzerpte, S. 26, a. a. O.; Morgan, a. a. O., S. 553.) Dem hat Marx die Faktoren von Grundeigentum und Sklaven hinzugefügt. Maine hat in seinen *Lectures,* a. a. O., S. 168, darauf hingewiesen, daß in urgeschichtlichen Zeiten nicht das Land als solches, sondern durch ›Kapital‹ (»cattle«, Vieh, nach seiner Etymologie) bearbeitetes Land Wert hatte: »der Besitz von Werkzeugen für den Ackerbau und nicht der Boden selber war eine Macht ersten Ranges.« Der Grundstock an Werkzeugen wurde in der Regel durch Raub erworben (ebd., S. 169). (Siehe Marx, Maineexzerpte, a. a. O., S. 171.) Marx erhebt hier keinen Einwand dagegen, die Akkumulation des Grundkapitals durch Raub zu erklären, während er Kovalevsky widerspricht, der die Besiedlung des Bodens als Raub beschreibt (siehe Anm. 16). Kovalevsky war der Ansicht, daß eine Gruppe von Verwandten sich von der Hauptgruppe trennt und ein fremdes Territorium für ihre neue Ansiedlung erobert. Nach der Auffassung Maines, die Marx teilte, ist dies selten der Fall.

[55] Morgan, a. a. O., S. 126, 256, 259, 282.

[56] Ebd., S. 316.

[57] Ebd., S. 293.

[58] Ebd., S. 363. Vgl. Morgan, S. 477: »... die Familie konnte nicht als ganze in die Gens eingehen, denn Mann und Frau gehörten notwendig verschiedenen Gentes an.«

[59] Ebd., S. 402.

[60] Marx, *Grundrisse,* a. a. O., S. 390 und ff.

[61] Sir John Budd Phear, *The Aryan Village in India and Ceylon.* 1880.
Einleitung, S. IX–LVI.
Modern Village Life in Bengal.[a] S. 3–169. (Marx, Ms. S. 129–146, Mitte.)
The Agricultural Community in Ceylon. S. 173–229. (Marx: The Agricultural Economy in Ceylon, Ms., S. 146–153.)

[a] Modern Village Life in Bengal. In: *Calcutta Review,* Juli, Oktober 1874.

Evolution of the Indo-Aryan Social and Land System. S. 233–272. (Marx, Ms., S. 153–155.)
Anhang. Anmerkung A. S. 275–284. Zu Phear, S. 24[b]
Anmerkung B. S. 285–286. Zu Phear, S. 53[c]
Glossar. S. 289–295.

[b] Anmerkung A. Classification of Ryots. By Baboo Ram Semdar Basack, of Dacca. Eastern Bengal (Marx, Exzerpte, S. 143).
[c] Anmerkung B. Jama Bandi. Annual Account Book. (Marx, Exzerpte, S. 134.)

Welche Wichtigkeit Marx der Untersuchung der indischen Dorfgemeinde beigemessen hat, geht aus den zahlreichen Stellen hervor, in denen sie im *Kapital* erörtert wird: Bd. I, 1. Abschnitt, Kap. 1 und 2; 4. Abschnitt, Kap. 11 und 12 (diese beiden Passagen sind ziemlich ausführlich); Bd. II im Zusammenhang mit Buchführung (6. Kap.); Bd. III, 5. und 6. Abschnitt, passim.

[62] Ebd., S. 238.

[63] Ebd., S. 263.

[64] Ebd., S. 155.

[65] Ebd., S. 62.

[66] Ebd. S. 143, 146 mit Verweis auf Sir Henry Sumner Maine, *Village Communities in the East and West,* 1871.

[67] Phear, a. a. O., S. 271.

[68] H. S. Maine, *Lectures on the Early History of Institutions,* 1875. 412 Seiten.
Das Buch ist in 13 Vorlesungen gegliedert:

I. New Materials for the Early History of Institutions, S. 1 (Marx, Exzerpte, S. 160)
II. The Ancient Irish Law, S. 24 (Exzerpte, S. 160)
III. Kinship as the Basis of Society, S. 64 (Exzerpte, S. 161)
IV. The Tribe and the Land, S. 98 (Exzerpte, S. 162)
V. The Chief and his Order, S. 119 (Exzerpte, S. 164)
VI. The Chief and the Land, S. 147 (Exzerpte, S. 167)
VII. Ancient Divisions of the Family, S. 185 (Exzerpte, S. 175)
VIII. The Growth and Diffusion of Primitive Ideas, S. 225 (Exzerpte, S. 180)
IX. The Primitive Forms of Legal Remedies I, S. 250 (Exzerpte, S. 181)[a]
X. The Primitive Forms usw. II, S. 279 (Exzerpte, S. 184)
XI. The Early History of the Settled Property of Married Women, S. 306 (Exzerpte, S. 186)[b]
XII. Sovereignty, S. 342 (Exzerpte, S. 190)

XIII. Sovereignty and Empire, S. 371 (Exzerpte, S. 193)[c]

[a] Die ersten fünf Kapitel hat Marx auf 7 1/2 Seiten seines Manuskriptes zusammengedrängt. Auf S. 173 ff. der Exzerpte, Maines sechster Vorlesung, hat er längere Passagen aus Haverty eingeschoben.

[b] Enthält die von Marx vielleicht im Latin Dictionary von Lewis und Short und in Johnsons English Dictionary nachgeschlagenen lateinischen Rechtstermini.

[c] Der Titel der elften Vorlesung wird in den Marxschen Exzerpten genannt. Die sechste und siebente, sowie die drei letzten Vorlesungen hat Marx mit besonderer Aufmerksamkeit in ausführlichen Exzerpten und kritischen Anmerkungen durchgearbeitet.

69 Maine gründete seine Darstellung der Frühgeschichte der irischen Rechtsinstitutionen vor allem auf den Senchus Mor, den er, Whitley Stokes folgend, in das 11. Jahrhundert oder etwas früher datierte (a. a. O., S. 12). Diese Datierung ist seither revidiert worden: J. F. Kenney, *The Sources of the Early History of Ireland,* Bd. 1, 1929, S. 325, Anm., datiert den Senchus Mor »wahrscheinlich« in das achte Jahrhundert. Vgl. auch John Cameron, *Celtic Law, The »Senchus Mor« and »The Book of Aicill«,* 1937, S. 35. Der Autor zitiert weitere Belege zur Stützung der Datierung ins achte Jahrhundert. Für die bibliographischen Hinweise in diesem Zusammenhang danke ich Miss B. A. Bailey.

70 C. T. Lewis and C. Short, *A Latin Dictionary,* 1. Aufl. 1879. Vgl. die Ankündigung. Samuel Johnson, *A Dictionary of the English Language,* 1. Aufl., 2 Bde., 1735. Martin Haverty, *The History of Ireland, from the earliest period to the present time ...,* New York 1867. Sir Thomas A. L. Strange, *Elements of Hindu Law, 2 Bde.,* 1825, 2. Aufl. *Hindu Law,* 2 Bde., 1830.

71 Vgl. Maineexzerpte, S. 191; für Marx liegt die Souveränität nicht im Häuptling, denn sie ist keine persönliche Sache, sondern eine gesellschaftliche Institution. Er versteht sie hier als eine Erscheinung der Kollektivität. In keinem Falle ist sie also ein persönliches Verhältnis des Häuptlings. Dies schließt eine Kritik an Morgan ein, der die Form der Regierung in Gesellschaften vor dem zivilisierten Zustand für persönlich und auf Verhältnisse gegründet ansah, die rein persönliche waren. Siehe Morgan, *Ancient Society,* a. a. O., S. 6 und passim.

72 Vgl. Engels, *Ursprung,* a. a. O., S. 165: »Der erste Geschichtsschreiber, der wenigstens eine annähernde Vorstellung vom Wesen der Gens hatte, war Niebuhr, und das – aber auch seine ohne weiteres mit übertragenen Irrtümer – verdankt er seiner Bekanntschaft mit den dithmarsischen Geschlechtern.« Engels' Irrtum ähnelt dem von Maine. Die ur- und frühgeschichtliche germanische Gens mit der Mark oder einer kollektiven Institution der politischen Gesellschaft zusammenzubringen, heißt miteinander verknüpfen, was historisch getrennt ist.

Die Herausgeber der Ausgabe von Engels' *Ursprung* in den MEW weisen darauf hin, daß die *Gemeindeverfassung* in Dithmarschen bis in die zweite Hälfte des neunzehnten Jahrhunderts erhalten blieb. Der Gedanke von Engels wäre überzeugender, wenn er sich, wie damit zu Recht nahegelegt wird, auf die Gemeindeverfassung und nicht auf die Geschlechter bezöge, da hier von Geschlechtern (Deszendenzlinien, Gentes, Clans, usw.) nicht die Rede sein kann. (Vgl. MEW 21, S. 562.)

73 Maine, *Lectures,* S. 200.

[74] Edmund Spenser, *A view of the state of Ireland,* 1596. John Davies (irischer Kronanwalt unter König Jakob zur Zeit der englischen Eroberung Irlands; Maine schreibt seinen Namen durchweg Davis), *A discoverie of the trve cavses why Ireland was neuer entirely subdued, nor brought under the obedience of the Crowne of England, vntill the beginning of His Maiesties happie raigne,* 1612.

[75] Maine, a. a. O., S. 382.

[76] K. A. Wittfogel, *Die orientalische Despotie* (engl. 1957) 1962. E. Ch. Welskopf, *Die Produktionsverhältnisse im alten Orient und in der griechisch-römischen Antike,* 1957, E. R. Leach, Hydraulic Society in Ceylon, *Past and Present,* Nr. 15, 1959, S. 2–26. E. J. Hobsbawm, Einleitung zu Karl Marx, *Pre-Capitalist Economic Formations,* 1964, S. 9–64. J. Pečirka, J. Chesneaux, in *Eirene,* Bd. 3, 1964, S. 131–168. F. Tökei, *Zur Frage der asiatischen Produktionsweise* (ung. 1965) 1969. P. Skalnik und T. Pokora, in *Eirene,* Bd. 5, 1966, S. 179–187; J. Pečirka, ebd., Bd. 6, 1967, S. 141–174. Y. Varga, The Asiatic Mode of Production, in: *Economic Problems of Capitalism,* 1966. D. Thorner, Marx on India and the Asiatic Mode of Production, in: *Contributions to Indian Sociology,* Nr. 9, 1966, S. 33–66. *Recherches Internationales: Premières sociétés de classe et mode de production asiatique,* Nr. 57–58, 1967. L. Krader, *Peoples of Central Asia,* 3. Aufl., 1971, Vorwort. M. Godelier, *La notion de ›mode de production asiatique‹,* o. J.

[77] Maine, a. a. O., S. 358–359.

[78] *Kapital* I. a. a. O., S. 385, und dort zitiert: G. W. F. Hegel, *Grundlinien der Philosophie des Rechts,* 1821, § 187, Zusatz.

[79] Maine, a. a. O., S. 359.

[80] Ebd., S. 245.

[81] Ebd., S. 196–197.

[82] MEGA, III, 1, S. 86 (Schluß von Ms. XXIII). (MEW Ergbd. 1, S. 515.)

[83] Ebd., S. 111.

[84] Ebd., S. 206 (MEW 2, S. 37). Marx behandelt im *Kapital* den Fetischismus der Arbeitszeit und ebenso die Aufspaltung des Menschen im Arbeitstag und im Produktionsprozeß. Diese Analyse bezieht sich auf dieselbe Problematik, sie wird jedoch in ihre wirklichen Teile zerlegt. Die Problemstellung der ethnologischen Exzerpthefte hängt zusammen mit den in der *Heiligen Familie,* der *Deutschen Ideologie,* in den *Ökonomisch-philosophischen Manuskripten* und sogar schon in der *Kritik der Hegelschen Rechtsphilosophie* entwickelten Positionen. In den späteren Manuskripten wird darüber hinaus der Zustand des zivilisierten Menschen dem des primitiven Menschen gegenübergestellt, der Prozeß des Übergehens von dem einen Zustand in den andern gesetzt und die in der Untersuchung der primitiven Gemeinwesen gewonnene Perspektive auf die Kritik des Staates angewandt. In der Einleitung zu den *Grundrissen* und im *Kapital* war die Kritik an dem kommunalen Leben der Gegenwart kurz entwickelt worden; vgl. auch die in den Entwürfen für den Zasuličbrief implizierte Kritik des primitiven Zustandes des Menschen (s. Zusatz 1 zu diesem Kapitel). Wir gehen hier den Beziehungen der Marxschen Äußerungen zu den Themen von primitivem Gemeinwesen und Zivilisation nach, sowie ihrem Verhältnis zu dem Kontext, in dem sie jeweils erscheinen, den Phasen der Marxschen Entwicklung, denen sie angehören,

seiner Einstellung zu den damit angesprochenen Fragen und den Funktionen, die sie übernehmen.

[85] Niccolo Machiavelli, *Istorie Fiorentine* (Vgl. Marx, Brief vom 25. Sept. 1857 an Engels) oder ders., *Discorsi sopra la prima decade di Tito Livio* (vgl. *Chronik,* a. a. O., S. 19). Simon Nicolas Henri Linguet, *Théorie des loix civiles,* 2 Bde. 1767. Linguet wird in allen drei Bänden des *Kapital* jeweils mehrfach zitiert; vgl. *Kapital* I, 23. Kap., 1, Linguets Wort »L'esprit des lois, c'est la propriété.«

[86] Morgan, a. a. O., S. 233 und S. 514.

[87] H. S. Maine, *Dissertations on Early Law and Custom,* New York, 1886, Kap. VII und Anm. A zu Kap. VIII. An der zuletzt genannten Stelle greift Maine Morgan an, weil er den Namen »Gens« verwendet, ohne die männliche und weibliche Linie der Abstammung zu unterscheiden. Seine eigene Stellungnahme zu der Frage des Verhältnisses von Familie und Gens hat Maine jedoch nicht formuliert. Die Terminologie der Entwicklungsstufen (Wildheit, Barbarei, Zivilisation) und die Theorie der Hordenpromiskuität (S. 287) hat Maine akzeptiert. Mit seiner Feststellung, daß weder die männliche Linie die weibliche ablöste, noch auch umgekehrt, sondern daß »... beide seit jeher nebeneinander bestanden und immer voneinander unterschieden waren« (ebd.) hat er der Diskussion eine andere Wendung gegeben. Diese Ansicht ist in ihrer Allgemeinheit so wenig beweisbar wie die von Morgan. Nach Maine wurden Häuptlinge nach tanaistischer Regel gewählt, die Wahlen waren jedoch nicht frei, weil der Stamm »... im allgemeinen einen Nachfolger wählte, bevor der Häuptling starb, und dies fast ausnahmslos einer seiner Brüder oder der nächste erwachsene Verwandte war« (a. a. O., S. 145). In demselben Buch definierte Maine »Tanistry« als die Regel, nach der der älteste männliche Verwandte die Nachfolge übernimmt (S. 137). Diese Definition weicht von der vorher zitierten Passage ab, indem sie sich von der Idee einer reinen Demokratie weiter entfernt. Die idealisierte Vorstellung von einer primitiven Demokratie, der L. H. Morgan anhing, bezog sich auf die Wahl bei den Irokesen, die in Morgans Schema einer niedrigeren Stufe der Barbarei angehört als das irische Wahlverfahren.

[88] Sir John Lubbock [Lord Avebury], *The Origin of Civilization and the Primitive Condition of Man. Mental and Social Conditions of Savages.* London, 1870.

I.	Introduction	P. 1
II.	Arts and Ornaments	25
III.	Marriage and Relationship	50
IV.	Religion	114
V.	Religion (continued)	158
VI.	Religion (concluded)	219
VII.	Character and Morals	257
VIII.	Language	273
IX.	Laws	300
Appendix		325
On the Primitive Condition of Man		
Notes		363
Index		

Marx exzerpierte 2⅓ Seiten aus Lubbocks Kapitel über Ehe und Verwandtschaft, 4 Seiten aus den drei Kapiteln über Religion, 1½ Seiten aus dem Kapitel über Gesetze. Die Kapitel über Kunst, Moral und Sprache überging er. Lubbock arbeitete als junger Mann unter der Leitung Darwins. Vgl. R. J. Pumphrey, *Science,* Bd. 129, 1959, S. 1087–1092. Rjazanov, Novye Dannye, a. a. O. S. 368, (vgl. Neueste Mitteilungen über den literarischen Nachlaß von Karl Marx und Friedrich Engels, *Archiv für die Geschichte des Sozialismus und der Arbeiterbewegung,* Bd. 11, 1925, S. 399) schreibt, besonders im Hinblick auf diese Exzerpte: »Marx hat seine methodische und systematische Arbeitsweise bis ans Ende seines Lebens beibehalten. Wenn in den oder um die Jahre 1881–1882 (k 81–82 godu) die Fähigkeit zu intensiver unabhängiger, schöpferischer geistiger Arbeit verlor, so hat er doch seine Fähigkeit zur Forschung niemals eingebüßt.« Um jegliche Zweideutigkeit zu beseitigen, die in Rjazanovs Bemerkung noch enthalten sein mag, werden wir die von ihm vorgenommene chronologische Einordnung auf das Korpus der ethnologischen Manuskripte von Marx beziehen. Auf der einen Seite stehen die Exzerpte von 1880–1881 mit den Materialien zu Morgan, Phear, Maine, auf der anderen die Lubbockexzerpte von 1882, rund vier Monate vor Marxens Tod. Die Zeitangabe »um« oder »gegen 1881–1882« ist nicht sinnvoll. Die inhaltliche Prüfung der 1880–1881 angelegten Exzerpthefte zeigt, daß Marx geistig voll bei Kräften war, so daß von einer Beeinträchtigung seiner Fähigkeiten zu jener Zeit nicht die Rede sein kann. Alle diejenigen, die wie Kautsky, Kovalevsky und Hyndman, Marx in den Jahren 1880 und 1881 besuchten, bezeugen dies in Briefen und Erinnerungen (zu Kovalevsky siehe Anm. 13, über Hyndman, Anm. 170). Rjazanovs Bemerkung ist möglicherweise zutreffend für die Lubbockexzerpte, doch unvermindert ist in ihnen Marxens kritisches Vermögen und seine Fähigkeit, die weitreichendsten Anspielungen zu machen, wie in dem Cervanteszitat (siehe *Notebooks,* a. a. O.) und in der Anspielung auf Shakespeares Kaufmann von Venedig (Lubbockexzerpte, S. 8, *Notebooks,* a. a. O.). Der Vergleich des Korpus' der Morgan-Phear-Maine-Manuskripte mit den Lubbockmaterialien zeigt durch die Kürze, in der diese im allgemeinen und besonders Marxens eigene Stellungnahmen gehalten sind, daß seine physische Ausdauer in den Monaten vor seinem Tode gemindert war.

Die Werke von Morgan, Phear und Maine wurden zwischen 1875 und 1880 veröffentlicht, also nach Erscheinen des Werks von Lubbock. Marx folgte der Entwicklung der theoretischen Konstruktionen und des Instrumentariums der empirischen Wissenschaft der Ethnologie, die damals im Prozeß ihrer Entfaltung begriffen war: den Fragen des Verhältnisses der Gens zur Familie und zum Stamm und vergleichbaren Entwicklungen von Eigentum, Gliederung der Gemeinschaft, Recht und Gesetz. Engels sah diese Probleme in den Marxschen Kategorien. Außerhalb seines Gesichtskreises blieben Fragen wie die des sozialen Klassenverhältnisses des Individuums in der Gesellschaft der Periode der Auflösung der gentilen Institutionen, das Verhältnis von Objektivität und Subjektivität des gesellschaftlichen Interesses und die Kritik der historischen und kulturellen Schranken der romantischen und viktorianischen Auffassung der Gesellschaft als eines Organizismus. Andererseits war Engels über die sukzessive Anhäufung ethnologischer Daten und über die Entwicklung sowohl der Einzelinterpretation wie der allgemeinen Theorie dieser sich neu herausbildenden Wissenschaft auf dem Laufenden. Vgl. in diesem Zusammenhang Engels' Einschätzung von Alexis Giraud-Teulon, *Origines de la famille* und Lubbocks *Origin of Civilization* in ihrem Verhältnis zu McLennan und Morgan (Engels, *Ursprung der Familie,* Vorwort zur 4. Aufl., a. a. O., S. 476 ff.), sowie über Morgan den ersten Satz seines Buches. Besonders in seinem Vorwort zur vierten Auflage hat er auf die neuen Materialien, die seit dem Erscheinen des Morganschen Werkes gesammelt wurden, und darauf hingewiesen, welchen Einfluß dies auf die theoretischen Schlußfolgerungen hat.

[89] Siehe Zusatz 1 und Anm. 15.

[90] Lubbock, a. a. O., S. 105.

[91] Marx hatte Don Quixote im Jahre 1854 gelesen, als er Spanisch lernte. Vgl. *Chronik,* a. a. O., S. 146.

[92] Morgan, a. a. O., S. 511. Engels, a. a. O., S. 68–69; vgl. auch ebd., S. 39, Fußn., S. 55–56 und im Vorwort zur 4. Aufl., a. a. O., S. 475.

[93] Lubbock, a. a. O., S. 72.

[94] Zu Marx in Sachen Darwin, vgl. Anm. 1 und 162 dieses Kapitels. Marx, *Randglossen zu A. Wagners »Lehrbuch«* usw., MEW 19, S. 355 ff. Hegel unterscheidet mit Aristoteles zwischen Organizismus und Entelechie. Damit antizipiert er, was W. Jaeger, *Aristoteles,* S. 410, richtig bemerkt, daß nämlich die biologische Interpretation der aristotelischen Entelechie eine falsche Modernisierung darstellt.

Darüber hinaus war Hegel der Ansicht, daß ein »Bildungsprozeß« erst begriffen werden kann, wenn die Wirklichkeit »sich fertig gemacht hat«: »die Eule der Minerva beginnt erst mit der einbrechenden Dämmerung ihren Flug« (*Philosophie des Rechts,* Vorrede). Der Philosoph kommt erst post festum: Unser Begreifen ist Begreifen der Vergangenheit und wir können die Gestalt der Zukunft nicht erkennen. Was das Erkennen der Zukunft angeht, war Marx mit Hegel einer Meinung und wandte sich gegen Determinismus und Fatalismus der Zukunft: siehe hierzu die Entwürfe des Briefes an Vera Zasulič.

Determinismus als Vorauswissen der Zukunft ist von Karl Popper Historizismus genannt und gleichermaßen Hegel und Marx angelastet worden. Dies ist eine Extension der Bedeutung des Begriffs Historismus, der seine Wurzel in der Auffassung der Spezifität eines historischen Phänomens innerhalb seines Kontextes, seiner Epoche usw. hat. Er bezieht sich auf oder ist abgeleitet von der Idee des Zeitgeistes, der Popper das Moment des historischen Hervortretens eines Dinges aus einem anderen hinzugefügt hat. Diesem Prozeß hat er eine notwendige Entwicklung als einer einzigen Determination in der Geschichte zugeschrieben. Dieses ganze Amalgam hat der dann auf Hegel und Marx übertragen. Die Verzerrung ihrer Ansichten ist die Folge davon, daß die oben genannten Unterscheidungen nicht gemacht wurden. Popper hat mit dieser Interpretation einen Vorläufer in Ernst Troeltsch, *Der Historismus und seine Probleme,* 1922. (Karl Popper, *Die offene Gesellschaft und ihre Feinde,* 2. Bd., 1957 u. 1958; siehe auch sein *Elend des Historizismus,* 1965.) Andere haben im einzelnen gezeigt, daß Popper zu seiner Position durch eine gleichermaßen verfehlte Interpretation von Hegel und Marx und durch die Unterdrückung und einseitige

Auswahl von Texten gekommen ist. (Walter Kaufmann, *From Shakespeare to Existentialism,* 1960, S. 100.)

[95] Morgan, a. a. O., S. 68, 88, 90, 104, 123, 152, 221, 237, 277, 278, 287 und passim.

[96] Ebd., S. 88, 177, 246, 287, 313 und passim.

[97] Ebd., S. 264, 266.

[98] Ebd., S. 240.

[99] Ebd., S. 249.

[100] Ebd., S. 281.

[101] Ebd., S. 444.

[102] Engels, *Ursprung,* a. a. O., S. 37 f.

[103] Morgan, a. a. O., S. 92.

[104] Otto Gierke, *Das Deutsche Genossenschaftsrecht,* 4 Bde., 1868–1913.

[105] Joseph Needham, *The Sceptical Biologist,* 1929. Siehe auch ders., A Biologist's View of Whitehead's Philosophy. *The Philosophy of A. N. Whitehead.* P. Schilpp (Hrsg.) 1941, S. 247–248.

[106] R. H. Lowie, *Primitive Society,* 1947, S. 257, 338, 390.

[107] Fenton in *Ethnology,* a. a. O., Morgans Begriff einer politisch gegliederten Gesellschaft beruht auf Territorium und Eigentum; der politischen Gesellschaft geht zeitlich eine gesellschaftliche Organisation rein persönlicher Verhältnisse vorher. (*Ancient Society,* S. 6.) Der theoretische Bezugsrahmen von Morgan verhinderte möglicherweise, daß er territoriale Gruppierungen in anderem Kontext als dem der politischen und zivilisierten Gesellschaft untersuchte.

[108] R. M. MacIver, *The Modern State,* 1926; vgl. auch ders., *Community,* 1936. R. H. Lowie, *Origin of the State,* 1927.

[109] F. W. Maitland, der englische Übersetzer von Otto Gierke, *Political Theories of the Middle Age,* 1900, und Ernest Barkers Übersetzung von Gierke, *Natural Law and the Theory of Society,* 1950, geben »Genossenschaft« als »association«, wodurch sie die entwicklungsgeschichtliche Ansicht Gierkes verschleiern, wie dies Gierke selber zu tun pflegte. (Gierke, *Genossenschaftsrecht,* I § 1.) Gierke macht jedoch, a. a. O., S. 5, die folgende Unterscheidung: »Das Recht der deutschen Genossenschaft, nicht das Recht der deutschen Association überhaupt, soll zur Behandlung kommen. Unter ›Genossenschaft‹ im engsten und technischen Sinne wird ... jede auf freier Vereinigung beruhende deutschrechtliche Körperschaft, das heißt ein Verein mit selbständiger Rechtspersönlichkeit, verstanden.« Unter den Begriff der ›Genossenschaft‹ im weiteren Sinne fallen die Gemeinden und der Staat. Außerdem bedeuten sie nach Gierke noch etwas anderes: in der frühen Geschichte Deutschlands haben sich Staat und Gemeinde teils aus der Potenzierung der Genossenschaftsidee und teils aus dem Machtzuwachs ihres Gegenteils entwickelt. Je nach ihrer zeitlichen Ausrichtung haben sie genossenschaftliche Elemente bewahrt und entwickelt. In zweifacher Beziehung, in ihrer Genese wie in ihrer Struktur, gehören Staat und Gemeinde dem Vorstellungskomplex der Genossenschaft an. Es handelt sich hier um eine auf ein System bloß zeitlichen Nebeneinanders reduzierte Dialektik, nichtsdestoweniger aber um eine Dialektik, in welcher eine Bewegung durch Negation und Ausbildung von Gegensätzen, wenn auch unklar, entwickelt wird. Morgan wie Gierke

haben in ihrem jeweiligen System den Versuch gemacht, durch Ausdrücke, die in sich etymologisch verknüpft sind, das Verhältnis der politischen Gesellschaft zu der ihr vorhergehenden Gesellschaftsform bewußt zu machen. Johann Althaus (Althusius) hat Gemeinschaft sowohl in dem hier festgehaltenen Sinne als auch als Keim der politischen Gesellschaft begriffen, die sich zu einer pyramidischen Gliederung mit einem außerhalb aller gegebenen Gemeinschaften liegenden Zentrum entwickeln kann. Die pyramidische Zusammenfassung wird hier als wirklich, aber in sich widersprüchlich, als ein Verhältnis von Teilen begriffen, die zugleich voneinander unterschieden und zentrifugal sind. Da sie in einem bestimmten Sinne voneinander abgetrennt sind, können sie getrennt Gruppen bilden; sind sie aber erst zu einer Einheit zusammengefaßt, so ist es aufgrund der damit gegebenen ökonomischen und sozialen Existenzbedingungen undenkbar, daß sie zur isolierten Existenz zurückkehren. Auf der Seite des Politischen zeigt sich im Prozeß der Staatsbildung eine Spannung zwischen alternierenden Machtzentren. Vgl. D. Westermann, *Die Kpelle,* 1921, wo ein in der Gesellschaft der Kpelle ungelöster Konflikt zwischen königlichem Thron und den religiösen Gemeinschaften beschrieben wird. Eine unlösbare Konfliktsituation zwischen dem Königshaus der politischen Ordnung der Ankole und den Grenzhäuptlingen, wie innerhalb des königlichen Hauses hat K. Oberg beschrieben (in M. Fortes und E. E. Evans-Pritchard, *African Political Systems,* 1940). Vgl. Lowie, *Origin of the State;* L. Krader, *Formation of the State,* 1968.

110 »Morgans Hauptfehler war es, daß er unterschiedslos von einer in Wirklichkeit synchronischen Beobachtung zu pseudo-historischer Deduktion überging. Seine sorgfältige Behandlung der beobachteten Tatsachen jedoch, verbunden mit seiner logischen Naivität, erlauben es, das eine vom anderen ohne Schwierigkeiten zu trennen.« Meyer Fortes, *Kinship and the Social Order. The Legacy of Lewis Henry Morgan,* 1969, S. 15. Fortes geht in seinen Behauptungen zu weit. Die chronologische Abfolge von *societas* zu *civitas* ist als Verallgemeinerung nicht in Frage gestellt, obgleich einige untergeordnete Thesen Morgans als unbeweisbare Rekonstruktionen inzwischen beiseite gesetzt worden sind.

111 M. E. Opler, in *Current Anthropology,* Bd. 3, 1962, S. 478.

112 Fortes, a. a. O., S. 14.

113 Ebd., S. 219–220.

114 *Kapital* I, a. a. O., S. 193.

115 Phear, a. a. O., S. 65 ff.

116 Marx zitiert Tacitus, Germania, Kap. 7, an zwei Stellen (Morganexzerpte, S. 72 und 98, a. a. O.) über die Zusammensetzung der kleineren Truppeneinheiten der alten Germanen: die Reiterschwadron oder der Infanteriekeil bestehen nicht aus einer willkürlichen Ansammlung, sondern aus *familiae* und *propinquitates.* Marx bemerkt, daß die *familia* hier hervortritt, »aber bei *Cäsar* ist diese selbst bestimmt als gens« (S. 98). Im *Latin Dictionary* von Lewis und Short wird *propinquitas* für die klassische Sprache Caesars und Ciceros als »nearness, vicinity, proximity, propinquity« wiedergegeben, später als »relationship, affinity, propinquity« und »intimacy, friendship«. Wir schließen daraus, daß Marx entweder auf Lewis-Short oder auf deren Vorgänger zurückgegriffen hat (vgl. Mainexzerpte, S. 180–181, a. a. O.). Die gesellschaftlichen Verhältnisse der alten

Germanen waren für militärische, zivile, ökonomische und andere Zwecke auf die *familia* oder eher die *gens,* sowie die *propinquitas* gegründet. Das Verwandtschaftsband ist gleichbedeutend mit der Gens; *propinquitas* als gesellschaftliche Institution ist eindeutig vom Typus des Gemeinwesens, in welchem die Einzelnen entweder durch Verwandtschaft oder durch Nachbarschaft, aufgrund deren sie in Schwadronen und Truppen zusammenkommen, eng miteinander verbunden sind. *Propinquitas* wird hier als eine konkrete gemeindliche Institution, wie Familie/Gens, verstanden und nicht als ein abstraktes Prinzip gesellschaftlicher Verhältnisse. Abgesehen von dem, was wir aus der inneren Gedankenentwicklung von Marx in diesem Zusammenhang lernen können, ist die historische Abfolge der Bedeutung von *propinquus* neuerdings zunächst als »nahestehend« und in zweiter Linie als »verwandt« bestimmt worden (Walde-Hofmann, Lat. Etym. Wörterbuch, Bd. II, 1954, S. 372). Marxens Ansicht nach waren die gemeindlichen Institutionen der urgeschichtlichen Germanen, zu denen die Armeeformationen geringeren Umfangs gehörten, die Gens, die Familie, möglicherweise die Gruppe der Nachbarn, insoweit sie nicht schon zu den Verwandtschaftsgruppen zählten, oder sonstige nahe Verwandte im Unterschied zu Verwandten, die in einer größeren Entfernung ansässig waren. Marx unterscheidet in Übereinstimmung mit Tacitus die Armee von der Schwadron und dem Keil, also die gesellschaftliche, offizielle und öffentliche Formation vom Gemeindeleben der alten Germanen. Der Kontext der Bemerkung von Tacitus betont die Enge der Beziehungen in den kleineren Formationen (Geschrei von Weibern und Kindern, usw.), woraus sich die Wendung »nec fortuiter conglobatio« (nicht eine willkürliche Ansammlung) ergibt: Der Sinn des Zusammenschlusses, der nicht dem Zufall überlassen wird, ist es, daß eine gute Moral, gegenseitiges Vertrauen, der Ansporn von Menschen, die einander gut kennen und die aneinander durch starke und innige gemeindliche Bande gebunden sind, zu größerer Tapferkeit und Zuverlässigkeit im Kriege führen. Marx stellt diese Germanen im Übergang von der gentilen zur bürgerlichen Ordnung dar, und ihre Gesellschaft enthält Momente von beidem. Vgl. Morgan, a. a. O., S. 371.

117 Jean-Jacques Rousseau, *Du Contrat Social* I, 1: »L'homme est né libre, et partout il est dans les fers.« Offensichtlich vertritt Rousseau nicht die individualistische, sondern, wie C. E. Vaughan gezeigt hat, eine kollektivistische Position. (S. u. Anm. 128.)

118 MEW 1, S. 78–79 (Das philosophische Manifest der historischen Rechtsschule). Eine große Rolle spielt der Vogelfänger Papageno in Mozarts Zauberflöte. Vgl. auch Korsch, a. a. O., S. 50, Anm.

119 Hegel, *Philosophie des Rechts,* a. a. O., §§ 261–262. Marx, *Kritik der Hegelschen Rechtsphilosophie,* MEW 1, S. 203–207. Die Antithese zu diesem Verhältnis von Staat und bürgerlicher Gesellschaft hat Hegel in der *Enzyklopädie* (1830), § 527, ausgesprochen: »Wo bürgerliche Gesellschaft und damit Staat vorhanden ist, treten die Stände in ihrem Unterschiede ein ...« Hier wird die bürgerliche Gesellschaft als die führende Größe und der Staat damit als untergeordnet dargestellt. Die Stände in ihrem Unterschied werden bezogen auf die bürgerliche Gesellschaft eingeführt. Diese Auffassung ist nicht historisch: innerhalb der bürgerlichen Gesellschaft ist die Unterscheidung in Klassen eine nicht-

zeitliche Entwicklung. Marx hat die Unterscheidung in soziale Klassen als eine historische Entwicklung, den Staat als Entwicklung der in Klassen gespaltenen Gesellschaft und seine Weiterentwicklung Hegels als eine Entgegensetzung zu ihm entwickelt.

120 Marx, *Kritik der Hegelschen Rechtsphilosophie,* a. a. O., S. 304.

121 MEW 3, S. 29.

122 Hegel, *Philosophie des Rechts,* § 261.

123 Ebd., § 261–262; Hegel, *Enzyklopädie* (1830), § 527.

124 Marx, *Kritik der Hegelschen Rechtsphilosophie,* MEW 1, S. 244 und ff. (Hegel, *Philosophie des Rechts,* §§ 291, 292). Engels und Marx, *Die Heilige Familie,* MEW 2, 127–131 (Staat und bürgerliche Gesellschaft). Marx und Engels, *Die Deutsche Ideologie,* MEW 3, S. 33 f. (Staat und Interessen), S. 36 (bürgerliche Gesellschaft), S. 37 (»Gesellschaft als Subjekt«).

125 Engels, *Ursprung,* MEW 21, S. 106 (Akkumulation von Eigentum); S. 171 (Habgier).

126 Hegel, a. a. O., § 258.

127 Vgl. Adam Smith, *The Wealth of Nations,* 1937, S. 435, zu seiner Meinung über Staatsmänner oder Politiker.

128 Vgl. Rousseau, *Discours sur l'Inégalité,* Beginn von Teil II (C. E. Vaughan, Hrsg., Bd. 1, S. 169 und ff.); *Contrat Social,* erste Fassung (Vaughan, Bd. 1) und endgültige Fassung (Bd. 2). In dem Rousseauschen Fragment *L'Etat de Guerre* (Vaughan, Bd. 1, S. 293 ff.) wird das Individuum als logisch und historisch der Gesellschaft vorausgehend gedacht. Es ist nicht klar, ob Rousseau an dieser Ansicht konsequent festhält. Montesquieu, *Esprit des Lois,* Buch I, 2, zählt vier Naturgesetze auf, deren erstes der Friede ist, das Gegenteil des Hobbesschen Kriegszustandes; die beiden folgenden Naturgesetze sind biologisch notwendig – Nahrungssorge und sexuelle Anziehung; das vierte Naturgesetz, das in unserem Zusammenhang wichtig ist, folgt aus dem Verlangen, in Gesellschaft zu leben. Montesquieu hat seine Position nicht konsequent durchdacht, denn in Buch I, 1 hatte er bereits geschrieben, daß der Mensch darauf angelegt sei, in Gesellschaft zu leben, diese Anlage müsse er aber vergessen haben, so daß »Gesetzgeber ihn durch politische und bürgerliche Gesetze zu dieser Pflicht gezwungen haben.« Diese Einstellung Montesquieus zeigt ein genaueres Gespür für das Verhältnis des Menschen zur Gesellschaft als seine Vorläufer und Zeitgenossen.

129 K. S. Aksakov ebenso wie F. I. Leontovič. Vgl. B. D. Grekov, *Krestjane na Rusi,* 1946, S. 59 und ff.

130 G. L. v. Maurer, *Einleitung zur Geschichte der Mark-,* usw., *Verfassung,* 1854; *Geschichte der Markenverfassung,* 1856; *Geschichte der Fronhöfe,* usw., 1862–1863; *Geschichte der Dorfverfassung,* 1865–1866; H. S. Maine, *Ancient Law,* 1861; *Lectures on the Early History of Institutions,* 1874; *Early Law and Custom,* 1886. Otto Gierke, *Das Deutsche Genossenschaftsrecht,* 1868–1913. Morgan, *Ancient Society,* a. a. O., Kovalevsky, *Obščinnoe Zemlevladenie,* a. a. O.; ders., *Tableau des Origines,* usw., a. a. O.; ders., *Modern Customs and Ancient Law of Russia,* 1891. E. B. Tylor, *Anthropology,* 2 Bde., 1881 (vgl. Bd. 2 der Ausg. von 1930, S. 145). Emile Laveleye, Les formes primitives de la propriété (*Revue des Deux Mondes,* 1872); ders., *De la propriété et de ses formes primi-*

tives, 1874. Henry George, *Progress and Poverty,* 1879. Paul Viollet, Le caractère collectif des premières propriétés immobilières (*Bibliothèque de l'Ecole des Chartes,* Bd. 33, 1872). Karl Bücher, *Die Entstehung der Volkswirtschaft,* 1893.

Max Weber, *Wirtschaft und Gesellschaft. Grundriß der verstehenden Soziologie,* (1922) 1964, 1. Halbbd., 2. Teil, 3. Kap., behandelt die Hausgemeinschaft und ihre Auflösung durch interne und externe Faktoren, die zur Entstehung der modernen Handelsgesellschaften führt. Seine Theorie der Umgestaltung der Gemeinschaft in eine Assoziation folgt hierin der von Gierke.

Unter anderen gehören auch G. Nasse, L. Felix und L. Hobhouse zu den Kollektivisten.

Die Kollektivisten lassen sich danach unterscheiden, ob der Individualismus als das schließliche Resultat der Entwicklung aus kollektiven Anfängen angenommen wird, wie es bei Herbert Spencer, T. H. Huxley und Henry Maine der Fall ist, oder ob die Herrschaft des Individualismus, wie bei Morgan, bloß eine vorübergehende ist. Auch gibt es einige, die sich in dieser Frage neutral verhalten.

Marx hatte sehr ausgebreitete Literaturkenntnisse auf dem Gebiet des frühen und historischen slawischen Gemeinwesens. Einige Arbeiten werden in dem Brief an Engels vom 29. Februar 1856 (MEGA, III. 2, S. 112–113, 115) erwähnt. Vgl. auch *Chronik,* a. a. O., S. 409–439. Dort die Werke von I. D. Beljaev, A. Engelhardt, A. v. Haxthausen, M. Kovalevsky über russische Agrargeschichte und die Bauerngemeinde; F. Demelić (der V. Bogišić ins Französische übertragen hat) und O. M. Utiešenović-Ostrožinski über die südslawischen Bauerngemeinden; L. Mieroslawski zur Geschichte der polnischen Bauerngemeinden; C. A. Van Enschut, G. Hanssen und G. L. Maurer über die germanischen Völker.

131 L. Stein, *Die soziale Frage im Lichte der Philosophie,* 1897. F. Toennies, *Gemeinschaft und Gesellschaft,* 1887. Leo Frobenius, Der Ursprung der Afrikanischen Kulturen, *Zeitschrift für Ethnologie,* 1898; ders., *Paideuma,* 1921. Henri Bergson, *Les Deux Sources de la Morale et de la Religion,* 1932. A. L. Kroeber, The Superorganic, *American Anthropologist,* Bd. 19, 1917, S. 163–213.

132 A. A. Kaufman, *Russkaja Obščina,* 1908. A. Čuprov, *Die Feldgemeinschaft,* 1902. K. Kačorovski, *Russkaja Obščina,* 1900. V. Simchovič, *Die Feldgemeinschaft in Rußland,* 1898. Vgl. auch A. V. Miaskowski, *Die schweizerische Allmend,* 1879. J. V. Keussler, *Zur Geschichte und Kritik des bäuerlichen Gemeindebesitzes in Rußland,* 1876–1887. Die Literatur zu diesem Thema ist beträchtlich. Weitere bibliographische Angaben in: J. S. Lewiński, *The Origin of Property,* 1913; M. O. Kosven, *Semejnaja Obščina i Patronimija,* 1963; L. Krader, Recent Studies of the Russian Peasant, *American Anthropologist,* Bd. 58, 1956, S. 716–720; ders., Anthropology, in: *Basic Russian Publications,* P. L. Horecky (Hrsg.), 1962, S. 49–58.

133 K. Kautsky in *Die Neue Zeit,* Bd. 3, 1885. Paul Lafargue, *La Propriété, Origine et Evolution,* 1895. Vgl. Heinrich Cunow, *Die Marxsche Geschichts-, Gesellschafts- und Staatstheorie.* 2 Bde., 1920–1921. Ders., Einleitendes Vorwort (1896) zu G. L. Maurer, *Einleitung zur Geschichte der Mark-,* usw. *Verfassung* (1858), 1965, S. 345. Maurer hat die Ausdehnung der Mark übertrieben dargestellt, da er meinte, die mittelalterliche und die alte Mark seien dasselbe.

Cunow zufolge zeigt L. H. Morgans Werk über die Gens den Unterschied zwischen der alten und der mittelalterlichen (einschließlich der neueren) Mark; K. Lamprecht hat Morgans Werk auf die deutsche Frühgeschichte angewendet. Engels fußt, nach Cunow, in seiner Arbeit über die Mark auf dem Werk von Maurer, ohne spätere Arbeiten zu berücksichtigen, denn Engels unterscheidet nicht zwischen der alten und der mittelalterlichen Mark. (MEW 19, S. 317 ff., besonders S. 319.)

Cunow zitiert (a. a. O., S. 355) Kovalevsky, *Tableau des Origines,* für die Hypothese, daß die germanischen Dörfer aus älteren Gemeinwesen entstanden sind, in denen Bevölkerungszuwachs der aktive Faktor war. Schon Morgan hatte von der zunehmenden Eigentumsanhäufung gesprochen, die Marx wie Engels im Unterschied zum Bevölkerungswachstum als ausschlaggebenden Faktor für den Zerfall des frühen Gemeinwesens ansahen. In der Einleitung (Abschnitt 3, zur Methode) der *Grundrisse* nennt Marx es eine chaotische Vorstellung, mit der Bevölkerung zu beginnen, doch war diese Marxsche Position zu der Zeit, als Cunow schrieb, noch nicht bekannt.

[134] B. H. Baden-Powell, *The Indian Village Community,* 1896, Kap. 1 und 10.

[135] R. v. Pöhlmann, *Geschichte der sozialen Frage und des Sozialismus in der antiken Welt,* 1912. Friedrich Ratzel, *Politische Geographie,* 1897. R. Hildebrand, *Recht und Sitte auf den verschiedenen ... Kulturstufen,* 1896. Heinrich Schurtz, Die Anfänge des Landbesitzes, *Zeitschrift für Sozialwissenschaft,* 1900. Vgl. E. R. A. Seligmann, *The Economic Interpretation of History,* 1902, Kap. 6. (Die Rolle Pöhlmanns wird hier nicht zutreffend dargestellt.) Schurtz war Schüler von Ratzel. R. H. Lowie folgte Schurtz in seiner Ablehnung Morgans und nahm die Institutionen von Männerbünden und Gemeinschaften von Altersklassen als Beweis dafür, daß es bei den Primitiven Assoziationen gegeben habe, die nicht auf Verwandtschaft basierten (Lowie, *Origin of the State,* a. a. O.).

[136] M. O. Kosven, a. a. O. (s. Anm. 132) hat eine Übersicht über das Problem der Familiengemeinschaft (zadruga) und der patronymischen Gruppe veröffentlicht, mit einer guten Rezension der Literatur und einer nützlichen Darstellung der Problemlage. Durch die Abtrennung der Frage der Familiengemeinschaft von der des primitiven Gemeinwesens im allgemeinen hat er eine wichtige Unterscheidung eingeführt. Vielleicht aber geht dieser große Gelehrte in seiner Darstellung der Frühgeschichte der (europäischen) Familie zu weit, wenn er schreibt: »Wir sind der Ansicht, daß aller Wahrscheinlichkeit nach nichts für eine ursprüngliche Verknüpfung des Begriffes familia und desjenigen des Hauses (žilišče) spricht, um genauer zu sein, daß sie überholt ist, da sie auf Festus'... Erklärung von familia durch famulus (Sklave) zurückgeht, während die Großfamilie in Wirklichkeit in vollkommener Unabhängigkeit von der Sklaverei bestand und infolgedessen auch ihren Namen unabhängig davon erhielt. Das Umgekehrte ist viel wahrscheinlicher: die Herkunft des Wortes famulus von familia, entsprechend russisch čeljadin von čeljad'‹.« (Kosven, S. 47, Anm.) Dem ist entgegenzuhalten: 1) Famulus ist ein institutionelles Verhältnis der (frühen) zivilisierten Gesellschaft, so daß es sich nicht um eine ursprüngliche Verknüpfung, sondern bestenfalls um eine, wenn vielleicht auch nur wenig spätere Entwicklung handeln

kann. Die Unterscheidung zweier Typen von Familien, mit und ohne Sklaven, und entsprechend zweier Typen von Gesellschaft, ist notwendig, um zunächst einmal die Problemstellung überhaupt zu begreifen. Diese wird dann undurchsichtig, wenn die Unterscheidung von Familie und Gesellschaft nicht konsequent beibehalten wird. Die Form der römischen familia entwickelte sich nur deswegen, weil in der Gesellschaft der famulus entwickelt worden war. 2) Kosven hat den Versuch gemacht, von einer mutmaßlichen Etymologie auf die Geschichte von Institutionen zu schließen, was eine höchst unzuverlässige Argumentationsmethode ist. 3) Kosvens Etymologie selber ist unsicher: Festus' Etymologie wird von Ernout und Meillet, *Dict. Etymologique de la Langue Latine,* 1959, und von Walde-Hofmann, *Latein. Etymolog. Wörterbuch,* 3. Aufl., Bd. 1, 1938, verteidigt. Zu *familia* vgl. auch Morgan, a. a. O., S. 447 f. Das Verhältnis von Familie und Haus ist komplexer, vgl. die folgende Anmerkung.

[137] E. Benveniste, *Le vocabulaire des institutions indo-européennes,* 1969, Bd. 1, S. 307. *Dem-* (»domicile«, russisch »dom« id. sind verwandt) und *woiko-* (lateinisch vicus, altslawisch vĭsĭ, gotisch weihs) sind Ausschnitte des gesellschaftlichen Ganzen, und zwar jeweils der Familie und der in einer Gemeinschaft zusammengefaßten Familien (S. 308 f.). Benveniste gehört zu den Kollektivisten: Die indoeuropäische Familie der Urzeit wird als die Großfamilie bestimmt, in welcher die Kinder auch noch nach ihrer Heirat leben: auf dieser Stufe gibt es kein individuelles Eigentum und keine Erblichkeit, weil das Familienland ungeteilt bleibt. So beschreibt Benveniste die Abstammungsgruppe und spricht getrennt davon über griechisch genos und lateinisch gens. Dann tritt an die Stelle der Abstammung die Wohnstätte, und die neue gesellschaftliche Gliederung beruht auf dem Territorium (ebd.): die Achaier leben jetzt in der polis, der städtischen Gemeinde, und in der kṓmé. Weiter schreibt Benveniste, daß Aristoteles zu Beginn seiner *Politik* eine Situation kodifiziert, die schon durch seine Bestimmung der Elemente der Gesellschaft im Sinne von ›Gemeinschaft‹ erreicht war. Die älteste Form dieser Gemeinschaft ist für Aristoteles die von Mann und Frau und zugleich die von Herr und Sklave. Nach Benveniste entspricht dies der römischen Vorstellung von der Familie (wie sie bei Festus vorliegt). Benvenistes Darstellung entspricht in großen Zügen dem, was Marx Morgan entnommen und noch durch seine Bemerkungen zur agrikulturellen, Sklaven haltenden Familie der Antike ergänzt hatte. Benvenistes Untersuchungen beziehen sich auf eine der Zeit von Caesar und Tacitus weit vorausliegende Periode; dasselbe gilt für den Kommentar des Festus und bei allen Diskussionen der prähistorischen und protohistorischen Kollektivitäten der germanischen und römischen Völker sollte man diese relative Chronologie vor Augen haben. Daß dies nicht geschieht, hat die Thesen beider Seiten beeinträchtigt. J. Kulischer, *Allgemeine Wirtschaftsgeschichte,* 2 Bde., 1928, ist für die Theorie des gemeinschaftlichen Grundeigentums in Form der Markgenossenschaft bei den europäischen Völkern der ur- und frühgeschichtlichen Perioden eingetreten. Alfons Dopsch, *Wirtschaftliche und soziale Grundlagen der europäischen Kulturentwicklung,* 2 Bde., 1923–1924, war von Kulischer angegriffen worden; die unter seiner Leitung hergestellte englische Übersetzung, *The Economic and Social Foundations of European Civilization,* 1937, enthält einen abge-

kürzten »theoretischen« Teil und läßt die Kritik von Kulischer unbeantwortet. Im 1. Kap. der *Cambridge Economic History of Europe,* hg. v. M. Postan (1941) 1966, entwickelt R. Koebner die Tacitus in seiner Beziehung zu Caesar betreffenden Tatsachen und verteidigt die individualistische Position gegen die Kollektivisten. Er vertritt die These, daß die Germanen Boden durch Eroberung in Besitz nahmen und ihn kollektiv hielten, bis er in mehr oder weniger großem Ausmaß individuell aufgeteilt und so auf Dauer besessen wurde. Demnach war nach Koebner der Boden bei den alten Germanen dauerhaft in privaten Händen. Koebners Darstellungsweise ist also in seiner Interpretation der betreffenden Tacitusstelle eine Mischung des individualistischen und kollektivistischen Ansatzes, sie impliziert jedoch nicht eine individualistische, sondern eine kollektivistische Vergangenheit; dies ist weder mit der Perspektive von Kulischer unverträglich, noch, von der Polemik einmal abgesehen, mit der von Dopsch (s. die nächste Anm.). Es widerspricht jedoch der Auffassung von Fustel de Coulanges.

Der von Koebner im Zusammenhang mit dem Bodenerwerb durch die Kollektivität eingeführte Faktor der Eroberung läßt sich mit der Tacitusstelle nicht belegen. J. E. Thorold Rogers, *Agriculture and Prices in England...,* 7 Bde., 1866–1902, hatte den Beweis geführt, daß im europäischen Mittelalter ein Überfluß an Boden bestand. Maine deutete dies in seinen *Lectures,* a. a. O., S. 141 bis 142 und 150, so, daß es auch für die römische Epoche galt. Aus diesem Grunde bedeutete nicht Boden, sondern Kapital = Vieh (cattle) einen Gewinn durch Eroberung; ehe die Feststellungen dieser beiden Autoren nicht entkräftet sind, kann Boden entgegen Koebner nicht als das einzige oder auch nur wichtigste Objekt von Eroberung gelten. In Mainexzerpten, S. 167–168, a. a. O., schließt Marx sich dieser bereits von Thorold Rogers und Maine vertretenen Ansicht an; ebenso weist er die nicht näher begründete Einführung des Faktors der Eroberung bei Kovalevsky zurück, denn er schreibt: »daß Geschlechtsgemeinde notwendig auf fremden, erobertem Territorium sitzt, ist eine willkürliche Annahme Kovalevskys« (s. o. Anm. 16). Die neueren Autoren sind allgemein der Ansicht, daß zur Zeit des Tacitus die germanischen Völker ihre kollektivistische Vergangenheit bereits hinter sich gelassen hatten und implizierten damit, daß im früheren Altertum oder in frühgeschichtlicher Zeit ihre Unternehmungen (Eigentumsteilung, Bewegung, Ansiedlung usw.) kollektivistisch gewesen waren. C. Stephenson hat lediglich den individualistischen Endpunkt dieses Gedankenganges erfaßt und bewegt sich in diesem Zusammenhang auf der Linie von Dopsch (The Common Man in Early Medieval Europe, *American Historical Review,* Bd. 51, 1946). Die Gleichsetzung des gemeinen Mannes mit dem von Tacitus beschriebenen Germanen ist zur Zeit von Henry Wallace ein Gemeinplatz, gegen den sich Koebner gewandt hat: »Der typische Germane der Germania gehört im Wesentlichen der landbesitzenden Klasse an.« (a. a. O., S. 14.) Die ganze Kontroverse leidet darunter, daß auf beiden Seiten die Probleme verfehlt werden: siehe die folgende Anmerkung.

138 N. D. Fustel de Coulanges, *Questions historiques,* 1893. *Recherches sur quelques problèmes d'histoire,* 1885. E. Durkheim, *Année Sociologique,* Bd. 11, 1906–1909, S. 343–347 (abgedr. in: E. Durkheim, *Journal Sociologique,* 1969, S. 639–642.) Vgl. E. Durkheim, *De la division du travail social,* 8. Aufl., 1967,

S. 159. Laveleye antwortet im Vorwort der Ausgabe von 1890 von *De la Propriété* auf Fustel de Coulanges: Er argumentiert, daß die alten Germanen ein System jährlicher Umverteilung hatten, das auf ein Prinzip des Gemeineigentums hinweise. Sowohl Dopsch wie Fustel schieben diese Argumentation jedoch beiseite. Dopsch freilich (a. a. O., 1923, S. 67) schreibt: »Nicht einzelne, wie die römischen Grundherren, eignen sich die ›agri‹ an, sondern alle haben daran teil.« Dies stimmt mit Laveleyes und Kulischers Position überein.

In den Morganexzerpten (S. 98) zitiert Marx aus dem 26. Kapitel von Tacitus' Germania. Bei Tacitus heißt es: »Geldverleih und Zins sind unbekannt, was einem Verbot dieser Praktiken vorzuziehen ist. Die zu bebauenden Felder (arva) werden der Reihe nach (*in vices* oder *per vices*) entsprechend der Zahl *(pro numero)* der Bebauer von allen (ab universis) besessen und bald teilen sie (partiuntur) sie untereinander *(inter se)* nach Würde *(secundum dignitatem)* auf [Marx bemerkt hier, daß bei Caesar alle Germanen noch gleich waren], eine Aufteilung, die ohne Schwierigkeiten vorgenommen werden kann *(partiendi facilitatem),* weil es genügend unbebaute Felder gibt. Die zu bebauenden Felder *(arva)* wechseln sie *(mutant)* jährlich *(per annos)* und *ager* (unbebautes, Gemeindeland: s. u.) bleibt übrig (superest). Es gibt so viel gutes Land, das bebaut werden kann, so daß sie keine Gärten anlegen, Wiesen aufteilen und Gärten bewässern: sie fordern dem Boden nur Getreide ab.« In einem Brief an Engels vom 25. März 1868 schreibt Marx: »Arva per annos mutant et superest ager, was heißt: sie wechseln (durch Los, daher auch *sortes* in allen Leges Barbarorum später) die Felder (arva) und es bleibt Gemeindeland (ager im Gegensatz von arva als ager publicus) übrig ...« (MEW 32, S. 52).

Marx zufolge nahmen die Germanen zwar Umverteilungen und Wechsel ihrer Felder vor, kannten aber keinen Austausch. Dadurch besaßen sie die Felder reihum (Marx liest hier *per vices,* während andere Ausgaben *in vices* haben, mit derselben Bedeutung; vgl. Lewis und Short, a. a. O.). Marx begreift diesen Prozeß als eine Abfolge verschiedener Stufen: alle Bebauer nehmen an der jährlichen Umverteilung der Felder teil; die Neuaufteilung wird nach Würde oder gesellschaftlicher Stellung vorgenommen *(secundum dignitatem).* Caesar wußte von keinerlei gesellschaftlichen Rangunterschieden bei den Germanen, er machte seine Beobachtungen rund 150 Jahre vor Tacitus und vielleicht bezogen sie sich nicht auf dieselben germanischen Völker. Tacitus schildert nicht die ursprünglichen germanischen Verhältnisse, sondern diese zu einer Zeit, als die Germanen schon lange in Kontakt mit Zivilisationen des Mittelmeeraumes lebten. Wenn sie damals noch Spuren von Gemeindeeigentum zeigten, so war es durch jenen Kontakt bereits akkulturiert. Deswegen ist es denkbar, daß die Germanen damals jährliche Verteilungen vornahmen und dabei je nach Würde oder gesellschaftlichem Rang ungleichmäßig teilten. Fustel de Coulanges und Dopsch berufen sich vor allem auf die Aufteilung der Felder *secundum dignitatem,* damit läßt sich jedoch weder etwas beweisen, noch widerlegen. Im Marxschen System geht die Periode des Gemeindeeigentums zeitlich dem Zusammenbruch der kollektiven Institutionen und der Ausbildung der politischen Gesellschaft voraus. Die Aufspaltung der Gesellschaft nach Unterschieden an Würde und Wert, wie Tacitus sie darstellt, beweist, daß die Germanen damals bereits eine gespaltene

Gesellschaft gebildet und bereits einen Staat hatten oder auf dem Wege zu seiner Herausbildung waren. Innerhalb der angegebenen Grenzen entwickelte sich privates Grundeigentum.

Tacitus bezeichnet die Felder als *arva,* wenn sie verteilt sind und von denen besessen werden, die sie bebaut haben, während *ager, agri* die zu verteilenden Felder sind. 1868 hatte Marx diesen Unterschied so gedeutet, daß er *ager* als »Gemeindeland« bezeichnete.

Dopsch hat in Wirklichkeit zu viel bewiesen: Tacitus wollte Caesar übertrumpfen und moralisierte über die reichen Grundeigentümer Roms. Daraus schließen wir, daß seine Objektivität anzuzweifeln ist.

Der wissenschaftliche Streit kann von dem politischen nicht abgelöst werden, wie Marx nachdrücklich betont. Zu dieser Frage hat Durkheim in derselben Weise Stellung genommen, indem er seine Schlußfolgerungen und Prämissen unlöslich und ausdrücklich zum Bestandteil seiner Position macht: daß der Mensch ein Gemeinwesen ist und sein ursprüngliches Leben ein kollektives, ist eine Voraussetzung seiner allgemeinen Philosophie der Gesellschaft. Fustel de Coulanges, Dopsch und Stephenson mögen die alten Texte zutreffend interpretiert haben oder nicht – jedenfalls haben sie aus ihren Untersuchungen Folgerungen gezogen, die sie für unabhängig von ihrer Sozialphilosophie oder ihrer politischen Ideologie hielten (Vgl. Marx, Maineexzerpte, S. 191 a. a. O., in Entgegensetzung gegen die Trennung von Politik und Wissenschaft bei Austin und Maine, siehe hier, S. 65).

Bei Morgan, *Ancient Society,* S. 371, gibt es einen kurzen Abschnitt über die Markgenossenschaft, den Marx nicht exzerpiert hat. Zu Morgans Bemerkungen über familia und propinquitas bei Tacitus, siehe Marx, Morganexzerpte, S. 72 und S. 98, a. a. O. Maine behandelt die Mark in der ersten und dritten Vorlesung von *Village Communities in the East and West,* 1871, und äußert sich dort zu Maurer in der dritten Vorlesung. Siehe auch Maine, *Lectures on the Early History of Institutions,* 1874, passim, und oben Anm. 130.

139 Peter Kropotkin, *Mutual Aid,* 1902. Neuausgabe in einem Band mit T. H. Huxley, *The Struggle for Existence,* 1888, hg. v. Ashley Montagu, o. J.

140 Marx, *Kapital* I, a. a. O., S. 93–94. Die »antike Produktionsweise« ist hier nicht eine allgemeine, sondern eine spezifische: die der klassischen Antike Griechenlands, Roms und anderer verwandter Gesellschaften jener Zeit, im Gegensatz zu altasiatischer Produktionsweise.

141 Ebd., S. 92. In der französischen Übersetzung von J. Roy, 1872, die von Marx durchgesehen wurde, wird »unmittelbar vergesellschaftet« als »association immédiate« wiedergegeben (*Capital,* frz., Bd. 1, Teil 1, 1938, S. 94). Da Marx hier über das Verhältnis von Arbeit und Gesellschaft spricht, handelt es sich um vergesellschaftete, das heißt zweckgerichtete, produktive Arbeit in einer besonderen Gesellschaft. Die Kontinuität und zugleich die Diskontinuität des Problems der Sozialisierung in der industriellen Gesellschaft kann damit unabhängig von der Ideologie dieser Problematik und als deren Voraussetzung behandelt werden. Vergesellschaftung wird in *Kapital* I (24. Kap., Die sogenannte ursprüngliche Akkumulation, 7. Geschichtliche Tendenz der kapitalistischen Akkumulation) als aus der der kapitalistischen Wirtschaft hervorgehend darge-

stellt; sie ist das genaue Gegenteil unmittelbarer Vergesellschaftung, wie sie zuvor mit Bezug auf die Arbeit im primitiven oder bäuerlichen Gemeinwesen beschrieben wurde. (In der frz. Ausgabe, *Kapital,* Bd. 1, Teil 3, 1939, S. 224 und 225 steht »socialisation«.) Darüber hinaus hat sich das Verhältnis der Gemeinschaft zur Gesellschaft jetzt gewandelt. In diesem Abschnitt schreibt Marx über den historischen Akt der Expropriation des zunächst gesellschaftlichen Eigentums durch die kapitalistische Produktion und über die Verwandlung des »bereits auf gesellschaftlichem Produktionsbetrieb beruhenden kapitalistischen Eigentums in gesellschaftliches« (a. a. O., S. 791). Dieser Prozeß enthält zwei dialektische Momente: den Übergang von unmittelbar gemeinschaftlicher zu vermittelter Vergesellschaftung und die Verwandlung kapitalistischen Eigentums in gesellschaftliches Eigentum. Da die Produktionsweise bereits gesellschaftlich ist, geht es um das Eigentum an den Produktionsmitteln, und infolgedessen vollzieht sich dieser Prozeß abgelöst von den anderen Momenten. Das Verhältnis der ökonomischen Momente zu den gesellschaftlich-gemeindlichen ist ein unmittelbar vergesellschaftetes, während das der kapitalistisch industriellen Produktion dies vermittelt ist.

142 A. a. O., S. 92, das Zitat: *Kritik,* 1859, S. 10 (MEW 13, S. 21). Kurz vor diesem Hinweis auf das hohe Alter des Gemeineigentums zitiert Marx Maurer, *Einleitung zur Geschichte der Mark-, Hof-,* usw. *Verfassung.* (A. a. O., S. 86.)

143 Marx, *Kapital* III, 1. Teil, MEW 25, S. 187. Vgl. *Kapital* I, a. a. O., S. 102.

144 *Kapital* I, a. a. O., S. 92, 372. Vgl. Anm. 147.

145 Marx, *Kritik,* 1859 (s. Anm. 142). Kapital I. a. a. O. S. 92, 102.

146 MEW 19, 1969: Die Mark, S. 317–330 (veröffentlicht als Anhang zu *Entwicklung des Sozialismus von der Utopie zur Wissenschaft,* 1882). Zur Urgeschichte der Deutschen, ebd., S. 425–473. Fränkische Zeit, ebd., S. 474–518. In diesen Arbeiten stellt Engels ein Kontinuum von der alten Mark bis zu dieser Institution im neunzehnten Jahrhundert her. (S. Anm. 133).

147 *Kapital* I, a. a. O., S. 372. Die dritte Auflage, in der diese Fußnote von Engels erscheint, trägt das Datum des 7. November 1883, und gibt somit einen Hinweis darauf, welchen Stand Engels in der Formulierung seiner im darauffolgenden Jahr publizierten Ideen über primitive Gesellschaft und Wirtschaft erreicht hatte.

Marx entwickelt in diesem Teil seines Werkes, daß die Teilung der Arbeit in der primitiven Gesellschaft zwei Ausgangspunkte hat: Einmal entspringt sie auf einer auf die Produktion bezogenen physiologischen Grundlage, und sie weitet ihr Material »mit der Ausdehnung des Gemeinwesens, der Zunahme der Bevölkerung und namentlich dem Konflikt zwischen den verschiednen Stämmen und der Unterjochung eines Stammes durch einen andren« aus. Zweitens beruht die gesellschaftliche Teilung der Arbeit im menschlichen Urzustand ebenso auf Austausch zwischen Gemeinwesen. (a. a. O.) Marx behauptet hier, daß die Teilung der Arbeit innerhalb der Familie zu der des Stammes sich weiterentwickelt, ohne damit zu sagen, daß die Familie sich zum Stamm weiterentwickelt. Marxens Aussage über das Verhältnis von Teilung der Arbeit innerhalb einer Familie und eines Stammes steht in einer nur indirekten Beziehung zu dem Verhältnis von Familie und Stamm. Die Schlußfolgerungen, zu denen Marx 1881 gekommen war, gingen über die Ansichten hinaus, die Engels ihm in der Fußnote von 1883 zugeschrieben hat. Wir schließen daraus, daß Engels die Marxschen Morganmanuskripte erst nach diesem Datum studiert hat.

Strittig ist sodann das Verhältnis des Gensprinzips zu dem des Stammes auf der einen und dem der Familie auf der anderen Seite. Die mit dem Gensprinzip verbundene Ansicht der primitiven gesellschaftlichen Organisation macht den hauptsächlichen Unterschied zwischen der von Marx in den *Grundrissen* (S. 375 bis 378) und im *Kapital* vertretenen Auffassung aus. Eine frühe Stellungnahme zu diesem Problem findet sich in dem Feuerbach gewidmeten Teil der *Deutschen Ideologie* (Engels weist darauf in *Ursprung,* a. a. O., S. 68, hin). In den genannten Abschnitten der *Grundrisse* handelt Marx vom Gemeinwesen in seinem Verhältnis einerseits zum Grundeigentum und andererseits zum Verwandtschaftsband. In der Engelsschen Fußnote wird der Gesichtspunkt der Blutsverwandtschaft aufgenommen, während Marx in den Entwürfen des Zasuličbriefes die Seite von Land und Grundeigentum aufnimmt. (Siehe Zusatz 1 zu diesem Kapitel). Die blutsverwandtschaftliche Beziehung macht nicht Verwandtschaft insgesamt aus; in den *Grundrissen,* S. 375, erwähnt Marx die Heirat zwischen Familien.

148 S. Anm. 14, 149, 150.

149 Engels, Brief an Kautsky vom 24. März 1884, MEW 36, S. 129 S. Anm. 152.

150 Engels an Bernstein und Kautsky, 22. Mai, und an Kautsky, 23. Mai 1884. Ebd. S. 147–148.

151 Engels, *Ursprung,* S. 172, Fußn.: »Ich beabsichtigte anfangs, die brilliante Kritik der Zivilisation, die sich in den Werken Charles Fouriers zerstreut vorfindet, neben diejenige Morgans und meine eigne zu stellen. Leider fehlt mir die Zeit dazu. Ich bemerke nur, daß schon bei Fourier Monogamie und Grundeigentum als Hauptkennzeichen der Zivilisation gelten und daß er sie einen Krieg des Reichen gegen den Armen nennt. Ebenfalls findet sich bei ihm schon die tiefe Einsicht, daß in allen mangelhaften, in Gegensätze gespaltenen Gesellschaften Einzelfamilien (les familles incohérentes) die wirtschaftlichen Einheiten sind.« Die Quelle für die Formulierung von Engels und möglicherweise auch für den zu entwickelnden Gedankengang findet sich in den Marxschen Aufzeichnungen, die oben wiedergegeben wurden. Der Gedankengang ist komplex: Zunächst muß das Verhältnis der Familie zur Gesellschaft und ihrem Staat von dem Verhältnis der Familie zu einer Gesellschaft ohne Staat unterschieden werden. Die Form der Familie ist in ähnlicher Weise eine Variable. Zweitens, die Antagonismen von Gesellschaft und Staat entwickeln sich erst später in großem Maßstab, und deswegen müssen zwei Arten von Antagonismen zeitlich und quantitativ unterschieden werden. Drittens ist diejenige Familie, die Beziehungen zu Diensten für Ackerbau enthält, eine ökonomische Einheit sowohl von Produktion wie Konsumtion. Die Einzelfamilie der Zivilisation schließt die Familie in der industriellen Gesellschaft ein, die eine Einheit der Konsumtion, kaum aber eine Einheit der Produktion ist. Engels Bemerkungen zur Einzelfamilie als ökonomischer Einheit sollten in diesem Bezugsrahmen gesehen werden. Der Ausgangspunkt dieser Erörterung der Geschichte der Familie im strengen Sinn ist die Herleitung

dieses Begriffs bei Varro, De Significatione Verborum, Stichwort ›familia‹, aus dem Oskischen »wo der Sklave ›famel‹ genannt wird, woraus dann das Wort für Familie entsteht.« Diese ethnographische Aufzeichnung hat den Versuchen der Grammatiker widerstanden, zwischen servus und famulus zu unterscheiden. (A. Ernout, A. Meillet, a. a. O., S. 215.) Für Indien hat Marx den Unterschied zwischen städtischen und ländlichen, reichen und armen Familien herausgearbeitet. (Maineexzerpte, S. 177). Der Gegensatz, der sich in der Periode der Auflösung der griechischen und römischen Gentes entwickelte, erscheint in den Gegensätzen des modernen Orients. Die Begrenztheit der Perspektive Fouriers wurde von Marx festgestellt. (Siehe dieses Kapitel, über die Marxschen Anmerkungen zu Phear.)

152 »... da *er selbst* das Buch bei den Deutschen einführen wollte, wie ich aus seinen sehr ausführlichen Auszügen sehe«: Engels an Kautsky, 16. Februar 1884, MEW 36, S. 109–110. Engels, *Ursprung*, S. 27. Der Zusammenhang der übrigen Aufzeichnungen und Exzerpte, insbesondere der Maineexzerpte, mit denen zu Morgan drängt die weitergehende Frage nach der Gestalt der Marxschen Bearbeitung dieses Materials auf. Die durch die inhaltliche Abfolge der Aufzeichnungen, die sich schließlich Fragen von Recht und Verfassung (Sohm), kolonialen Fragen (Money) und agrikulturellen Techniken zuwenden, nahegelegte Frage nach der Beziehung der Ideen zueinander haben wir bereits angesprochen. Engels hat J. W. B. Moneys Buch über Java Kautsky empfohlen (a. a. O.). (Siehe oben Anm. 15.)

Engels hat Eduard Bernstein aus Marxens Exzerptheft und seinem eigenen Entwurf vorgelesen: »Nun las er mir, als ich hinübergekommen war [nach London], aus diesen Manuskripten und dem Entwurf [in der autorisierten engl. Übersetzung: synopsis] eines Buches, dem er Marxs Auszüge aus des Amerikaners Lewis Morgan »Ancient Society« zugrunde legte, Abend für Abend bis in die tiefe Nacht hinein vor.« Das Datum von Bernsteins Besuch ist wichtig, weil es zeigt, daß Engels gegen Ende Februar und Anfang März 1884 nicht nur die Marxschen Aufzeichnungen durchgearbeitet, sondern auch einen Entwurf seines eigenen Buches fertiggestellt hatte. Ende Februar 1884 können wir also als Zeitraum festhalten, in dem Engels einen Entwurf des dann als *Ursprung der Familie* veröffentlichten Werkes anfertigte. Seine Arbeit daran zerfällt in zwei Abschnitte: zunächst arbeitet er nach den Marxschen Exzerpten, während er das Buch von Morgan zu beschaffen zu sucht (Januar – März 1884), und schreibt einen eigenen Entwurf; von Ende März bis Ende Mai arbeitet er dann mit dem Buch von Morgan. Im Folgenden geben wir aufgrund von Zitaten aus Engels Korrespondenz des Jahres 1884 mit verschiedenen Personen eine Chronologie der Niederschrift des *Ursprungs der Familie:*

(1) Brief an Kautsky, 16. Februar (MEW 36, a. a. O.): »Über die Urzustände der Gesellschaft existiert ein *entscheidendes* Buch, so entscheidend wie Darwin für die Biologie, es ist wieder von Marx entdeckt worden, Morgan: »Ancient Society«, 1877. M. sprach davon, aber ich hatte damals andre Sachen im Kopf, und er kam nicht wieder darauf zurück, was ihm gewiß angenehm war, da *er selbst* das Buch bei den Deutschen einführen wollte, wie ich aus seinen sehr ausführlichen Auszügen sehe. Morgan hatte die Marxsche materialistische Ge-

schichtsanschauung in den durch seinen Gegenstand gebotenen Grenzen selbständig neu entdeckt und schließt für die heutige Gesellschaft mit direkt kommunistischen Postulaten ab. Die römische und griechische Gens wird zum ersten Mal aus der der Wilden, namentlich amerikanischen Indianer, vollständig aufgeklärt und damit eine feste Basis für die Urgeschichte gefunden. Hätte ich die Zeit, ich würde den Stoff, mit Marx' Noten, für's Feuilleton des »S[ozialdemokrat]« oder die »Neue Zeit« bearbeiten, aber daran ist nicht zu denken. All der Schwindel von Tylor, Lubbock und Co. ist definitiv kaputt gemacht, Endogamie, Exogamie und wie all der Blödsinn heißt. Diese Herren unterdrücken das Buch hier, soviel sie können, es ist in Amerika gedruckt, ich hab's seit 5 Wochen bestellt, kann's aber nicht bekommen! trotzdem eine Londoner Firma als Mitverleger auf dem Titel steht.«

(2) E. Bernsteins Besuch in London wird in einem Brief von Engels an Laura Lafargue mit demselben Datum angekündigt (ebd., S. 111), seine Abreise in einem Brief an Kautsky vom 3. März 1884 (ebd., S. 117) erwähnt.

(3) Brief an F. A. Sorge, 7. März (ebd., S. 124). Empfiehlt Morgans Buch. Morgan hat »*Marx' Geschichtstheorie naturwüchsig neu entdeckt* und schließt mit kommunistische[n] Folgerungen für heute.«

(4) Brief an Kautsky, 24. März (ebd., S. 129). Engels hat ein antiquarisches Exemplar des Buches erhalten. Er schlägt vor, wenn er Zeit finden könne, eine Bearbeitung für *Die Neue Zeit* herzustellen, vorausgesetzt, daß ein Separatabzug als Broschüre gemacht werde.

(5) Brief an Kautsky, 26. April (ebd., S. 142–143). Er hat den Plan, bloß eine Rezension Morgans zu schreiben, die durch das Bismarcksche Sozialistengesetz nicht zu verbieten wäre, aufgegeben: »Ich hatte mir vorgenommen und allgemein hier erzählt, ich würde dem Bismarck einen Streich spielen und etwas schreiben (Morgan), was er platterdings nicht verbieten könne. Aber beim besten Willen – es geht nicht. Das Kapitel über die Monogamie und das Schlußkapitel über das Privateigentum als Quelle der Klassengegensätze sowie als Hebel der Sprengung der alten Gemeinwesen, *kann* ich nicht so abfassen, daß sie unter das Sozialistengesetz sich fügen.« Engels will die Sache kritisch behandeln, in sozialistischer Perspektive. Fouriers Kritik der Zivilisation hat die von Morgan antizipiert: ein Hauptpunkt.

(6) Brief an Paul Lafargue, 10. Mai (ebd., S. 145). Er hofft, mit dem Manuskript Ende der folgenden Woche fertig zu sein, »eine sehr wichtige Arbeit«.

(7) Brief an Bernstein, 17. Mai (ebd., S. 146). Schlägt vor, daß Kautsky das Kapitel über die Familie »minus Monogamie« (Kapitel II, Abschnitt 4) als Probe in der *Neuen Zeit* drucken läßt. »Es wird lang – ca. 130 eng geschriebene Oktavseiten und heißt: ›Die Entstehung der Familie, des Privateigentums und des Staats‹.« (Siehe unten Nr. 11).

(8) Brief an Bernstein und Kautsky, 22. Mai (ebd., S. 147). Das Manuskript mit Ausnahme des noch revisionsbedürftigen Schlußkapitels abgesandt.

(9) Brief an Kautsky, 23. Mai (ebd., S. 148). Kapitel 1–8 am Tag zuvor an Kautsky abgegangen (s. u.). Nimmt den Vorschlag eines Vorabdrucks in der *Neuen Zeit* von Kapitel II, Über die Familie, Abschnitt 1–3, nochmals auf (s. u.: Inhaltsverzeichnis des *Ursprung*).

(10) Brief an Laura Lafargue, 26. Mai (ebd., S. 153). Berichtet von der Beendigung seiner Schrift und erklärt, daß er deswegen seine Korrespondenz liegengelassen habe.

(11) Brief an August Bebel, 6. Juni (ebd., S. 161). Erwähnt seine demnächst erscheinende Arbeit, »Ursprung der Familie, des Eigentums und des Staats« (nicht ganz die endgültige Fassung).

Inhaltsverzeichnis des *Ursprung,* usw.:

Kap. I. Vorgeschichtliche Kulturstufen
1. Wildheit
2. Barbarei
II. Die Familie
1. Die Blutsverwandtschaftsfamilie
2. Die Punaluafamilie
3. Die Paarungsfamilie
4. Die monogame Familie
III. Die irokesische Gens
IV. Die griechische Gens
V. Entstehung des athenischen Staats
VI. Gens und Staat in Rom
VII. Die Gens bei Kelten und Deutschen
VIII. Die Staatsbildung der Deutschen
IX. Barbarei und Zivilisation

Die Abfolge der Kapitel entspricht der Marxschen Umstellung der Morganschen Anordnung, indem Kapitel II über die Familie denen über die Gens und den Staat vorausgeht. Dem Eigentum hat Engels kein eigenes Kapitel oder Abschnitt gewidmet, ebensowenig der Intelligenz (s. o., Anm. 21). Nach der Länge zu urteilen, ist die Familie das wichtigste Thema; das Kapitel, das sie behandelt, nimmt mehr als ein Drittel des gesamten Werkes in Anspruch; man vergleiche proportional den Raum, den Marx und Morgan dafür verwendet haben (s. Anm. 21). Wegen der unterschiedlichen Darstellungsweise der verschiedenen Themen und ihres inneren Abstandes erübrigt sich jeder weitere Vergleich.

153 Engels, *Ursprung,* a. a. O., S. 30. Vgl. V. Gordon Childe, *Social Evolution,* 1951, S. 6 ff.: Childe hält Morgans und Engels' Darstellung der verschiedenen Stufen »von ökonomischer, politischer und Verwandtschaftsorganisation im Einzelnen für unhaltbar«, »sie bleibt jedoch das Beste in ihrer Art.« Childe ist sich über die Erweiterung des Materials seit den Tagen Morgans sehr wohl im Klaren, ihm geht es jedoch um die zugrundeliegende Idee sozialer Evolution in ungleichmäßigen Schritten, d. h. von Perioden schnellen Wandels (in Childes Terminologie: Revolutionen), denen Perioden der Stabilität folgen. Deswegen behält er Morgans dreistufigen Rahmen bei, während er für die einzelnen Stufen neue Kriterien vorschlägt. Morgans Kapitel über den Rhythmus menschlichen Fortschritts ist der Kritik von Childe am stärksten ausgesetzt. Dieses Kapitel enthält jedoch eine Aussage Morgans, in der ein sowohl unilinearer wie multilinearer Ansatz der Evolution des Menschen angedeutet wird, und die damit den Untertitel des Werkes ausführt, in dem von verschiedenen aufsteigenden Linien menschlichen Fortschritts die Rede ist. (*Ancient Society,* a. a. O., S. 4, 29.) –

Dieses Problem ist von Sahlins bei Darwin, Tylor, Morgan und Spencer wieder aufgenommen worden (M. Sahlins und E. Service, *Evolution and Culture,* 1959), ohne jedoch besonders auf Morgans Orientierung einzugehen. Stattdessen wird Tylors Gesichtspunkt für das Verhältnis von allgemeiner und spezifischer Evolution wiedergegeben.

Das Schema der drei Stufen menschlicher Evolution, das Morgan entwickelt hatte, findet sich auch bei Adam Ferguson, *Essay on the History of Civil Society,* 1767; »civil« hat hier eine andere Bedeutung als bei Morgan. Zu Hegel, vgl. Zusatz 2 B zu diesem Kapitel. Giambattista Vico, *Principi di Scienza Nuova . . .,* (1725) 1744, hatte die Idee einer Stufenfolge von Wildheit, heroischem oder barbarischem Zeitalter und einem Zeitalter der Zivilisation bereits formuliert. Seine Theorie des Fortschreitens von Mensch und Zivilisation weicht von der von Ferguson ab und steht, wie seine Kommentatoren ausgeführt haben, der Herders besonders in der Sprachtheorie näher. Außerdem ist Vicos Theorie zyklisch. Fourier hat eine Klassifikation der Gesellschaften von Wildheit bis Zivilisation vorgeschlagen, die komplexer ist als die von Ferguson oder Morgan, sie nimmt jedoch keinen durch unbewußte Antriebe gelenkten Fortschritt an. Der gegenwärtige Zivilisationszustand ist für Fourier präharmonisch. François Marie Charles Fourier, *Théorie des quatre mouvements et des destinées générales,* 1808, und *Traité de l'association domestique-agricole,* 2 Bde. 1822. Die Gesamtausgabe seiner Werke enthält jeweils die 2. Auflage der beiden Werke, erschienen 1841 bis 1843, sowie die folgenden Werke: Fourier, *Œuvres complètes,* Bd. 1. *Théorie des quatre mouvements,* usw., Bd. 2–5, *Théorie de l'unité universelle,* 4 Bde., von denen Bd. 2 und 3 der *Traité de l'association,* usw. ist. Bd. 6, *Le Noveau Monde industriel et sociétaire ou invention des procédés d'industrie attrayante et naturelle distribuée en séries passionées,* 2. Aufl., 1845. Vielleicht hatte Engels die Marxschen Bemerkungen zu Fourier vor Augen, als er ihn am Ende seines Buches erwähnte. (Vgl. Marx, *Die Heilige Familie,* MEW 2, S. 207–208 und Engels, ebd. S. 604 u. ff.)

154 Engels, *Ursprung,* a. a. O., S. 48–49.

155 Ebd., S. 39, 46–47 (Bachofen) und S. 80 (Maine); s. a. das Vorwort zur 4. Aufl.

156 Morgan, a. a. O., S. 562.

157 Engels, a. a. O., S. 160.

158 Morgan, a. a. O., S. 561–562. Engels, a. a. O., S. 172–173.

159 Eduard Bernstein, Bemerkungen über Engels' Ursprung der Familie. Vorrede zur italienischen Ausgabe. *Socialistische Monatshefte,* Bd. 4, 1900. Vgl. dort S. 448: »[Morgan] überschreitet nirgends principiell die Grenze, die den Durchschnitt der objektivistischen Culturhistoriker vom Vertreter des historischen Materialismus trennt . . . Morgan steht als Geschichtshistoriker zum historischen Materialismus in keinem anderen Verhältnis, wie die socialistischen Theoretiker der Epoche von 1825 bis 1840 zum Marx-Engelsschen Socialismus.« Ebd., S. 449: »So viel vom historischen Materialismus wie bei Morgan, findet man auch bei den Theoretikern des Owenismus, Saint-Simonismus und Fourierismus, von denen namentlich der letztere sehr geistreiche Vertreter hatte und Morgan wohl bekannt war.« Sein mangelndes Verständnis Morgans zeigt Bernstein, in-

dem er Morgan zu den »Geschichtshistorikern« rechnet. Damit wird die Beziehung des Morganschen Werkes zu den Naturwissenschaften verschleiert. Darüber hinaus hat Bernstein eine völlig neue Beziehung von Morgan zu den Fourieristen in den Vereinigten Staaten erfunden, indem er Engels auf eine Weise versteht, die sich nicht belegen läßt; aus Engels geht lediglich hervor, daß Fourier Morgan in vielen Dingen antizipiert habe. »Fouriers Kritik der Zivilisation tritt erst durch M[organ] in ihrer ganzen Genialität hervor.« (Engels, Brief an Kautsky, 26. April, 1884. S. Anm. 147.)

160 Morgan, a. a. O., S. 537, 561–562.

161 Marx, *Ökonomisch-philosophische Manuskripte,* MEGA, III, 1, S. 156 (MEW Ergbd. 1, S. 574).

162 Vgl. Marx, Brief an Engels, 18. Juni, 1862. MEW 30, S. 249: »Mit dem Darwin, den ich wieder angesehn, amüsiert mich, daß er sagt, er wende die ›Malthussche‹ Theorie *auch* auf Pflanzen und Tiere an, als ob bei Herrn Malthus der Witz nicht darin bestände, daß sie *nicht* auf Pflanzen und Tiere, sondern nur auf Menschen – mit der geometrischen Progression – angewandt wird im Gegensatz zu Pflanzen und Tieren. Es ist merkwürdig, wie Darwin unter Bestien und Pflanzen seine englische Gesellschaft mit ihrer Teilung der Arbeit, Konkurrenz, Aufschluß neuer Märkte, ›Erfindungen‹ und Malthusschem ›Kampf ums Dasein‹ wiedererkennt. Es ist Hobbes' bellum omnium contra omnes, und es erinnert an Hegel in der ›Phänomenologie‹, wo die bürgerliche Gesellschaft als ›geistiges Tierreich‹, während bei Darwin das geistige Tierreich als bürgerliche Gesellschaft figuriert.« Die ›bürgerliche Gesellschaft‹ hatten Marx und Engels in der *Heiligen Familie* als einen Übergang von der bürgerlichen Gesellschaft im Sinne Hegels zur Bourgeoisie, wie sie im *Kommunistischen Manifest* kritisiert wurde, behandelt. George Lichtheim hat Hegels organismische Naturphilosophie kurz als anti-mechanistisch, dem »Begriff der Gesellschaft als eines lebendigen Wesen« verpflichtet, charakterisiert. (Vgl. Hegel, *Phenomenology of Mind,* Übers. von J. B. Baillie, 1967, Einleitung von George Lichtheim, S. XXVI.) Während wir uns dem ersten Teil der Lichtheimschen Auffassung unmittelbar anschließen können, bedarf der zweite weiterer Diskussion. Die Sache wird dadurch noch kompliziert, daß Baillie Hegels Wendung »das geistige Tierreich« als »Self-contained individuals associated as a community of animals« (a. a. O., S. 417) übersetzt, was nicht nur verschleiert, was Hegel sagen will, sondern ebenso die Pointe der Marxschen Bemerkung verfehlen muß (vgl. Hegel, *Phänomenologie des Geistes,* hg. von J. Hoffmeister, S. 285). Lichtheims Gedanke, daß Hegel Gesellschaft als lebendiges Wesen begriff, muß von einer anderen Stelle her begründet werden. In der *Philosophie des Rechts* verwendet Hegel »Organismus« und »Organisation« für gesellschaftliche Institutionen und in seinem ganzen Werk versteht er den Begriff der Gesellschaft als den eines hoch organisierten Systems, jedoch nicht im biologischen Sinne. Hegels Philosophie ist in diesem Zusammenhang allgemein als organizistisch anzusehen, nicht aber im besonderen in ihrer Anwendung auf die menschliche Gesellschaft, etwa in der Weise eines Lilienfeld oder Schäffle. Darüber hinaus trägt Hegels Rede vom »Organismus des Staats«, *Phil. d. Rechts,* §§ 267, 269, nicht im mindesten biologistische Züge. Zu Hegels Theorie des ›Organismus‹, vgl. T. L. Haering, *Hegel,* Bd. 2 (1938)

1963, S. 416 u. ff., 496 u. ff. Die übertriebene Genauigkeit von Baillie verfehlt den entscheidenden Punkt und den ironischen Unterton Hegels, läßt jedoch einen wichtigen Nebenaspekt deutlich hervortreten: die von der Gesellschaft getrennten, von ihr unabhängigen und logisch ihr vorhergehenden Individuen, sind die Voraussetzung der Hobbesschen Lehre und der Anstoß für Hegels paradoxe Formulierung. Die Hobbessche Gesellschaftstheorie eines ungezügelten Individualismus beschreibt in Wirklichkeit, wie Hegel erkennt, die Verhältnisse der bürgerlichen Gesellschaft; Darwin hat dann das Tierreich, oder das Reich der Natur im allgemeinen, vergeistigt, so daß es die Gestalt der bürgerlichen Gesellschaft anzunehmen vermochte.

[163] John Morley, *Life of Gladstone,* Bd. 3, 1903, S. 52. In den siebziger Jahren war Morley mit Marx in Berührung gekommen.

[164] *Chronik,* a. a. O., S. 391.

[165] *Marx-Engels-Archiv,* Bd. 1, a. a. O., S. 316–317; vgl. die Einleitung von D. Rjazanov, S. 309–314. Brief an die Redaktion der Zeitschrift *Otečestvennye Zapiski* als Erwiderung auf einen Artikel von N. K. Michailovskij, *Vestnik Narodnoy Voli,* Mai 1884. Siehe: MEW 19, S. 107–112 und 558–559, wo die russische Übersetzung auf das Jahr 1886 datiert wird. Für die Datierung 1884, siehe: P. W. Blackstock und B. F. Hoselitz, *The Russian Menace to Europe. A Collection of Articles, Speeches and News Dispatches* [von Karl Marx und Friedrich Engels], 1952, S. 274.

[166] MEW 19, S. 242.

[167] Ebd., S. 386.

[168] Morgan, *Ancient Society,* a. a. O., S. 562.

[169] MEW 19, S. 386 und S. 390, Fußn. In dem Entwurf, aus dem wir zitiert haben, spielt Marx auf die mittelalterliche Dorfgemeinde an, die sich in seiner Trierer Heimat bis in seine Tage als Überbleibsel erhalten hatte. In einem Brief an Engels vom 25. März 1868 (MEW 32, S. 51 f.) äußert er sich hierzu genauer: »Direkt in *meiner* Gegend, auf dem *Hunsrücken,* hat das altdeutsche System bis in die *letzten* Jahre fortgedauert. Ich erinnre mich jetzt, daß mein Vater als *Advokat* mir davon sprach!...« Siehe auch die Vorrede von Marx und Engels zur zweiten russischen Ausgabe (G. Plechanow) des *Kommunistischen Manifests* (MEW 19, insbes. S. 296).

In der Einleitung zu den *Grundrissen* hatte Marx die entgegengesetzte Theorie zur modernen Dorfgemeinde vertreten (a. a. O., S. 26): Die höhere Gesellschaftsform ist der Schlüssel zur niederen, die Anatomie des Menschen der Schlüssel zur Anatomie des Affen. Diese Richtung der Rekonstruktion ist der Bewegung bei Engels, Morgan und Cuvier gerade entgegengesetzt. »Man kann Tribut, Zehnten etc. verstehn, wenn man die Grundrente kennt. Man muß sie aber nicht identifizieren. Da ferner die bürgerliche Gesellschaft selbst nur eine gegensätzliche Form der Entwicklung, so werden Verhältnisse früherer Formen oft nur ganz verkümmert in ihr anzutreffen sein, oder gar travestiert. Zum Beispiel Gemeindeeigentum.« Gemeint sind hier der russische *mir* und die indische Dorfgemeinschaft jener Zeit. (Vgl. Korsch, a. a. O., S. 52. Zur indischen Dorfgemeinschaft s. hier die Anm. 61, 142.)

[170] H. M. Hyndman, *The Record of an Adventurous Life,* New York, 1911,

S. 256. Marx brach die Beziehung zu Hyndman (*Chronik,* S. 385, Brief an F. Sorge, 15. Dez. 1881) wegen eines Plagiates Hyndmans ab.

[171] Ebd., S. 253–254.

[172] *Chronik,* a. a. O., S. 381: »[1880–1881] ca. Dezember – ca. März 1881. Marx treibt im Anschluß an die gründliche Durcharbeitung von Morgan ›Ancient Society‹ (98 Seiten Exzerpte) umfangreiche urgeschichtliche Studien und liest und exzerpiert u. a. Maine ›Lectures on the early history of institutions‹, Phear ›The Aryan Village in India and Ceylon‹, Sohm ›Fränkisches Recht und römisches Recht‹, Dawkins, ›Early man in Britain...‹, Exzerpte 1880.« Diese Aufzählung entspricht nicht der Anordnung der Exzerpthefte (s. o., Anm. 15): Die Datierung wäre zu ändern (s. Zusatz 1). Die Nennung von Dawkins stellt ein ungelöstes Problem dar und sollte entfallen. M. Rubel, *Bibliographie des Œuvres de Karl Marx,* 1956, S. 196 schlägt dieselbe Datierung wie die *Chronik* vor. Rjazanov (Novye Dannye, a. a. O., s. Anm. 6 und 88) schreibt: »Er erhielt Morgan [Ancient Society] im Jahre 1878. Auf 98 engbeschriebenen Seiten (man muß wissen, daß eine Seite seiner raschen Handschrift mindestens 2,2 und mehr Druckseiten ergibt) machte er detaillierte Auszüge.« Und ebd.: »Angesichts der besonderen Bedeutung dieser Materialien habe ich ausnahmsweise Photographien der Morganexzerpte und der zweier anderer Autoren – Lubbock und Maine – anfertigen lassen. Aus diesen Exzerptheften geht klar hervor, daß sich Marx in der zweiten Hälfte der siebziger Jahre ausgiebig mit der Geschichte des Feudalismus und des Grundeigentums beschäftigt hat.« Das Datum 1878, als Marx das Morgansche Werk erhält, ist für die Datierung der Exzerpthefte bedeutungslos. Diese Arbeiten und Marxens Interesse an ihnen umfassen weit mehr als die Geschichte des Feudalismus und des Grundeigentums: sie umfassen nicht weniger als die gesamte Vorgeschichte und Geschichte der Menschheit, das Problem des Kollektivismus, die Dorfgemeinde in der orientalischen und westlichen Gesellschaft, die Aufspaltung der Gesellschaft in soziale Klassen und die Bildung des Staates. Dazu gehören die Punkte, die Rjazanov hervorhebt, der als erster auf den Umfang und die Bedeutung dieses Materials aufmerksam gemacht hat und dem wir zutiefst verpflichtet sind.

[173] *Archiv Marksa,* a. a. O., S. iv. Lucas, a. a. O., S. 154, liest dies irrtümlicherweise als 1881–1882; der (schwache) Beleg für dieses Datum, der dort gegeben wird (aus »Karl Kautsky«, in *Die Volkswirtschaftslehre,* usw.) ist deswegen unerheblich.

[174] Die Herausgeber der Moskauer Ausgabe der Werke von Marx und Engels datieren die Marxsche Bearbeitung des Morgantextes zwischen Mai 1881 und Februar 1882. (*Sočinenija,* 2. Aufl., Bd. 19, S. 617.) Zu dieser Zeit war er mit dem »intensiven Studium von Morgans ›Ancient Society‹« beschäftigt. Die Herausgeber der *Sočinenija* fügen hinzu, daß er Maine, Sohm, Tylor und andere las und exzerpierte. Die Herausgeber der MEW 19, S. 619, stimmen damit überein.

Die *Sočinenija* verzeichnen, daß Marx ca. August-September 1881 Geschichte, Entwicklung und gegenwärtige Lage der Kolonialvölker, insbesondere Mani [d. h. Money, s. Anm. 15] über Java und Phears *Aryan Village* studierte. (MEW 19, S. 620.)

Das Marxsche Studium von Lubbock, *Origin of Civilization,* wird in den *Sočinenija,* a. a. O., S. 623–624, auf Oktober-November 1882 datiert. (MEW, a. a. O,. S. 624.) Die Beziehung zwischen Marx und Hyndman datiert von Oktober 1880 bis ca. Mai 1881 (*Sočinenija,* ebd., S. 614; MEW ebd., S. 616). Die Korrespondenz von Marx mit Zasulič datiert von Ende Februar bis Anfang März 1881. (*Sočinenija,* ebd., S. 616, MEW, ebd., S. 618.) In Bd. 21 der *Sočinenija,* S. 565 und in Bd. 21 der MEW, S. 552 wird die Marxsche Bearbeitung Morgans 1880–1881 datiert. In denselben Bänden der *Sočinenija,* S. 653 und MEW, S. 636 wird 1881–1882 genannt. Die Herausgeber der MEW fußen auf der 2. Auflage der *Sočinenija* und der MEW, 1881–1882, Mutmaßung nicht vollkommen von sich diese Chronologien gründen, noch wird der offensichtliche Widerspruch in diesen Angaben erklärt. An sich sind diese Datierungen möglich, doch enthalten sie einige immanente Schwierigkeiten. So scheidet die zweite Datierung der *Sočinenija* und der MEW 1881–1882 Mutmaßung nicht vollkommen von dem, was wir wissen. Die Hinweise auf Morgan in den Entwürfen des Zasuličbriefes und die Hinweise auf Marx-Morgan in den Memoiren Hyndmans beziehen sich auf einen Zeitpunkt, der der hier vorgeschlagenen Periode, die erst Mai 1881 beginnt, vorausgeht.

Ebenso läßt das immanente Zeugnis der Exzerpthefte diese Datierung weniger wahrscheinlich erscheinen, obgleich es sie nicht ausschließt: Im Exzerptheft B 146 folgen die Maineexzerpte denen aus Phears Werk. Das Mainemanuskript wurde jedoch im Juni abgeschlossen (wahrscheinlich 1881, weniger wahrscheinlich 1880 und unwahrscheinlich 1882). Das Phearmanuskript muß demnach vorher abgeschlossen gewesen sein. Nach der von den Herausgebern der *Sočinenija* und der MEW vorgeschlagenen Datierung müßte das Phearmanuskript dann im August oder September 1880, oder 1879, abgeschlossen gewesen sein, wodurch wir gezwungen wären, das Morganmanuskript, das den Phearexzerpten vorausgeht, noch früher zu datieren. Diese Möglichkeit bringt, wie wir gesehen haben, noch größere immanente Schwierigkeiten mit sich. Welchen Stellwert in diesem Zusammenhang der Hinweis auf Tylor hat, ist eine andere Frage, die nicht in den Kontext der in der vorliegenden Arbeit behandelten Exzerpthefte gehört, da Tylor ebenso wie Dawkins in keinem der hier behandelten Exzerpthefte erscheint.

Die Herausgeber der *Sočinenija* und der MEW (s. o.) haben Engels' Entdekkung des Marxschen Morganmanuskriptes auf die erste Hälfte des Februar 1884 datiert. Obgleich möglich, läßt dieses Datum die Frage offen, warum Engels seine Suche nach Morgans Buch im Januar jenes Jahres begonnen hat. Engels' Hinweis auf die Nachforschungen nach dem Buch impliziert, daß er schon früher auf Marxens Manuskript gestoßen war, und daß die »Entdeckung« deswegen zurückdatiert werden muß. Diese Folgerung ist nicht gewiß, jedoch muß die von den Herausgebern der *Sočinenija* und der MEW erwogene Möglichkeit ihr Rechnung tragen und darf sie nicht außer acht lassen. (Siehe oben, Anm. 152.) Die Herausgeber dieser Ausgaben haben implizit die Marxsche Bearbeitung Morgans in zwei Abschnitte unterteilt: eine erste Bekanntschaft mit Morgans Werk und das spätere intensive Studium. Tatsächlich ist dies eine Möglichkeit, und sie ist von mir aufgrund anderer Überlegungen vorgeschlagen worden.

Außerdem erwähnen sie Marxens Beschäftigung mit Problemen der »Urgemeinschaft« und »Urgesellschaft« und nehmen damit eine willkommene Erweiterung des Themenbereichs vor (s. o., Abschnitt 6 über Gemeinwesen, Kollektivismus und Individualismus).

Die Bezugnahme der *Sočinenija* und der MEW auf Marxens Bearbeitung von Lubbock ist für die Datierung unerheblich.

[175] Zur Datierung dieser Exzerpte, s. die vorhergehende Anmerkung und oben Anm. 15.

[176] Vgl. *Chronik,* a. a. O., Meiners und de Brosses, S. 11, Meiners, S. 125. C. Meiners, *Grundriß der Geschichte der Menschheit* hat einigen Einfluß auf die weitere Geschichte der Anthropologie gehabt. Vgl. R. H. Lowie, *History of Ethnological Theory,* 1937; W. E. Mühlmann, *Geschichte der Anthropologie,* 1948; A. L. Kroeber und Clyde Kluckhohn, *Culture* usw., 1963.

[177] E. B. Tylor, *Primitive Culture* (1871) 1958, Bd. 1, S. 36 und Bd. 2, S. 230.

[178] *Grundrisse,* a. a. O., S. 579.

[179] *Kapital* I, Kap. 1, 4; III, Kap. 24. und 48, 3.

[180] De Brosses legte sein Werk, Du culte des dieux fétiches, c'est-à-dire des objects terrestres et matériels, anim. ou inanimés, contenant le parallèle de L'ancienne religion de l'Egypte avec la religion actuelle de Nigritie, et l'examen philosophique et critique des causes auxquelles on a coutume d'attribuer le fétichisme, im Jahre 1757 der Académie des Inscriptions vor, die es ablehnte. Es wurde 1760 anonym unter dem Titel *Du culte des dieux fétiches, ou parallèle* usw. veröffentlicht. Er hat das Thema in der *Encyclopédie méthodique,* Philosophie, Bd. 2, S. 411–457 wiederaufgenommen. Über das Verhältnis von de Brosses zu Turgot, siehe Frank Manuel, *The Prophets of Paris,* 1965, S. 32, 34; zu de Brosses und Comte, ebd. S. 277, 281, 282; Tylor, a. a. O., Bd. 2, S. 230; E. E. Evans-Pritchard, *Theories of primitive Religion,* 1965, Kap. 2.

Stocking, *Race, Culture and Evolution,* 1968, S. 98, bezeichnet Tylor als geistigen Nachfahr von de Brosses, was trotz der eindrucksvollen Gelehrsamkeit von Stocking in diesem Zusammenhang jedoch nicht zu überzeugen vermag. Abgesehen davon, daß Tylor diese Beziehung nirgendwo ausdrücklich würdigt, unterscheidet sich der Geist seiner Forschungen von dem des Mannes des achtzehnten Jahrhunderts; bei Tylor findet sich keine Spur einer Degenerationstheorie, die er de Brosses zuschreibt (a. a. O.). Mit großer Wahrscheinlichkeit hat de Brosses den Gebrauch der Ausdrücke Fetisch und Fetischismus im neunzehnten Jahrhundert befördert; Marx hat sie, wenn auch nicht ihre Bedeutung, von ihm direkt übernommen.

[181] E. B. Tylor, *Anthropology,* 2 Bde., 1881. Dieselbe Stufenunterscheidung auch bei J. G. Frazer, *Folklore in the Old Testament,* Bd. 1, 1919, Vorrede.

[182] Siehe Anm. 1. Adolph Bastian (P. W. A. Bastian), *Der Mensch in der Geschichte. Zur Begründung einer psychologischen Weltanschauung, 1860.* Zu Bastians Anti-Darwinismus und über seinen literarischen Stil, siehe R. H. Lowie, *The History of Ethnological Theory,* 1937, Kap. 4.

[183] *Chronik,* a. a. O., S. 378. Vgl. Franz Mehring, *Karl Marx,* 1935, S. 554. Lankester war bei Marxens Begräbnis anwesend. Lankester hat sowohl zur Theorie der Evolution durch Degeneration wie durch Fortschritt beigetragen;

außerdem zur Theorie der Trennung von Keimplasma und Somatoplasma. Zu Lankester, vgl. *Darwin and Modern Science,* A. C. Seward (Hrsg.), 1909, S. 378, 427, 441, 468, usw. Hinsichtlich der Degenerationstheorie hat Emile Vandervelde dieselben Ansichten wie Lankester vertreten. Vgl. T. K. Penniman, *A Hundred Years of Anthropology.* 1952, S. 143.

[184] *Chronik,* a. a. O., S. 381.

[185] MEW 19, S. 425. Vgl. Anm. 172.

[186] Vgl. Anm. 17.

[187] Engels, *Ursprung,* a. a. O., S. 42, zitiert Bancroft über die Kaviats an der Behringstraße, die Kadiaks bei Alaska und die Tinnehs; S. 56 über die Tahus in Nordmexiko; S. 155 über die Haidahs und Nootkas. Die Kaviats bei Engels heißen bei Bancroft, Ausgabe New York, a. a. O., Bd. 1, S. 73 und 138: Kaviaks (oder Kaveaks); Malemuten und Kaveaks sind von den Eskimos zu unterscheiden (ebd., S. 138). Bancroft erwähnt weder Kaviats, noch (in diesem Zusammenhang) Kadiaks an der Behringstraße.

II. Zum Vergleich der ethnologischen Arbeiten von Marx und Engels

[1] Marx starb im März 1883, Engels im August 1895.

[2] Friedrich Engels, *Ludwig Feuerbach und der Ausgang der klassischen deutschen Philosophie* (1888), MEW 21, S. 291 ff.

[3] Gustav Mayer, *Friedrich Engels,* 1934, S. 174.

[4] D. Rjazanov, *Karl Marx and Friedrich Engels,* 1927 (russisch 1923).

[5] Franz Mehring, *Karl Marx, 1918.*

[6] Auguste Cornu, *The Origins of Marxian Thought,* 1957, S. 85. Cornu kommt zu dem Ergebnis, daß Marx und Engels in der *Heiligen Familie* dasselbe Grundschema entwickelten, Marx freilich mit größerer Tiefe. (Siehe *Karl Marx et Friedrich Engels,* Bd. 3, 1962, S. 204.) In der Periode der *Ökonomisch-philosophischen Manuskripte* (1844) war Marx andererseits noch utopisch und abstrakt, während Engels durch sein Studium der ökonomischen Zustände Englands als Korrektiv auf ihn wirkte (Cornu, *Karl Marx et Friedrich Engels,* Bd. 4, 1970, S. 267 f.). Cornus Lesart der Werke von Marx und Engels in dieser Periode bringt Details, die die häufig allgemein bleibenden Äußerungen ihrer Biographen und der Historiker der sozialistischen Bewegung stützen. Die *Ökonomisch-philosophischen Manuskripte* werden von Marxens damaligem Studium Ludwig Feuerbachs her interpretiert. Liest man Marxens Werk jedoch im Lichte seiner späteren Schriften, so wird man zu einem anderen, mehr konkreten und praktischen Verständnis kommen. Gegenüber Begriff und Praxis ist es einseitig, entweder die zeitgenössische oder die langfristige Perspektive auszuschließen. Einseitig ist diese Diskussion der *Ökonomisch-philosophischen Manuskripte,* wenn sie dem Werk selber äußerlich bleibt: sie sind ein Symbol für Marx den »Hu-

manisten« im Gegensatz zu Marx dem »dialektischen Materialisten«, »Revolutionär«, usw., und damit zu einem Spielball der Parteien und Interessen geworden, so daß sie ihrer Form, ihrem immanenten Gehalt und ihren Beziehungen nach nicht gewürdigt wurden.

7 MEW 13, S. 469. (Rezension von Engels über Marx, *Zur Kritik der politischen Ökonomie,* 1859. In: *Das Volk,* Nr. 14, 6. August 1859.)

8 MEW 21, S. 27 (Vorwort zur ersten Auflage 1884 von Friedrich Engels, *Der Ursprung der Familie, des Privateigentums und des Staats).* MEW 19, S. 209 (*Die Entwicklung des Sozialismus von der Utopie zur Wissenschaft,* 1880/1882). MEW 20, S. 25 (*Herrn Eugen Dührings Umwälzung der Wissenschaft,* 1878).

9 MEW 19, S. 210. MEW 20, S. 248.

10 MEW 19, S. 527. (Einleitung von 1892 zu *Die Entwicklung des Sozialismus.*)

11 Karl Marx, *Das Kapital* I, MEW 23, S. 393. Vgl. Karl Korsch, *Karl Marx,* 1938, S. 168 (hg. von G. Langkau, 1967, S. 145).

12 Karl Korsch, *Marxismus und Philosophie* (1923), hg. von E. Gerlach, 1966.

13 Georg Lukács, *Geschichte und Klassenbewußtsein* (1923) 1968.

14 Georg Lukács, a. a. O., 1923, S. 175. Eine Übersicht über die damalige Problemlage gibt Korsch in der Ausgabe von 1929 seines Werkes *Marxismus und Philosophie,* s. Anm. 12, und E. Gerlach in der Einleitung zur Ausgabe von 1966. Lukács, a. a. O., 1968, S. 32, führt seine Trennung von der mit Korsch gemeinsamen Position auf die Unmöglichkeit zurück, sich außerhalb der [Kommunistischen] Partei an dem Kampf gegen den Faschismus zu beteiligen.

15 Sidney Hook, *Toward the Understanding of Karl Marx,* 1933, S. 29 und ff.

16 S. Hook, *From Hegel to Marx,* [1936], S. 217 f.

17 A. a. O., S. 206, 285. Siehe auch Hook, *Reason, Social Myth and Democracy,* 1940, Kap. 9.

18 Joseph Schumpeter, *Kapitalismus, Sozialismus und Demokratie,* 1950, S. 26 bis 27. Schumpeter ist jedoch unfähig, die Marxsche Dialektik oder seine Beziehung zu Hegel zu begreifen. Über Schumpeter und die Geschichte des Problems, vgl. Roman Rosdolsky, *Zur Entstehungsgeschichte des Marxschen ›Kapital‹,* Bd. 1, 2. Aufl., 1969, S. 8–9. Siehe auch Helmut Reichelt, *Zur logischen Struktur des Kapitalbegriffs bei Karl Marx,* 1970, S. 13 f. E. J. Hobsbawm ist der Meinung, daß Engels das Marxsche Denken in einem gewissen Maße im Interesse der Klarheit der Darstellung vereinfacht und verdünnt. Vgl. seine Einleitung zu Karl Marx, *Pre-Capitalist Economic Formations,* 1964, S. 18.

19 Schumpeter, a. a. O., S. 43.

20 Ebd., S. 71.

21 Vgl. G. V. Plechanov, Očerki po istorii materializma, Teil 3, in: *Izbrannye filosofskie proizvedenija,* Bd. 2, 1956, S. 128–194 (*Beiträge zur Geschichte des Materialismus,* 1896, Teil 3). Vgl. auch Plechanov (N. Bel'tov), *K voprosu o razvitii monističeskogo vzglijada na istoriju,* 1895 (*Zur Frage der Entwicklung der monistischen Geschichtsauffassung,* 1956), Kap. 5. Hier wird die Beziehung von Engels und Morgan im Verhältnis zur Marxschen Auffassung behandelt.

22 Ernst Troeltsch, *Der Historismus und seine Probleme* (1922) 1961, S. 315: Dioskurenpaar.

[23] L. von Mises, *Socialism,* 2. Aufl. 1953, S. 302f., 395f. Marx wird hier zum Autor der materialistischen Geschichtsauffassung gemacht. (Siehe den Hinweis auf Sartre, unten Anm. 29.)

[24] F. A. Hayek, *The Counter-Revolution of Science,* (1955) 1964, S. 204 f.

[25] George Lichtheim, *The Origins of Socialism,* 1969, S. 59: die positivistische Version des Marxismus ... bei Engels und Kautsky. Siehe auch Lichtheim, *Marxism,* 1964, S. 238, Anm.: »*Die Entwicklung des Sozialismus* und andere Spätschriften von Engels' ... sind ein wahrhaftes Kompendium der neuen positivistischen Weltanschauung.« Vgl. aber Herbert Marcuse, *Vernunft und Revolution,* 1962, übers. von A. Schmidt, Einleitung, und S. 282: »In diesem Wahrheitsabsolutismus vollendet sich das philosophische Erbe der Marxschen Theorie; er trennt die dialektische Theorie ein für allemal von allen nachfolgenden Formen des Positivismus und Relativismus.« Offensichtlich ist hier ein noch nicht zu seinem Ende geführter Streit aufzulösen. Siehe Th. W. Adorno, *Negative Dialektik,* 1966. Freizulegen bleibt die Problematik von Positivität und Positivismus in ihrer Anwendung auf die Dialektik der Natur durch Engels, die menschliche Geschichte durch Sartre (siehe unten, Anm. 29), oder durch Jonas Cohn, *Theorie der Dialektik,* auf die Erkenntnistheorie. Der von Th. W. Adorno u. a. herausgebrachte Band *Der Positivismusstreit in der deutschen Soziologie,* 1969, hat einige dieser Fragen aufgegriffen.

[26] Z. A. Jordan, *The Evolution of Dialectical Materialism,* 1967, S. 15. Jordan schlägt hier folgendes Schema vor: Engels' dialektischer Materialismus wird dem Hegelschen Positivismus gleichgesetzt, die Richtung des Marxschen Denkens dem Naturalismus. Trotz seines großen Kenntnisreichtums ist Jordan gelegentlich ungenau. Auf S. 384 seines Buches erwähnt er Croces Ansicht, daß »die historische Notwendigkeit ... Marx den Anbruch einer neuen Periode prophezeien ließ.« Korsch hat sich gegen diese Auffassung gewandt. So weit so gut. Doch dann schreibt Jordan: »Inhaltlich stimmte Karl Popper mit dieser Einschätzung überein, formulierte sie jedoch schärfer.« Die zitierte Stelle (Popper, *Die offene Gesellschaft und ihre Feinde,* Bd. 2, 1958, S. 105) bestätigt Jordan jedoch nicht, sie lautet vielmehr: »Der Sozialismus [von Marx] sollte von einer Utopie zur Wissenschaft werden; er sollte auf die wissenschaftliche Methode der Analyse von Ursache und Wirkung und auf wissenschaftlichen Voraussagen aufbauen. Und da Marx annahm, daß Vorhersage im Gebiet der Gesellschaft dasselbe sei wie historisches Prophezeien, so mußte der wissenschaftliche Sozialismus auf das Studium historischer Ursachen und historischer Wirkungen und schließlich auf die Vorhersage seiner eigenen Ankunft gegründet werden.« Demnach stimmt Popper nicht mit Korsch überein, sondern mit Croce, denn beide schreiben Marx eine prophetische Rolle zu, für die ihn der eine mit der historischen Notwendigkeit, der andere mit historischen Ursachen und Wirkungen ausrüstet. Im Gegensatz dazu versteht Korsch Marx und den Marxismus nicht als prophetisch. Vielmehr ist es, gemeinsam mit Croce und Popper, Jordans Marxdeutung, die ihn zu den Propheten rechnet; Jordan zufolge ist die Marxsche Lehre nicht im Sinne einer Naturnotwendigkeit, sondern einer dialektischen Unausweichlichkeit konzipiert; sie ist die Ideologie der Erlösung, und Marxens Überzeugungen sind nicht wissenschaftlich, sondern eschatologisch (Jordan, a.

a. O., S. 385). Für Popper, a. a. O., S. 416 f., war Engels dogmatischer als Marx.

[27] Jürgen Habermas, *Theorie und Praxis,* (1963) 1967, S. 167. Siehe auch ebd., S. 202: die naturalistische Version, die Engels der Ideologienlehre gab.

[28] G. D. H. Cole, *A History of Socialist Thought,* II. Marxism and Anarchism, 1954, S. 310 f.

[29] J.-P. Sartre, *Kritik der dialektischen Vernunft,* 1967, S. 780. Sartre zufolge hat jedoch Marx die materialistische Dialektik entwickelt (ebd., S. 148, Anm.). Engels hat das Verhältnis des Menschen zur Natur nicht tiefgehend untersucht; der Mensch als Teil der Natur, einschließlich seiner phantastischen und mystischen Vorstellung von sich selbst und von der Natur, stellt ein komplexes Problem, dessen (moderne) Wurzeln bei Descartes, Hobbes, Spinoza, im englischen Empirismus, der mathematischen Kontroverse des neunzehnten Jahrhunderts über irreale und irrationale Zahlen, usw. zu suchen sind. Erstens sind in den jüngeren Diskussionen über Mensch und Natur die dialektischen Beziehungen von Abstraktion und Konkretion in ihren aktualen und potentialen Momenten einerseits, ihren subjektiven und objektiven Momenten andererseits, nicht herausgebracht worden. Sartre, a. a. O., S. 752 ff., und Jordan, a. a. O., S. 167 ff., haben sich darauf beschränkt, auf Engels' Oberflächlichkeiten, Verwechslungen und seine Anti-Dialektik hinzuweisen (bei Sartre ist Engels ein analytischer, nicht ein dialektischer Denker; dazu zwingt ihn sein Ökonomismus). (Über Lukács und Korsch in dieser Hinsicht, siehe unten; zu A. Schmidt, siehe unten, Anm. 32.) Zweitens ist die Entfremdung des Menschen von der Natur außer einem Problem der Moral und des Rechts eines der Ontologie und Erkenntnistheorie. Marx hat seine Position in klarem Bewußtsein der Schwierigkeiten dieser Fragen in den vierziger Jahren formuliert. Seitdem sind sie nur selten in genauer Übereinstimmung mit den von ihm vorgezeichneten Linien entwickelt worden. Vgl. Georges Sorel, *Réflexions sur la violence,* 1908, Kap. 5, der seine Theorie der Gewalt, im besonderen die Unterscheidung zwischen »force« und »violence« auf das gründete, was er als die Marxsche Theorie des Natürlichen im Menschen verstand. Das dem Natürlichen entgegengesetzte Menschliche ist, nach Sorels Begriff von der Marxschen Konzeption, gleichbedeutend mit »Erzeugung durch intelligenten Willen«. Von den vielen Gegensätzen des Natürlichen und Menschlichen bei Marx ist dies vielleicht der am wenigsten angemessene oder treffende.

[30] George Lichtheim, *Marxism,* 1964, Teil 5, Kap. 3, 4.

[31] Ebd., S. 234 f.

[32] Alfred Schmidt, *Der Begriff der Natur in der Lehre von Marx,* 1962. Schmidt hebt den nicht-ontologischen Charakter des Marxschen Materialismus hervor, was mit Bezug auf die Feuerbachthesen von Marx mit Grund geltend gemacht werden kann. Den Unterschied zwischen Marx und Engels faßt Schmidt im Verhältnis zum philosophischen Materialismus (S. 12): »Die Frage nach dem Marxschen Naturbegriff erweitert sich notwendig zu der nach dem Verhältnis der materialistischen Geschichtsauffassung zum philosophischen Materialismus überhaupt« – während bei Engels die Frage des philosophischen Materialismus gar nicht erst aufkommen kann. Die materialistische Geschichtsauffassung ist jedoch kein Marxscher Begriff, und die Verwendungsweise dieses Ausdrucks bedarf einer präzisen Bestimmung.

Natur wird von Schmidt (S. 19, 75) bei Marx als »das Material menschlicher Tätigkeit« definiert. Für den jungen Marx, der die Beziehung von wirklicher Trennung und potentieller Einheit des menschlichen Naturverhältnisses begreift, bedarf dies weiterer Diskussion. Siehe unten, Anm. 35. Während Marx das *Kapital* schrieb, hat er die Systeme menschlicher Tätigkeit im Verhältnis zur Natur weiter gefaßt. Siehe unten, Anm. 37, 39, 41–44. Vgl. die Deutung bei Habermas, *Erkenntnis und Interesse,* 1968, S. 49 ff.

[33] Shlomo Avineri, *The Social and Political Thought of Karl Marx,* 1968, S. 202.

[34] Helmut Fleischer, *Marx und Engels,* 1970, S. 174 u. ff.

[35] Karl Marx, *Ökonomisch-philosophische Manuskripte* (1844), MEGA, I, 3, S. 122–123 (MEW Ergbd. 1, S. 544). Siehe L. Krader, Critique dialectique de la nature de la nature humaine, *L'Homme et la société,* Nr. 10, 1968, S. 22–23. Vgl. auch Zusatz 1, gegen Ende.)

[36] Karl Marx, *Grundrisse der Kritik der politischen Ökonomie* (1857–1858), 1953, S. 27.

[37] Marx, *Kapital* I, a. a. O., S. 372.

[38] Karl Marx, Friedrich Engels, *Das Kommunistische Manifest,* I, beginnt: »Die Geschichte aller bisherigen Gesellschaft ist die Geschichte von Klassenkämpfen.«

[39] Marx, *Kapital* I, a. a. O., S. 392–393.

[40] *Ökonomisch-philosophische Manuskripte,* a. a. O.

[41] Marx, *Kapital* I, a. a. O., S. 327.

[42] MEW 31, S. 306.

[43] Marx, *Kapital,* a. a. O., S. 657, Anm.

[44] Ebd., S. 791.

[45] MEW 19, S. 108. Zur Chronologie vgl. *Karl Marx, Chronik seines Lebens in Einzeldaten,* hg. von V. Adoratskij, 1934, S. 365.

[46] Marx, *Kapital* I, a. a. O., S. 392 f.

[47] MEW 26, 3, S. 482 f., auch S. 289, 414.

[48] Hannah Arendt, *The Human Condition,* 1958. Dies., *On Violence,* 1969.

[49] Marx und Engels über Feuerbach. Der erste Teil der »Deutschen Ideologie«, *Marx-Engels-Archiv,* Bd. 1 [1926], S. 205–306, hg. von D. Rjazanov. Die editorische Einleitung von Rjazanov ist die übersichtlichste Geschichte des Manuskripts, die bisher vorliegt. Siehe auch MEW 3, S. VI und ff. Weitere Angaben über die Umstände seiner Veröffentlichung finden sich bei A. Cornu, *Karl Marx et Friedrich Engels,* Bd. 4, 1970, S. 170 ff. (Siehe unten, Zusatz 2).

[50] 1. Aufl., 1884. 4. Aufl., 1891/1892. Zu dem, was Engels Marx verdankt, siehe das Vorwort zur ersten und zur vierten Auflage und passim. Lewis Henry Morgan, *Ancient Society, or Researches in the Lines of Human Progress from Savagery, through Barbarism to Civilization,* New York und London, 1877.

[51] Vgl. auch *The Ethnological Notebooks of Karl Marx (Studies of Morgan, Phear, Maine, Lubbock*). Siehe Kapitel I und die Vorbemerkung zu den Anmerkungen. Zum Inhalt und zur Datierung der Exzerpthefte B 146 und B 150 vgl. hier Kapitel I, Zusatz 1. Für nähere bibliographische Angaben zum Folgenden siehe ebenfalls Kapitel I.

[52] Die Doktordissertation liegt vor in MEW Ergänzungsband 1: Differenz der demokritischen und epikureischen Naturphilosophie, S. 257–373.

Über die Hegel-Klubs siehe den Brief von Jenny von Westphalen, 10. August 1841. MEW Ergbd. 1, S. 641.

Veröffentlichungen: Das philosophische Manifest der historischen Rechtsschule, *Rheinische Zeitung,* Nr. 221, 9. August 1842 (MEW 1, S. 78–85). Zur Judenfrage, *Deutsch-französische Jahrbücher,* 1844. (MEW 1, S. 347–377.) Zur Kritik der Hegelschen Rechtsphilosophie, Einleitung, ebd. (MEW 1, S. 378–391.) Der Briefwechsel mit Ruge erschien ebenfalls in den *Jahrbüchern* (MEW 1, S. 337–346), die Arnold Ruge und Marx gemeinsam herausgaben. *Die Heilige Familie,* 1845, brachte er zusammen mit Friedrich Engels heraus (MEW 2, S. 3–223). Während Engels auf dem Titelblatt zuerst genannt wird, schrieb Marx den größten Teil dieser Arbeit.

[53] Außer den genannten Bänden (MEW 26, 1–3) enthält das Korpus der Mehrwertmanuskripte im Internationalen Institut für Sozialgeschichte in Amsterdam noch unpubliziertes Material, wovon ein Teil jetzt von H. P. Harstick zur Publikation vorbereitet wird.

[54] Auguste Cornu, *Karl Marx et Friedrich Engels. Leur vie et leur oeuvre,* Bd. 4. La formation du matérialisme historique, 1970.

[55] Ebd., S. 287 u. ff.

[56] MEW Ergbd. 1, S. v.

[57] Louis Althusser, *Für Marx,* 1968, S. 176. Dieses Urteil ist einseitig. Korsch hat auf das Marxsche Vorwort zur *Kritik* von 1859 aufmerksam gemacht, wo Marx schreibt: »Die erste Arbeit, unternommen zur Lösung der Zweifel, die mich bestürmten, war eine kritische Revision der Hegelschen Rechtsphilosophie...« Diese Arbeit wurde 1843 geschrieben (MEW 1, S. 203–333), die Einleitung zu ihr erschien 1844. Seine Untersuchungen führten zu dem Ergebnis, daß Rechtsverhältnisse wie Staatsformen in den materiellen Lebensverhältnisen wurzeln (MEW 13, S. 8). Vgl. Karl Korsch, *Karl Marx,* 1938, S. 20. Marx hat also nach eigenem Bekunden den materiellen Faktor oder die materiellen Verhältnisse bereits 1843–1844, also vor der von Cornu, Althusser usw. angesetzten zeitlichen Schwelle, aufgestellt. Die Theorie, die behauptet, daß Gesetz, Recht, Staat in den materiellen Lebensverhältnissen wurzeln, ist mit einer Wesensphilosophie unvereinbar und steht positiv in Beziehung zu den späteren Marxschen Formulierungen über das Ensemble der gesellschaftlichen Verhältnisse (gegen Feuerbach) und die wissenschaftliche oder materialistische Methode. Marx hatte mit der Wesensphilosophie schon zu dem früheren Zeitpunkt gebrochen. Radikal sein heißt an die Wurzel der Dinge gehen; Marx war bereis 1843 an die Wurzel gegangen.

[58] Siehe oben, Anm. 51.

[59] *Kapital,* Bd. 1, a. a. O., S. 316 (MEW 23, S. 372).

[60] Für die Datierung der Abfassung von Engels, *Ursprung,* siehe Kapitel I, Anm. 152.

[61] MEW 36, S. 109. Der Brief trägt das Datum des 16. Februar 1884.

[62] Ebd., S. 194. Der Brief trägt das Datum des 11. August 1884. Auf Henry S. Maine, *Ancient Law,* 1861, wird von Engels implizit Bezug genommen im

Ursprung der Familie, MEW 21, S. 80. Engels weist dort auf Maines Theorie des gesellschaftlichen Fortschritts von Status zu Vertrag hin. In Maines Werk (Everyman's Library, S. 100) wird diese Theorie folgendermaßen formuliert: »Wenn wir also den Ausdruck ›Status‹ verwenden ... um ausschließlich diese persönlichen Verhältnisse [d. h. die in alter Zeit in der Familie liegenden Mächte und Privilegien] zu bezeichnen, ... können wir sagen, daß die Bewegung der fortschrittlichen Gesellschaften eine Bewegung von Status zu Vertrag gewesen ist.« Engels, a. a. O., will hervorheben, daß dieser Gedanke schon im *Kommunistischen Manifest* ausgesprochen wurde. Marx gibt die Mainesche Theorie in seinen Maineexzerpten (*Notebooks,* a. a. O.; siehe auch hier Kapitel I, S. 57) in einer Weise wieder, die seine Zustimmung deutlich werden läßt, ohne dabei die Priorität zu beanspruchen. Maines Beschränkung auf die Ableitung von *Status* aus Macht und Privilegien innerhalb der Familie wird hier als zu eng bestritten. Sie schließt die Macht der Person aus, die außerhalb der Familie in der klassischen Antike und auch außerhalb des begrenzten Feldes von *Privi*legien liegt.

[63] Siehe Kapitel I, Zusatz 2. Marx war mit dem Werk Bancrofts bereits im Zusammenhang mit seinen Exzerpten aus einer Arbeit von Kovalevsky, einem russischen Soziologen, in Berührung gekommen, die er ausführlich exzerpierte und mit Kommentaren versah (diese werden unten, Abschnitt 4, besprochen), Internationales Institut für Sozialgeschichte (IISG), Exzerptheft B 140, S. 19, 20, 22, usw. Bezüglich der Indianer Nordamerikas stützt sich Kovalevsky sehr stark auf Bancroft.

[64] Engels, *Ursprung,* 1884, Vorwort.

[65] Ebd.

[66] Heinrich Cunow, Die ökonomischen Grundlagen der Mutterherrschaft, *Die Neue Zeit,* Bd. 16, 1897–1898, Nr. 4, S. 107–108. Ders., *Die Marxsche Geschichts-, Gesellschafts- und Staatstheorie,* Bd. 2, 1921, S. 140 ff. Eduard Bernstein, Einleitung zur italienischen Übersetzung von Engels, *Ursprung,* usw., *Socialistische Monatshefte,* Bd. 4, 1900. Marx Engels, *Izbrannye Proizvedenija,* Moskau, Bd. 2, 1955, S. 161. Marx Engels, *Ausgewählte Schriften,* Berlin, Bd. 2, 1955, S. 159 f. Wie man sieht, ist Cunows Werk von mehr als historischer Bedeutung. Otto Mänchen-Helfen (siehe die folgende Anmerkung) hat Cunow jedoch vorgeworfen, mit den sich andeutenden Entwicklungen der Ethnologie nicht Schritt gehalten zu haben. Gelegentlich ist Cunow freilich auch im Umgang mit der vorliegenden Literatur ungenau. In seiner Arbeit Zur Urgeschichte der Ehe und Familie, *Die Neue Zeit,* Ergänzungsheft Nr. 14, 1912, S. 51, wirft er Morgan vor, die Vorstellungen des »Kulturmenschen« auf primitive Völker angewandt zu haben. »Für Morgan blieb das Wort Vater gleichbedeutend mit Erzeuger.« (Ebd., S. 52.)

Dies ist jedoch nicht der unter Zivilisierten übliche Gebrauch: Engels hatte gerade gezeigt, daß der Code Napoléon, Art. 312, genau das Umgekehrte getan hatte: »L'enfant conçu pendant le mariage a pour père le mari.« (Engels, *Ursprung,* a. a. O., S. 70.) Demnach hätte Cunow zeigen müssen, daß Morgan von (zumindest einem) zivilisierten Gebrauch abgewichen ist, indem er es unterließ, zwischen sozialer und biologischer Elternschaft zu unterscheiden. [Es ist unsinnig, den gesamten zivilisierten Gebrauch in einer Formel erfassen zu wollen.]

[67] Otto Mänchen-Helfen, Heinrich Cunow und die Ethnologie, *Die Gesellschaft,* Bd. 9, 1. Teil, 1933, S. 447.

[68] Brief an Marx, 8. Dezember 1882. MEW 35, S. 125. Engels schreibt: »Die Ähnlichkeit [zwischen Tacitus' Germanen und amerikanischen Rothäuten] ist in der Tat um so überraschender, als die Produktionsweise so grundverschieden – hier Fischer und Jäger ohne Viehzucht und Ackerbau, dort Wanderviehzucht übergehend in Ackerbau. Es beweist eben, wie auf dieser Stufe die Art der Produktion weniger entscheidend ist als der Grad der Auflösung der alten Blutsbande und der alten gegenseitigen Gemeinschaft der Geschlechter (sexus) im Stamm.«

[69] MEW 3, S. 21.

[70] Mänchen-Helfen, a. a. O., S. 447 f.; in seinem Lob Cunows geht er hier zu weit, wenn er schreibt: »Die Erzeugung von Menschen, der Akt der Zeugung und Geburt, ist in allen Gesellschaften derselbe. Geschichte gibt es nur, weil es variable Faktoren gibt. Die Erzeugung von Menschen ist ein konstanter Faktor.« (Als gäbe es keine Naturgeschichte! Es handelt sich vielmehr um die Wechselwirkung zweier Arten von Geschichte und nicht die Herauslösung des Menschen aus der Natur oder der Natur aus der Geschichte. Dieser Punkt ist freilich gegenüber den Verdiensten Mänchen-Helfens von untergeordneter Bedeutung.)

[71] Cornu hat die *Deutsche Ideologie* in den Kanon des historischen Materialismus eingeschlossen, wie dies auch die Herausgeber der MEW tun. Cornu schreibt jedoch, mit Bezug auf die *Deutsche Ideologie:* »Les premiers rapports sociaux, engendrés à la fois par la production et par la procréation ...«, a. a. O., Bd. 4, S. 178. Vgl. MEW 3, Vorwort, S. VII u. ff. Es handelt sich hier um eine Verwechslung, die biologische in gesellschaftliche Sachverhalte einmischt. Erhard Lucas, Die Rezeption Lewis H. Morgans durch Marx und Engels, *Saeculum,* 15, 1964, S. 153–176, und: Marx' Studien, ebd., S. 327–343, gibt einen gelehrten Überblick, unterläßt es jedoch, zwischen dem »ökonomischen Faktor in der Geschichte« und historischem Materialismus als solchem zu unterscheiden. Engels hatte (*Ursprung,* 1884, Vorwort) den biologischen Faktor in seine damalige Idee des historischen Materialismus einbezogen. Abgesehen von der allgemeinen theoretischen Unterscheidung zwischen den Begriffen des »ökonomischen Faktors in der Geschichte« und des »historischen Materialismus«, ist es in diesem Kontext besonders wichtig, diese Unterscheidung zu treffen. Lucas kommt zu dem Schluß, daß die Herauslösung des ökonomischen Faktors aus der primitiven Gesellschaft durch Engels [unter anderem] dazu führte, daß Morgan zum historischen Materialisten erklärt wurde (ebd., S. 171 f.). Engels' Bezeichnung »historischer Materialist« für Morgan ist jedoch nicht die Folge der Aufteilung der Menschengeschichte in ökonomische und vorökonomische Stufen. Man könnte Morgan als historischen Materialisten ansehen, weil er eine Interpretation der primitiven Gesellschaft auf der Grundlage nicht der Verwandtschaft, sondern des Eigentums gegeben hat. Engels zitiert Morgan ebenso für die letztgenannte Deutung (siehe den Schluß des *Ursprungs der Familie*), wie für die erste. Schließlich schränkt Engels seine Erhebung Morgans in den Rang eines historischen Materialisten durch die Bemerkung ein, daß seine ökonomischen Ausführungen »durchaus ungenügend« seien (*Ursprung,* 1884, Vorwort). Dies bedeutet nichts

anderes als daß Engels zufolge der ökonomische Faktor in der Urgesellschaft, einschließlich der primitiven Gesellschaft, wirklich anzutreffen ist. Engels sieht in der Vermehrung des Reichtums den entscheidenden Faktor für den Umsturz der Urgesellschaft des Mutterrechts und dessen Ersetzung durchs Vaterrecht (*Ursprung,* MEW 21, S. 60 f.). Dieser Übergang ist verbunden mit der Periode des Zerfalls der Gentilgesellschaft; vorher jedoch, als die Gentilgesellschaft noch in ihrer Blüte stand, brachte ein ökonomischer Faktor einen Wandel der Familienform zustande, der zur Einführung von Vaterrecht und Sklaverei führte. Nach Engels war dieser Faktor der Erwerb der lebendigen Nahrungsquelle domestizierter Tiere als Eigentum. (Ebd., S. 58 ff.) Ein in sich konsistentes System hat Engels nicht entwickelt. Zum Verhältnis von materialistischer Geschichtsauffassung und ökonomischem Faktor siehe auch G. Plechanov, *Die materialistische Geschichtsauffassung.* G. V. Plechanow, *Izbrannye filosofskie proizvedenija,* Bd. 2, 1956, O materialističeskom ponimanii istorii, S. 236–266, Ob ›ekonomičeskom faktore‹, S. 267–299.

72 Marx, Exzerpte aus Morgans *Ancient Society,* S. 58 (*Notebooks,* a. a. O.), vgl. hier Kap. I, Tafel 1.

73 Marx, *Kapital* I, a. a. O., S. 360. Siehe oben die Erörterung über die *Deutsche Ideologie.*

74 Vgl. Marx, Morganexzerpte, S. 58, *Notebooks,* a. a. O. In den Exzerpten aus Maines *Early History* bemerkt Marx: »Z. B. die bessere Bewaffnung ist schon ein direkt auf Fortschritt in den Produktionsmitteln (diese fallen z. B. bei Jagd und Fischfang direkt zusammen mit Zerstörungsmitteln, Kriegsmitteln) beruhendes Element.« Maineexzerpte, S. 192, *Notebooks,* a. a. O., s. a. Kapitel I.) Im Gegensatz zu Engels, der nahelegt, den ökonomischen Faktor auf die zivilisierten Völker zu beschränken, bezieht Marx die Fortschritte in der Technologie der Kriegsmittel direkt auf den ökonomischen Faktor in der Geschichte der jagenden und fischenden Völker.

In dem Morganexzerpt ist der dialektische Gegensatz ohne jede zeitliche Bewegung, d. h. er steht in einer Spannung zur zeitlichen Bewegung, welche gestaut wird und in der Versteinerung des Verhältnisses Gens-Kaste endet. In den Maineexzerpten ist dem dialektischen Gegensatz eine zeitliche Bewegung implizit, die den Fortschritt der Produktionsmittel bei Jagd und Fischfang (Technologie) ausmacht: der Fortschritt der militärischen Technologie ruht auf dieser Grundlage auf. Vgl. Marx, *Grundrisse,* a. a. O., S. 76 ff.

75 Aristoteles, *Politik,* 1252b. Während das Dorf dem Stadtstaat zeitlich vorherzugehen scheint, ist nicht klar, ob die Familie gegenüber dem Dorf logisch oder chronologisch früher ist.

76 Ebd. 1253a. Dies ist nicht alles, was dazu zu sagen wäre. An anderer Stelle habe ich die Vermutung ausgesprochen, daß Aristoteles in diesem Abschnitt wie auch in verwandten Teilen der *Nikomachischen Ethik* den Begriff *polis* in zwei Bedeutungen gebraucht: als den wirklichen Zustand aller Menschen und als den wirklichen Zustand einiger, den potentiellen Zustand anderer Menschen. Siehe Lawrence Krader, The Anthropology of Thomas Hobbes: Violence as a Primitive Human Condition, *International Society for the History of Ideas. Third International Conference,* Philadelphia 1972. (Im Druck.)

[77] G. W. F. Hegel, *Die Wissenschaft der Logik,* 2. Aufl. 1831, Vorrede. Aristoteles, *Metaphysik,* A, 2, 982b.

[78] Aristoteles, ebd., A, 1, 981. Die Übersetzung ist von Hegel, a. a. O.

[79] D. G. Ritchie, *Darwin and Hegel,* 1893, S. 47. Siehe auch die Diskussion über die platonische Emanation bei Hegel, S. 51 f., und den Einfluß Goethes, S. 43 ff.

[80] William Wallace, *Prolegomena to the Study om Hegel's Philosophy,* usw., 1894, S. 118–120.

[81] Kuno Fischer, *Hegels Leben, Werke und Lehre. Geschichte der neueren Philosophie,* Bd. 8, 2. Aufl., 1911, S. 221 u. ff. Th. Haering, *Hegel. Sein Wollen und sein Werk,* Bd. 1, 1929, S. 313 ff., 382 ff. und passim hat die organische und gesellschaftliche Seite des Hegelschen Entwicklungsgedankens, S. 723 ff. die physikalische und mechanische Seite herausgearbeitet. Vgl. auch Ernst Cassirer, *Das Erkenntnisproblem,* Bd. 4, S. 167 ff., für die biologische Seite der Frage. (Die Figur Ernst Haeckels ist hier nicht richtig gesehen; über seinen Sozialdarwinismus vgl. Daniel Gasman, *The Scientific Origins of National Socialism,* 1970.)

[82] Charles Darwin, *The Descent of Man,* o. J. (Modern Library, New York), S. 441 ff. Im zwanzigsten Jahrhundert hat Jacques Monod, *Le hasard et la nécessité.* 1970 das Darwinsche Denken neu bewertet, ohne seinen Sinn entscheidend zu verändern; als Bedingungen organischer Systeme nennt Monod: Telenomie, autonome Morphogenese und reproduktive Invarianz. Die Verbindung dieser Momente bringt konkret zum Ausdruck, was Darwin mit »weder nützlichen noch schädlichen« Strukturen meinte.

[83] Darwin, *The Origin of Species,* o. J. (Modern Library), S. 64.

[84] MEW 30, S. 131. Brief vom 19. Dezember 1860.

[85] Ebd., S. 578. Brief vom 16. Januar 1861.

[86] Friedrich Engels, *Anti-Dühring,* MEW 20, S. 65.

[87] Engels, *Dialektik der Natur,* ebd., S. 566.

[88] Vgl. Kapitel I, passim.

[89] Heinrich Cunow, Die ökonomischen Grundlagen..., a. a. O. Ders., Zur Urgeschichte der Ehe und Familie, a. a. O.

[90] Hermann Duncker, Vorbemerkung, in: F. Engels, *Ursprung,* 1931.

[91] Morgan, *Ancient Society,* 1907, S. 475. Vgl. auch Teil III, Kap. 1. Morgan verwirft hier, wie Darwin, jeden Gedanken eines Plans oder von Teleologie.

[92] Engels, *Ursprung,* a. a. O. S. 62 u. ff. Vgl. M. M. Kovalevsky, *Tableau des origines et de l'évolution de la famille et de la propriété,* 1890.

[93] Engels, *Ursprung,* a. a. O., S. 116.

[94] Lukács, *Geschichte und Klassenbewußtsein,* a. a. O., S. 252.

[95] S. I. Kovalev, Značenie »Proischoždenija sem'i« F. Engel'sa v izučenii antičnogo obščestva. *Problemy istorii dokapitalističeskich obščest,* Bd. 5, 1935, Nr. 7–8, S. 87–89.

[96] Engels, *Ursprung,* a. a. O., S. 65. Dies betrifft die Situation des Verfalls der gentilen Gesellschaft. Engels sieht jedoch im Eigentum und der Verfügung darüber schon in früheren Stufen den aktiven Faktor gesellschaftlicher Veränderung. Vgl. oben Anm. 68. Im Gefolge Morgans betrachtet Engels die Familie als das aktive, die Verwandtschaftssysteme als das passive Prinzip. (Engels, a. a. O.,

S. 37 f. Morgan, a. a. O., S. 444.) Der Widerspruch zu dem Gedanken, daß das Eigentum der aktive Faktor ist, wird von Engels nicht aufgelöst.

In den Morganexzerpten, a. a. O., S. 10, schreibt Marx in diesem Zusammenhang: »Ebenso verhält es sich mit politischen, religiösen, juristischen, philosophischen Systemen überhaupt.« (Siehe Engels, a. a. O., S. 38.) Daß Marx die Familie für den aktiven Faktor, die politischen, religiösen (bei Engels ist die Reihenfolge anders), juristischen, philosophischen Systeme überhaupt für den passiven Faktor hielt, ist eine ganz abwegige Annahme. Der ökonomische Faktor wird hier implizit ohne Unterschied sowohl auf die primitiven und zivilisierten Gesellschaften angewendet. In diesem Fall hat Engels den Sinn der Marxschen Äußerung nicht vollständig und treffend wiedergegeben. In seinem Brief an Joseph Bloch vom 21. September 1890 hat Engels eine Richtigstellung in dieser Frage gegeben. (MEW 37, S. 462–465; dieser Brief wurde zuerst veröffentlicht in *Der Socialistische Akademiker,* Bd. 1, Nr. 19, 1. Oktober 1895.) Kommentiert wurde dieser Brief von Th. G. Masaryk, L. Woltmann, Franz Mehring, Hermann Greulich, E. R. A. Seligman und V. G. Simchovič. Seligman, *The Economic Interpretation of History*, 1902, hat auf die gleichzeitige Veröffentlichung des Briefs in der *Leipziger Volkszeitung,* 1895, Nr. 250, aufmerksam gemacht. Engels schreibt: »Die ökonomische Lage ist die Basis, aber die verschiedenen Momente des Überbaus – politische Formen des Klassenkampfs und seine Resultate – Verfassungen, nach gewonnener Schlacht durch die siegende Klasse festgestellt usw. – Rechtsformen, und nun gar die Reflexe aller dieser wirklichen Kämpfe im Gehirn der Beteiligten, politische, juristische, philosophische Theorien, religiöse Anschauungen und deren Weiterentwicklung zu Dogmensystemen, üben auch ihre Einwirkung auf den Verlauf der geschichtlichen Kämpfe aus und bestimmen in vielen Fällen vorwiegend deren *Form.*« Siehe auch Engels an Conrad Schmidt, 5. August 1890 (MEW 37, S. 435–438) und 27. Oktober 1890 (ebd., S. 488–495), Engels an Franz Mehring, 14. Juli 1893 (MEW 39, S. 96–100), an W. Borgius (nicht H. Starkenburg), 25. Januar 1894 (ebd., S. 205–207; vgl. S. 580).

97 Engels, *Ursprung,* a. a. O., S. 105 f.

98 Morgan, a. a. O., S. 265.

99 Morgan, a. a. O., S. 267.

100 Marx, Morganexzerpte. S. 76 f., *Notebooks.* a. a. O., Siehe Kapitel I. Tafel 1.

101 Marx, Exzerpte aus Maine, *Early History,* S. 164, 166, 177, 178, *Notebooks*, a. a. O., siehe Kapitel I, Tafel 3. Die subjektive Seite des Interesses in ihrem Verhältnis zur objektiven Seite behandelt Marx in den *Ökonomisch-philosophischen Manuskripten,* in der *Heiligen Familie,* den *Grundrissen* und im *Kapital* III, 2.

102 Ebd., S. 191.

103 Ebd.

104 Engels, *Ursprung,* a. a. O., S. 171. Am Schluß des dritten Kapitels über die irokesische Gens schreibt Engels: »Es sind die niedrigsten Interessen – gemeine Habgier, brutale Genußsucht, schmutziger Geiz, eigensüchtiger Raub am Gemeinbesitz –, die die neue, zivilisierte, die Klassengesellschaft einweihen; es sind die schmählichsten Mittel – Diebstahl, Vergewaltigung, Hinterlist, Verrat, die die alte klassenlose Gentilgesellschaft unterhöhlen und zu Fall bringen.« (a. a. O.,

S. 97.) Alles Subjektive ist hier zusammengefaßt. Nicht daß das subjektive Urteil von Engels hier eingreift, ist problematisch – das ehrt ihn eher –, sondern daß die Motive, die denen zugeschrieben werden, die sich von der alten klassenlosen Gruppe trennte, ausschließlich subjektiv sind, und daß der Prozeß der Unterhöhlung und des Umsturzes der Gentes von Engels ausschließlich in subjektiven Begriffen geschildert wird. Die objektive Seite – Anhäufung von Eigentum, Veränderung der gesellschaftlichen Verhältnisse und der Beziehungen zur Natur – wird von Engels an anderer Stelle verzeichnet; er übernimmt sie, eher beiläufig, von Morgan; sie sind weder aufeinander bezogen, noch auf die subjektiven Faktoren. Deren Aufzählung ist nichtsdestoweniger ein bemerkenswertes Verdienst von Engels, denn im allgemeinen fragen die, die sich Marxisten nennen, allein nach den objektiven Faktoren, den »ehernen Gesetzen« usw., als hätten die Menschen kein Inneres. Auch die Interessen verzeichnet Engels nur in ihrer subjektiven Seite. Wie wir gesehen haben, bestimmte Marx sie sowohl subjektiv wie objektiv, während die meisten sogenannten Marxisten ausschließlich die objektive Seite der Interessen behandeln. Auch hier ist anzuerkennen, daß Engels diese Seite des menschlichen Lebens in der Gesellschaft in Erinnerung gerufen hat.

Das Problem der Habgier hat Engels noch in anderem Kontext aufgenommen: »Die Reichtümer der Nachbarn reizen die Habgier von Völkern, bei denen Reichtumserwerb schon als einer der ersten Lebenszwecke erscheint. Sie sind Barbaren: Rauben gilt ihnen für leichter und selbst für ehrenvoller als Erarbeiten.« (a. a. O., S. 159.) Habgier ist hier aus der Motivation oder dem Interesse des Individuums auf die Gruppe übertragen, was nicht ohne weiteres möglich ist, wie schon das Unbefriedigende der Versuche von Wilhelm Wundt und Emile Durkheim gezeigt hat. In jüngerer Zeit tendiert die ethnologische Literatur dazu, Individualpsychologie und Gruppenbeziehungen von einander getrennt zu halten. Die psychologische Anthropologie scheint heute das Gruppenphänomen als dem Individuum äußerlich, als Kulturformen, gemeinsame Werte, gemeinsame Einstellungen oder dergleichen aufzufassen, ohne die Frage zu stellen, wie diese äußerlichen Faktoren vom Individuum verinnerlicht oder die innerlichen Faktoren, Motive usw. in der Konstitution und in den Verhältnissen der Gruppe veräußerlicht werden. Siehe A. F. C. Wallace, *Culture and Personality,* 1961, S. 29 u. ff., The Psychic Unity of Human Groups.

105 A. a. O., S. 30.

106 William Boyd Dawkins, *Early Man in Britain,* 1880. Engels, Zur Urgeschichte der Deutschen, MEW 19, S. 425 u. ff.

107 Engels, *Ursprung,* a. a. O., S. 48 ff. Zitate von Lorimer Fison und A. W. Howitt, *Kamilaroi and Kurnai,* 1880.

108 V. Gordon Childe, *Social Evolution,* 1951. Meine eigenen Forschungen haben gezeigt, daß ein Verwandtschaftssystem, das der Omaha, sich auf verschiedene Weise entwickelt haben kann.

109 Morgan, a. a. O., S. 561 ff. Vgl. Engels, a. a. O., S. 172 f. Marx, Morganexzerpte, S. 29, *Notebooks,* a. a. O., exzerpiert Morgans Abschnitt über das Eigentum und fügt der Bemerkung Morgans, daß die (auf Eigentum beruhende) Zivilisation nur ein Bruchstück der gesamten Dauer menschlichen Daseins ausmache, hinzu: »und zwar sehr kleines«, gibt diesem Gedanken jedoch keinen

besonderen Stellenwert. Engels baut diese utopische Wendung Morgans in seine eigene Schlußrede ein.

[110] Morgan, a. a. O., S. 126, 256, 259, 282. Engels, a. a. O., S. 105–106.

[111] Marx, Morganexzerpte, S. 74 *Notebooks,* a. a. O., Bertrand de Jouvenel, *Le pouvoir,* 1947, Kap. 5, bedient sich noch der Unterscheidung von *dux* und *rex.*

[112] Marx über Cuvier: vgl. *Kapital* I, a. a. O., S. 536. Siehe seinen Brief an Engels vom 25. März 1868, MEW 32, S. 51–53. Über Engels und Cuvier siehe auch hier Kapitel I; Engels, *Ursprung* a. a. O., S. 38.

[113] MEW 3, S. 6. Engels hat diese von Marx 1845 geschriebenen Aufzeichnungen im Anhang seines Buches über *Ludwig Feuerbach* veröffentlicht, mit geringfügigen Änderungen im Text (Schreibweise, Zeichensetzung). In seinem kenntnisreichen und ausgewogenen Kommentar der Thesen verkennt N. Rothenstreich (*Basic Problems of Marx's Philosophy,* 1965.) den genauen Sinn des Wortes »Verhältnisse«, das er als »conditions« (Bedingungen, Zustand) wiedergibt. In der Fortsetzung der sechsten These wird klar, in welchem Sinne Marx von »Verhältnissen« spricht: »Feuerbach, der auf die Kritik dieses wirklichen Wesens nicht eingeht, ist daher gezwungen: 1. von dem geschichtlichen Verlauf zu abstrahieren und das religiöse Gemüt für sich zu fixieren, und ein abstrakt – *isoliert* – menschliches Individuum vorauszusetzen. 2. Das Wesen kann daher nur als »Gattung«, als innere, stumme, die vielen Individuen *natürlich* verbindende Allgemeinheit gefaßt werden.« (A. a. O.) Feuerbachs Abstraktion setzt ein isoliertes Individuum, das Gegenteil eines Individuums in gesellschaftlichen Verhältnissen. Die Überwindung dieser Isolierung – die nicht der Gegensatz eines Zustandes ist – stellt ein Verhältnis her.

Marx wendet sich gegen Feuerbachs »Gattung«, weil sie eine Allgemeinheit ist, die viele Individuen *natürlich* verbindet. Für Feuerbach ist das Band zwischen Individuen kein gesellschaftliches, sondern ein natürliches, und Marx bringt das Gesellschaftliche dazu in Gegensatz. Der Mensch ist ein Ensemble dessen, was nicht isoliert, sondern miteinander verbunden ist, in einem Verhältnis steht. Diese Verbindung ist sodann die notwendige Bedingung gesellschaftlichen Lebens, sie muß jedoch erst einmal hergestellt werden. Diesen Schritt hat Rothenstreich ausgelassen (a. a. O., S. 69–78).

[114] E. v. Böhm-Bawerk, *Zum Abschluß des Marxschen Systems,* Rudolf Hilferding, *Böhm-Bawerk's Marx-Kritik.* Vgl. Sweezys Einleitung zur englischen Ausgabe beider Schriften, *Karl Marx and the Close of His System by E. v. B.-B. and Böhm-Bawerk's Criticism of Marx by Rudolf Hilferding,* 1966, S. XX.

[115] Einige dieser Stellen werden besprochen in Krader, Critique dialectique de la nature de la nature humaine, a. a. O.

[116] Siehe das Vorwort zur englischen Ausgabe des *Kommunistischen Manifests,* 1888 (MEW 21, S. 352 ff.).

[117] Ferdinand Tönnies, *Gemeinschaft und Gesellschaft,* 1887. Lukács (a. a. O., S. 310) hat die Beziehung von Tönnies zu Marx in der Frage des Einflusses gesellschaftlicher, ökonomischer und technischer Verhältnisse auf die Form und den Inhalt von Ideen, ihrer Geschichte usw. hervorgehoben. In der Ausgabe von 1912 (§ 40, Zusatz) hat Tönnies eine Verteidigung der Marxschen Lösung des

»Rätsels der Durchschnitts-Profitrate« im Zusammenhang seiner ökonomischen Werttheorie gegen die österreichischen und deutschen Ökonomen (wie Böhm-Bawerk – siehe oben Anm. 114) hinzugefügt. Der Tönniessche Beitrag blieb freilich, verglichen mit dem seines Zeitgenossen L. von Bortkiewicz, mehr oder weniger unbeachtet, und dies mit Grund. Siehe P. M. Sweezy, (Hrsg.), *Karl Marx and the Close*... usw., a. a. O.

118 Tönnies, a. a. O., Anhang § 9. Die Beziehung der Ideologie zur Praxis, der Ideologie der Gemeinschaft zur gesellschaftlichen Realität und der Ideologie der Gesellschaft zur gesellschaftlichen Praxis und den gesellschaftlichen Verhältnissen ist den Begriffen von Kommunismus und Sozialismus implizit. Tönnies ist mit seinem Beitrag zum Problem einen Schritt weiter gegangen, obgleich sich nicht sagen läßt, daß er seine Konzeption sehr weit entwickelt hätte, noch weniger, daß er das Verhältnis des Faktums der Gemeinschaft und der Gesellschaft auf der einen und der auf jenen Fakten errichteten Ideologie des Kommunismus und Sozialismus auf der anderen Seite gelöst hat. Das scheint auch seither niemandem gelungen zu sein. Der Gegensatz von Gemeinschaft und Gesellschaft ist heute etwas klarer als zur Zeit von Tönnies, während dies nicht von dem Gegensatz von Individualismus und Kommunismus/Sozialismus gilt. Engels hat die Beziehungen von Kommunismus und Sozialismus unklar gelassen und nur pragmatisch bestimmt, wobei es bis heute geblieben ist.

Vgl. Th. G. Masaryk, *Die philosophischen und sociologischen Grundlagen des Marxismus* (1899) 1963, S. 185. Hier wird Feuerbachs »Gemeinmensch« = »Kommunist« und Marxens Formulierung »Mensch ist Gesellschaftsmensch« angeführt, die Parallele von Gemeinschaft und Gesellschaft wird jedoch übersehen (ebd., S. 203). Außerdem schreibt Masaryk Marx die These zu, daß das individuelle Bewußtsein illusorisch und allein das kollektive Bewußtsein real sei (S. 184 ff.). Gegen Masaryk: Antonio Labriola, *Essais sur la conception matérialiste de l'histoire,* 2. Aufl. 1902, S. 279–313 (*Rivista italiana di sociologia,* Mai 1899.)

119 Briefwechsel zwischen Vera Zasulič und Karl Marx, hg. von D. Rjazanov, *Marx-Engels-Archiv,* Bd. 1 [1926], S. 309–342. MEW 19, S. 242–243, 384–406.

120 Marx, Morganexzerpte, *Notebooks,* a. a. O., passim.

121 S. I. Kovalev, a. a. O. (siehe oben Anm. 95), S. 96, hat die damals in der Sowjetunion gängigen Einwände gegen die Theorie der Asiatischen Produktionsweise formuliert: Es ist die Theorie des konterrevolutionären Trotzkismus und sie dient als Grundlage der These von der selbständigen, »originalen« historischen Entwicklung des Orients.

122 Vgl. Kapitel I, Abschnitt 6, Gemeinwesen, Kollektivismus und Individualismus.

123 L. Krader, Transition from Serf to Peasant in Eastern Europe, *Anthropological Quarterly,* Washington, Bd. 33, 1960, S. 76–90.

124 Die Literatur zu diesem Thema ist beträchtlich. Für Rußland siehe Carsten Goehrke, *Die Theorien über Entstehung und Entwicklung des »Mir«,* 1964.

125 Siehe Marx, Lubbockexzerpte, S. 4, *Notebooks,* a. a. O., siehe auch Kapitel I.

126 M. M. Kovalevsky, *Obščinnoe zemlevladenie,* a. a. O., S. 93 f. Über (im

Prinzip) gemeinschaftlichen Grundbesitz in Indien bis zur Zeit der englischen Herrschaft siehe Marx, Exzerpte aus Kovalevsky, *Obščinnoe* etc. (s. o.), IISG, Exzerptheft B 140, S. 73.

[127] Marx, ebd., S. 34 f.

[128] Kovalevsky, a. a. O., S. 75 f.; Marx, a. a. O., S. 29; vgl. hier Kapitel I. Anm. 16.

[129] Marx, *Kapital* I, a. a. O., S. 102. Siehe auch Marx, *Grundrisse,* a. a. O., S. 75–77.

[130] Engels, Fränkische Zeit, MEW 19, S. 474.

[131] Engels, Die Mark, MEW 19, S. 318.

[132] Engels, Ergänzung und Nachtrag zum III. Buch des »Kapital«, *Die Neue Zeit,* 1895–1896, Nr. 1 und 2, abgedruckt in MEW 25, S. 897 u. ff. Siehe auch S. 906.

[133] Kovalevsky vertrat die These, daß Indien, besonders während der Mogulperiode, ein feudales Regime im westeuropäischen Sinne hatte. Marx wendet dagegen folgendes ein: »Weil sich ›Benefizialwesen‹, *›Weggabe von Ämtern auf Pacht‹* [dies doch durchaus nicht bloß *feudal,* teste Rom] und *Commendatio* in Indien findet, findet Kovalevsky hier *Feudalismus* im westeuropäischen Sinn. Kovalevsky *vergißt u. a. die Leibeigenschaft,* die nicht in Indien und die ein wesentliches Moment. [Was aber die *individuelle Rolle des Schutzes* (cf. Palgrave), nicht nur über unfreie, sondern auch über freie Bauern betrifft durch die Feudalherrn (die als Vogte Rolle spielen), so spielt das in Indien geringe Rolle mit Ausnahme der Wakuf] [von der dem romanisch-germanischen Feudalismus eignen *Bodenpoesie* (see Maurer) findet sich in Indien so wenig wie in Rom. Der Boden ist nirgendwo *noble* in Indien, so daß er etwa unveräußerlich an roturiers wäre!] Kovalevsky selbst findet aber einen Hauptunterschied selbst: keine *Patrimonialgerichtsbarkeit,* namentlich bezüglich des Zivilrechts im Reich des Großmoguls.« Von den fünf Hauptpunkten, die Marx hervorhebt, bringt der erste Rom mit dem Indien der Mogulperiode und dem feudalen Westeuropa zusammen – die Weggabe oder Pacht von Ämtern ist nichts spezifisch Feudales. Der vierte Punkt argumentiert umgekehrt: die »Bodenpoesie« ist in Indien ebenso wenig wie in Rom anzutreffen; tatsächlich wurde in Indien der Boden an Spekulanten mit dieser Ware veräußert. Die drei verbleibenden Punkte bestimmen, inwiefern in Indien grundlegende Einrichtungen des westeuropäischen Feudalismus fehlen: Leibeigenschaft, die Rolle der Vögte gegenüber unfreien und freien Bauern (mit Ausnahme der religiösen Stiftung, der *waqf*) und Patrimonialgerichtsbarkeit, besonders im Zivilrecht. Ein Teil der Argumentation weist auf gemeinsame Züge zwischen Indien und Rom hin, einmal unter Einschluß des europäischen Feudalismus, das andre Mal ihn ausschließend. Der zweite Teil der Argumente grenzt die indische von der europäischen historischen Praxis weiter ab. Im ganzen zielt Marxens Argumentation auf eine Trennung der indischen von der europäischen Geschichte. Es ist also verfehlt, an eine allgemeine Kategorie des Feudalismus zu denken, mit einer westeuropäischen Variante und einer anderen im Indien der Mogulperiode. Indien hat gewisse Züge mit dem alten Rom gemeinsam, das wiederum vom europäischen Feudalismus als einer Epoche der Gesellschaft, Geschichte, Kultur, Produktionsweise usw. von der

orientalischen Gesellschaft unterschieden ist. Marxens Argumentation in dieser Frage wendet sich überhaupt gegen allgemeine Periodisierungsschemate der menschlichen Geschichte. (Marx, Exzerpte aus Kovalevsky, *Obščinnoe zemlevladenie,* a. a. O., S. 67.) [Anmerkung: Die russische Übersetzung der Marxschen Kovalevskyexzerpte, veröffentlicht in *Sovetskoe Vostokovedenie,* 1958, Nr. 3–5, und *Problemy Vostokovedenija,* 1959, Nr. 1, ist im allgemeinen zutreffend. Sie gibt aber Marxens Wendung »keine Patrimonialgerichtsbarkeit« durch Kovalevskys Ausdrucksweise »otsutstvie patrimonial'noj justicii« (a. a. O., S. 153) wieder, was nicht so stehenbleiben kann: nicht das Fehlen des Patrimonialrechts, sondern von Patrimonialgerichtsbarkeit im Zivilrecht der Mogulperiode wird von Marx hervorgehoben. Während Recht die Abstraktion meint, bezieht sich Gerichtsbarkeit auf die Konkretion.]

Über Phear und Maine siehe *Notebooks,* a. a. O., und Kapitel I. Die vorstehenden Überlegungen dürften dazu beitragen, jeden Zweifel an Marxens wohlüberlegten und wiederholten Äußerungen zu beseitigen, daß die asiatische Geschichte, Gesellschaft und Produktionsweise sich von der westeuropäischen unterscheidet.

[134] Engels, *Ursprung,* a. a. O., S. 168 f. Siehe oben den ersten Teil dieses Abschnitts.

[135] Ebd., S. 58., S. 155 f. Obwohl die Basis für einen multilinearen Evolutionismus hier gegeben ist, hat Engels ihn nicht entwickelt.

[136] K. A. Wittfogel, *Die orientalische Despotie,* 1962, S. 476 ff. In der englischen Ausgabe des *Kommunistischen Manifests* von 1888 unterläßt es Engels, auf die asiatische Gesellschaft als eine Besonderheit hinzuweisen. In der zweiten Fußnote zum Abschnitt I spricht er von Dorfgemeinden mit gemeinsamen Bodenbesitz »von Indien bis Irland« und bezieht dieses Phänomen auf die Morgansche *Gens.* Der Akzent liegt hier also auf der Allgemeinheit, nicht auf der Besonderheit. In dem gemeinsam mit Marx geschriebenen Vorwort zur russischen Ausgabe des *Manifests* von 1882 wird die Besonderheit der russischen Entwicklung von einer »Form des uralten Gemeinbesitzes am Boden« in die »höhere des kommunistischen Gemeinbesitzes« betont.

[137] Engels, *Anti-Dühring,* a. a. O., S. 168. Engels spricht nicht weniger als dreimal im Zusammenhang seiner Äußerungen über primitive Gemeinwesen in ihrem Verhältnis zur Geschichte Indiens, der Slawen, Rußlands und allgemein zum orientalischen Despotismus von »Jahrtausenden«. Im *Ursprung,* a. a. O., S. 150, spielt Engels auf die antike Arbeitssklaverei und die orientalische Haussklaverei an.

[138] Wittfogel, a. a. O., S. 478.

[139] Ebd., S. 480.

[140] Marx, *Kapital* III, a. a. O., Teil 1, S. 735.

[141] A. a. O,. S. 906. 910 f. (siehe oben Anm. 132).

[142] Siehe oben, Anm. 92 und 93.

[143] Marx, *Kapital* III, a. a. O., S. 187.

[144] *Kapital* I, a. a. O., S. 102.

[145] *Kapital* III, a. a. O., S. 187, Fußnote.

[146] Wittfogel, a. a. O., Kap. 7, passim.

[147] A. a. O., S. 405 ff.

III. Verdinglichung und Abstraktion in der Gesellschaftstheorie

[1] Karl Marx, *Thesen über Feuerbach,* 1845. Siehe insbesondere die sechste These:

»Feuerbach löst das religiöse Wesen in das *menschliche* Wesen auf. Aber das menschliche Wesen ist kein dem einzelnen Individuum inwohnendes Abstraktum. In seiner Wirklichkeit ist es das ensemble der gesellschaftlichen Verhältnisse.

Feuerbach, der auf die Kritik dieses wirklichen Wesens nicht eingeht, ist daher gezwungen:

1. von dem geschichtlichen Verlauf zu abstrahieren und das religiöse Gemüt für sich zu fixieren, und ein abstrakt – *isoliert* – menschliches Individuum vorauszusetzen.

2. Das Wesen kann daher nur als »Gattung«, als innre, stumme, die vielen Individuen *natürlich* verbindende Allgemeinheit gefaßt werden.«

[2] Marx, *Grundrisse der Kritik der politischen Ökonomie* (1857–1858), Einleitung (1857), 1953, S. 5.

[3] Die dialektische Bewegung, der zufolge der Mensch sich selbst erzeugt, ist so, wie sie ist, unvollständig; sie muß mit der gesamten Wechselseitigkeit von Mensch und Gesellschaft in Verbindung gebracht werden. Siehe Karl Marx, *Ökonomisch-philosophische Manuskripte* (1844), MEGA, I, 3, S. 117 f. Siehe auch Karl Marx, Friedrich Engels, *Die deutsche Ideologie* (1845), MEW 3, 1. Kap., Ludwig Feuerbach. Die dialektische Bewegung ist eine doppelte: die Hervorbringung des Menschen, sein Produzieren seiner selbst ist es, wodurch er seine Gesellschaft produziert, welche den Menschen als Menschen produziert. Die Weise seines Ursprungs bestimmt seine Konstitution und die Konstitution der menschlichen Gesellschaft: das menschliche Individuum ist der Nexus gesellschaftlicher Verhältnisse genau so, wie die Gesellschaft ein Nexus individueller Verhältnisse ist. Das letzte Kapitel der *Ökonomisch-philosophischen Manuskripte* enthält Marxens Kritik der Hegelschen Dialektik und Philosophie überhaupt. Hegel hatte die Vergegenständlichung der Welt, den Akt der Menschwerdung des Menschen gesetzt; zu dieser These hat Marx in den genannten Abschnitten Stellung genommen (siehe unten den zweiten Abschnitt, besonders die Anmerkungen 11 und 12). Die Literatur zu diesen Fragen ist umfangreich. Als eine frühe Stellungnahme vgl. Herbert Marcuse, Neue Quellen zur Grundlegung des historischen Materialismus, *Die Gesellschaft,* Bd. 9, 1932. Hannah Arendt, *On Violence,* 1970, S. 12–13, greift die Auffassung an, daß der Mensch sich selbst erzeuge: »... Nichts ist offensichtlicher, als daß der Mensch als Glied der Spezies oder als Individuum sein Dasein nicht sich selbst verdankt...« Diese Feststellung steht im Kontext ihrer Bemerkungen zur Einleitung Jean-Paul Sartres zum Werk von Frantz Fanon. Hannah Arendt bezieht die Frage der Selbsterzeugung entweder auf die Spezies oder auf das Individuum und schließt das Verhältnis des menschlichen Individuums in der Gesellschaft, vor allem in der gegebenen konkreten Gesellschaft, aus. Wie wir oben gesehen haben, trifft dieses Verständnis der Frage menschlicher Selbsterzeugung nicht den Standpunkt von

Marx. Sartre hatte gesagt, daß der Mensch sich in unwiderstehlicher Gewalt selbst erzeuge, was Hannah Arendt aus verständlichen Gründen irrtümlich mit dem Gedanken von Marx zusammenbringt.

[4] Marx, MEGA, a. a. O. (MEW Ergbd. 1, S. 538 f.).

[5] Karl Marx, *Das Kapital,* I, 1. Kap., 4. MEW 23, S. 85.

[6] Marx, MEGA, a. a. O., S. 109 (MEW a. a. O., S. 532) Siehe auch S. 107 (S. 530) und S. 133 (S. 552). Vgl. Marx, *Grundrisse,* a. a. O., S. 579.

[7] Marx, MEGA, a. a. O., S. 118 (MEW a. a. O., S. 540) Marx bezieht sich hier auf Moses Hess, *Einundzwanzig Bogen aus der Schweiz,* I. 1843.

[8] Karl Marx, MEW 19, Randglossen zu Adolph Wagners »Lehrbuch der politischen Ökonomie«, S. 367: »...das lateinische Wort *dignitas = Würde, Würdigkeit, Rang* etc....«; S. 372: Wert, Preis, Würde, worth, *meritum, aestimatio, dignitas,* usw. In der historischen Etymologie von ›Wert‹ wird das Verhältnis von substanziellem und figürlichem Wert entfaltet. Siehe auch Marx, *Theorien über den Mehrwert,* Bd. 3 (MEW 26, 3, S. 291).

[9] Lawrence Krader, Pastoralism, *International Encyclopaedia of the Social Sciences,* New York, 1968.

[10] Lawrence Krader, Primary Reification in Primitive Mythology, *Diogenes,* 56, 1966.

[11] Marx, *Kapital,* I, 1. Kap., 4.

[12] Ebd., S. 85.

[13] Ebd., 3. Abschnitt, 5. Kap., 1. G. W. F. Hegel, System der Sittlichkeit, *Schriften zur Politik und Rechtsphilosophie,* hg. v. G. Lasson, 1913, S. 431. Ders., *Sämtl. Werke,* hg. v. E. Gans, K. Hegel, Bd. 9, S. 294.

[14] Marx, *Zur Kritik der politischen Ökonomie,* 1859 (MEW 13, S. 21). Marx, *Kapital,* I, a. a. O., S. 56, 85 ff.

[15] Marx, *Kapital* I, a. a. O., 12. Kap., 5. In diesem Abschnitt, Der kapitalistische Charakter der Manufaktur, und dem vorhergehenden, Teilung der Arbeit in der Manufaktur und in der Gesellschaft, führt Marx eine Reihe von Zitaten aus Adam Smith, Adam Ferguson, Hegel, u. a., zur Stützung der These an, daß die Teilung der Arbeit in der Gesellschaft und in der Fabrik zu einer Verstümmelung des menschlichen Geistes und menschlichen Körpers führt. Im dritten Abschnitt desselben Kapitels hatte er darauf hingewiesen, daß die Manufaktur eine Klasse ›ungelernter‹ Arbeiter hervorbringe, die in der vorhergehenden Epoche des handwerklichen Betriebes ausgeschlossen war. In der Frühgeschichte des Kapitalismus, der Manufakturperiode, machte die gesellschaftliche Teilung der Arbeit große Fortschritte und brachte die genannten verstümmelnden Wirkungen hervor. Die Trennung des Verkäufers der Ware von ihrem Hersteller, den in die verschiedenen Operationen ihrer Produktion einbezogenen Arbeitern, und die zunehmende Anzahl von Vermittlungsstufen zwischen dem rohen Naturprodukt und dem schließlichen Konsumenten, teilen sich dem gesellschaftlichen Charakter der in diese Prozesse eingelassenen Individuen ebenso mit wie der Gesellschaft. Die wachsende Zahl gesellschaftlicher und ökonomischer Trennungen, sowie die daraus folgenden Antagonismen und Verdinglichungen, die seit damals hinzugekommen sind, haben jene Prozesse nicht verändern können, sondern sie und ihre Auswirkungen intensiviert. Der Produktionsprozeß der Waren und des

Kapitals ist schon allein wegen des dem Menschen zugefügten Übels verfehlt, ganz abgesehen von den Faktoren ungleicher gesellschaftlicher Verteilung des Reichtums oder ungleicher Zuteilung der Gewinne aus dem Verkauf der Waren an die an ihrer Produktion Beteiligten. Adam Ferguson hatte bereits in seinem *Essay on the History of Civil Society,* 1767, S. 285, geschrieben, daß durch die Spezialisierung der Arbeit eine Nation von Heloten und nicht von freien Bürgern geschaffen worden sei. Vgl. Marx, *Kapital* I, a. a. O., S. 375.

[16] Marx, *Grundrisse,* a. a. O., S. 595 f., *Kapital* III, a. a. O., S. 828.

[17] Zum Verhältnis Herrschaft-Knechtschaft allgemein, vgl. G. W. F. Hegel, *Die Phänomenologie des Geistes,* B. Kap. IV, A. Zur Sklaverei in der Alten Welt vgl. E. Ch. Welskopf, *Die Produktionsverhältnisse im alten Orient und in der griechisch-römischen Antike,* 1957, 4. Kap. Dies., Probleme der Sklaverei in der griechisch-römischen Welt, *11th International Congress of Historical Sciences,* Stockholm 19690, Berichte, S. 71 ff.

[18] Zum Verhältnis der objektiven zur subjektiven Formulierung bei Marx im *Kommunistischen Manifest* und im *Kapital* siehe Karl Korsch, *Karl Marx,* 1938 (1963), S. 187 f.

Georg Lukács bemerkt zu der zitierten Passage in *Geschichte und Klassenbewußtsein,* 1923, im 3. Abschnitt von »Klassenbewußtsein«, daß das Kapital eine gesellschaftliche Macht ist, deren Bewegungen von den individuellen Interessen der Kapitalisten gelenkt werden. Damit wird die subjektive Seite hervorgehoben, die durch die objektive Seite ergänzt werden muß.

[19] Marx, *Kapital* I, a. a. O., S. 167–168; III, a. a. O., 2. Teil, S. 826 f. 832; *Theorien über den Mehrwert,* MEW 26,1, S. 365.

[20] Lukács, Die Verdinglichung und das Bewußtsein des Proletariats, a. a. O.

[21] Ebd., S. 96 und passim. Siehe auch den Aufsatz »Klassenbewußtsein«, a. a. O., S. 57 f.

[22] Lucien Goldmann, *Dialektische Untersuchungen,* 1966, S. 75–77.

[23] Lukács, Was ist orthodoxer Marxismus?, a. a. O., S. 13 ff, und Der Funktionswechsel des historischen Materialismus, ebd., S. 229 ff.

[24] Marx, *Kapital* I, a. a. O., S. 74. Marx schreibt: »Das Geheimnis des Wertausdrucks, die Gleichheit und gleiche Gültigkeit aller Arbeiten, weil und insofern sie menschliche Arbeit überhaupt sind, kann nur entziffert werden, sobald der Begriff der menschlichen Gleichheit bereits die Festigkeit eines Volksvorurteils besitzt. Das ist aber erst möglich in einer Gesellschaft, worin die Warenform die allgemeine Form des Arbeitsprodukts ... ist.« Aristoteles entdeckte im Wertausdruck der Waren ein Gleichheitsverhältnis, doch hinderte ihn die historische Schranke seiner Gesellschaft, herauszufinden, worin dies Gleichheitsverhältnis besteht. Siehe auch ebd., S. 789, über die Konzentration der Produktion und die allgemeine Mittelmäßigkeit; in dieser Frage hat der von Marx zitierte Pecqueur Tocqueville vorweggenommen. Der subjektive Unterschied zwischen Marx und Aristoteles ist, daß die Gleichheit inzwischen die Festigkeit eines Volksvorurteils angenommen hatte. Die Gleichheit ist eine äußerliche, rechtliche Konvention der Gesellschaft und sie wird weitgehend als eine Überzeugung verinnerlicht. In der griechischen Gesellschaft zur Zeit des Aristoteles gab es den Begriff der Gleichheit objektiv nicht, während er andererseits subjektiv kein Bestandteil der aristo-

telischen Auffassungen ist. Aristoteles lehnt den Begriff der Gleichheit ab, weil er am Fortbestand des ungleichen Herr-Sklave-Verhältnisses in der Polis interessiert ist, wie seine Jugendschrift *Protreptikos* und seine spätere *Politik* zeigen. Seine Lehre von der Überlegenheit der geistigen über die Handarbeit hängt mit seiner Lehre von gesellschaftlicher und natürlicher Ungleichheit zusammen. Einige Griechen jedoch traten engagiert für eine Lehre von der Gleichheit ein. Hippias und Antiphon befürworteten universelle Gleichheit zwischen den Völkern als ein natürliches Recht und Gleichheit zwischen sozialen Klassen als ein bürgerliches, d. h. politisches Recht. (Der Text von Antiphon wurde erst im zwanzigsten Jahrhundert entdeckt.) Die Erklärung der Differenz der Marxschen und aristotelischen Lehre ist also in den genannten objektiven Gründen zu suchen, aus denen sich die subjektive Differenz beider nicht notwendig, aber als Ausdruck ihrer Überzeugung und ihres Engagements ergibt. Marx hat die Differenz seiner Werttheorie zu der des Aristoteles ausdrücklich und konkret entwickelt und dabei die Seite aktualisiert, gegen die Aristoteles bewußt opponiert hatte. Siehe Werner Jaeger, *Paideia,* Bd. 1, S. 413 f. Max Pohlenz, *Die Stoa,* Göttingen, 1964, Bd. 1, S. 112. E. Ch. Welskopf, Die Analyse von Herrschafts- und Knechtschaftsformen durch Aristoteles, *Meždunarodna Konferencia po klassičeski Studii,* (1962), Sofia 1963.

[25] Die These von gesellschaftlicher Verdinglichung und daraus resultierender Verdinglichung des individuellen Bewußtseins ergibt sich ebenso aus diesen antithetischen Positionen wie aus der Marxschen Analyse der Aufteilung des Profits in verschiedene Teile. Dadurch, daß die verschiedenen Teile der Produktion des Mehrwerts getrennt werden, wird die Form vom Inhalt getrennt und damit in eine mystische Größe verwandelt. Schließlich scheinen die getrennten Teile sich zu verselbständigen und werden verdinglicht. Marx verbindet hier den Warenfetischismus, den Fetischismus der Produktionsverhältnisse sowie Prozeß und Resultat der Verdinglichung: »... diesen falschen Schein und Trug, diese Verselbständigung und Verknöcherung der verschiednen gesellschaftlichen Elemente des Reichtums gegeneinander, diese Personifizierung der Sachen und Versachlichung der Produktionsverhältnisse, diese Religion des Alltagslebens ...« Marx, *Kapital* III, a. a. O., Teil 2, S. 838.

[26] Siehe in diesem Band, Kapital I und II.

[27] Marx, *Die Heilige Familie,* MEW 2. S. 38.

[28] Marx, *Kapital* I, a. a. O., S. 61 f. Die erwähnte Fußnote von Engels findet sich in der von ihm herausgegebenen englischen Ausgabe des Kapital (übersetzt von S. Moore, E. Aveling und E. Untermann), New York 1937, S. 54: »Die englische Sprache hat den Vorzug, zwei verschiedne Worte für diese zwei verschiednen Aspekte der Arbeit zu haben. Die Arbeit, die Gebrauchswerte schafft und qualitativ bestimmt ist, heißt work im Gegensatz zu labour; die Arbeit, die Wert schafft und nur quantitativ gemessen wird, heißt labour im Gegensatz zu work.« In anderer Form erscheint sie in derselben Ausgabe, S. 207; diese Stelle ist in der Ausgabe, nach der wir zitieren, nicht verzeichnet; »Wie in einer früheren Note gesagt, hat die englische Sprache zwei Ausdrücke für diese zwei verschiednen Aspekte der Arbeit; in dem einfachen Arbeitsprozeß, dem Prozeß der Produktion von Gebrauchswerten ist es *work;* im Prozeß der Schaffung von Wert

ist es *labour,* dieses Wort in seinem strikt ökonomischen Sinne genommen.« In beiden Fällen handelt es sich um bedeutsame Zusätze von Engels, die von Hannah Arendt, *The Human Condition,* 1958 stillschweigend übernommen werden und ihr als Grundlage ihres Angriffs auf Marxens Arbeitstheorie dienen. Hierauf und auf dessen ungerechtfertigte Begründung näher einzugehn muß einer anderen Gelegenheit vorbehalten bleiben.

[29] MEW 2. S. 37 f.

[30] Lukács, a. a. O., S. 110.

[31] G. Lukács, Rezension von N. Bucharin, Theorie des historischen Materialismus, 1922, in Carl Grünbergs *Archiv für die Geschichte des Sozialismus und der Arbeiterbewegung,* 11, 1923, S. 216–244. Siehe S. 219: Bucharin identifiziert die Technik mit den Produktivkräften, was, wie Lukács sagt, »weder richtig noch marxistisch« ist.

[32] Lukács, *Geschichte und Klassenbewußtsein,* a. a. O., S. 165.

[33] MEW 2, S. 37. Es ist von dem Ganzen und von »dem Ganzen als solchen« die Rede (ebd., S. 36); in seiner Kritik hat Marx den Begriff des »Ganzen als solchen« in den vom *»ganzen Gegensatz* (Hervorhebung von Marx) aufgehoben:

»Proletariat und Reichtum sind Gegensätze. Sie bilden als solche ein Ganzes. Sie sind beide Gestaltungen der Welt des Privateigentums. Es handelt sich um die bestimmte Stellung, die beide in dem Gegensatz einzunehmen. *Es reicht nicht aus, sie für zwei Seiten eines Ganzen zu erklären.«* (Hervorhebungen von mir – LK.) Siehe in diesem Kapitel, Zusatz: »Über gesellschaftliche Totalität und verdinglichtes Bewußtsein.«

Adorno, Theodor W.: Negative Dialektik. Frankfurt 1966.

–, *u. a.*: Der Positivismusstreit in der deutschen Soziologie. Neuwied–Berlin 1969.

Alexander, S. A.: Space, Time and Deity. 2 Bde. London 1920.

Althusser, Louis: Pour Marx. Paris 1965. Dt. Für Marx (gekürzt). Frankfurt 1965.

–, *u. a.*: Lire le Capital. 2 Bde. Paris 1965. Dt. Das Kapital lesen. Reinbek 1972.

Ancient laws of Ireland... Tr. by Dr. John O'Donovan and Prof. Eugene O'Curry. 6 Bde. Dublin 1865–1901.

Anučin D. N.: In: Etnografičeskoe Obozrenie, 1916, 1–2.

Archiv Marksa i Engel'sa, Bd. 9. Karl Marks. Konspekt knigi Liuisa G. Morgana, »Drevnee Obščestvo«. M. B. Mitin (Hrsg.) 1941.

Arendt, Hannah: The Human Condition. New York 1958. Dt. Vita Activa. Stuttgart 1960.

–, On Violence. New York 1969. Dt. Macht und Gewalt. München 1970.

Aristoteles: Metaphysics. W. D. Ross ed. and transl. London 1924.

–, Politics. W. D. Ross ed. and tr. London 1942.

Austin, John: The Province of Jurisprudence Determined. London 1832.

Avineri, Shlomo: The Social and Political Thought of Karl Marx. Cambridge, Engl. 1968.

Bachofen, J. J.: Das Mutterrecht. Eine Untersuchung über die Gynaikokratie der alten Welt nach ihrer religiösen und rechtlichen Natur. Stuttgart 1861.

–, Versuch über die Gräbersymbolik der Alten. Basel 1859.

–, *Gesammelte Werke,* Bd. 10, Briefe. Basel–Stuttgart 1967.

Baden-Powell, Baden Henry: The Indian Village Community. London 1896.

Bancroft, Hubert Howe: The Native Races of the Pacific States. 5 Bde. New York 1874–1876.

Bastian, P. W. A.: Der Mensch in der Geschichte. Zur Begründung einer psychologischen Weltanschauung. 3 Bde. Leipzig 1860.

Bentham, Jeremy: The Works. J. Bowring (Hrsg.). 11 Bde. Edinburgh 1838–1843.

Benveniste, Emile: Le vocabulaire des institutions indo-européennes. Paris 1969.

Bergson, Henri: Les deux sources de la morale et de la religion. Paris 1932. Dt. Die beiden Quellen der Moral und der Religion. In: Materie und Gedächtnis und andere Schriften. Frankfurt 1964.

Bernstein, Eduard: Bemerkungen über Engels' Ursprung der Familie (= Vorrede zur italienischen Ausgabe). *Socialistische Monatshefte,* Bd. 4, 1900.

–, Erinnerungen eines Sozialisten. 1. Teil. Aus den Jahren meines Exils. Berlin 1918.

Blackstock, Paul W. und B. F. *Hoselitz* (Hrsg.): The Russian Menace to Europe. A Collection of Articles, Speeches, Letters and News Despatches [von Karl Marx und Friedrich Engels]. Glencoe, Ill. 1952.

Bloch, Ernst: Subjekt–Objekt. Erläuterungen zu Hegel. Erw. Ausg. Frankfurt 1962.

Blunt, Wilfried Scawen: The Egyptian Revolution: A Personal Narrative. *The Nineteenth Century,* Bd. 12 (Sept.) 1882, S. 324–346.

Brosses, Charles de: Du Culte des Dieux fétiches, ou Parallèle de l'ancienne religion de l'Egypte avec la religion actuelle de Nigritie. 1760.

Bücher, Karl: Die Entstehung der Volkswirtschaft. Tübingen 1893.

Bury, John Bagnell: The Idea of Progress. London 1920.

C. Julius Caesar: De Bello Gallico. Der Gallische Krieg.

Cassirer, Ernst: The Problem of Knowledge. New Haven 1950. Dt. Das Erkenntnisproblem... Bd. 4. Von Hegels Tod bis zur Gegenwart (1832–1932). Stuttgart 1957.

Cameron, John: Celtic Law. The »Senchus Mor« and »The Book of Aicill«. London 1937.

Cervantes Saavedra, Miguel de: El Ingenioso Hidalgo Don Quixote de la Mancha.

Childe, V. Gordon: Social Evolution. London 1951. Dt. Soziale Evolution. Frankfurt 1968.

Cohn, Jonas: Theorie der Dialektik. (1923) Hamburg 1965.

Cole, G. D. H.: A History of Socialist Thought. II. Marxism and Anarchism. London 1954.

Cornu, Auguste: La jeunesse de Karl Marx. Paris 1934.

–, Karl Marx et Friedrich Engels. Bd. 1–4. Paris 1955–1970. Dt. Karl Marx und Friedrich Engels. Bd. 1–3. Berlin 1954–1968.

–, The Origins of Marxian Thought. Springfield, Ill. 1957.

Cunow, Heinrich: Die Marxsche Geschichts-, Gesellschafts- und Staatstheorie. 2 Bde. Berlin 1920–1921.

Čuprov, A.: Siehe Tschuprov.

Curry: O'Curry, Eugene: Ancient Laws of Ireland. Siehe unter dem Titel.

Darwin, Charles: The Descent of Man and Selection in Relation to Sex. 2 Bde. London 1871.

–, On the Origin of Species by Means of Natural Selection, or the Preservation of the Favoured Races in the Struggle for Life. London 1859.

Darwin and Modern Science. A. C. Seward (Hrsg.): Cambridge 1909.

Dawkins, Sir William Boyd: Early Man in Britain and His Place in the Tertiary Period. London 1880.

Dopsch, Alfons: Wirtschaftliche und soziale Grundlagen der europäischen Kulturentwicklung... 2 Bde. Wien 1923–1924.

Duncker, Hermann: Vorbemerkung zu Friedrich Engels, Ursprung der Familie. Stuttgart 1931.

–, Einführung in den Marxismus. Berlin 1959.

Durkheim, Emile: De la division du travail social. Paris 1893.

–, Rezension: A. Stanischitsch, Über den Ursprung der Zadruga, Bern 1907. *Année Sociologique,* Bd. 11, 1906–1909, S. 343–347.

Eginhartus/Einhard: Vita Karoli Imperatoris.

Eirene, Bd. 3, 1964 (J. Pečirka, J. Chesnaux).
Bd. 5, 1966 (P. Skalnik, T. Pokora).
Bd. 6, 1967 (J. Pečirka).

Engels, Friedrich und Karl *Marx:* Die Heilige Familie. Frankfurt am Main 1845. MEW 2.

Engels, Friedrich: Umrisse zu einer Kritik der Nationalökonomie. *Deutsch-Französische Jahrbücher* 1844. MEW 1.
–, Karl Marx, »Zur Kritik der politischen Ökonomie«. *Das Volk,* Nr. 14, 6. Aug. 1859; Nr. 16, 20. Aug. 1859. MEW 13, 468–477.
–, Herrn Eugen Dührings Umwälzung der Wissenschaft. Leipzig 1878. MEW 20.
–, Die Entwicklung des Sozialismus von der Utopie zur Wissenschaft. (1882) 4. Aufl. 1891. MEW 19.
–, Einleitung zur englischen Ausgabe (1892) von: Die Entwicklung des Sozialismus... MEW 19.
–, Die Mark. Anhang zu: Die Entwicklung des Sozialismus..., 1882. MEW 19, S. 317–330.
–, Zur Urgeschichte der Deutschen. MEW 19, S. 425–473.
–, Fränkische Zeit. MEW 19, S. 474–518.
–, Ludwig Feuerbach und der Ausgang der klassischen deutschen Philosophie. *Die Neue Zeit,* Bd. 4, 1886. Stuttgart 1888. MEW 21.
–, Briefwechsel. MEW 35, 36.
Ernout, A. und A. *Meillet:* Dictionnaire Etymologique de la Langue Latine. 4. Aufl. Paris 1959.
Eustathius: Eustathii commentarii ad Homeri Iliadem. 4 Bde. Lipsiae 1827–1830.
Evans-Pritchard, E. E.: Theories of Primitive Religion. Oxford 1965. Dt. Theorien über primitive Religion. Frankfurt 1968.
Fenton, W. N.: Seneca Indians by Asher Wright (1859). *Ethnohistory,* Bd. 4, 1957, S. 302–321.
–, The Iroquois Confederacy in the Twentieth Century: A Case Study of Lewis H. Morgan in »Ancient Society«. *Ethnology,* Bd. 4, 1965, S. 251–265.
Ferguson, Adam: Essay on the History of Civil Society. Edinburgh 1767.
Sextus Pompeius Festus: De significatione verborum.
Fischer, Kuno: Hegels Leben, Werke und Lehre. Geschichte der neueren Philosophie, Bd. 8. Heidelberg 1901.
Fison, Lorimer und K. W. *Howitt:* Kamilaroi and Kurnai. Group-marriage and relationship, and marriage by elopement. Melbourne-Sidney 1880.
Fleischer, Helmut: Marx und Engels. Freiburg 1970.
Fortes, Meyer: Kinship and the Social Order. The Legacy of Lewis Henry Morgan. Chicago 1969.
Fourier, Charles: Théorie des quatre mouvements et des destinées générales. Leipzig 1808. 3. Aufl., 1846 = Bd. 1 der Œuvres Complètes.
–, Traité de l'association domestique–agricole. 2 Bde. Paris 1822. 2. Aufl. 1840–1843 = Bd. 2–3 der Œuvres Complètes und Bd. 1–2 der Théorie de l'unité universelle (4 Bde. = Bd. 2–5 der Œuvres Complètes).
–, Le nouveau monde industriel et sociétaire. Paris 1829–1830. 2. Aufl. 1845 = Bd. 6 der Œuvres Complètes.
Frazer, Sir James George: Folklore in the Old Testament. 3 Bde. 1918.
Frobenius, Leo: Der Ursprung der Afrikanischen Kulturen. *Zeitschrift für Ethnologie,* 1898.
–, Paideuma. München 1921.

Fustel de Coulanges, Numa-Denis: La Cité antique, étude sur le culte, le droit, les institutions de la Grèce et de Rome. Paris 1864.

–, Questions historiques... (Les origines de la propriété.) C. Jullian (Hrsg.) Paris 1893.

–, Recherches sur quelques problèmes d'histoire. (Du régime des terres en Germanie), Paris 1885.

Gaius: Institutiones Juris Civilis.

Gamaiunov, L. S. und R. A. *Ulyanovskij:* Trud russkogo sociologa M. M. Kovalevskogo »Obščinnoe Zemlevladenie...« i kritika ego K. Marksom. Trudy XXV Meždunarodnogo Kongressa Vostokovedov (1960) 1963, Bd. 4, S. 38–44.

Gasman, Daniel: The Scientific Origins of National Socialism. 1970.

Gierke, Otto von: Das Deutsche Genossenschaftsrecht. 4 Bde. Berlin 1868–1913.

Ginsberg, Morris: The Idea of Progress. London 1953.

Giraud-Teulon, Alexis: Les origines de la famille. Questions sur les antécédents des sociétés patriarcales. Genève 1874.

–, Les origines du mariage et de la famille. Genève–Paris 1884.

Goehrke, Carsten: Die Theorien über Entstehung und Entwicklung des »Mir«. Wiesbaden 1964.

Goldmann, Lucien: Recherches dialectiques. Paris 1959. Dt. Dialektische Untersuchungen. Neuwied–Berlin 1966.

Grekov, B. D.: Krest'jane na Rusi... Moskau–Leningrad 1946.

Grote, George: A History of Greece. 12 Bde. London 1846–1856.

Habermas, Jürgen: Theorie und Praxis. Neuwied–Berlin 1963.

–, Erkenntnis und Interesse. Frankfurt 1968.

Haering, Theodor: Hegel. Sein Wollen und sein Werk. 2 Bde. Leipzig 1929–1938.

Haldane, J. B. S.: Preface and Notes to F. Engels, Dialectics of Nature. New York 1940.

Hayek, F. A.: The Counter-Revolution of Science. 1955. Dt. Mißbrauch und Verfall der Vernunft. Frankfurt 1959.

Hegel, G. W. F.: System der Sittlichkeit. In: Schriften zur Politik und Rechtsphilosophie. Georg Lasson (Hrsg.) Leipzig 1913.

–, Über die wissenschaftlichen Behandlungsarten des Naturrechts. *Kritisches Journal der Philosophie,* II, 1802–1803.

–, Phänomenologie des Geistes. 1807. Hamburg 1952.

–, Grundlinien der Philosophie des Rechts. 1821. Hamburg 1955.

–, Die Wissenschaft der Logik. 2. Aufl. 1831. Hamburg 1963.

–, Enzyklopädie der philosophischen Wissenschaften (1830). F. Nicolin und O. Pöggeler, Hamburg 1959.

–, Vorlesungen über die Philosophie der Geschichte. In: Werke, Bd. IX, 1840. Karl Hegel (Hrsg.).

Die Hegelsche Linke. Karl Löwith (Hrsg.). Stuttgart 1962.

Die Hegelsche Rechte. Hermann Lübbe (Hrsg.). Stuttgart 1962.

Hildebrand, Richard: Recht und Sitte auf den verschiedenen wirtschaftlichen Kulturstufen. Jena 1896.

Hobbes, Thomas: Leviathan. London 1651.

–, Elementorum Philosophiae Sectio Tertia. De Cive. 1642. (Latin Works, Bd. 2.)

Hobsbawm, E. J.: Einleitung zu: Karl Marx, Pre-Capitalist Economic Formations (= Grundrisse, S. 375–413).
Homer. Ilias.
Hook, Sidney: Toward the Understanding of Karl Marx. New York–London 1933.
–, From Hegel to Marx. New York 1936.
–, Reason, Social Myth and Democracy. New York 1940.
Hospitalier, Edouard: La Physique moderne. Les principales applications de l'électricité. Paris 1881.
Howitt: Siehe Fison, Lorimer.
Hugo, Gustav: Lehrbuch eines civilistischen Cursus. Bd. 2. Lehrbuch des Naturrechts, als einer Philosophie des positiven Rechts, besonders des Privatrechts. Berlin 1798. 4. Aufl. 1819.
Huxley, T. H.: The Struggle for Existence. *The Nineteenth Century,* Februar 1888. Siehe auch Kropotkin, Mutual Aid.
Hyndman, H. M.: The Record of an Adventurous Life. New York 1911.
Hyppolite, Jean: Etudes sur Marx et Hegel. Paris 1955.
Istorija Filosofii. Bd. 6. Moskau 1965.
Jaeger, Werner: Aristoteles. 2. veränd. Aufl. Berlin 1955.
–, Paideia. 3 Bde. Berlin–Leipzig 1936–1947.
Johnson, Samuel: A Dictionary of the English Language. 2 Bde. London 1755.
Jordan, Z. A.: The Evolution of Dialectical Materialism. 1967.
Jouvenel, Bertrand de: Le pouvoir. Histoire naturelle de sa croissance. Genève 1947.
Kačorovskij, K.: Russkaja Obščina. St. Petersburg 1900.
Kaloev, B. A. und M. M. *Kovalevsky: Sovetskaja Etnografija,* 1966, Nr. 6, S. 30–42.
Kames, Henry Home, Lord: Sketches of the History of Man. 2 Bde. Edinburgh 1774.
Karl Kautsky: In: Die Volkswirtschaftslehre der Gegenwart in Selbstdarstellungen. Felix Meiner (Hrsg.). Bd. 1. Leipzig 1924.
Karl Marx: Chronik seines Lebens in Einzeldaten. V. Adoratskij (Hrsg.) Moskau 1934.
Kaufman, A. A.: Russkaja Obščina. Moskau 1908.
Kaufmann, Walter: From Shakespeare to Existentialism. New York 1960.
–, Hegel, a Reinterpretation. Garden City N. Y. 1966.
Kautsky, Karl: Siehe Die Neue Zeit, Bd. 3, 1883 und L. H. Morgan, Ancient Society.
Keussler, Johannes von: Zur Geschichte und Kritik des bäuerlichen Gemeindebesitzes in Rußland. 4 Bde. Riga–Moskau–Odessa 1876–1887.
Koebner, Richard: The Settlement and Colonization of Europe. In: The Cambridge Economic History of Europe. M. Postan (Hrsg.) 1966, S. 1–99. (Zuerst veröffentlicht 1941).
Korsch, Karl. Marxismus und Philosophie. *Archiv für die Geschichte des Sozialismus und der Arbeiterbewegung,* Bd. 11, 1923. 2. Aufl. 1929. 3. Aufl. E. Gerlach (Hrsg.) Frankfurt–Wien 1966.

–, Karl Marx. London 1938. Dt. Ausgabe Götz Langkau (Hrsg.) Frankfurt–Wien 1967.

Kosven, M. O.: M. M. Kovalevsky kak etnograf-kavkazoved. *Sovetskaja Etnografija,* 1951, Nr. 4, S. 116–135.

–, Semejnaja Obščina i Patronimija. Moskau 1963.

Kovalev, S. J.: Značenie »Proischoždenija sem'i« F. Engel'sa v izučenii antičnogo obščestva. *Problemy istorii dokapitalstičeskich obščest* Bd. 5, 1935, Nr. 7–8, S. 87 ff.

Kovalevsky, Maxim M.: Dve Žižni. *Vestnik Evropij,* 1909, Nr. 7.

–, Modern Customs and Ancient Laws of Russia. London 1891.

–, Obščinnoe zemlevladenie. Pricinij, chod i posledstviia ego razloženiia. Teil I. Moskau 1879.

–, Tableau des origines et de l'évolution de la famille et de la propriété. Stockholm 1890.

Krader, Lawrence: Transition from Serf to Peasant in Eastern Europe. *Anthropological Quarterly,* Bd. 33, 1960, S. 76–90.

–, Primary Reification in Primitive Mythology. *Diogenes,* Bd. 56, 1966.

–, Pastoralism. *International Encyclopedia of the Social Sciences.* New York 1968.

–, Critique dialectique de la nature de la nature humaine. *L'Homme et la société,* Nr. 10, 1968, S. 21–38.

–, The Formation of the State. Englewood Cliffs, N. J. 1968.

–, Peoples of Central Asia. 3. Aufl. Bloomington, Ind. 1971.

–, The Anthropology of Thomas Hobbes: Violence as a Primitive Human Condition. International Society for the History of Ideas. Third Intern. Conference. Philadelphia 1972. (Manuskript.)

Kroeber, A. L.: The Superorganic. American Anthropologist, Bd. 19, 1917, S. 163–213.

Kroeber, A. L. und Clyde *Kluckhohn:* Culture. A Critical Review of Concepts and Definitions (1952). New York 1963.

Kropotkin, Petr: Mutual Aid. New York 1902. Nachdruck mit T. H. Huxley, The Struggle for Existence. Ashley Montagu (Hrsg.) o. J.

Kulischer, Josef: Allgemeine Wirtschaftsgeschichte. 2 Bde. München–Berlin 1928 bis 1929.

Labriola, Antonio: Essais sur la conception matérialiste de l'histoire. 1897.

Lafargue, Paul: La propriété, origine et evolution. Paris 1895.

Laveleye, Emile de: Les formes primitives de la propriété. *Revue des Deux Mondes,* 1872.

–, De la propriété et de ses formes primitives. Paris 1874.

Leach, E. R.: Hydraulic Society in Ceylon. *Past and Present,* Nr. 15, 1959, S. 2–26.

Le Play, Frédéric: Les ouvriers Européens. 2. Aufl. 6 Bde. Tours 1877–1879.

Lewinski, Jan St.: The Origin of Property. London 1913.

Lewis, Charlton T. und C. *Short:* A Latin Dictionary. Oxford 1879. Auf der Grundlage von Andrews Ausgabe des ›Dictionary‹ von Freund.

Lichtheim, George: Marxism. 2. Aufl. London 1964.

–, The Origins of Socialism. New York 1969.
–, Lukács. London 1970.
Lilienfeld, Paul: Gedanken über die Socialwissenschaften der Zukunft. 5 Bde. Mitau 1873–1881.
–, La pathologie sociale. Paris 1896. Vorwort von René Worms.
–, Zur Vertheidigung der organischen Methode in der Soziologie. Berlin 1898.
Linguet, Simon Nicolas Henri: Théorie des lois civiles. 2 Bde. London 1767.
Lobkowicz, Nicholas: Theory and Practice: The History of a Concept from Aristotle to Marx. Notre Dame–London 1967.
Loria, Achille: La rendita fondiaria e la sua elisione naturale. Mailand 1880.
Lowie, Robert H.: Primitive Society. New York 1947.
–, The Origin of the State. New York 1927.
–, The History of Ethnological Theory. New York 1947.
Löwith, Karl: Meaning in History. Chicago 1949. Dt. Weltgeschichte und Heilsgeschehen. Stuttgart 1953.
–, Von Hegel zu Nietzsche. Zürich 1941.
Lubbock, Sir John (Lord Avebury): The Origin of Civilisation and the Primitive Condition of Man. London 1870.
Lucas, Erhard: Die Rezeption Lewis H. Morgans durch Marx und Engels. *Saeculum,* Bd. 15, 1964, S. 153–176.
–, Marx' Studien zur Frühgeschichte und Ethnologie 1880–1882. Ebd. S. 327–343.
Lukács, Georg: Rezension: N. Bucharin, Theorie des historischen Materialismus, 1922. *Archiv für die Geschichte des Sozialismus und der Arbeiterbewegung,* Bd. 11, 1925, S. 216–244.
–, Geschichte und Klassenbewußtsein. Berlin 1923. In: Werke, Bd. 2, Neuwied–Berlin 1968.
–, Der junge Hegel. Zürich 1948.
Machiavelli, N.: Discorsi sopra la prima decade di Tito Livio. 1531.
–, Istorie Fiorentine. 1532.
MacIver, R. M.: The Modern State. Oxford 1926.
–, Community. London 1936.
Mänchen-Helfen, Otto: Heinrich Cunow und die Ethnologie. *Die Gesellschaft,* Bd. 9, 1. Teil, 1933.
Maine, Sir Henry Sumner: Ancient Law. London 1861.
–, Lectures on the Early History of Institutions. London 1875.
–, Village-Communities in the East and West. London 1871.
–, Dissertations on Early Law and Custom. New York 1886.
Manuel, Frank Edward: The Prophets of Paris. New York 1965.
Marcuse, Herbert: Neue Quellen zur Grundlegung des historischen Materialismus. *Die Gesellschaft,* Bd. 8, 1932.
–, Reason and Revolution. New York 1941. Dt. Vernunft und Revolution. Neuwied–Berlin 1962.
Marks, Karl: Konspekt knigi Morgana. Siehe Archiv Marksa i Engel'sa.
Marx, Karl: Friedrich Engels. Historisch-Kritische Gesamtausgabe. (MEGA). 1927–1932.

Marx, Karl: Friedrich Engels. Sočinenija. 2. Aufl. Moskau 39 Bde. in 42. 1955–1966.

Marx, Karl: Friedrich Engels. Werke. (MEW). 39 Bde. und Ergänzungsband in zwei Teilen. 1959–1969.

Marx, Karl: Differenz der demokritischen und epikureischen Naturphilosophie. 1841. MEW Ergbd. 1.

–, Das philosophische Manifest der historischen Rechtsschule. *Rheinische Zeitung,* Nr. 221, 1842. MEW 1.

–, Zur Kritik der Hegelschen Rechtsphilosophie, Einleitung. *Deutsch-Französische Jahrbücher,* 1844. MEW 1.

–, Zur Judenfrage. *Deutsch-Französische Jahrbücher,* 1844. MEW 1.

–, Zur Kritik der Hegelschen Rechtsphilosophie. Kritik des Hegelschen Staatsrechts (§§ 261–333). MEW 1.

–, Ökonomisch-philosophische Manuskripte (1844). MEGA I, 3. MEW Ergbd. 1.

–, Thesen über Feuerbach, 1845. MEW 2.

–, Die Heilige Familie. Siehe Friedrich Engels.

–, Die Deutsche Ideologie (mit Friedrich Engels). MEW 3.

–, La Misère de la Philosophie. Paris 1847. Das Elend der Philosophie. MEW 4.

–, Grundrisse der Kritik der politischen Ökonomie (Rohentwurf), 1857–1858. 1939–1941. Nachdruck 1953.

–, Zur Kritik der politischen Ökonomie. 1859. MEW 13.

–, Das Kapital, I, 1867. Frz. Übers., J. Roy, (1872) 1938–1939. Engl. Übers. S. Moore, E. Aveling, E. Untermann. F. Engels (Hrsg.) (1886, 1906) 1937. II, 1885. F. Engels (Hrsg.). III, 1894. F. Engels (Hrsg.).

–, Theorien über den Mehrwert, 1862–1863. MEW 26, 1–3.

–, Kritik des Gothaer Programms, 1875. *Die Neue Zeit,* Bd. 9, Nr. 18, 1890–1891. MEW 19.

–, Randglossen zu A. Wagners »Lehrbuch der politischen Ökonomie«. MEW 19.

–, Exzerpte aus Morgan, Ancient Society; Phear, The Aryan Village; Maine, Lectures on the Early History of Institutions; Lubbock, The Origin of Civilization. In: Krader, Lawrence (Hrsg.), The Ethnological Notebooks of Karl Marx. Assen 1972.

–, Exzerpte aus M. M. Kovalevsky, Obščinnoe zemlevladenie. In: *Sovetskoe Vostokovedenie,* 1958, Nr. 3, S. [3]–13, Nr. 4, S. [3]–22, Nr. 5, S. [3]–28; *Problemy Vostokovedenija,* 1959, Nr. 1, S. [3]–17. Internationales Institut für Sozialgeschichte, Amsterdam, Exzerptheft B 140.

Marx, Karl und Friedrich *Engels:* Manifest der Kommunistischen Partei. 1848. Russische Ausgabe 1882. Engl. Ausgabe 1888.

Marx, Karl: Briefwechsel. MEGA III, 2 und 3. MEW 27, 30, 32.

Marx-Engels-Archiv, Bd. 1 [1926]. Vera Zasulič und Karl Marx. S. 309–342. D. Rjazanov (Hrsg.).

–, Marx und Engels über Feuerbach. Der erste Teil der »Deutschen Ideologie«. S. 205–306. D. Rjazanov (Hrsg.).

Masaryk, Th. G.: Die philosophischen und soziologischen Grundlagen des Marxismus. (1899) 1963.

Maurer, Georg Ludwig von: Einleitung zur Geschichte der Mark-, Hof-, Dorf- und Stadtverfassung. (1854) 2. Aufl. Wien 1896. H. Cunow (Hrsg.). 3. Aufl. K. Dickopf (Hrsg.) Aalen 1966.

–, Geschichte der Markenverfassung in Deutschland. Erlangen 1856. Nachdruck Aalen 1961.

–, Geschichte der Dorfverfassung in Deutschland. 2 Bde. Erlangen 1865–1866. Nachdruck Aalen 1961.

Mayer, Gustav: Friedrich Engels. Eine Biographie. 2 Bde. Haag 1934.

McLennan, J. F.: Primitive Marriage, an Inquiry into the Origin of the Form of Capture in Marriage Ceremonies. Edinburgh 1865. 2. Aufl. unter dem Titel Studies in Ancient History. London 1876.

Mehring, Franz: Karl Marx. Leipzig 1918.

Meiners, Christoph: Allgemeine kritische Geschichte der Religionen. 2 Bde. Hannover 1806.

–, Grundriss der Geschichte der Menschheit. Lemgo 1785.

Miaskowski, August von: Die schweizerische Allmend... Leipzig 1879.

Mises, Ludwig von: Socialism. 1953.

Mommsen, Theodor: Römische Geschichte. 3 Bde. Berlin 1854–1856.

Money, J. W. B. Java, or How to Manage a Colony. 2 Bde. London 1861.

Monod, Jacques: Le hasard et la nécessité. Paris 1970. Dt. Zufall und Notwendigkeit. München 1971.

Montesquieu, Charles Secondat Baron de: De l'Esprit des Lois. 1748.

Morf, Otto: Geschichte und Dialektik in der Politischen Ökonomie. 2. Aufl. Frankfurt–Wien 1970.

Morgan, C. Lloyd: Emergent Evolution. London 1923.

Morgan, Lewis Henry: Ancient Society or Researches in the Lines of Human Progress from Savagery through Barbarism to Civilization. New York–London 1877. New York 1878. Chicago 1907. Nachdruck E. B. Leacock (Hrsg.) Cleveland 1963. Durchges. Ausg. L. A. White (Hrsg.) Cambridge, Mass. 1964. Dt. Die Urgesellschaft. Übers. von K. Kautsky und W. Eichhoff. Stuttgart 1891.

–, Systems of Consanguinity and Affinity of the Human Family. Smithsonian Contributions to Knowledge, Bd. 17, 1971.

Morley, John: The Life of William Ewart Gladstone. Bd. 3. London–New York 1903.

Mühlmann, W. E.: Geschichte der Anthropologie. Bonn 1948.

Mulhall, M. G.: Egyptian Finance. *The Contemporary Review,* October 1882.

Mumford, Lewis: The City in History. New York 1961.

Needham, Joseph: The Sceptical Biologist, London 1929.

–, A Biologist's View of Whitehead's Philosophy. In: The Philosophy of A. N. Whitehead. P. Schilpp (Hrsg.) 1941.

Needham, Joseph: Science and Civilization in China. Bd. 1–6. Cambridge 1954 bis 1971.

Die Neue Zeit

Kautsky, Karl: Die Indianerfrage. 3 Teile. Bd. 3, 1885.

Engels, Friedrich: Zur Urgeschichte der Familie (Bachofen, McLennan Morgan). Bd. 9, 1891. (Vorwort zur 4. Aufl. von Ursprung der Familie.)
Cunow, Heinrich: Die soziale Verfassung des Inkareiches. Bd. 14, 1896.
–, Die ökonomischen Grundlagen der Mutterherrschaft. Bd. 16, 1897–1898.
–, Zur Urgeschichte der Ehe und Familie. Ergänzungsheft Nr. 14, 1912.

Niebuhr, Barthold Georg: Römische Geschichte. 2 Teile. Berlin 1811, 1812.

Oberg, K.: The Kingdom of Ankole in Uganda. In: M. Fortes und E. Evans-Pritchard, African Political Systems. London 1940.

O'Curry, Eugene: Siehe Curry.

O'Donovan, John und E. *O'Curry:* Ancient Laws of Ireland. Senchus Mor etc. 1865. Siehe unter dem Titel.

Onians, R. B.: The Origins of European Thought about the Body, the Mind, the Soul, the World, Time and Fate. Cambridge 1951.

Opler, M. E.: In: *Current Anthropology,* Bd. 3, 1962, S. 478.

Penniman, T. K.: A Hundred Years of Anthropology. Durchges. Aufl. London 1952.

Phear, Sir John Budd: The Aryan Village in India and Ceylon. London 1880.

Plechanov, G. V.: K voprosu o razvitii monističeskogo vzglijada na istoriju. 1895. Dt. Zur Frage der Entwicklung der monistischen Geschichtsauffassung (Auszug). Berlin 1956.

–, Očerki po istorii materializma. In: Izbrannje filosofskie proizvedenija, Bd. 2, 1956, S. 128–194 (= Teil 3). Dt. Beiträge zur Geschichte des Materialismus. 1896.

Pöhlmann, Robert von: Geschichte der sozialen Frage und des Sozialismus in der antiken Welt... 2 Bde. München 1912.

Pohlenz, Max: Die Stoa. 2 Bde. Göttingen 1964.

Popper, Karl: The Open Society and its Enemies. 4. Aufl. 2 Bde. London 1962. Dt. Die offene Gesellschaft und ihre Feinde. Bern 1958.

–, The Poverty of Historicism. London 1961. Dt. Das Elend des Historizismus. Tübingen 1965.

Pumphrey, R. J.: The Forgotten Man: Sir John Lubbock. *Science,* Bd. 129, 1959, S. 1087–1092.

Ratzel, Friedrich: Politische Geographie. München 1897.

Recherches Internationales: Premières sociétés de classe et mode de production asiatique. Nr. 57–58, 1967.

Reichelt, Helmut: Zur logischen Struktur des Kapitalbegriffes bei Karl Marx. Frankfurt 1970.

Révai, Josef: Rezension: Georg Lukaćs, Geschichte und Klassenbewußtsein. *Archiv für die Geschichte des Sozialismus und der Arbeiterbewegung,* Bd. 11, 1925, S. 1–25.

Ritchie, D. G.: Darwin and Hegel. 1893.

Rjazanov, David Borisovič: Novye dannje o literaturnom nasledstve K. Marksa i F. Engel'sa. *Vestnik Sotsialističeskoj Akademii,* Nr. 6, 1923, S. 351–376. Dt. Neueste Mitteilungen über den literarischen Nachlaß von Karl Marx und Friedrich Engels. *Archiv für die Geschichte des Sozialismus und der Arbeiterbewegung,* Bd. 11, 1925, S. 385–400.

–, Karl Marx and Friedrich Engels (russ. 1923) 1927.
Rogers, James E. Thorold: A History of Agriculture and Prices in England... 7 Bde. Oxford 1866–1902.
Rosdolsky, Roman: Zur Entstehungsgeschichte des Marxschen ›Kapital‹. 2. Aufl. Frankfurt 1969.
Rothenstreich, Nathan: Basic Problems of Marx's Philosophy. 1965.
Rousseau, Jean-Jacques: Du Contrat Social. L'Etat de Guerre. Discours sur l'inégalité. In: The Political Writings of Jean-Jacques Rousseau. Hg. von C. E. Vaughan. 2 Bde. Cambridge 1915.
Rubel, Maximilien: Bibliographie des Oeuvres de Karl Marx. Paris 1956.
Safronov, B. G.: M. M. Kovalevsky kak sociolog. Moskau 1960.
Sahlins, Marshall und Elman Service: Evolution and Culture. Ann Arbor, Mich. 1959.
Sartre, Jean-Paul: Critique de la raison dialectique. Paris 1960. Dt. Kritik der dialektischen Vernunft. Reinbek 1967.
Schäffle, Albert E. F.: Bau und Leben des socialen Körpers. 4 Bde. Tübingen 1875–1878.
Schmidt, Alfred: Der Begriff der Natur in der Lehre von Marx. Frankfurt 1962.
Schumpeter, Joseph: Capitalism, Socialism and Democracy. 2. Aufl. New York–London 1947. Dt. Kapitalismus, Sozialismus und Demokratie. Bern 1950.
Schurtz, Heinrich: Die Anfänge des Landbesitzes. *Zeitschrift für Sozialwissenschaft,* 1900.
Seligman, E. R. A.: The Economic Interpretation of History. New York 1902.
Simchovič, V.: Die Feldgemeinschaft in Rußland. Jena 1898.
Smith, Adam: An Inquiry into The Nature and Causes of the Wealth of Nations. 2 Bde. London 1776.
Sohm, Rudolph: Fränkisches Recht und Römisches Recht. Prolegomena zur Deutschen Rechtsgeschichte, Weimar 1880.
–, Die altdeutsche Reichs- und Gerichtsverfassung. I. Die Fränkische Reichs- und Gerichtsverfassung. Weimar 1871.
Spenser, Edmund: A View of the State of Ireland. 1596 (A. W. Pollard und G. R. Redgrave, A Short-Title Catalogue: in Sir James Ware. Two Histories of Ireland... Dublin 1633.)
Sreznevskij, I. I.: Slovar' Drevne-Russkogo Jazjka. 3 Bde. Moskau 1893.
Stein, Ludwig: Die soziale Frage im Lichte der Philosophie. Stuttgart 1897.
Stephenson, C.: The Common Man in Early Medieval Europe. *American Historical Review,* Bd. 51, 1946.
Stern, B. J.: Lewis Henry Morgan, Social Evolutionist. Chicago 1931.
–, in: American Anthropologist, Bd. 33, 1935, S. 138–145.
Steward, Julian: Theory of Culture Change. Urbana, Ill. 1955.
Stocking, George W.: Race, Culture and Evolution. New York 1968.
Strange, Sir Thomas: Elements of Hindu Law. 2 Bde. London 1825. 2. Aufl. unter dem Titel Hindu Law. 2 Bde. London 1830.
Sweezy, Paul M.: (Hrsg.). Karl Marx and the Close of his System by E. v. Böhm-Bawerk and Böhm-Bawerk's Criticism of Marx by Rudolf Hilferding. Hg. mit einer Einleitung von Paul M. Sweezy. New York 1949.

C. Cornelius Tacitus: Germania (De Situ, Moribus, et Populis Germaniae). Justus Lipsius ed. Antwerp. 1585, 1589. J. Gronovius, ed. Amsterdam 1672.
–, Annales. In: Lipsius ed. Germania.
Taylor, Philip Meadows: The People of India. Watson und J. W. Kaye (Hrsg.) 6 Bde. London 1868. 1872.
Taylor, W. Cooke: The Natural History of Society in the Barbarous and Civilized State. 2 Bde. London 1840.
Thorner, Daniel: Karl Marx on India and the Asiatic Mode of Production. *Contributions to Indian Sociology,* Nr. 9, 1966, S. 33–66.
Tocqueville, Alexis Charles de: L'Ancien Régime et la Revolution. Paris 1856.
Tönnies, Ferdinand: Gemeinschaft und Gesellschaft. Leipzig 1887.
Tökei, F.: Zur Frage der asiatischen Produktionsweise. (Budapest 1965) Neuwied 1969.
Troeltsch, Ernst: Der Historismus und seine Probleme (1922) Aalen 1961.
Tschuprov (Čuprov), A.: Die Feldgemeinschaft. Straßburg 1902.
Tylor, Sir Edward Burnett: Researches into the Early History of Mankind. London 1865.
–, Primitive Culture. 2 Bde. London 1871.
–, Anthropology. London 1881.
Varga, E.: The Asiatic Mode of Production. In: Economic Problems of Capitalism. Moskau 1966.
M. Terentius Varro: De Lingua Latina.
Vico, Giambattista: Principi di una Scienza Nuova. Neapel 1725.
Viollet, Paul: Le caractère collectif des premières propriétés immobilières. Bibliothèque de l'Ecole de Chartes, Bd. 33, 1872.
Wagner, Adolf: Lehrbuch der politischen Ökonomie. 2. Aufl. Leipzig–Heidelberg 1879.
Walde, A. und J. B. Hofmann: Lateinisches Etymologisches Wörterbuch. 3. Aufl. 3 Bde. Heidelberg 1938–1956.
Wallace, A. F. C.: Culture and Personality. New York 1961.
Wallace, William: Prolegomena to the Study of Hegel's Philosophy... 2. Aufl. Oxford 1894.
Watson, J. F.: Siehe Taylor, Philip.
Weber, Max: Wirtschaft und Gesellschaft. Grundriß der verstehenden Soziologie. Bd. 1 (1922) Köln–Berlin 1964.
Welskopf, E. C.: Die Produktionsverhältnisse im alten Orient und in der griechisch-römischen Antike. Berlin 1957.
–, Probleme der Sklaverei in der griechisch-römischen Welt. In: 11th Intern. Congress of Historical Sciences. Stockholm 1960.
–, Die Analyse von Herrschafts- und Knechtschaftsverhältnissen durch Aristoteles. In: *Meždunarodna Konferencia po klasičeski Studii* (1962). Sofia 1963.
Westermann, Dietrich: Die Kpelle... Leipzig 1921.
Westermarck, Edward: The Origin and Development of the Moral Ideas. London 1906.
Wheeler, William Morton: Emergent Evolution and the Development of Societies. New York 1928.

White, A. D.: A History of the Warfare of Science with Theology. 2 Bde. (1896). New York 1960.

White, Leslie A.: The Evolution of Culture. New York 1959.

Whitehead, A. N.: The Philosophy of Alfred North Whitehead. P. A. Schilpp (Hrsg.) Evanston–Chicago 1941.

Wittfogel, K. A.: Oriental Despotism. New Haven 1957. Dt. Die Orientalische Despotie. Köln–Berlin 1962.

VII. Congrès International des Sciences Anthropologiques et Ethnologiques (1964). Moskau. Bd. IV, 1967, S. 441–511. (Symposium L. H. Morgan.)

PERSONENREGISTER

Karl Marx

Das Kapital

Kritik der
politischen Ökonomie

ein Ullstein Buch

Band I:
Der Produktionsprozeß
des Kapitals
Mit einem Geleitwort
von Karl Korsch
Ullstein Buch 2806

Band II:
Der Zirkulationsprozeß
des Kapitals
Mit einer Leseanleitung
von Rudolf Hickel
Ullstein Buch 2805

Band III:
Der Gesamtprozeß der
kapitalistischen Produktion
Mit einem Nachwort
von Harald Gerfin und
Rudolf Hickel
Ullstein Buch 2807

Karl Marx/
Friedrich Engels

Staatstheorie

Materialien zur Rekonstruktion der marxistischen Staatstheorie

Herausgegeben und eingeleitet von
Eike Hennig,
Joachim Hirsch,
Helmut Reichelt und
Gert Schäfer

Ullstein Buch 3008

ein Ullstein Buch

Hier wird erstmals der Versuch unternommen, sämtliche Marxschen Texte zur Theorie des Staates in einem Band zu sammeln, zu ordnen, zu deuten, in ihrer Resonanz zu analysieren und sie kritisch zur Diskussion zu stellen.
Vier der führenden jungen Vertreter der Politischen und Gesellschaftswissenschaften haben sich diese Aufgabe gestellt.

Helmut
Reichelt (Hrsg.)

Ludwig Feuerbach Karl Marx Friedrich Engels

Texte zur materialistischen Geschichtsauffassung

Ullstein Buch 3145

ein Ullstein Buch

Aus dem Inhalt:
Vorwort / Feuerbach: Zur Kritik der Hegelschen Philosophie; Das Wesen des Christentums; Notwendigkeit einer Reform der Philosophie; u. a. / Marx: Ökonomisch-philosophische Manuskripte; Grundrisse der Kritik der Politischen Ökonomie; u. a. / Engels: Umrisse zu einer Kritik der Nationalökonomie; Ludwig Feuerbach und der Ausgang der klassischen deutschen Philosophie; Briefe.

Jean-Joseph Goux

Freud, Marx. Ökonomie und Symbolik

Ullstein Buch 3134

ein Ullstein Buch

Sieben Aufsätze, in denen versucht wird, die Beziehungen der Theorien von Marx und Freud auf Grund der jüngsten französischen Untersuchungen neu zu durchdenken.
Dieses Buch hat die internationale Diskussion entscheidend beeinflußt und geprägt.

Michel Foucault

Die Geburt der Klinik

Eine Archäologie des ärztlichen Blicks

Anthropologie – Herausgegeben von Wolf Lepenies und Henning Ritter

Ullstein Buch 3290

ein Ullstein Buch